SOUTH LOGISTICS SINCE 1992

南方物流
SOUTH LOGISTICS

南香谷
NAN XIANG GU

全国示范物流园

南香谷简介

南香谷智能化综合产业园位于广州市增城区宁西工业园，是广东省、广州市、增城区重点项目，是国家发展和改革委员会、国土资源部、住房和城乡建设部评定的全国示范物流园区。园区实施现代服务业与先进制造业双轮驱动战略，将打造广州最先进的集电子商务、数据中心、高效物流、智能制造为一体的智能化综合性产业园区。

主要配套

大数据中心：

南香谷大数据中心将深度融合物联网、大数据、云计算技术，打造广州大数据示范窗口，带动IT高科技产业上下游发展，优化区域产业结构。同时，将通过大数据架构技术提供各类咨询服务，并全面开展与政府机构、数据服务企业、电商、互联网等领域的行业伙伴在技术及数据资源领域的合作，共建行业大数据应用共生体系。

商业配套：

现代化会议中心供活动举办、会议交流。商务写字楼、公共展示宣传区、双创平台服务区、公共服务平台，具有企业之间以及与外部企业的协作、技术专利共享、知识产权与技术转移等管理与服务。

生活配套：

引入2～3家大型连锁购物、餐饮企业，提供购物、餐饮和休憩服务，包括特色商品购物、露天茶座等。员工公寓、专家公寓、客户招待等，将引入酒店运营商合作。

广百集团
链接 创造新价值
广州市广百物流有限公司
广百物流
• 企业定位：华南地区领先的供应链一体化服务商和物流资源整合者
• 主要业务：1+2+X
现代仓储
城市配送
供应链管理
物流枢纽
物流地产
电商物流
互联网+物流
冷链物流
做强两大基础
打造一个核心
创新发展未来
• 经营网络：
清远市
北部物流板块
从化区
惠州市
花都区
增城区
白云区
萝岗区
佛山市
西部物流板块
★广州市广百物流有限公司
东部物流板块
番禺区
东莞市
南部物流板块
南沙区
中山市
• 品牌荣誉：
国家AAAA级物流企业
国家AAAA标准化良好行为企业
全国通用仓储百强企业
中国五星级仓库
广东省供应链管理示范企业
广东省现代物流龙头企业
广东省现代服务业重点联系企业
广州市城市配送重点企业
广州市广百物流有限公司
广州市越秀区沿江东路406号港口中心5楼/10楼
（020）83051720 / 83051726
（020）83050479
www.gbscm.cc

广百集团

广州市广百物流有限公司

首期204亩土地主体工程
将于2019年第一季度建成

★ 广东省重点建设项目
★ 广清产业共建重点建设工程
★ 广东省交通运输厅2018年省级枢纽货运站场（交通物流区）建设计划

中国南部物流枢纽

国际物流枢纽·现代产业新城

项目启动区占地1500亩，规划建设总面积约100万平方米，投资规模超过30亿元。建设**公铁联运**、**空港转运**、**无水港延伸**等多种功能相结合的综合性物流枢纽园区

- 集**现代仓储**、**运输配送**、**电商物流**、**保税物流**、**商品交易**、**信息平台**、**公路港**、**综合服务**于一体
- 项目毗邻广州市，属“**广州半小时经济圈**”和“**珠三角一小时经济圈**”范围，是广清同城一体化前沿地区
- 立足广清、对接**大湾区**、覆盖华南、辐射全国，依托“**一带一路**”发展粤新欧，集聚城市经济发展新产业动能，为清远市创建国家级陆港型物流枢纽和形成全国重要的现代物流集聚区奠定产业基础

招商热线
0763-3350 126

项目公司：广东广百海元物流发展有限公司　GBHY@gbscm.cc

清远市清城区人民二路卓越大厦5楼503室　容先生 139 2212 5545　李先生 188 0200 1008

广东省物流业发展报告

GUANGDONG LOGISTICS DEVELOPMENT REPORT

（2017—2018）

广东省现代物流研究院　主编

GUANGDONG PROVINCIAL INSTITUTE OF MODERN LOGISTICS

中国财富出版社

图书在版编目（CIP）数据

广东省物流业发展报告．2017－2018／广东省现代物流研究院主编．—北京：中国财富出版社，2019.1

ISBN 978－7－5047－6859－9

Ⅰ．①广…　Ⅱ．①广…　Ⅲ．①物流—经济发展—研究报告—广东—2017－2018　Ⅳ．①F259.276.5

中国版本图书馆 CIP 数据核字（2019）第 014179 号

策划编辑　李　晗　　**责任编辑**　邢有涛　王　靖

责任印制　尚立业　　**责任校对**　杨小静　　**责任发行**　敬　东

出版发行　中国财富出版社

社　　址　北京市丰台区南四环西路 188 号 5 区 20 楼　　**邮政编码**　100070

电　　话　010－52227588 转 2048/2028（发行部）　010－52227588 转 321（总编室）

010－52227588 转 100（读者服务部）　010－52227588 转 305（质检部）

网　　址　http://www.cfpress.com.cn

经　　销　新华书店

印　　刷　北京京都六环印刷厂

书　　号　ISBN 978－7－5047－6859－9/F·2983

开　　本　787mm×1092mm　1/16　　**版　　次**　2019 年 1 月第 1 版

印　　张　24.5　　**彩　页**　6　　**印　　次**　2019 年 1 月第 1 次印刷

字　　数　523 千字　　**定　　价**　90.00 元

《广东省物流业发展报告》(2017—2018)

编　委　会

(按姓氏音序排序)

《广东省物流业发展报告》(2017—2018)

编写人员及支持单位

(编写人员按姓氏音序排序)

主　　编：翁兴根

副 主 编：陈海权　方贵州　曾亮兵

编辑部主任：王俊柳　吴乐燕

主要成员：包小玲　何碧莹　李泽华　林豪婕　刘　辉　王　瑶　张嘉桀　张艳平　朱佳蕾

支持单位：广东省商务厅

广东省交通运输厅

广东省工业和信息化厅

广东省各地级以上市商务主管部门

广东省各地级以上市交通主管部门

广州铁路（集团）公司

前　言

2017年，在以习近平同志为核心的党中央坚强领导下，广东省深入贯彻落实党的十八大、十八届中央历次全会精神，认真学习贯彻党的十九大精神，以习近平新时代中国特色社会主义思想为指导，按照习近平总书记对广东做出的“三个定位、两个率先”和“四个坚持、三个支撑、两个走在前列”重要指示批示要求，不断增强“四个意识”，坚持稳中求进的工作总基调，坚定不移贯彻新发展理念，推动全省经济社会保持平稳健康发展。广东省统计局数据显示，2017年，广东省实现地区生产总值89879.23亿元，比上年增长7.5%。广东省物流业运行总体平稳，社会物流总额保持上升态势，社会物流总费用与GDP（国内生产总值）的比率有所回落，运行质量有所提高，物流业降本增效效果明显。全省社会物流总额达到225750.4亿元，占全国的8.93%；社会物流总费用为13023.5亿元，物流总费用占GDP的比例为14.5%；物流业增加值为6489.28亿元，物流业增加值占GDP的比例为7.22%；共完成货运量400756万吨，同比增长7.0%；完成货物周转量28199.90亿吨公里，增长28.0%；快递业务量为101.35亿件，同比增长32.09%，继续位居全国首位。

2017年，为贯彻落实国家促进现代物流业发展的相关政策精神，广东省出台印发了《广东省冷链物流发展“十三五”规划》《广东省物流业降本增效专项行动实施方案（2017—2018年）》等文件，结合广东发展实践，推进全省物流业更好发展；为进一步推进供应链管理更好更快发展，广东省积极开展升级供应链管理试点示范工作，以试点促发展，以示范促带动，组织开展了广东省供应链管理第二批试点和第一批示范工作，广东省商业贸易进出口有限公司等97家企业被确定为广东省供应链管理第二批试点对象，广州红谷皮具有限公司等34家企业被确定为广东省供应链管理第一批示范对象；为积极推进道路货运无车承运人试点工作，引导企业运用移动互联网促进货运物流业转型升级，积极推进首批38家广东省道路货运无车承运人试点项目实施。总的来说，2017 年，广东省物流业发展政策环境持续完善、发展规模不断扩大、发展水平稳步提高、供应链创新应用能力持续深化、降本增效成效显现，全省物流业取得较大发展，在促进广东省经济社会和产业发展上做出了重要贡献。

本书自 2010 年公开出版以来，一直致力于为读者总结和反映广东省物流业发展实际情况、广东省物流业发展最新动态、广东省物流业发展最新模式、广东省物流业发展先进理念和做法等信息，积极顺应新的发展形势和热点，题材和内容更加丰富、新颖，更符合广大读者的需求，成为读者全面、深入了解广东省物流业发展的重要读物。

本书的编写得到了广东省商务厅、广东省交通运输厅、广东省工业和信息化厅、各地级以上市商务主管部门和各地级以上市交通主管部门等的大力支持，在此致以衷心的感谢！

由于时间和精力有限，书中难免存在错漏，恳请各位读者批评指正，也欢迎各位读者提出宝贵意见和建议。

编　者
2018 年 11 月

目　录

第一部分　综合与专题篇

第二部分　区域发展篇

第三部分　理论探讨篇

第四部分　典型案例篇

第五部分　政策资料篇

附　录

第一部分

综合与专题篇

2017 年我国物流业发展回顾与展望*

一、2017 年我国物流业发展回顾

（一）总体运行平稳健康

1. 物流需求持续增长

2017 年全年我国社会物流总额达 252 万亿元，同比增长 6.7%；社会物流总费用 12.1 万亿元，同比增长 9.2%；全国货运量 471 亿吨，同比增长 9.3%。中国沿海散货运价指数呈逐月上涨态势，2017 年全年均值 1148 点，与 2016 年相比上涨 22%。

2. 物流运行质量稳步提升

我国社会物流总费用与 GDP 的比率从 2015 年的 16% 和 2016 年的 14.9% 进一步下降到 2017 年的 14.6%；2017 年全年我国物流业总收入 8.8 万亿元，同比增长 11.5%；2017 年 12 月中国物流业景气指数达到 56.6%，全年均值 55.3%，始终保持在 50% 以上的景气区间。

（二）结构调整趋于优化

1. 消费成为物流需求增长的重要推动力

全国单位与居民物品物流总额同比增长 29.9%，消费物流中的电商物流增势明显，中国电商物流运行指数中的总业务量指数全年均值为 143.4 点。电商物流带动快递业务加速扩张，2017 年 12 月中国快递物流指数为 106.3 点，全年快递业务量完成 401 亿件，同比增长 28%。冷链物流成为吸引社会投资的热点，全国冷库总容量达 4775 万吨。与消费相关的快速消费品、医药、汽车、服装等细分市场增长势头良好。

---

* 供稿人：何黎明（中国物流与采购联合会会长），发表于《中国流通经济》，2017 年第 6 期。

2. 工业制造业物流仍然是物流需求的最主要来源

2017年全年我国工业品物流总额达235万亿元，同比增长6.6%，占社会物流总额的92.7%。工业品物流中的高技术产业、装备制造业等物流需求增长较快，高耗能产品、大宗商品物流需求延续回落走势。

3. 运输结构调整见效

多式联运上升为国家战略，交通运输部、国家发展和改革委员会先后确定了两批共计46个示范项目。首批16家示范工程企业已累计开行示范线路140余条，集装箱多式联运完成60万标准箱（TEU）。自2014年以来，重点港口集装箱铁水联运量年增16.8%。《“十三五”铁路集装箱多式联运发展规划》发布，铁路集装箱日均装车量占比超10%。我国铁路2017年全年货物发送量达29.18亿吨，较2016年增长10.1%。2017年全年重型卡车销售量首次突破100万辆，车辆大型化、标准化、现代化步伐加快。全国四批共209个甩挂运输试点项目深入推进，试点企业货运车辆平均里程利用率超80%。挂车租赁、卡车航班、大车队等新模式试水，中国物流与采购联合会公路货运分会组织“星级车队”评选。“星级车队”所有入网车辆月均行驶里程达8956公里，重型牵引车月均行驶里程达1.1万公里，运输效率稳步提升。

（三）资本和科技助推物流升级

1. 多只物流产业基金上市，物流企业“扎堆”进入证券市场

2017年，有8家物流企业跻身国内主板市场，5家物流企业在境外上市，45家物流企业登陆“新三板”市场。上市企业加大网络建设、设备购置与基础设施投资，增强自身实力。企业兼并重组渐趋活跃，中国远洋海运集团收购东方海外公司，中国外运长航集团和招商局集团完成战略重组，中国铁路总公司18个铁路局完成公司制改革，东方航空物流混合所有制改革启动，普洛斯私有化进程全面完成，海航集团收购扩充物流板块，顺丰控股与UPS（联合包裹速递公司）成立合资公司，等等。

2. 科技引领未来

我国已有超过500万辆载重货车安装了北斗定位装置，智能快件箱超过19万组，此外，还有大量的托盘、智能柜、货物接入互联网。交通运输部组织的首批283家无车承运人试点企业平均整合运力近2000辆，平均等货时间缩短，车辆月均行驶里程延长，司机收入增加，传统货运交易成本有效降低。国家发展和改革委员会开展骨干物流信息平台试点，规范和引领互联网+高效物流发展。易流科技公司打造易流云平台，推动线下物流在线化。整个行业以设施互联、人员互联、信息互联带动物流互联，互联网+高效物流成效显著。

3. 科技和资本助推企业提质增效、做大做强

中国物流50强企业主营业务收入达8300亿元，进入门槛提高到了28.5亿元，市场集中度进一步提高。根据国家标准评审认定的A级物流企业近5000家，涌现出了一批综合实力强、能够引领行业发展的标杆型物流企业。

（四）新旧动能加快转换

1. 理念创新引领发展

海尔集团提出“人单合一”概念，推动内部“自组织、自驱动”小微创业。菜鸟网络推动“新物流”革命，提出大数据、智能、协同，服务“新零售”战略。京东物流提出“下一代物流”解决方案，将主要呈现短链、智慧、共生三大特征。国家发展和改革委员会、商务部委托中国物流与采购联合会评选认定首批10家智能化仓储物流示范基地。

2. 人工智能为物流赋能

国务院印发《新一代人工智能发展规划》（国发〔2017〕35号），要求大力发展智能物流。无人仓、无人港、无人机、无人驾驶、物流机器人等一批国际领先技术试验应用。全球最大的单体全自动化码头——上海洋山港四期，开港试运营，京东集团首个全流程无人仓投入使用，顺丰速运建设大型物流无人机总部基地，菜鸟网络将在雄安新区建设“智慧物流未来中心”，圆通速递牵头设立物流领域首个国家工程实验室。

3. 现代供应链创新应用

2017年，国务院办公厅发布《关于积极推进供应链创新与应用的指导意见》（国办发〔2017〕84号），现代供应链创新应用进入新阶段。以海尔、华为、怡亚通等为代表的企业强化供应链服务；宝供、南方、远成、德利得、佳怡等物流企业向供应链转型；物流领域互联网与供应链深度融合，服务模式正在由链主主导型向平台服务型、智慧供应链生态圈转型发展。

4. 共享众包服务升级

继苏宁物流、菜鸟网络之后，京东物流实现独立运营与平台开放。神华集团铁路货车驮背运输探索多式联运新路径，狮桥物流“超级大车队”集中优质运力资源，东方驿站、中集车辆挂车帮等助推甩挂运输发展，地上铁、熊猫新能源等推广绿色新能源车，日日顺物流搭建开放的“车小微”创业平台，中铁快运联手顺丰速运推出“高铁极速达”“高铁顺手寄”等服务产品。运满满、货车帮、天地汇、福佑卡车、中储智运、正广通等平台型企业线上线下增值服务进一步延伸。美团外卖、饿了么、闪送物流等点对点直达的即时生活物流服务进入千家万户。

（五）综合运输体系加速成网

1. “五纵五横”综合运输大通道基本贯通

到 2017 年年底，全国铁路营业里程达 12.7 万公里，其中高速铁路里程 2.5 万公里，占世界总里程的 66.3%；公路总里程 477.15 万公里，其中高速公路 13.6 万公里，覆盖全国 97% 的 20 万以上人口城市及地级行政中心；港口万吨级以上泊位达 2317 个，通江达海、干支衔接的航道网络进一步完善；民航运输机场发展到 229 个，覆盖全国 88.5% 的地市。全球第四、亚洲第一、以顺丰航空为主的湖北国际物流核心枢纽开工建设。

2. 物流网络节点加快布局

我国各类物流园区超过 1200 家，园区平台化、网络化、智慧化初步显现。传化物流打造覆盖全国的“传化网”，卡行天下枢纽达到 200 家。经中国物流与采购联合会牵头，林安物流等 17 家网络化经营的物流园区搭建互联互通服务平台“百驿网”。万科地产、普洛斯、深赤湾、平安银行等加大物流地产投入。德邦物流、安能物流等服务网“三通一达”点不断下沉，编织城乡一体化服务网络。粤港澳大湾区写入政府工作报告，有望协同共建世界级港口群。中欧班列连接“一带一路”沿线国家和地区，已经累计开行 6235 列，其中 2017 年开行 3271 列。

（六）政策环境持续改善

国务院办公厅发布《关于进一步推进物流降本增效促进实体经济发展的意见》（国办发〔2017〕73 号），提出了 27 条具体政策措施。大件运输联网审批、年检与年审两检合并、规范公路执法、减费清税等政策正在落实。交通运输部牵头促进道路货运行业健康稳定发展，提出降本减负“10 件实事”。车辆异地年审、驾驶员异地考核、车辆异地年审提上日程。国家发展和改革委员会等 20 个部门签署对严重违法失信主体实施联合惩戒的备忘录，首批 270 家“黑名单”公布。工业和信息化部开展服务型制造试点，提升工业物流发展水平。国家税务总局、交通运输部连续发文，破解道路运输企业“营改增”后遇到的问题。国家质量监督检验检疫总局联合 11 个部门出台《关于推动物流服务质量提升工作的指导意见》，扩大高质量物流服务供给等。随着“放管服”改革的深入推进，制约行业发展的制度环境逐步好转。

总的来看，我国物流业的许多指标已经排在世界前列，从规模看已经成为全球“物流大国”。但是，必须清醒地认识到，我国物流运行质量和效率不高、服务供给能力不强、基础设施联通不够、创新能力不足等问题仍然存在，发展不平衡、不充分的矛盾仍然比较突出，体制政策环境仍然需要进一步改善。传统的以数量规模和要素驱动的粗放型发展模式已经难以为继，与人民日益增长的对高质量物流服务的需求以及“物流强国”的建设目标相比还存在很大差距。

二、今后一段时期我国物流业发展展望

党的十九大开启了中国特色社会主义建设的新时代，确定了全面建设社会主义现代化强国的新目标。物流业作为支撑国民经济发展的基础性、战略性、先导性产业，是社会主义现代化强国的必备条件。我们要充分认识新时代对物流业发展提出的新要求，把建设“物流强国”作为战略目标，把高质量发展作为实现途径，着力解决物流业发展不平衡、不充分问题，带动并引领关联产业转型升级，更好地服务现代经济体系建设，满足人民日益增长的物流服务需求，从整体上推动我国从“物流大国”向“物流强国”迈进。今后一段时期，以下几个方面应当引起高度重视。

（一）要从规模速度向效率提升转变，推动效率变革

当前，与发达国家相比，我国在物流效率方面仍然存在一定差距，降本增效仍然是工作的重点。未来一段时期，优化经济结构、提升物流运作水平、降低制度性交易成本将是降本增效的重要途径。物流企业应把推动现代供应链创新应用与相关产业深度融合、提升物流运作效率作为主攻方向，争取经过 3 ~ 5 年的努力，使我国社会物流总费用与 GDP 的比率再降低 1 ~ 2 个百分点。

（二）要大力发展智慧物流，推动动力变革

当前，新一轮科技革命和产业变革势头强劲，互联网与物流业深度融合，智慧物流蓬勃发展。未来一段时期，物联网、云计算、大数据、区块链等新一代信息技术将进入成熟期，全面连接的物流互联网将加快形成，“万物互联”呈指数级增长。物流数字化、在线化、可视化成为常态，人工智能快速迭代，将重塑物流行业新生态。

（三）要创新应用现代供应链，推动质量变革

随着我国经济转向高质量发展，产业升级、消费升级，服务经济、体验经济对物流服务方式和质量提出了新的要求。物流业与上下游制造企业及商贸企业深度融合，需要延伸产业链，优化供应链，提升价值链。互联网与供应链融合的智慧供应链将成为新一轮竞争的焦点，有望形成一批上下游协同、智能化连接、面向全球的现代供应链示范企业和服务平台。

（四）要加强物流基础设施网络建设，发挥协同效应

党的十九大报告明确提出，要加强水利、铁路、公路、水运、航空、管道、电网、信息、物流等基础设施网络建设。要促进各种运输方式合理分工、线路与节点衔接配套，实现全程物流一单到底与无缝对接。要推动物流园区、配送中心、末端网点等多级物流网络与综合运输体系互联互通。实施重点通道联通工程和延伸工程，打造国际、国内物流大通道，形成一批具有战略意义的国家物流枢纽，统筹推进国际性、全国性、区域性交通运输物流网络建设。

（五）要坚持人与自然和谐共生发展理念，发展绿色低碳物流

随着环境负荷的日益加重，物流业面临严峻挑战。重型柴油货车开始执行国家第五阶段机动车污染物排放标准，多地对柴油货车实行环保新政。《巴黎协定》正式生效，多个国家正陆续制订燃油车退出时间表。未来 3 ~ 5 年，自然环境与政策措施将倒逼绿色物流加快发展。节能降耗、新能源替代、可再生能源利用、减量化包装等绿色物流技术和带板运输、共同配送、多式联运、逆向物流等绿色物流模式将进入快速发展期。

（六）要坚持以人民为中心的发展理念，满足人民美好生活物流方面的需要

从本质上看，推动物流业高质量发展就是为了满足人民日益增长的美好生活需要。我们要积极配合制造强国、乡村振兴、区域协调、美丽中国等重大国家发展战略，主动服务精准脱贫、消费升级、民生改善、污染防治等物流需求。要进一步提高服务质量，不断开发新的物流产品，提高客户满意度。此外，我们还要激发和保护企业家精神，弘扬劳模精神和工匠精神。要关爱卡车司机、快递员等基层从业人员，使之能够得到应有的尊重，更加体面地工作，更加幸福地生活，增加他们的“获得感”，吸引更多市场主体自觉投身到“物流强国”建设中来。

2018 年不仅是贯彻党的十九大精神的开局之年，还是我国改革开放 40 周年，更是我国全面建成小康社会、实施“十三五”规划承上启下的决胜和关键一年。一定要按照党中央和国务院决策部署，全面贯彻党的十九大精神，以新时代中国特色社会主义思想为指导，坚持稳中求进工作总基调，坚持新发展理念，迈向高质量发展的新阶段。一定要认清中国特色社会主义的历史方位，不忘初心，牢记使命，把建设“物流强国”作为新时代我国物流业发展的新目标，务实创新，砥砺前进。

2017 年广东省物流业发展回顾与展望*

一、2017 年广东省经济发展情况

2017 年，在以习近平同志为核心的党中央坚强领导下，广东省深入贯彻落实党的十八大、十八届中央历次全会精神，认真学习贯彻党的十九大精神，以习近平新时代中国特色社会主义思想为指导，按照习近平总书记对广东作出的“三个定位、两个率先”和“四个坚持、三个支撑、两个走在前列”重要指示批示要求，不断增强“四个意识”，坚持稳中求进工作总基调，坚定不移贯彻新发展理念，推动全省经济社会保持平稳健康发展。

广东省统计局数据显示，2017 年，全省实现地区生产总值 89879.23 亿元，比上年增长 7.5%。其中，第一产业增加值 3792.40 亿元，增长 3.5%，对地区生产总值增长的贡献率为 2.0%；第二产业增加值 38598.55 亿元，增长 6.7%，对地区生产总值增长的贡献率为 39.8%；第三产业增加值 47488.28 亿元，增长 8.6%，对地区生产总值增长的贡献率为 58.2%。三次产业结构比重为 4.2∶43.0∶52.8，第三产业所占比重比上年提高 0.8 个百分点。分区域看，珠三角地区生产总值占全省比重为 79.7%，粤东西北地区占 20.3%，其中东翼、西翼、山区分别占 6.8%、7.5%、6.0%。全年固定资产投资 37477.96 亿元，比上年增长 13.5%。分产业看，第一产业投资 395.19 亿元，比上年下降 11.2%；第二产业投资 12128.94 亿元，增长 9.4%，其中，工业投资 12110.44 亿元，增长 9.6%；第三产业投资 24953.84 亿元，增长 16.2%。全年社会消费品零售总额 38200.07 亿元，比上年增长 10.0%。分地域看，城镇消费品零售额 33423.74 亿元，增长 9.9%；农村消费品零售额 4776.33 亿元，增长 10.5%。全年货

* 供稿人：李泽华，广东省现代物流研究院。

物进出口总额68155.9亿元，比上年增长8.0%。出口42186.8亿元，增长6.7%；进口25969.1亿元，增长10.1%；进出口差额（出口减进口）16217.7亿元，比上年增加276.3亿元。其中“一带一路”沿线国家进出口额15032.2亿元，增长14.9%。全省纳入统计的跨境电子商务进出口441.9亿元，增长93.8%（见图1－1、表1－1）。

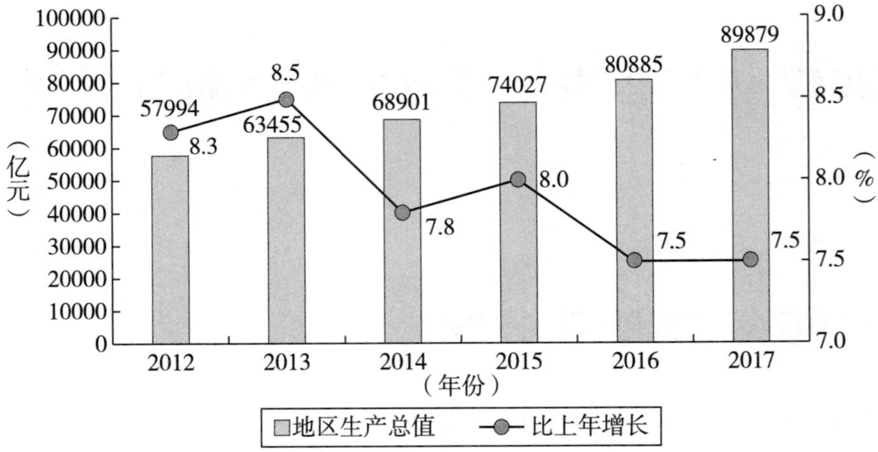

图1－1　2012—2017年地区生产总值及其增长速度

注：地区生产总值、各产业增加值绝对数按现价计算，增长速度按可比价计算。

表1－1　2017年全省分区域主要指标情况

区域	GDP（亿元）	GDP增长（%）	第三产业增加值占GDP比重（%）	社会消费品零售总额增长（%）	固定资产投资增长（%）
珠三角	71633.75	7.9	56.8	9.0	13.7
东　翼	6111.79	7.2	42.4	10.3	18.4
西　翼	6740.94	7.2	45.2	9.3	9.1
山　区	5392.75	5.6	49.9	9.0	11.1

资料来源：2017年广东国民经济和社会发展统计公报。

二、2017年广东省物流业发展总体情况

（一）物流业总体持续平稳运行

2017年，广东省物流业运行总体平稳，社会物流总额保持上升态势，社会物流总费用与GDP的比率有所回落，运行质量有所提高，物流业降本增效效果明显。全省社会物流总额达到225750.4亿元，占全国的8.93%，社会物流总额继续增长。全省社会物流总费用为13023.5亿元，物流总费用占GDP的比例为14.5%，物流费用规模增速

进一步减缓，提质增效成果有所显现。全省物流业增加值为6489.28亿元，物流业增加值占GDP的比例为7.22%，物流业增加值占第三产业增加值的比例为13.66%。全省共完成货运量400756万吨，同比增长7.0%；完成货物周转量28199.90亿吨公里，增长28.0%。全省快递业务量为101.35亿件，同比增长32.09%，继续位居全国首位。广东省邮政业业务总量、快递业务量占全国的比重超过1/4，快递业务收入占比超过1/5。

（二）物流发展政策支持持续加大

2017年，国家到省级政府部门出台了一系列支持引导物流业发展的政策措施。从国家层面，1月，交通运输部等18个部门联合发布《关于进一步鼓励开展多式联运工作的通知》，明确提出企业开展多式联运业务不增设许可，在简政放权的同时，提高了企业发展多式联动的积极性。2月，商务部、国家发改委等部门联发了《商贸物流发展“十三五”规划》，为进一步完善商贸物流基础设施，构建多层次商贸物流网络，提升商贸物流标准化、信息化、集约化、专业化和国际化水平指出方向。4月，国务院办公厅印发《关于加快发展冷链物流保障食品安全促进消费升级的意见》，立足于推动冷链物流发展，保障生鲜农产品和食品消费安全。8月，国务院办公厅印发《关于进一步推进物流降本增效促进实体经济发展的意见》，从深化“放管服”改革、加大降税清费力度等七个方面，再次聚焦物流降本增效。10月，国务院办公厅印发《关于积极推进供应链创新与应用的指导意见》，这是国务院首次就供应链创新发展出台指导性文件，标志着我国供应链迎来创新与应用发展的新时代。11月，国家邮政局等10部门联合发布《关于协同推进快递业绿色包装工作的指导意见》，为绿色物流做出发展指引。从省级层面，广东省出台《广东省冷链物流发展“十三五”规划》《广东省物流业降本增效专项行动实施方案（2017—2018年）》等文件，积极贯彻落实国家促进现代物流业发展相关政策，结合广东省发展实践，推进全省物流业更好发展。

（三）交通运输网络体系不断完善

2017年，广东省继续加强交通运输网络建设，内联外通的网络体系更加完善。陆路大通道陆续建成，云湛高速一期、揭惠高速一期、广中江高速二期、仁新高速一期、宁莞高速潮州段、龙联高速、兴华高速、广佛江珠城际铁路、广州琶洲支线、广汕铁路等一批国家和省内陆路大通道项目在建或通车。高速公路通车里程和高速铁路运营里程均位居全国前列，全面实现“县县通高路、市市通高铁”。民航运输网络通达性进一步提高，一系列项目顺利实施。如广州白云机场航站楼停机坪正式启用，第三批扩建工程顺利实施，全年旅客吞吐量首次突破6500万人次；深圳机场火箭工程先导开展，旅客吞吐量达到4561万人次；惠州机场、揭阳潮汕国际机场、梅州梅县机场、韶关丹霞机场、湛江机场均筹划建设方案，纳入省“十三五”规划和民航发展专项规划，初步形成覆盖国内主要城市、通达五大洲重要城市的航线网络。港航网络加快完善，全省港口货物吞吐量197131万吨，规模以上港口货物吞吐量186620万吨；港口集装箱吞吐量6398.80万标准箱，规模以上港口集装箱吞吐量6202.87万标准箱，以珠三角为核心、粤东粤西为两翼的沿海港口群竞争力保持全国前列；珠三角高等级别航道网进一步完善，粤东西北地区航道扩能工程加快推进。

（四）邮政快递业务总量持续增长

2017年，广东省邮政业业务总量2526亿元，同比增长33.9%，业务收入（不含邮政储蓄银行直营业务收入）1316亿元，同比增长28.9%。广东省邮政业发展态势持续向好，继续位居全国首位。其中，2017年广东省快递业务量为101.35亿件，同比增长32.1%，成为首个年快递业务量上百亿件的大省。2012—2017年，广东省快递业务量一路增长，从2012年的13.38亿件增至2017年的101.35亿件，年均复合增长率为49.9%，增长十分迅速。广东省邮政业业务总量、快递业务量占全国的比重超过1/4，快递业务收入占比超过1/5，成为首个年快递业务量上百亿件、年快递业务收入过千亿元的快递大省，邮政业第一大省的地位得到进一步巩固，在服务地方经济社会发展中的作用不断增强。

（五）跨境物流通关便利化更加完善

2017年，广东省跨境电商进出口441.9亿元，同比增长93.8%，规模居全国首位；中国出口电商卖家中广东省数量最多，占全国的24.8%。其中，广州跨境电商进出口总值超过210亿元，增长33.5%；深圳跨境电商（监管方式1210、9610）进出口总值合计27.5亿元，增长40.9%。广东省日渐完善的跨境通关便利化保障了全国跨境电商的领先地位。2017年，广东省进一步放宽对物流企业和从业人员资质的行政许可和审批条件，推动广东省电子口岸应用，积极推进国际贸易通关、检验检疫、结汇、缴进口税等关键环节“单一窗口”综合服务体系建设，大力推广“一站式”联合办公模式，进一步推行“联合查验、一次放行”等通关新模式。此外，2017年3月，作为华南地区唯一的国家级市场采购贸易方式试点，广州花都国家级市场采购贸易方式试点正式启动，商务、海关、检验检疫、国税等部门进驻办公，为市场采购贸易各经营主体提供行政审批、注册备案、政策咨询等一站式、便利化政务服务。利用广州市场采购贸易联网信息平台，可以实现商品通关审核的“秒过”，大幅提高了跨境贸易和物流的运行效率。

（六）无车承运人试点工作稳步推进

广东省是全国道路货运量最大的物流大省，省交通运输厅积极推进道路货运无车承运人试点工作，引导企业运用移动互联网促进货运物流业转型升级。2017 年，广东省首批 38 家道路货运无车承运人试点进入实施阶段，试点至 2017 年 12 月 31 日结束。参与试点的企业既有宝供物流、中外运广东公司、林安物流、华南中远海运等交通运输、港航物流龙头企业，也有好多车、一站网等互联网平台企业，有大型央企、民企，也有沃尔玛跨国商贸流通企业。此外，推动成立“广东省道路货运无车承运人联盟”作为行业组织，联盟充分发挥中介服务作用，向政府反映企业的诉求，为行业争取政策支持，帮助政府加强相关政策法规的宣传，并且协助政府开展数据统计和调查等基础工作，帮助加强试点企业间的业务交流和合作，引导资本、技术等要素的有效合理配置。

（七）供应链创新与应用加快推进

2017 年 10 月，国务院办公厅印发《关于积极推进供应链创新与应用的指导意见》，标志着我国供应链迎来创新与应用发展的新时代，步入重要历史发展机遇期。据不完全统计，我国供应链专业服务企业超过 5000 多家，主要分布在我国沿海经济发展的三大经济带圈，特别是在珠三角地区。广东省供应链管理发展水平位于全国前列，制造供应链、外贸供应链等领域新模式、新技术不断涌现，从产业供应链到平台供应链，再到供应链生态圈，通过整合与创新，助推产业转型升级。为进一步推动供应链管理更好更快发展，广东省经济与信息化委积极开展供应链管理试点示范工作，以示范促带动，以试点促发展。2017 年，组织开展了广东省供应链管理第二批试点和第一批示范工作，广东省商业贸易进出口有限公司等 97 家企业被确定为广东省供应链管理第二批试点对象，广州红谷皮具有限公司等 34 家企业被确定为广东省供应链管理第一批示范对象。此外，为贯彻国家供应链支持政策，广东省积极开展供应链创新与应用行业发展专题研究，开展全省供应链创新与应用实施方案的政策出台准备工作。

三、广东省物流业发展存在的主要问题

（一）物流业缺乏国际性龙头企业

随着“一带一路”国家倡议的深入推进，广东省与东盟、中亚、欧洲、南非等沿线国家跨境物流通道建设不断完善，公路、铁路、航空等一系列交通运输基础设施加

快互联互通。如广东（石龙）铁路国际物流基地先后打造中亚班列、中欧班列等国际物流大通道，截至2017年，由东莞始发的国际班列已达122列，总货运量达59436吨。但是，物流龙头企业的发展却滞后于基础设施建设，广东省具备国际资源整合能力的物流企业仍比较匮乏，在当前广东省出口规模不断扩张的背景下，国际物流对广东省经济输出的支撑作用尤为必要和重要。对比看，国际大型物流企业如DHL（敦豪）、马士基、TNT（天地）等，都具备规模大、业务全面、技术管理先进、拥有覆盖全球主要国家和地区的网络等特点，而广东省一些较大的物流或供应链企业如怡亚通、飞马国际、欧浦钢网等，均在细分市场有较强的竞争力，但整体企业规模较小，区域性特点较为明显，辐射全球的物流网络和物流服务能力较为薄弱，广东省国际性物流或供应链龙头企业发展与世界一流水平仍有差距。

（二）土地资源制约作用越发明显

目前，产品的生产流通方式逐渐向电子商务、生鲜电商、新零售等业态演进，这些新经济的业态不同于传统商贸企业，需要更多更大的仓储空间，对物流的服务网络和服务能力要求也更高。广东省新经济发展的重点以及物流基础设施的重点在珠三角，尤其是在广州、深圳地区，但当前电商、物流、仓储等企业面临着越发明显的土地资源制约。如唯品会在全国各地建设了超过100万平方米的大型物流中心，而在作为广州市中心城区的荔湾区，物流仓储用地规划却很难被批准，这极大地制约了电商物流的发展。在冷链物流方面，广深地区冷库建设用地制约更加明显，导致在广州、深圳乃至珠三角这样的重要分销地缺乏体量大、分拨能力强、辐射范围广的冷库，限制了冷链物流行业的规模化、网络化发展。

（三）冷链物流体系发展仍然不足

据初步统计数据，目前广东省冷库容量居全国第三位，冷库容量390万吨，占全国比重为8%，基本与GDP占全国比重保持一致。相比冷链物流市场需求，广东省冷链物流体系发展还有所不足，主要体现在：第一，广东省冷库主要以传统仓储式冷库为主，而且容量普遍较小，传统仓储式冷库占全省冷库容量80%以上。第二，广东省冷库具有高度集中性的特点，冷库资源主要集中于珠三角地区，以广州、深圳为最主要集中地，粤东粤西等地的冷库容量占比小，发展不平衡现象明显。第三，广东省对冷链物流行业发展优惠政策并不明显，缺乏大型企业，行业标准尚未确立，导致冷链物流行业处于无序竞争的状态，广东省冷链物流发展前景不太乐观。第四，在对冷链需求大的珠三角地区冷库建设用地供应紧张，导致广东省冷库容量普遍较小，突破4万吨体量冷库不多，极大地制约了冷链物流行业的规模化发展。

（四）农村物流发展较为落后

党的十九大指出，我国社会主要矛盾已经转化为人民日益增长的美好生活需要和不平衡不充分的发展之间的矛盾。粤东西北与珠三角之间差距巨大，广东省农村经济发展水平不高，珠三角农村与粤东西北地区农村也存在巨大差距，这为实现物流业的区域平衡发展带来挑战。农村物流基础设施、农村物流服务体系薄弱，全省农村物流发展水平不高，物流支撑农民创收能力较弱，农村发展层次有待提高。国家贫困村主要分布在粤东西北地区，相对来说珠三角农村地区经济状况较好，不同区域的农村物流发展水平差异显著。农村物流组织化程度仍然不高，目前农产品流通主要还是通过散乱的农贸市场、田头收购网点等渠道完成。城乡物流配送发展协调性不足，农产品上行和消费品下行通道仍不通畅。

（五）绿色物流发展面临巨大挑战

目前，我国快递包装行业包装过度、大材小用、回收使用率低等浪费现象显著存在。2017 年 11 月，国家邮政局、环境保护部（现为“生态环境部”）等 10 个部门联合发布《关于协同推进快递业绿色包装工作的指导意见》，明确了“十三五”期间快递业绿色包装的目标和任务，并将每年 11 月第一周作为“绿色快递宣传周”。据统计，2017 年全年，中国快递业务量达到 400 亿件，包装快递所用的胶带总长度就可以绕地球赤道 425 圈。据了解，目前快递业中纸板和塑料的实际回收率不到 10%，包装物总体回收率不到 20%，快递包装材料在自然界中需要几十年甚至上百年才能降解。2017 年，广东省邮政业业务总量、快递业务量占全国的比重超过 1/4，快递业务收入占比超过 1/5，仅快递物流一个领域，巨大的业务量产生的快递包装物就对环境造成严重的威胁，广东省绿色物流发展面临严峻的挑战。

（六）高端物流人才比较缺乏

随着国务院办公厅印发《关于积极推进供应链创新与应用的指导意见》，我国供应链创新与应用迎来发展新时代。大力推进供应链创新发展，加速产业融合、深化社会分工、提高集成创新能力，建立供应链上下游企业合作共赢的协同发展机制，建立覆盖设计、生产、流通、消费、回收等各环节的绿色产业体系，这都离不开物流人才尤其是高端复合型人才的支持。当前，广东省乃至全国精通运输管理、仓储管理、配送管理、信息系统、国际贸易以及电子商务运营、资金链供应、成本控制等相关流程等领域的物流人才供不应求，能够掌握并精通供应链管理、供应链创新和应用，了解绿色物流、智慧物流等领域最新知识的物流高级人才更是匮乏。人才的培育与供应跟不上供应链创新与应用、绿色物流、智慧物流等物流发展趋势，是一个长期存在的问题。

四、促进广东省物流业发展的对策建议

（一）加快培育具备国际竞争力的物流企业

以国家加快供应链创新与应用为契机，加快培育具有国际竞争力的龙头物流企业。一是支持广东省物流企业通过参股、控股、兼并、联合、合资、合作等多种形式，加强与国内供应链上下游企业紧密合作与协同发展，促进企业规模迅速扩大。二是积极对接“一带一路”倡议，支持广东省物流企业加大对中亚、西亚、南亚、欧洲、非洲等沿线多数为新兴市场国家和地区的市场开拓力度。三是鼓励广东省有实力的企业通过直接投资和间接投资，收购国外物流企业或者获得国外物流企业的合作优先权，同时在周边大量建设物流节点，实现货物转运的无缝对接，确保国际货运的通达性。四是支持物流企业针对全球市场进行物流业整体布局，形成全球物流网络，提高国际运输、仓储、货代、联运、快递、物流金融、物流保险、供应链管理等服务能力，加强资源优化配置，提升物流运行效率，最终促进国际竞争力的提升与发展。

（二）鼓励支持冷链物流行业创新发展

创新冷链物流行业发展模式，鼓励开展个性化冷库定制服务。把握冷库发展新特征，顺应冷库作为周转仓、产品存放时间缩短的新趋势，鼓励冷库设计与建设从以往的单温区向多温区转变，冷库功能布局要与客户需求相适应，同时在冷库设备设施上要实现高度现代化、标准化和信息化以适应客户的不同需求。创新冷链资源供给思路，着力整合改造落后冷链存量资源。鼓励大企业利用自身的市场资源、管理、资金和技术优势，通过并购、托管或者合作开发等方式，整合其他小、散冷库，进行转型升级改造，实行一体化的运营管理和使用统一的信息管理系统，提升竞争力，使之适应新的市场需求。支持农产品冷链物流体系建设，鼓励发展田头预冷和全程冷链运输网络。加大政府政策扶持，支持田头预冷库、可移动冷链装置建设，降低农产品腐损率。打造专业第三方冷链物流服务商，为冷链企业提供全方位配套的服务，保障冷链的健康发展。

（三）加快农村物流基础设施网络建设

加强全省城乡交通设施规划与物流建设布局衔接，统筹规划农村物流基础设施网络。加强农村公路建设、修缮资金投入，构建县、乡、村互联互通的交通运输网络。

依托重点农产品产区，重点支持建设一批现代化的农产品集散中心、农贸市场、冷链物流园区，提升农产品上行基础支撑能力。改造提升一批传统农产品批发市场，推进传统物流基础设施、技术和经营模式向现代化物流分拨配送中心转变，提高现有物流设施资源利用效率。支持农村电商特色产业园区建设，完善物流服务功能，促进农村电商物流协同发展。大力推进物流节点间“一点多能、一网多用、深度融合”的农村物流发展新模式，建立健全以县域物流配送中心、乡（镇）配送节点、村级服务点为支撑的三级物流节点农村配送网络。

（四）加强绿色物流体系建设

加强绿色物流发展动态和发展趋势研究，建立绿色物流指标框架与评价体系，逐步建立绿色物流企业的认定标准和评价方法，为后续制定扶持绿色物流企业政策建议提供工作抓手和数据支撑。大力推广电子运单，减少电子商务物流包裹运单的浪费。加强快递包装现场回收或定点回收模式应用，最大限度实现循环使用，加大对使用可环保降解包装材料的电子商务及物流企业资金补贴力度。支持推广标准化托盘“回购返租”模式，加强标准化托盘循环利用。设立专项资金鼓励企业更换物流设施设备、推动标准化设施设备的推广。通过资源整合，扩大多式联运、甩挂运输等先进的货运模式推广应用。统一绿色货运车辆标准，支持引导物流企业使用电动叉车、新能源物流车等先进交通运输设备，推广节能减排车辆技术与应用。

（五）加强高端物流人才培育

大力培养高端物流专业人才，一是鼓励企业与高等院校、中职学校（含技工院校）等合作建立产学研基地、实习实训基地，探索现代学徒制、订单式培养等校企联合人才培养模式。二是支持高等院校、大中专院校和职业院校，在现有物流专业体系中开设供应链管理、绿色物流、智慧物流等物流领域的最新课程。三是利用学会、协会和研究机构等社会力量，充分利用现有的培训资源和体系，开展物流知识、技能培训，培养理论与实践兼备并熟悉当前先进物流模式和技术操作的专业型、复合型人才。四是通过资金、社会福利等多方面，加强高端物流人才引进计划执行，积极探索吸引国外高端物流人才来粤工作、落户措施。

2017 年广东省交通运输发展回顾与展望*

一、2017 年交通运输发展总体情况

2017 年，全省交通运输系统踏实推进行业改革建设、发展稳定各项工作，圆满完成各项目标任务，交通投资建设稳增长任务超额完成，全年完成投资 1386 亿元，超过计划 20.5%，同比增长 10.4%，各类项目投资进度快于往年、高于预期；高速公路在全国率先突破 8000 公里，总里程达 8338 公里，连续四年保持全国第一，与陆路相邻省份均开通 4 条以上出省通道；粤港澳大湾区超级工程顺利推进，港珠澳大桥全线贯通、基本具备通车条件，深中通道实现“当年开工、当年成岛”，虎门二桥 2 座超千米悬索桥主缆架设完毕；高等级航道里程首次突破 1000 公里，达到 1200 公里；取消车辆通行费年票制，试行货运车辆通行费八五折优惠，降低实体经济成本；运输服务总量和质量双向提升，预计完成公路水路客运量 10.9 亿人、货运量 38.3 亿吨、港口货物吞吐量 19.7 亿吨，同比分别增长 3.9%、6.7%、9.6%，公共交通服务指数达 99.05。

（一）公路物流网络建设持续推进

一是高速公路建设再创佳绩。建成通车 7 项 655 公里，新增 2 条高速公路出省通道（通湖南、福建），宁莞高速潮州北段打通珠三角通往粤东潮汕地区又一条大通道，汕湛高速云湛段一期新打造一条粤西分流大通道，汕昆高速龙连段进一步拓展广州至梅

* 资料来源：根据李静《在 2018 年全省交通运输工作会议上的讲话》整理。

州通道，粤东西北交通大通道和路网持续完善，春节等假期交通拥堵状况将有效缓解。54 项 3000 公里其他续建项目进展顺利。汕湛高速吴川支线等 7 项 428 公里如期开工。二是普通公路建设有力推进。完成普通国省道新改建及路面改造达 1000 公里。规划建设全长约 1900 公里的广东滨海旅游公路，启动环岭南生态旅游公路规划工作。着力推动农村交通基础设施建设提档升级，深入开展“四好农村路”建设，交通精准扶贫初见成效。完成农村公路建设 4230 公里、农村公路安全生命防护工程 9200 公里、危桥改造项目 330 个。

（二）港航扩能升级加快实施

西江（界首至肇庆）航道扩能升级、龙穴南水道等项目主体工程建成完工，北江航道扩能升级等项目抓紧推进。全省内河航道通航总里程 1.21 万公里，居全国第二，通航环境不断改善。深圳港盐田港区西作业区集装箱码头等 7 个项目建成完工，广州港南沙国际邮轮码头等 9 个项目如期开工。南沙港区集装箱三期工程 6 个万吨级深水泊位和 24 个驳船泊位全面建成投产，目前南沙港区已建成 16 个 10 万 ~15 万吨级集装箱泊位以及一批滚装汽车、粮食、石油化工等深水、专业化泊位，可以满足世界最大集装箱船靠泊作业要求。

（三）交通运输服务能力持续增强

一是客运服务提质升级。全省公路客运车辆约 3.88 万辆，其中高等级车辆占 72%；城市公交车约 6.53 万辆，城市每万人公交拥有量 14.75 标台；开行城市轨道交通线路 26 条，运营总里程 724 公里。全省 14 个地市与全国交通“一卡通”互联互通。行政村客运班车通达率达 92%。实现 430 家客运站联网售票，推行客运实名制售票和电子客票试点。12328 服务热线全年受理有效业务逾 162 万件。广州市全力做好财富全球论坛交通保障，“深中水上巴士”实现深圳中山一小时生活圈，阳江阳西县开创了一条城乡客运多功能高效配置的特色发展之路。二是货运服务能力持续增强。全省道路运输货车超过 63 万辆，其中大型以上货车吨位数占比达 95.27%。全省营运船舶 8500 艘，2200 万载重吨，客位 8.7 万个。珠三角港口群集装箱吞吐量达 5600 万标准箱，继续居世界港口群首位。

（四）推动交通物流业降本增效

为贯彻落实广东省委省政府关于推进供给侧结构性改革和有效降低实体经济企业成本的决策部署，2017 年 4 月，组织召开广东省推进物流业降本增效高峰研讨会，就资源整合、新型业态和运输效率等方面内容，分享国内外物流业“降本增效”的先进经验和做法，并开展广东省物流业成本对比研究。2017 年 8 月，根据《广东省物流业降本增效专项行动实施方案（2017—2018 年）》的任务分工，印发实施《广东省交通物流业降本增效专项行动方案（2017—2018 年）》（粤交运〔2017〕896 号）。围绕改革创新、固本强基、提质增效等方面进行任务分工，落实工作保障，推进交通物流业降本增效，为广东省实现“四个坚持、三个支撑、两个走在前列”注入强劲动力。积极配合交通运输部开展 ETC 标准化车道研究试点，全省共开通 ETC 车道 1920 条、粤通卡用户超过 735 万，均居全国首位。“放管服”改革成效明显，将涉及广东省交通运输厅的 16 项行政职权事项下放或委托广州、深圳市实施，将由省级交通运输管理部门实施的 4 项行政许可调整由市县实施。开展中介服务收费清理规范工作，取消车辆通行费年票制，停止审批新的普通公路收费项目。落实“减政便民”要求，推进“双随机一公开”抽查事项对市场监管和其他行政执法事项的全覆盖。

（五）交通运输治理体系优化取得新进展

一是法治交通建设持续深化。《琼州海峡轮渡运输管理规定》《广东省公路工程造价管理实施细则》《广东省出租汽车经营管理办法》施行或修订完成，广东省主编的行业标准《公路工程建设项目造价文件管理导则》由交通运输部颁布实施。二是行业监管继续强化。有序推进行业信用体系建设；出台促进道路货运行业健康稳定发展的实施计划；进一步推广应用电子招标投标管理系统；出台交通运输综合行政执法业务指南，全年共查处交通运输违法案件 13 万余宗；全面实施高速公路非现场执法，货车超限率同比下降超过 70%；加强审计监督，全年审计总金额 1030 亿元。三是工程质量和造价管理水平稳步提升。全面推进公路建设“五化”管理，扎实开展“五赛五比”活动，精作广东省标准。编制印发高速公路工程施工安全生产标准化技术指南，推动高速公路建设标准化、工厂化、预制化、装配化发展。完成 4320 亿元交通建设项目造价审查，基本实现“工完账清、不超概”。

（六）大力推进先进运输组织方式发展

大力推进甩挂运输、多式联运、无车承运等运输组织方式，推进“互联网 +”高效物流发展。一是积极做好无车承运人试点运行监测工作，根据《交通运输部办公厅关于做好无车承运试点运行监测工作的通知》（交办运函〔2017〕256 号）要求，2017 年 4 月初，编印了《广东省交通运输厅关于加强省道路货运无车承运试点监管工作的通知》，通过“试点实施、运行监测、总结评估”三方面内容开展广东省无车承运试点企业的监管工作，4 月底广东省无车承运试点监测平台正式上线运行，全省 38 家无车承运试点企业接入省监测平台，按要求向平台上传运单数据。二是组织开展第二批多式联运试点项目，省交通厅组织专家对各地初审推荐的示范工程项目开展遴选、评审工作，并将入选的2个项目报交通运输国家发展改革委员会审批，最后，广东省盐田港亚太—泛珠三角—欧洲国际集装箱多式联运示范工程入选国家第二批多式联运示范工程。三是继续推进甩挂运输工作，2017年年底，全省共有26个国家级、省级公路甩挂运输试点项目，参与企业40余家，新建或改造甩挂运输站场11个，开通甩挂运输线路47条，覆盖国内17个省市（区），同时，通过“粤港澳—东盟1+N甩挂运输试点项目”延伸甩挂运输网络。

（七）交通运输转型升级迈出新步伐

一是交通运输综合改革深入推进。签署实施省部战略合作协议，为广东省交通事业发展注入新动能。交通运输综合改革试点58项任务持续推进。广东省南粤交通投资建设公司在圆满完成艰巨建设任务的基础上，平稳实现与省交通集团重组整合、发展壮大。二是港口资源整合有序推进。加快推动全省港口资源优化整合和琼州海峡港航一体化发展，不断提升港口资源利用效率和港口群整体竞争力，着力打造世界级港口群。三是交通运输区域合作加快发展。全省港口共开通国际集装箱班轮航线305条，缔结友好港口68对；打造现代航运服务集聚区，推进粤港澳大湾区物流枢纽规划建设；广东—西藏道路运输三年援助合作项目有效推进；交通基础设施服务国防能力不断增强。四是绿色交通建设取得实效。在全国率先发布省级绿色公路建设技术指南；全省新能源道路客货运车辆达4.5万辆，电动公交车在公交车总量中占比达45.9%，深圳市率先全面实现公交电动化；深入实施大宗货物绿色运输北江示范项目；淘汰老旧船舶40.3万载重吨，全国第一艘碳纤维高速客船在粤港澳投入运营；继续推进绿色港口建设。

（八）交通领域科技创新能力明显提升

实施“四个十”科技创新计划；港珠澳大桥长6千米的超宽深埋沉管隧道关键技术、钢箱梁机器人全焊接关键技术，虎门二桥超高强钢丝盘条国产化关键技术，珠海连接线拱北隧道超大曲线顶管管幕冻结隧道设计施工关键技术等，实现了具有国际水平的核心技术突破；乐广高速大瑶山一号隧道、江顺大桥获中国建设工程鲁班奖；全省3家企业被交通运输部认定为行业研发中心；中国（小谷围）“互联网+交通运输”双创大赛规模与影响力进一步提升；完成全省综合运输行业服务专有云平台搭建；“粤e航管”成为全国水路运输管理App首创；广州港智慧港口等3个项目入选交通运输部首批智慧交通建设示范项目；广东省交通运输工程项目电子档案双套制加大推广应用。

二、2018 年广东省交通货运运输发展展望

（一）加速推进构建交通基础设施网络

研究制订 2018—2020 年高速公路、国省道、农村公路、水运工程建设计划。全面推进深中通道、虎门二桥等 61 项 3429 公里在建项目，计划建成通车武深高速仁化至博罗段二期等 12 项工程，高速公路通车总里程突破 9000 公里；新开工沈海高速开平至阳江段扩建等 7 项 576 公里；加快惠河高速平南至热水段等项目前期工作。规划建设广东省滨海旅游公路和环南岭生态旅游公路。做好省“十件民生实事”中交通运输相关工作，加快“四好农村路”建设，完成省定贫困村通 200 人以上自然村路面硬化建设，全面加强农村客运站亭建设。加快建设高等级航道网，打造珠江黄金水道。加快推进北江航道扩能升级建设及东江、韩江和航道维护现代化改造等项目前期工作。提前谋划粤港澳大湾区综合交通体系，加快建设大湾区国际航运枢纽。强化广州港、深圳港国际门户枢纽港功能，加快推进珠三角港口群一体化和粤东粤西港口群协调发展。建成徐闻港南山作业区客滚码头等 7 个项目，计划新开工揭阳港大南海防波堤工程等 8 个港口项目，续建广州南沙国际邮轮码头等 24 个项目。大力支持南沙江海联运中心和东莞石龙公铁水联运中心建设，开通广深科技创新走廊水路高速客运航线。

（二）强化夯实行业安全发展基础

加快推进行业安全体系建设，研究出台交通运输行业安全生产领域改革发展实施意见。继续推进“安全生产责任年”“安全教育培训年”活动，明确责任、建立职责清单，全面提升县区一级安全监管执行能力和治理水平。全面开展道路运输客运安全专项治理及道路客运变相挂靠专项整治，严格落实属地管理责任、行业监管责任和企业主体责任，制订整治方案，落实工作措施，加强监督检查，确保实现事故和死亡人数双降的整治目标。继续开展危险化学品运输、道路交通安全综合治理和平安交通建设。研究编制行业应急保障体系建设规划，加快建设国家区域性公路交通应急物资储备中心。

（三）大力提升交通运输现代治理能力

全面落实省部战略合作协议，深化交通运输综合改革攻坚，深入完善综合交通运输协调机制。指导督促各地落实《广东省促进道路货运行业健康稳定发展实施方案（2017—2020 年）》，出台促进多式联运发展的纲领性文件。有序推进全省港口资源整合和琼州海峡港航资源一体化。推动《广东省农村公路条例》立法工作，配合制定

《广东省城市轨道交通运营安全管理办法》。继续推进“放管服”改革和“双随机一公开”的深入开展。依托全国“交通信用省”试点工作开展，加强交通信用体系建设。推动货运行业全面落实物流实名登记制度。聚焦品质工程，对标国际先进，研究建立工程管理现代化的广东省标准，制订完善广东省交通建设工程质量、安全监督管理办法。推进 ETC（不停车电子收费系统）标准化车道建设和收费公路运营服务质量评价工作。加强国防交通基础设施建设，不断提升交通战备保障能力。

（四）加快推进智慧绿色交通建设

围绕打造路运一体化管理及北斗系统产业化发展两大重点任务，着力推进智慧公路试点省建设工作。强化与电信、移动、联通等大运营商和腾讯、华为、阿里巴巴等龙头企业合作。办好“互联网＋交通运输”系列活动。按照广东省“数字政府”改革的总体部署，推进政务信息资源整合共享。出台《广东建设绿色交通省指导意见（2018—2020）》《广东滨海旅游公路规划设计指引》。推进国家公交都市和综合运输服务示范城市创建工作，推进全国交通“一卡通”应用。全面推进绿色公路建设试点示范工程及高速公路服务区绿色提升改造等专项行动。加快交通运输领域新能源汽车、清洁能源动力船舶及船舶靠港使用岸电的推广应用。开展港口和船舶污染物接收转运及处置工作。

2017年广东省铁路货物运输发展回顾与展望*

2017年，中国铁路广州局集团有限公司认真落实“强基达标、提质增效”的工作主题，以走在全路前列为目标，着力构建“三位一体”安全保障体系，强化货运营销策略，实现了货运安全持续稳定和上量增收。

一、2017年广东省铁路货物运输发展总体情况

（一）货物运输总量稳步增长

2017年，广东省铁路货物运输总量（不含南宁局管辖部分）9261.4万吨，比2016年增加283.4万吨，增幅3.2%。其中货物发送4024.7万吨，同比增加174.8万吨，增幅4.5%；货物到达5236.7万吨，同比增加108.6万吨，增幅2.1%（见表1－2）。

表1－2　2017年广东省合资（地方）公司铁路货物运量　单位：万吨

合资（地方）公司		发送			到达		
		2016年	2017年	同比增长率（%）	2016年	2017年	同比增长率（%）
广深公司	广坪段	532.8	574.0	7.7	2182.9	2179.6	－0.1
	广深段	1060.0	1013.8	－4.4	359.0	396.4	10.4
三茂公司		1000.0	1071.8	7.2	1574.9	1555.7	－1.2
广梅汕公司		627.5	614.3	－2.1	733.1	724.7	－1.2

* 供稿人：陈敏，广州铁路（集团）公司。

续　表

合资（地方）公司	发送			到达		
	2016 年	2017 年	同比增长率（%）	2016 年	2017 年	同比增长率（%）
平南公司	13.9	10.8	-21.9	16.8	26.6	58.7
广东地铁公司	82.2	72.0	-12.4	102.7	134.4	30.8
粤海公司	6.7	9.3	38.8	26.0	48.7	87.4
广珠公司	526.9	658.7	25.0	132.8	170.7	28.6
合计	3850.0	4024.7	4.5	5128.1	5236.7	2.1

（二）铁路物流基础建设加快推进

一是完善物流基地布局。结合地区货源变化情况和新增社会物流需求，对原规划的铁路物流基地布局选点进行调整。暂缓推进清远、珠海等地方政府建设意愿不强烈的物流基地项目，新增江门北等 17 个物流基地，规划数量由原来的 26 个调整为 42 个，按年度分批推进实施，进一步完善铁路物流三级网络。二是推进物流基地建设。2017 年，完成大朗、郭塘、江高镇、平湖南、龙川等 9 个铁路货场共计 11 个扩能改造短平快项目建设，累计硬化场地 16 万平方米，新建仓库 3.7 万平方米，配套更新建设照明、消防、给排水等设施，集团物流服务能力得到提升。湛江西、南沙港、增城等 9 个项目开工建设，梅州、茂名东、韶关等项目正在积极开展项目前期工作。

（三）货运增运增收成效显著

深入贯彻“稳大抓小、稳黑增白、上量增收”的货运工作思路，立足“抓早、抓实”，积极组织任务攻关，全面完成货运生产任务。

1. 关键指标实现同步增长

广铁集团数据（含广东、湖南、海南）显示，实现日均装车 4514 车，同比增长 6.1%；发送货物 8937.3 万吨，同比增长 4.6%；完成货运收入 95.2 亿元，同比增长 6.8%。自 2012 年以来首次实现装车数、发送吨、货运收入三项主要指标同步增长。

2. 战略合作取得新突破

与韶钢、广州港集团等大型企业深入开展战略合作，实行运量互保，确保基础货源稳中有升。2017 年集团签订战略合作协议的大客户共 10 家，同比增加 4 家；协议运量 3850 万吨，同比增加 1615 万吨，增幅 72.3%。战略协议运量完成 3850 万吨，完成协议运量。

3. 路港联合取得新进展

与广州港、惠州港、阳江港、高栏港等6大港口企业开展联合营销，港口在作业包干费、装卸费等方面让利，铁路给予运价、运力、时效保证。2017年完成铁水联运运量2800万吨，同比增长16万吨。

4. 白货运输取得新成效

2017年新增开行郭塘至乌拉泊、三水西至沙良、棠溪至长兴南等18趟白货班列，白货班列总数达45趟。日均发送25列、638车，班列收入累计完成16.2亿元，同比分别增长10%、13.9%、24.7%；同时为厂家打造了企业号专列，如9月开行东莞石龙至武汉（徐福记号）、11月开行大朗至新筑（美的电器号）、12月开行常平至湘乡（再生资源号）班列。积极响应“一带一路”倡议，打造中欧、中亚、南亚等国际班列品牌，累计开行中欧（亚）班列310列；发送集装箱2.7万标准箱，同比增长85%。抓住公路禁止双排汽车运输车辆上路的有利契机，加强对管内广汽等汽车生产厂商的营销攻关，优化商品汽车运输组织，对丹灶、郭塘、霞凝等货场进行适应性改造，商品汽车日均发送138车；累计发送商品汽车运输50万台，同比增长38.9%。

（四）货运安全保持持续稳定

深入推进货运管理规范化、现场作业标准化、检查整治常态化，持续强化基础建设和专业管理，确保货运安全稳定。

1. 推进基础管理规范化

研究制定完善装卸安全、视频运用等7个管理办法，特别是深刻吸取“8·2”黔江爆炸事故教训，制定货运安检查危管理办法，编写《广铁安检培训教程》，规范货运安全管理。编制《货运“7S”安全管理体系建设三年规划》，从标准、履职、确认、科技、整治、素质、激励7个方面入手，一年强基础、二年见成效、三年上台阶，逐步构建完善的“7S”安全管理体系。重新制定并公布了《货运客服代表岗位达标考核管理办法》和《货运客服中心考勤管理制度》。

2. 推进现场作业标准化

加强确认联控工作，对车辆（集装箱）技术状态、货物装载加固、门窗盖阀关闭捆绑等关键环节，以拍照、录像等方式进行重点确认；实行多环节、多层次联控，建立线路、货场、车站三道安全防线。探索技改革新，在棠溪、三水西等站试点混装货物站外装箱视频检查制度，对站外装箱情况进行全过程监控。以安全评估、安全生产大检查等活动为抓手，强化督导检查和跟班写实，及时发现并纠正违规行为。

3. 推进检查整治常态化

抓关键时段重点保障，“一带一路”国际合作高峰论坛、香港回归20周年、党的十九大、公司制改革等重要时段，实行危险货物运输临时停限装、货物安检升级、货场巡守加强、现场包保盯控等保障措施。抓关键问题重点攻关，每季度对安全关键问题开展专项攻关，先后开展篷布运用、卸车安全、起重机械作业安全、铁路军事运输安全管理4次专项攻关，取得了明显效果。抓关键活动重点推进，2017年共开展安全生产大检查、安全大宣传大教育大反思、危险货物运输安全综合治理等16项检查整治活动，共查摆和整治问题929个，夯实了货运安全基础。

4. 推进货运票据电子化

做好需接入通信网作业处所调查，确定需接入通信网作业处所409个，涵盖既有的244个货运营业办理站和广州港、阳江港等业务量较大的21个港口、专用线作业处所。按照中国总公司要求的时间节点，按期完成了设备配备、系统升级、通道准备、职工培训、应急处置等准备工作，确保了2017年12月1日启用货运票据电子化相关票据格式。

5. 强化职工教育培训

丰富培训内容，编制图文并茂的货运安检培训教材，提高职工对危险品的识别能力和操作技能；组织编制篷布运用、卸车作业等微课件5个，通过职工喜闻乐见的微信宣传业务知识。创新培训方式，联合地方企业、政府部门，在大亚湾开展铁路危险货物运输事故应急救援演练；联合军代处，在惠州货场装车现场召开军运安全研讨会。组织举办货运职业技能、装卸工种职业技能竞赛、大学生比武，并组织选手集训参加全路货运职业技能竞赛和装卸工种职业技能竞赛并取得优异成绩，分别获团体第二名和第一名，培养了一批业务骨干。

二、广东省铁路货物运输发展展望

2018年是贯彻党的十九大精神的开局之年，是改革开放40周年，是决胜全面建成小康社会、实施“十三五”规划的关键之年，是“交通强国、铁路先行”的起步之年，也是集团公司按照新体制新机制全面运行的第一年。做好2018年的铁路货物运输工作，使命光荣，责任重大。

（一）强化货运安全管理

围绕标准（Standard）、履职（Supervise）、确认（Sure）、科技（Science）、整治（Seiton）、素质（Shitsuke）、激励（Stimulate）7个“S”要素，坚持一年强基础、二年见成效、三年上台阶，利用三年时间逐步构建完善的货运“7S”安全管理体系，逐步实现货运管理规范化、作业确认可视化、安全警示智能化、安全监控网络化、问题整治常态化。2018 年实现规章体系健全、安全职责清晰、设备功能优化、技术队伍成形，“7S”安全管理体系初步建成，确保货运安全持续稳定。

（二）优化货运营销策略

全面贯彻落实党的十九大精神，突出“强基达标、提质增效”工作主题，坚持以市场为导向，以效益为中心，深化货运供给侧结构性改革，按照“大宗保能力、班列提质量、集装增效率、专业优布局、全程重服务”的原则和思路，不断优化产品结构和市场竞争力，促进货运上量增收。2018 年，计划货物发送量完成 9200 万吨、货运收入完成 97 亿元，均同比增长 3% 以上。

1. 稳定大宗货源基础运量

一是扩大战略合作范围。在确保既有战略合作客户协议运量增量的基础上，进一步扩大战略合作范围。2018 年，力争集团战略客户由目前的 10 家扩充至 13 家以上，协议运量由目前的 3850 万吨提升至 4500 万吨。二是持续深化路港联合营销。与广州港等 6 大港口开展联合营销，采取共同让利、共保运力、共同开发的方式，不断拓展新增货源项目。力争 2018 年铁水联运运量达到 2900 万吨，同比增加 100 万吨。三是提前谋划潜在重点货源。充分利用 2018 年东海岛铁路开通启用的有利契机，逐一走访吸引范围内的宝钢、中科炼化、湛江港集团等大型企业，提前掌握潜在运输需求，推进物流总包，争取 2018 年实现铁路运量 40 万吨。四是开发定制化大宗货运产品。对发运量大的煤矿、矿山、钢厂、港口、粮食企业，提供直达运输、成组运输、循环运输等多种物流解决方案，提高大宗货运产品的安全性、稳定性、准时性。

2. 提升白货班列开行质量

一是扩大白货班列开行范围。在现已稳定开行 45 趟白货班列的基础上，根据客户的差异化运输需求，筹划开行郭塘至吴家山等白货班列。二是提升既有白货班列开行质量。积极争取中国铁路总公司的支持，保持既有白货政策的持续性，确保班列货源稳定。对既有班列线条采取加密、满轴、增吨等提质措施，力争 2018 年白货班列运量日均发送 660 车、同比增长 3. 5% 以上。三是抓好班列日常维护。坚持跨局联手，协调到站送车、卸车、配送等工作，实行全程盯控，拓展物流总包业务，提高物流服务质量。

3. 拓展集装箱运输市场

一是合理优化站点布局。在符合集装箱办理站开办条件的前提下，进一步调整优化站点布局，保证集装箱办理站覆盖主要货源地。二是大力推广敞顶箱运输。在前期投入 856 只敞顶箱的基础上，2018 年上半年再追加投入 600 只敞顶箱，解决目前需求增长而箱源不足的矛盾，更好地吸引和拓展“散改集”货源。三是积极引导适箱货物入箱。做好集装箱运输优势的宣传，努力拓展以白货班列为主的集装箱运输。重点营销广州、佛山区域的电器、灯具、家具等白货货源，扩大集装箱运量。对货物价值较高的货源，通过帮助客户降低装卸成本、包装成本等方式，吸引客户选择集装箱运输。

4. 发展商品车专业物流

一是做好商品车运输物流基地建设与规划。根据管内商品车生产厂家位置情况，按照运距最短、运能匹配的原则，结合集团公司物流基地建设规划，在42个物流基地中设置9个商品车装卸作业点（新建5个、既有货场扩建4个），满足商品车运输需求。二是巩固和扩大商品车市场份额。充分利用广汽集团与中铁特货建立战略合作关系、一汽大众丹灶物流基地投入使用等有利条件，加强与汽车生产厂家和贸易商家的宣传营销，实现集团商品车运输“品牌全覆盖”，力争2018年商品车年发送60万台、同比增长20%以上。三是强化商品车运输保障。针对近年来商品整车和汽车配件市场快速发展、管内商品车运输需求增长迅速的情况，积极协调中铁特货，加大集团管内JSQ型车投放力度，提升商品车运输能力。

5. 打造中欧（中亚）班列运输品牌

一是争取地方政府支持。加强与广东省政府部门的联系，争取政府补贴及时兑现，确保班列持续、稳定开行。二是强化服务支持保障。货运中心与班列客户及路内相关单位定期召开班列运营协调会，及时解决存在的问题，完善衔接流程，共同提升班列开行质量。发展中欧班列铁路全程保险业务，以及全程定位电子施封锁的推广运用，进一步改善客户的体验。三是开展新增货源营销。进一步加强中欧班列品牌宣传和产品推广，保持每周开行8列（霞凝3列、石龙3列、大朗1列、平湖南1列）的稳定水平。

6. 增强全员营销和效益意识

在持续抓好营销队伍建设的同时，探索试行营销项目前期开发、后期维护责任分立的模式，明确车间主任作为项目维护第一责任人的主体责任，建立定期评价、考核机制，从抓基层、抓基础入手，促进车间管理人员像关心安全管理一样关心营销工作，像解决安全问题一样解决营销项目在日常实施中遇到的各种问题，形成良好的营销氛围和合力。

（三）推进现代物流转型

1. 加快物流基础建设

一是大力推进大田、平湖南等3个物流基地的施工建设，积极做好其他物流基地的前期工作，争取丹灶、茂名东、黄岗等10个物流基地年内开工。二是提质改造既有货场，大朗新建货8线、郭塘货2货3线间新建雨棚、江高镇南货区改造3个短平快项目力争2018年完工投产。三是加快疏港铁路建设，发展多式联运，推进茂名博贺港、汕头广澳港疏港铁路建设前期工作，争取2018年开工。

2. 加快物流信息化建设

一是建立既有货运班列优化定价决策支持与理论体系，重点对货运班列成本核算、运价项目优化方案设计、既有项目动态监控分析、新增班列定价方案设计等方面建立决策支持与理论体系。二是组织研发“运力资源和货运产品数据综合应用”。探索货运客户关系管理机制，建立客户细分、发货习惯分析和客户流失预测模型，并运用数据综合分析和可视化技术，促进货运客户关系管理由“人工分析型”初步向“辅助决策型”转变。三是组织研发“铁路集装箱智能管理系统”，实现装卸作业数据自动采集和传输、箱区箱位可视化管理。

2017 年广东省水路货物运输发展回顾与展望*

一、2017 年广东省水路货物运输总体情况

（一）水路货物运输较快增长

据广东省统计公报显示，2017 年全省水路货物运输量 94910 万吨，同比增长 10.8%，比上年同期回落 2.6 个百分点；水路货物运输周转量 24012.13 亿吨公里，同比增长 32.2%，比上年回落 31.8 个百分点。受中远海运散货重组加盟广东省、水路运力增加因素拉动，广东省水路货物运输量增长较快。一季度、二季度、三季度、四季度水路货运量增速分别为 20.8%、19.6%、16.1% 和 10.8%，水路货物周转量增速分别为 97.9%、96.9%、52.6% 和 32.2%，水路货运量占全省货运量的 23.7%，对全省货运量的贡献率为 35.6%，拉动货运量增长 2.5 个百分点；水路货物周转量占全省货物周转量的 85.1%，对全省货物周转量的贡献率为 94.8%，拉动全省货物周转量增长 26.6 个百分点。

（二）水路运输结构持续优化

广东省基本形成了以广州港、深圳港、珠海港、汕头港、湛江港五大沿海主要港口和佛山港、肇庆港两大内河主要港口为龙头，辐射华南、西南，面向全球的港口发展格局。据广东省交通运输厅数据显示，截至 2017 年年底，全省港口共有生产性泊位 2715 个，其中万吨级以上泊位 309 个，约占全国 1/8，居全国第二，广州港和深圳港跻

* 供稿人：包小玲，广东省现代物流研究院。

身世界大港行列。2017 年，湛江港新开通 7 条集装箱航线，航线网络布局日趋完善，目前挂港航线总数达 35 条，其中东南亚班轮航线 7 条，有力地促进了湛江与东盟地区经贸互联互通；新开通集装箱海铁联运专列 4 条，海铁联运专列增至 8 条，进一步畅通了湛江港对接西南物流大通道。2017 年年底，西江（界首至肇庆）航道 3000 吨级扩能升级工程全面建成，标志着西江在广东省境内全域航道将实现 3000 吨级通航能力，全线达到Ⅰ级航道标准。茂名市博贺新港区 30 万吨原油码头、30 万吨级航道建设项目加快推进。

（三）港口生产明显好转

港口大型化、专业化、现代化水平进一步提升，在服务外向型经济发展和对外贸易中发挥了重要的支撑保障作用。据广东省统计公报显示，2017 年，广东港口生产形势明显比上年有所好转，2017 年全省港口货物吞吐量完成 197131 万吨，比上年增长 9.6%，居全国第二。其中港口集装箱吞吐量 6398.80 万标准箱，增长 11.7%，居全国第一。煤炭、金属矿石、钢铁、木材等建筑性货物增速较快，同比分别增长 10.7%、16.1%、23.5%和 14.4%。从主要港口看，深圳、湛江、广州等港口均有不俗表现，货物吞吐量分别同比增长 12.7%、10.1%和 8.9%。内贸完成情况较好，深圳港内贸集装箱吞吐量同比增长 40.0%、湛江港内贸集装箱吞吐量同比增长 33.6%、广州港内贸集装箱吞吐量同比增长 11.1%。

（四）主要港口集装箱吞吐量增速显著

广东省广州港、深圳港港口集装箱吞吐量跻入全球前 20 行列。2017 年，广州港集装箱吞吐量 2037 万标准箱，成功跨入 2000 万标准箱的港口行列，同比增长 9.6%，其中南沙港的发展速度尤为突出。广州港集团在南沙港拥有万吨级以上深水泊位 30 个，其中 10 万吨级集装箱专用泊位 16 个；新增通过能力超过 2.5 亿吨，其中集装箱通过能力 1600 万标准箱，改变了广州港缺乏大型集装箱、粮食、汽车滚装和油品专业深水泊位的历史，实现了由河口港向海港的跨越式发展。南沙港区已经开通集装箱航线 117 条，其中国际班轮航线 85 条、内贸航线 32 条；开通集装箱驳船快线“穿梭巴士”支线 60 条，以南沙港区为依托，在云、贵、湘、川等泛珠地区建成 33 个无水港或办事处。2017 年，深圳港完成集装箱吞吐量为 2520.87 万标准箱，创历史新高，同比增长 5.13%，已连续 5 年蝉联全球第三大集装箱港口。深圳港全年共开通集装箱国际班轮航线 226 条，以欧美航线为主，其中三大联盟航线超过 100 条。深圳港共开通覆盖 52 个珠三角支线码头的 60 条驳船航线，开通 14 条海铁联运班列线路，建立 11 个内陆无水港；完成集装箱驳船吞吐量 463.4 万标准箱，同比增长 9.2%；全港共有 22 个大型深水泊位可提供岸电服务，岸电建设和使用居全国沿海港口首位，全港减排各类污染物4000多吨；深圳港国际友好港数量已达到23个。

（五）区域港口整合重组提速

在顶层设计上，《广东省沿海港口布局规划》正在修编，而全省港口资源的整合工作已经形成了《广东省港口资源整合方案》，为充分发挥广州港、深圳港的“龙头”地位，将以广州港集团、深圳港口集团（深圳市内部整合组建）为两大主体，分区域整合沿海14市及佛山市范围内的省属、市属国有港口资产，促进广东全省港口形成差异化、优势互补的良好竞合态势。2017年4月发布的《广东省综合交通运输体系发展“十三五”规划》提出，广东省要形成以珠三角港口群为主体、粤东和粤西港口群为两翼，分工合理的集群化港口发展格局，打造“21世纪海上丝绸之路”国家门户，将广州港、深圳港打造成为国际门户枢纽港，带动东莞港、珠海港等周边港口发展，构建对接港澳、联通西江、服务泛珠三角地区的世界级港口群。目前，广州和东莞两地政府已签署《广州市人民政府东莞市人民政府深化战略合作框架协议》《广州南沙新区东莞市滨海湾新区战略合作框架协议》《广州港务局东莞港管理委员会港口合作发展协议》，在港口方面，两市首度提出双方将加快港口资源整合，推进实施“穗莞港口一体化”，打造广州—东莞港组合港。广州港、珠海港合作发展协议正式签订，将以粤港澳大湾区建设为契机，以广州港为龙头，共同推动广州港和珠海港港口资源整合。

（六）互联网+智慧水运不断推进

伴随着互联网+、云计算、物联网和大数据等技术的应用，港口建设管理的智能化、自动化和无人化已经成为今后智能港口发展的必然趋势。珠海港智慧港口建设取得新突破，全球首辆港区作业无人集卡首发珠海港，人工智能技术创新性在港口作业上应用。此外，珠海港“智慧港口管理平台”入围2017年广东省“互联网+”试点项目，该平台致力于为物流多式联运提供码头业务办理、货物集散和物流运输资源调配等“一站式”综合服务，促进信息化能力发展和业务协同能力的提升。广州港积极推进智慧港口建设，广州港南沙港务公司新上线的智能闸口系统，涵盖车牌识别系统、码头系统、移动服务平台系统、验箱系统等模块，有效缩短了外现车进闸时间，降低了人工成本。“中国互联网交通运输产业创新联盟”在广州成立，联盟由金溢科技、腾讯、阿里、紫光等50多家单位跨界联合成立，成员将共同在互联网交通运输领域，整合协调各方资源，发挥桥梁纽带作用，形成垂直行业互联网产业链，为“互联网+”交通运输提供智力支持。

二、广东省水路货物运输存在的问题

（一）水运市场同质化竞争激烈

受属地化航道管理体制的限制，目前广东各市各港自成一体，竞争较为激烈，存在重复建设、部分港口“吃不饱”现象。在“一城一港”的建设模式下，区域港口出现同质化竞争激烈、公共资源配置不合理等问题，不利于全省港口做大做强，并成为制约广东省水运发展的短板。随着粤港澳大湾区建设的推进，广东省实施的一系列重大工程对专业化运力（如灌装水泥船等）提出了新的需求，水运运力结构性过剩问题仍然突出。

（二）港口多式联运体系不完善

广州港和深圳港铁路运输能力不足，与水陆运输的衔接较为欠缺。深圳港集装箱集疏运以公路和水路为主，港口的外贸集装箱大部分通过集卡车进行拖运集疏港。广州港所处的珠江西岸，铁路仅连通黄埔港区、新沙港区，南沙港区铁路仍在建设中，集装箱集疏运以水转水（驳船运输）为主，陆运和铁路为辅。水运是我国沿海主要集装箱港口中水水中转比重最高的，但运输效率偏低，亟须建设铁路、水路、陆路一体化的运输网络。

（三）高素质航运人才缺乏

高素质船员队伍是水运业的核心资源。广东省船员队伍与经济大省、外贸大省、海洋大省、水运大省的现实地位实不相称。多数水运人才集中在传统的水运服务业，现代水运高端服务业从业人员占水运人才比重很小，造成航运金融、航运保险、航运法律、航运交易等水运衍生服务业发展滞后于伦敦、中国香港、新加坡等国家或地区的国际航运中心。

（四）创新服务能力不强

运输服务方面，多数航运公司主要提供基础的运输服务或搬运、装卸、仓储等辅助业务，增值服务和全程服务缺乏相对，难以同时兼顾成本、时效性和服务水平，航线和运力共享程度不足。“互联网 +”航运、航运电商、航运交易平台等新型航运业态目前仍处于起步阶段。

三、广东省水路货物运输发展建议

（一）进一步整合港口资源

建设国际航运服务体系，以珠三角港口群为主体、粤东和粤西港口群为两翼，分工合理的集群化港口发展格局，打造“21世纪海上丝绸之路”国家门户。一是对珠江口航道管理实行统一规划、统一投资、统一建设、统一管理，努力把珠江建设成为我国第二条黄金水道，切实发挥广东航运在服务“一带一路”等国家倡议中的重要支撑作用。二是制定航运发展的配套政策，科学地开发利用岸线资源，协调跨地域的岸线、航道、锚地、功能水域等公共港口资源的建设和使用，消除区域内港口间的恶性竞争，降低内耗，实现各港口资源互补、协调发展。

（二）推进多式联运建设

推进多式联运信息化建设，鼓励铁路站场、公路货站、港口码头和航运企业互通信息，实现信息对接，提高联运效率。尽快打通连接港口枢纽的“最后一公里”，加快实施铁路引入重要港口，重点推进广州南沙港铁路、湛江东海岛铁路、汕头广澳港铁路、茂名博贺港铁路、潮州港疏港铁路、揭阳港疏港铁路等项目，逐步推进疏港交通与城市交通相分离，全面建成广州、深圳、珠海、汕头、湛江等沿海五大枢纽港的铁路集疏运网络。鼓励有能力的航运企业抓住“一带一路”倡议机遇，以现有水运资源为基础，强化与铁路部门的合作，发展铁水联运业务，推进水铁信息互联互通，探索集装箱互换共享机制。

（三）扶持航运人才队伍建设

扶持高素质船员队伍建设、加强航运高校建设、促进航运高端服务业的集群。培养一批能系统掌握并综合运用海运技术、航运管理、经济、法律、金融、保险等方面知识并能熟练使用英语的人才参与到现代航运服务领域的发展和建设中。完善航运人才引进政策，加大航运高端人才、紧缺急需人才和特殊人才引进力度。

（四）促进航运服务业创新发展

推进广州航运交易所建设，打造航运与交易的重要服务平台。鼓励航运企业、港口、物流园区建立稳定的物流布局，主动嵌入重要客户的供应链环节，创新航运服务功能。鼓励航运企业与互联网企业融合发展，实现航运服务电子商务化。支持航运综合服务商或互联网公司搭建一站式航运电子商务交易平台，建立以船公司为核心，横向与各地港口、代理企业、合作企业、保险、银行等机构之间，纵向与干支线之间的网络业务系统，实现航运资源整合。

（五）推动粤港澳大湾区航运创新示范区建设

以粤港澳大湾区为试点区域，支持港航龙头企业联合中小型航运企业向专业化航运服务供应商、航运物流服务商、港航综合运营商、新型跨界融合航运主体发展。优化粤港澳湾区枢纽港口与泛珠三角主要港口航线网络。推动粤港澳枢纽港口与“一带一路”沿线主要港口建立联盟。推进航运服务网络全球化，延伸加密国际航线布局。依托粤港澳大湾区为起点，以核心专业化航运服务供应商、航运物流服务商、港航综合运营商为雁头，带领航运业参与“一带一路”建设，以雁形模式发展，实现全球化经营。引导企业在粤港澳大湾区创新体制机制，建设航运先行先试创新发展示范区。

（六）大力发展“互联网+智慧水运”

支持鼓励建设智慧港口，提高港口管理水平与服务效率；建设智慧航道，提升内河高等级航道运行状态在线监测能力；建设智慧海事，基于国家北斗地基增强系统和星基船舶自动识别系统，建设重点船舶全程跟踪和协同监管平台；推动E航海示范工程建设，为船舶提供辅助导航服务。加强多式联运、交通枢纽物流园区、城市配送、危险品运输、跨境电子商务等专业化经营平台信息互联互通，提升大宗物资、集装箱、快递包裹等重点货物运输效率。加快推进内河高等级航道数字化建设，大力推广应用电子航道图。

2017 年广东省航空货物运输发展回顾与展望*

2017 年，世界经济逐步向好，发达经济体经济增长势头良好，新兴市场和发展中经济体增速企稳回升。国际航空运输协会（IATA）发布 2017 年全球航空货运定期数据显示，2017 年全球航空货运需求（按照货运吨公里计算）同比增长 9.0%，与 2016 年增长率（3.6%）相比增长了一倍以上。2017 年，货运运力（按照可用货运吨公里计算）增长了 3.0%，是自 2012 年以来运力增速最缓慢的一年。货运需求增长是运力增长的三倍。2017 年全球航空货运需求增长率是世界贸易增长率（4.3%）的两倍。尽管航空货运仍面临艰难困境且竞争激烈，但 2017 年仍是航空货运长期以来发展态势最好的一年。IATA 全球航空货运 2017 年 12 月数据表明，亚太地区依然是全球最大的航空货运市场，占全球 37.00% 的市场份额（见表 1－3）。

表 1－3　　全球航空货运市场 2017 年情况　　单位:%

	全球市场份额	2017 年 12 月（同比变化率）				2017 年（同比变化率）			
		货运吨公里	可用货运吨公里	载货率同比变化率	载货率水平	货运吨公里	可用货运吨公里	载货率同比变化率	载货率水平
整体市场	100.00	5.70	3.30	1.10	46.80	9.00	3.00	2.50	45.5
非洲	1.90	15.60	7.90	2.10	31.90	24.80	9.90	3.00	25.7
亚太	37.00	5.60	2.20	1.80	57.10	7.8	1.30	3.40	56.10
欧洲	24.20	5.00	3.20	0.80	49.70	11.80	5.90	2.40	46.40
拉美	2.70	4.90	11.60	－2.20	34.80	5.70	3.10	0.80	34.20

* 供稿人：万青，广州民航职业技术学院。

续 表

	全球市场份额	2017年12月（同比变化率）				2017年（同比变化率）			
		货运吨公里	可用货运吨公里	载货率同比变化率	载货率水平	货运吨公里	可用货运吨公里	载货率同比变化率	载货率水平
中东	13.70	6.30	4.70	0.70	44.30	8.10	2.60	2.30	44.90
北美	20.50	5.40	2.20	1.10	37.10	7.90	1.60	2.10	36.50

资料来源：国际航空运输协会2017年全球航空货运定期数据。

一、2017年我国航空货物运输发展总体情况

2017年，国内经济总体运行平稳，产能过剩和需求结构升级矛盾突出，全国民航主要运输指标继续保持平稳较快增长。

（1）货邮周转量情况。我国国内航空运输继续保持平稳较快增长，全行业完成货邮周转量243.55亿吨公里，比上年增长9.8%。国内航线完成货邮周转量72.97亿吨公里，比上年增长1.2%，其中港澳台航线完成3.05亿吨公里，比上年增长11.0%；国际航线完成货邮周转量170.59亿吨公里，比上年增长13.9%。过去五年，全行业货邮周转量年均增长8.2%（见图1-2）。

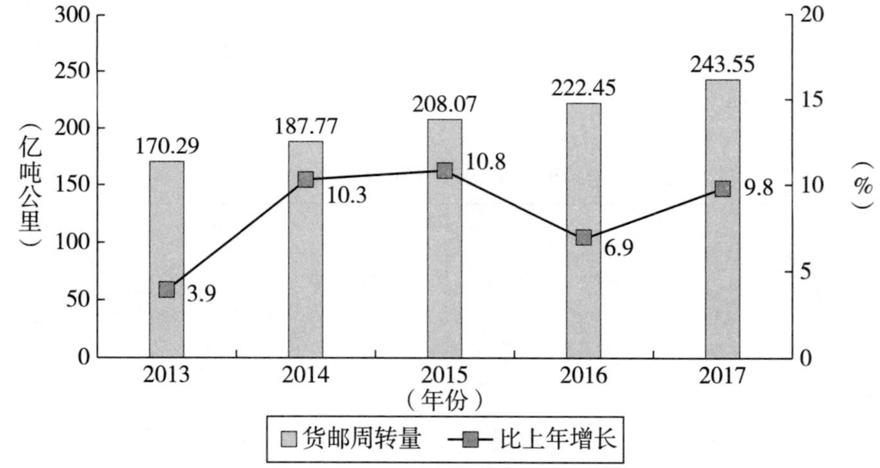

图1-2 2013—2017年全国民航货邮周转量

资料来源：中国民航局。

（2）运输周转量情况。2017年，全行业完成运输总周转量1083.1亿吨公里，比上年增长12.6%；完成旅客周转量9513.04亿人公里，比上年增长13.5%；完成货邮周转量243.55亿吨公里，比上年增长9.8%（见图1-3）。

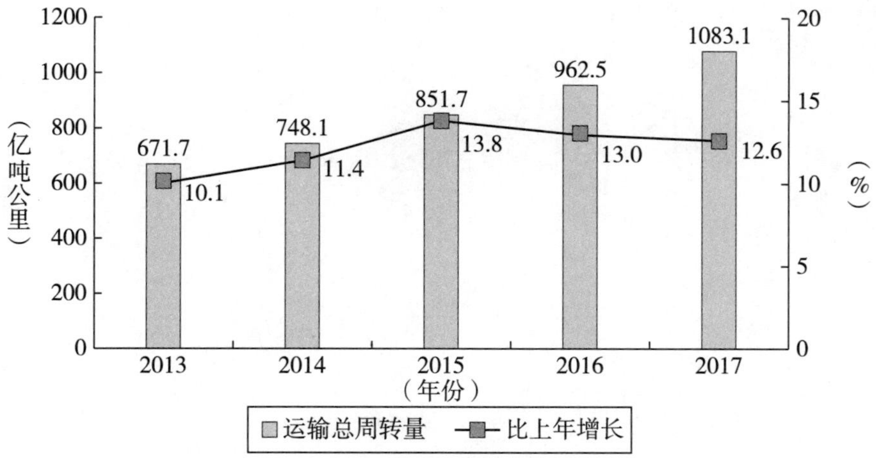

图1－3　2013—2017年全国民航运输总周转量

资料来源：中国民航局。

（3）货邮吞吐量情况。2017年全国民航运输机场完成货邮吞吐量1617.7万吨，比上年增长7.1%。2017年货邮吞吐量增速略低于2016年。分地区看，2017年东部地区完成货邮吞吐量1215.89万吨，东北地区完成货邮吞吐量54.74万吨，中部地区完成货邮吞吐量102.61万吨，西部地区完成货邮吞吐量244.49万吨（见图1－4、图1－5）。

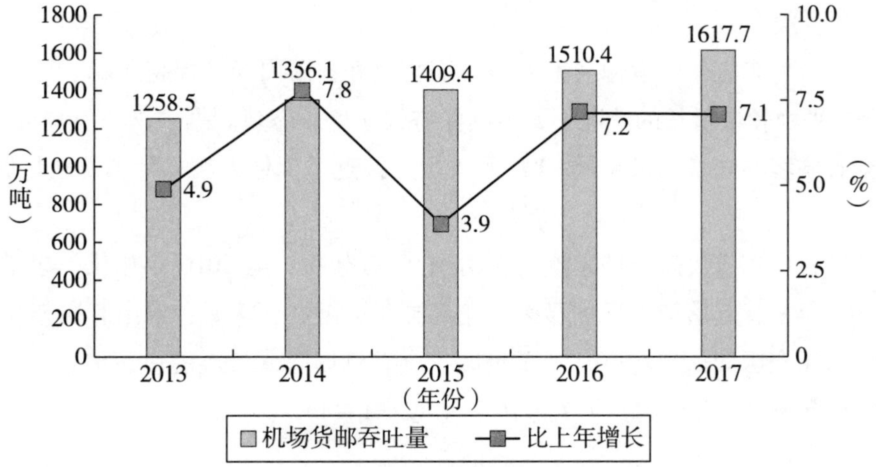

图1－4　2013—2017年全国民航运输机场货邮吞吐量

资料来源：中国民航局。

（4）主要机场货邮吞吐量。2017年货邮吞吐量1万吨以上的运输机场52个，比上年增加2个，其中北京、上海和广州三大城市机场货邮吞吐量占全部境内机场货邮吞吐量的49.9%。从2011年同期占比54.9%到2017年同期占比49.9%，北京、上海和

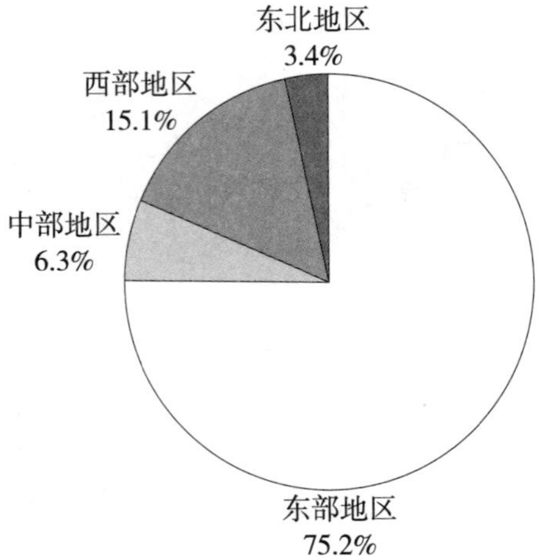

图 1-5　2017 年按地区分布民航机场货邮吞吐量

资料来源：中国民航局。

广州三大城市机场货邮吞吐量占比逐步下降，与深圳、成都、杭州、郑州、昆明、南京、重庆等城市的货邮吞吐量持续攀升已经成为一种发展趋势。

二、2017 年广东省航空货物运输发展总体情况

（一）广东省航空发展整体情况

2017 年，广东省航空运输在世界经济逐步向好、国内经济保持平稳、国内航空运输继续保持平稳较快增长的情况下，继续保持快速增长态势。据中国民航局数据显示，2017 年全省旅客吞吐量净增超过 1000 万人次，接近 1.3 亿人次，货邮吞吐量突破 300 万吨。

2017 年，广东省民航机场起落架次达到 97 万架次，与 2016 年相比，净增 8 万多架次。2017 年全省起落架次增加显著，尤其惠州、湛江、珠海、佛山起落架次增幅超过 20%，远超全国同比平均 10.9% 的增幅。全省机场起落架次的快速增长，对推动全省航空物流市场快速发展起到了关键作用（见表 1-4）。

表 1-4　2017 年广东省民航机场起落架次　　单位：架次

机场	名次	本期完成	上年同期	同比增速（%）
合计	—	972435	889980	—
广州白云	3	465295	435231	6.9
深圳宝安	5	340385	318582	6.8

续　表

机场	名次	本期完成	上年同期	同比增速（%）
珠海金湾	41	74694	61400	21.7
揭阳潮汕	53	49109	42684	15.1
湛江	74	25487	18970	34.4
惠州平潭	114	8670	5232	65.7
佛山沙堤	163	3381	2784	21.4
梅县长岗岌	142	5414	5097	6.2

注：名次指在全国机场 2017 年数据中的排名。

资料来源：中国民航局。

（二）主要机场航空运输情况

广州白云机场、深圳宝安机场依然是全省航空物流的枢纽，占据全省航空物流 9 成以上的份额，珠海金湾机场随着起落架次的激增，货邮吞吐量增速显著。2017 年，广州白云机场、深圳宝安机场各项业务量依然占到广东省内航空运输量的 9 成，旅客合并吞吐量超过 1.1 亿人次，货邮合并吞吐量突破 290 万吨，广州白云机场、深圳宝安机场继续引领全省航空物流发展市场（见表 1－5）。深圳宝安机场在货运吞吐量突破 100 万吨后，增速趋缓，2017 年货邮吞吐量增速低于全国平均增速，而广州白云机场货运吞吐量增速则高于全国平均增速，广州白云机场成为广东省航空物流枢纽的市场地位基本确立。珠海金湾机场近年来航班量快速增加，货邮吞吐量增加显著，预计 2018—2019 年，珠海机场年旅客吞吐量将突破 1000 万人次，货邮吞吐量将突破 50 万吨。随着珠海金湾机场的崛起，广东省航空物流市场格局将发生重大改变。

表 1－5　2013—2017 年广州白云机场、深圳宝安机场、珠海金湾机场货邮吞吐量　单位：吨

机场	2013 年	2014 年	2015 年	2016 年	2017 年
广州白云机场	1309745.5	1454043.8	1537758.9	1652214.9	1780423.1
深圳宝安机场	913472.1	963871.1	1013690.5	1125984.6	1159018.6
珠海金湾机场	22667.1	22128.2	25828.1	31511.6	37379.0

资料来源：中国民航局。

2017 年，广州白云机场和深圳宝安机场继续保持国内货邮吞吐量机场排名第三名和第四名的位置。2017 年，广州白云机场货邮吞吐量超过 178 万吨，比上年同期增长 7.8%，超过全国货邮吞吐量平均增长。深圳宝安机场在 2017 年货邮吞吐量超过 115 万

吨，比上年同期增长2.9%，低于全国货邮吞吐量平均增长，在全国民航机场货邮吞吐量前十名中增速较低，仅领先于上海虹桥机场（见表1-6）。

表1-6　　2017年我国民航货邮吞吐量前十排名　　单位：吨

机场	名次	本期完成	上年同期	同比增速（%）
上海浦东	1	3824279.9	3440279.7	11.2
北京首都	2	2029583.6	1943159.7	4.4
广州白云	3	1780423.1	1652214.9	7.8
深圳宝安	4	1159018.6	1125984.6	2.9
成都双流	5	642872.0	611590.7	5.1
杭州萧山	6	589461.6	487984.2	20.8
郑州新郑	7	502714.8	456708.8	10.1
昆明长水	8	418033.5	382854.3	9.2
上海虹桥	9	407461.1	428907.5	-5.0
南京禄口	10	374214.9	341267.1	9.7

资料来源：中国民航局。

（三）省内其他机场航空运输情况

2017年，省内珠海金湾机场、湛江机场、惠州平潭机场货邮吞吐量保持高速增长态势；揭阳潮汕机场货邮吞吐量增速放缓；佛山沙堤机场自2012年货邮吞吐量达到2840吨后出现连续大幅下滑，至2017年货邮吞吐量仅剩242.5吨，发展形势恶化；梅县长岗岌机场2016年扭转货邮吞吐量下降趋势，但在2017年再次出现货邮吞吐量大幅下降，发展形势堪忧（见表1-7）。

表1-7　　2017年广东省民航机场货邮吞吐量排名　　单位：吨

机场	名次	2017年	2016年	同比增速（%）
合计	—	3012686.4	2843555.2	—
广州白云	3	1780423.1	1652214.9	7.8
深圳宝安	4	1159018.6	1125984.6	2.9
珠海金湾	42	37379.0	31511.6	18.6
揭阳潮汕	46	26271.4	25243.2	4.1
湛江	71	5238.9	4238.0	23.6

续　表

机场	名次	2017 年	2016 年	同比增速（%）
惠州平潭	77	3985.9	3722.9	7.1
佛山沙堤	157	242.5	445.4	-45.6
梅县长岗岌	165	126.9	194.2	-34.7

注：名次指在全国机场 2017 年数据中的排名。

资料来源：中国民航局。

三、2018 年广东省航空货物运输发展展望

2018 年，广东省应着眼于粤港湾大湾区，统筹全省航空物流的发展规划，避免恶性竞争，促进市场要素资源的整合，形成优势互补、资源共享、竞争有序、共同发展的航空物流市场格局。

（一）广州空港经济区初步形成产业聚合效应

广东省广州空港经济区初步形成五大临空产业集聚，将极大促进广东省航空物流产业的发展。

（1）初步形成全国最大飞机维修基地和全球最大飞机客改货基地。全球最大的两家飞机制造企业，波音公司和空客公司的客改货项目均已落户广州空港经济区，飞机维修产业将带动相关航材物流的发展。

（2）初步形成全国最大空港物流中心。FedEx（联邦快递）、DHL（敦豪航空货运公司）、穗佳、顺丰等国内外知名物流企业均在广州空港经济区内建立物流基地，2017 年机场综保区进出口总额约 165.9 亿元。随着空港物流中心的发展，将对广东省航空物流业发展形成引领作用。

（3）初步形成跨境电商产业集合。入驻广州空港经济区机场综保区跨境电商企业超千家、商品备案项数超过 10 万种，覆盖 BBC（保税仓）进口等 5 种跨境电商业务领域，2017 年广州空港口岸跨境电商进出口总值超 37 亿元，同比增长超过 50%，各项跨境电商业务指标连续四年居全国空港首位。跨境电商企业集合发展，将会促进广东省航空物流业的发展。

（4）初步形成航空公司总部商务集聚广州空港经济区。已有南方航空、九元航空等主基地航空公司，东航广东分公司等 77 家航空公司陆续入驻广州空港经济区，其中国际或地区航空公司 48 家。航空公司运力在广东省内集中，会保证航空物流市场上的运力供给，充沛的运力是航空物流发展的基础性资源要素。

（5）初步形成在飞机租赁业上的突破。2017 年广州空港经济区租赁飞机共落地23 架，货值约 125.25 亿元。架次、货值同比均增长 1.3 倍。飞机租赁业与飞机维修业高度关联，两个产业的繁荣将促进与航材和上下游相关产品的物流发展。

（二）世界航线发展大会拓宽合作空间

2018 年 9 月 15—18 日世界航线发展大会在广州召开，来自全球约 110 个国家的 300 多家航空公司、700 多家机场管理机构、130 多家政府及旅游机构等 3000 多名代表齐聚广州。广东省将有力借助世界航线发展大会在广州举办的机会，提升广东省在全球航空网络中的地位，紧密与更多国内外航空公司合作，增加航班频次，优化机型，拓展欧美航线，巩固东南亚、大洋洲优势航线，打造非洲快线，发展南美航线，加快新开更多国际航线，搭建更优质的“空中丝绸之路”。充分发挥中国南方航空作为亚洲最大的航空公司的影响，在“一带一路”沿线的国家地区持续增加运力投放，积极承运中国往来“一带一路”国家的航空货邮量。

（三）全省航空物流资源整合加速发展

广东省域经济基本面稳定，省域经济保持在合理发展区间，供给侧结构性改革初见成效。广东省航空物流产业健康、良性的发展态势将促进省域经济稳定向好发展。但广东省航空物流市场强者恒强、弱者恒弱、区域发展不均衡的局面依然没有改变。佛山沙堤机场航空物流的持续萎缩，与广州白云机场航空物流持续走强有关。深圳宝安机场航空物流发展增速降低，与广州白云机场货邮吞吐量的差距逐步扩大，广东省在航空物流市场上初步形成以广州白云机场为航空物流中心的态势。应在培育和促进广州白云机场、深圳宝安机场航空物流发展，构建航空物流枢纽的同时，积极关注和引导珠海金湾机场和揭阳潮汕机场在航空物流方面的发展。

（四）国内航空物流的竞争将更多体现为区域经济竞争

2017 年，上海浦东机场和上海虹桥机场货邮吞吐量合计 423 万吨，起落架次合计 76 万架次；广州白云机场和深圳宝安机场货邮吞吐量合计 294 万吨，起落架次合计 80 万架次。从两地区 4 家机场主要生产数据对比看，广东省在飞机起落架次多于上海的情况下，货邮吞吐量仍与上海有较大差距。广东省在应对航空物流市场竞争，如何整合本区域资源，借鉴上海依托本区域经济发展航空物流业的经验，将是广东省需要深入思考的问题（见表 1－8）。

表 1-8　　2017 年我国四地机场吞吐量排名

机场	旅客吞吐量（人次）			货邮吞吐量（吨）			起落架次（架次）		
	名次	2017 年	同比增速（%）	名次	2017 年	同比增速（%）	名次	2017 年	同比增速（%）
上海/浦东	2	70001237	6.1	1	3824279.9	11.2	2	496774	3.5
上海/虹桥	7	41884059	3.5	9	407461.1	-5.0	10	263586	0.6
合计	—	111885296	—	—	4231741.0	—	—	760360	—
广州/白云	3	65806977	10.2	3	1780423.1	7.8	3	465295	6.9
深圳/宝安	5	45610651	8.7	4	1159018.6	2.9	5	340385	6.8
合计	—	111417628	—	—	2939441.7	—	—	805680	—

资料来源：中国民航局。

（五）粤港澳大湾区协同发展将促进本区域航空物流的繁荣

粤港澳大湾区是指由广州、深圳、佛山、东莞、惠州、中山、珠海、江门、肇庆9市和香港、澳门两个特别行政区形成的城市群，是与美国纽约湾区、旧金山湾区和日本东京湾区并肩的世界四大湾区之一。根据国际上三家湾区机场群布局经验，湾区内客、货源均集中在发展成熟且连通性好的机场。广东省应充分考虑粤港澳大湾区的特点，从全局和战略层面构建全省航空物流产业。香港国际机场 2017 年旅客吞吐量 7290 万人次、货邮吞吐量 505.2 万吨。香港国际机场成为全球首个一年内处理超过 500 万吨货运及航空邮件的机场。广州白云机场、深圳宝安机场目前与香港国际机场相比差距比较明显。随着粤港澳大湾区的发展，相互融合的不断加深，广州白云机场和深圳宝安机场应积极借鉴香港国际机场在航空物流方面的成功经验，探索与广东省经济发展相适应的航空物流发展方式，逐步缩小与香港国际机场的差距，在 CEPA（《关于建立更紧密经贸关系的安排》）框架下先行先试，推动粤港澳服务贸易基本自由化，共同促进粤港澳大湾区机场间良性的市场竞争，资源的合作共赢，实现粤港澳大湾区航空物流产业的繁荣发展。

2017 年广东省快递物流发展回顾与展望*

一、2017 年广东省快递行业发展总体情况

（一）快递业总体规模持续增长

2018 年 1 月 13 日，国家邮政局公布了 2017 年快递行业数据，广东省邮政业务总量、快递业务量占全国的比重超过 1/4，快递业务收入占比超过 1/5，成为首个年快递业务量上百亿件、年快递业务收入过千亿元的快递大省，邮政业第一大省的地位得到进一步巩固，在服务地方经济社会发展中的作用不断增强。2017 年广东省邮政业务总额 2526 亿元，同比增长 33.9%，业务收入（不含邮政储蓄银行直营业务收入）1316 亿元，同比增长 28.9%。其中，全省快递业务量 101.3 亿件，同比增长 32.1%，快递业务收入 1146.7 亿元，同比增长 30.3%。2012—2017 年，广东省快递业务量持续快速增长，年均复合增长率为 49.93%，增长十分迅速（见图 1－6、图 1－7）。

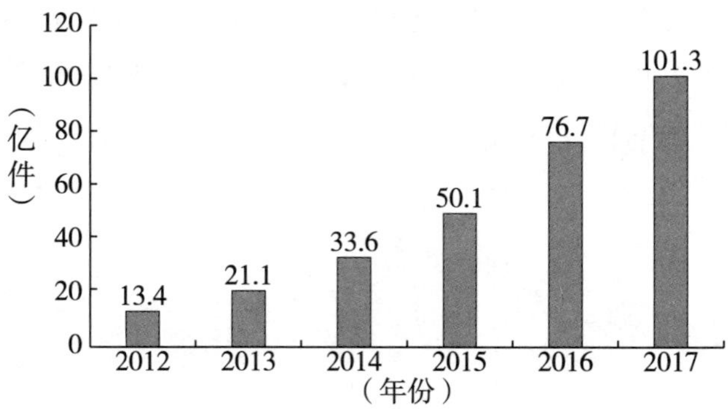

图 1－6　2012—2017 年广东省快递业务量

资料来源：根据广东省国民经济和社会发展统计公报广东省邮政行业运行情况整理。

---

* 供稿人：刘辉，广东省现代物流研究院。

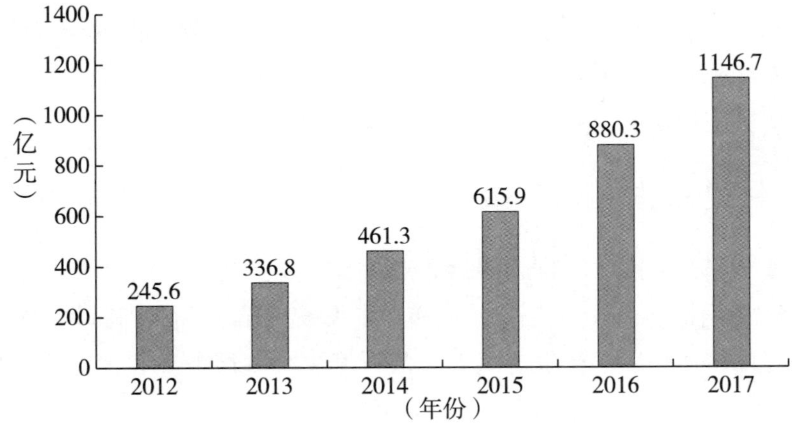

图1－7　2012—2017年广东省快递业务收入

资料来源：根据广东省国民经济和社会发展统计公报广东省邮政行业运行情况整理。

（二）快递行业服务能力不断增强

一是快递服务处理能力不断增强。随着交通基础设施不断完善，快递与公路、轨道及航空枢纽立体化衔接程度进一步加强。据不完全统计，全省共有日均处理能力超50万件的分拨中心60个，其中超百万件的处理中心达21个，自动化分拨中心达46个。二是末端投递运输车辆配送能力不断增强。末端投递设施更趋多样化，智能快件箱、集中投递点等方式广泛推广应用。据不完全统计，全省企业自有干线运输车辆超过34000辆，末端投递小汽车车辆超过6000辆，摩托车超过2.7万辆，电动三轮车近8000辆，电动自行车约10万辆，另外新能源车辆2800多辆。三是引入龙头企业建设快递处理服务园区。菜鸟与递四方合作在东莞沙田建设国内最大、智能化水平最高的跨境电商包裹处理中心。京东“亚洲一号”东莞麻涌项目，建成后将成为东莞电子商务基地及物流枢纽中心。中通快递集团与揭阳市产业转移工业园正式签约，建设科技信息研发中心、电商和仓储产业中心，引进行业最新标准的全自动分拣系统等。

（三）快递行业发展政策环境不断改善

国家、省政府高度重视快递行业发展，并出台一系列政策法规，改善快递业快速发展政策环境。2017年，国家邮政管理局相继出台了《禁止寄递物品管理规定》《邮政普遍服务标准》《国家邮政局关于加快推进邮政业供给侧结构性改革的意见》《快递业信用管理暂行办法》《邮件快件寄递协议服务安全管理规定（试行）》等，进一步规范了快递行业发展。国家邮政管理局还发布了《快递业发展“十三五”规划》《珠江三角洲地区快递服务发展“十三五”规划》等，为广东省快递行业发展指明方向。广东省邮政管理局积极贯彻国家关于快递行业发展的政策法规，重视全省快递业发展，出台了《广东省邮政业发展专项资金管理试行办法》，同时对国家出台的《快递业信用管理暂行办法》《快递暂行条例》进行深入分析解读。

（四）快递业态创新发展取得突破

快递服务与“互联网+”深入融合，进一步推动实物流、资金流、信息流“三流合一”，业务创新不断涌现。一是“+快递”业态发展显著。国家邮政管理局与广东省联合推出集“网络代购+平台批销+农产品返城+公共服务+普惠金融+物流配送”于一体的“村邮乐购”平台，助推广东省精准扶贫，打通农村快递、电商快递“最后一公里”。顺丰着力打造智能一体化寄递功能柜——丰巢智能快递柜，已完成全国33个重点城市的过万网点布局，并与万科物业、中航地产、中海物业等地产物业核心企业深度合作，为医药、汽配、电子等不同类型客户提供一站式快递服务解决方案。二是“快递+”业态发展突出。快递服务产业形式多样，逐渐融入产业价值链。苏宁物流并购天天快递发展仓配一体化服务等业务；达达与京东物流合作，构建同城配送服务网络，抢占“同城速递”市场；递四方速递加快布局海外仓业务，为卖家量身定做的集采购管理、仓储管理、订单管理、库存管理、物流配送管理于一体的海外仓储外包服务，推动跨境快递业务快速增长；快递业务线上线下融合发展，顺丰“嘿客”投递众包等业务步入轨道；农产品冷链快递业务有序发展。

（五）经济社会效益日益突出

快递服务产业链条不断延伸，有效促进了消费增长和经贸往来，在促流通、扩内需、惠民生中发挥重要作用。2017年，广东省快递业务收入1146.7亿元，年人均快递业务量约90件，各类快递物流企业约20.16万家。快递物流与电子商务协同发展，完善电子商务快递物流基础设施，促进了电子商务快速发展。推进广东省“快递下乡”工程，促进了“消费品下乡，农产品进城”，完善农村快递网络布局，以示范工程带动快递服务拓展，提升农村用邮便利，推动快递助力全省精准扶贫工程，进一步提升服务三农、服务生产、服务社会、服务民生等水平。

二、广东省快递物流发展存在的主要问题

（一）快递行业发展迅速，市场管理体系不健全

广东省快递业发展迅速，业务量已经占全国的1/4，但由于快递行业准入门槛较

低，不少企业能够迅速进入快递市场，导致快递行业市场秩序混乱，企业管理模式陈旧。一是市场不正当竞争。多数快递企业出现恶意竞价、互挖员工等不正当竞争行为，这些行为对于形成快递行业新秩序形成挑战。二是粗放式加盟扩张。多数快递企业为迅速拓展服务网点，多采用加盟的方式，即加盟者承包分公司，然后再将站点承包给个人，从而导致快递服务网点属于非直营的特许加盟网点，容易导致快递行业市场秩序管理混乱。三是管理模式陈旧。快递企业管理混乱，管理模式陈旧，尤其是加盟快递企业多数只维护自己的利益，搞同质化经营和价格战，不能够适应消费者需求。大型民营快递都是依靠加盟壮大，该模式优点是投资少，扩张快，但对加盟公司的管理控制力度较小，总部的协调力和管控能力较弱。

（二）企业责任意识差，忽视服务质量

广东省快递行业责任分担标准不明确，快递企业存在淡化自身责任的行为。多数企业一般会在快递清单背后印有“快递须知”或“快递契约条款”等内容，但涉及快递运单契约条款的内容，有相当一部分内容偏向快递企业。消费者权益受损时，快递企业凭借条款推卸责任。此外，即便消费者索赔成功，也不能够拿到与货物价值相符的赔偿。如在快递运单契约条款赔偿标准中，除寄件人进行保价外的包裹，一般包裹丢失或破损赔偿金额为运费的 3 倍。这种责任轻、赔偿金额少的赔偿标准，相比较低的成本、较高的利润而言，促使快递企业抱有侥幸心理，逃避责任，也未得到经营者对快递责任与服务质量重视。

（三）行业信息化建设水平偏低，更新速度较慢

目前各快递公司和运输部门还未实现完善的信息共享，快递包裹的物流信息不能及时得到更新，虽然广东省各大快递企业已经实现了企业配送信息化管理，并能够实时追踪快递包裹动向，但行业整体信息化水平仍然偏低，信息传递更新速度较慢，客户不能及时掌握和查询货物准确的相关信息，影响客户的满意度。合理优化的网络布局对广东省整个快递业发展有重要意义，而广东省快递业的网络覆盖范围仍有盲点，由于布局粤东、西、北偏远农村网点成本高，多数配送网点设置在镇上，农民寄送快递费时费力。由于技术和管理上的落后，不能把网络覆盖和提高服务水平有机结合，无法提供令大多数顾客满意的服务。

（四）快递服务标准化体系不健全，缺乏统一标准

目前，广东省快递业发展前景较好，但由于我国快递业起步比较晚，且该领域的市场化运作时间较短，至今未形成较为统一规范的行业服务标准化体系。广东省多数

民营企业会出现各自为政的混乱现象，诸如快递收费混乱，除网购订单中的邮费外，针对边远地区仍有公司滥加运费。正是由于缺乏统一的标准化、规范化的快递服务，让大量低资质、资金不足和综合服务能力差的企业进入快递业，导致顾客对于快递企业的信任度缺失，扰乱快递市场，影响快递业的健康发展。

（五）快递人员素质偏低，专业化水平低

由于快递行业准入门槛低，企业数量不断增加，业务量加大等各种因素，对于工作人员素质要求相对较低，该情况在快递旺季或是节假日等需要临时招聘人员时尤为突出。快递行业涉及运输、仓储及信息处理等多个方面工作，快递人员需要掌握物流、信息化等多方面技术，但快递从业人员缺乏专业的培训和严格的考核，专业化、职业化水平较低，专业技术一般都来自经验的积累。此外，门槛准入较低带来快递人员流动性较高，企业员工缺少归属感，企业储备人才不足等严重问题。

三、促进广东省快递物流发展的措施建议

（一）强化创新驱动，推进行业供给侧结构性改革

引导邮政、快递企业拓展个性化、专业化、差异化、一站式寄递服务，鼓励向综合性寄递物流运营商转型，开拓快运、冷链等服务，推动服务品类向生鲜、医药等高端品扩展，满足多层次、高品质、多样化消费需求。加速推进与现代制造业协同合作，拓展产业内贸易服务网络。要构建特色农副产品的垂直服务渠道和区域服务网络，更好发挥“工业品下乡、农产品进城”双向渠道作用，培育本地区“快递+”特色农产品样板项目。加快“走出去”步伐，深化粤港澳邮政快递合作。全面推进快递服务制造业，鼓励企业积极开发增值服务，提供一体化供应链解决方案。引导各地因地制宜、因势利导制定完善快递电动三轮车通行政策，着力解决“最后一公里”难题。

（二）践行绿色共享发展理念，促进绿色快递发展

全面贯彻落实习近平生态文明思想和绿色发展理念，聚焦绿色化、减量化、可循环目标，坚定不移推进绿色低碳循环发展，打好快递物流业污染防治攻坚战。加快推进“快递入区”工程，大力发展第三方和智能终端服务体系，加快末端转型升级，全力推动末端变革。充分发挥寄递渠道安全联合监管机制作用，全面落实寄递安全“三项制度”，加快“绿盾”工程建设，进一步落实总部企业对全网安全、质量、稳定的主体责任，治理“加而不盟、连而不锁”，助力打赢防范化解重大风险攻坚战。打造便民

高效的末端服务网络，提高农村和山区的网络覆盖率，促进城乡普惠和消费公平，助力地方精准扶贫。

（三）加快推动信息化建设，促进快递业互联互通

一是积极推进企业信息化建设进程。在电子商务与快递物流融合协同发展的背景下，广东省政府加快推进传统快递企业信息化建设进程，实现网络资源的互补共赢。积极引入“互联网+”“大数据”“云计算”“物联网”等关键技术，使用先进物流技术设施设备，如自动跟踪技术、全球定位系统、地理识别系统、电子数据交换技术和射频识别技术等。二是加大对信息技术的投资与研究。相较于国外的快递企业，广东省快递企业需要在原有基础上，加大对快递信息技术的投资和核心技术的研究，保证快递流程操作的程序化、标准化、规范化，减少错误率，提高快递业自身竞争力。三是建立快递资源共享信息平台。积极协调省交通运输厅、各地市交通运输相关部门、龙头快递物流企业和行业协会建立网络资源共享的快递信息系统，加强多方协同合作、监管，实现快递业降本增效。

（四）发挥市场和政府两个作用，提升行业治理水平

认真贯彻落实“十三五”发展规划和产业政策，激发市场主体转型提效的动力、活力和能力。加快形成行业法治体系、实施体系和监管体系，有效防控各类风险。加强邮政管理部门能力建设，引导广东省快递业新型服务模式规范发展，完善末端备案、校园快递、投递众包业务等管理措施。运用信息化手段提升行业管理工作水平，加强数据资源分析应用。全面落实企业安全主体责任、用户安全使用责任和政府部门监管责任，落实寄递安全监管“三项制度”，确保寄递渠道安全畅通。营造透明高效、公平竞争的营商环境，遏制低质低价恶性竞争及不正当竞争，实现优胜劣汰。加强依法行政培训，强化执法监督，健全完善法律顾问制度，做好行政复议和行政应诉工作，提高全系统法律意识和法律法规应用能力。完善诚信体系建设，加强监测与信息发布，做好申诉处理工作，加强对快递环节的管控，提高企业服务质量透明度，杜绝假冒伪劣产品，营造诚实守信的市场环境。

（五）完善人才服务体系，提高快递物流服务质量

建立以政府为引导、企业为主体、院校为支撑的快递人才培训体制，构建多层次教育培训体系。引导企业加大教育培训经费投入，鼓励企业与大学、科研机构及培训机构合作，建立快递技能培训基地，集聚和培育高水平专业技术人才。鼓励快递和电子商务企业、制造企业建立人才交流机制，开展人才联合培养项目。完善快递业相关

职业工种标准，将其纳入技能晋升相关专项资金补贴范围。完善快递业职业资格制度，对关键岗位实行持证上岗。落实就业创业和人才引进等政策，快递企业紧缺急需的高层次人才，符合条件的可按规定办理人才引进手续。加大规范企业用工行为的监管力度，保障快递从业人员的合法权益。

2017年广东省冷链物流发展回顾与展望*

一、2017年广东省冷链物流发展总体情况

（一）冷链物流支持政策不断出台

2017年以来，国家、省级及各地市政府加大对冷链物流业的支持力度，一系列政策支持措施陆续出台。国务院办公厅于2017年4月印发《国务院办公厅关于加快发展冷链物流保障食品安全促进消费升级的意见》，对冷链物流在食品安全方面的应用提出了明确要求；10月印发《关于积极推进供应链创新与应用的指导意见》，重点加强农产品和食品冷链设施及标准化建设；交通运输部于8月印发《加快发展冷链物流保障食品安全促进消费升级的实施意见》，着力提升冷链物流基础设施建设、优化运输组织模式。广东省商务厅于2017年11月发布了《广东省冷链物流发展"十三五"规划》，带动冷链产业投资、加速产业升级；组织开展中央财政服务发展专项资金（冷链物流建设）项目，投入财政资金1亿元扶持冷链物流研究与建设项目，提高冷链物流流通效率、降低流通损耗，保障食品安全；广东省农业厅2017年省级农业发展和农村工作专项资金项目支持农业企业建设冷库、购置预冷设备，进行冷链物流装备建设。

（二）冷链物流基础设施不断完善

2017年，全国冷链物流仓库容量达到1.1937亿立方米，同比增长13.7%；5000吨以上冷库总量达到3900万吨，较上年增长18.9%，预计未来五年还将保持每年

* 供稿人：朱佳蕾，广东省现代物流研究院。

15%~20%的增长；冷链物流流通量约4775万吨，同比增长13.7%；冷藏车达到13.4万辆，全年增加1.9万辆，同比增长16.5%。2017年，广东5000吨以上冷库容量近400万吨，全国冷库容量排名第三，仅次于上海和山东。2017年5月，全球最大、最专业的超低温农产品冷链基地——国通超低温产业链在佛山投入运营，项目总投资4亿元，定制1000个－60℃超低温冷柜，为采购“最初一公里”、配送到餐桌“最后一公里”提供保障。

（三）农产品冷链物流取得阶段性进展

2017年，全国冷链物流总收入达到2400亿元，同比增长10%；农产品冷链物流总额达到4万亿元，同比增长17.6%，占全国物流总额252.8万亿元的1.58%。据国家统计局数据，2017年我国生鲜市场（肉类、水产品、禽蛋、牛奶、蔬菜、水果）规模达到13.28亿吨，冷链交易额达到4700亿元。目前广东省果蔬、肉类、水产品冷链流通率有所提高，以粤东西北为重点的农产品冷链物流从无到有，基础设施不断完善，冷链物流技术在温氏集团、广东北部湾农产品流通综合示范园区、粤西农批、金屏山食品等规模较大企业得到推广应用，冷链物流发展环境不断完善，湛江、惠州、梅州等地市初步形成了农产品加工、市场批发、冷链物流企业“三位一体”的冷链物流体系。

（四）生鲜电商和冷链物流催生新业态

2017年中国农产品网络零售额超过2500亿元，催生了盒马鲜生、超级物种、7FRESH、鲸选未来店、苏鲜生等一批带有“堂食”模式的生鲜超市，吸引了阿里巴巴、腾讯、京东、苏宁等巨头携资本入局。珠三角等发达地区冷链物流和强供应链支撑，不断突破生鲜仓储、配送、损耗等痛点，加之“冷链共同配送”“生鲜电商＋冷链宅配”“中央厨房＋食材冷链配送”等模式创新，催生一批生鲜“新零售”进驻。继华南首家盒马鲜生在深圳宝安开业后，深圳中心区首家“盒马鲜生旗舰店”于2018年年初亮相，现已在广州、深圳开设5家门店；永辉超级物种自2017年年中进驻深圳，现已在深圳、佛山拓展至8家门店。

（五）第三方冷链物流企业快速崛起

广东省冷链物流行业从传统生产企业自建冷链向第三方服务商转变，一大批第三方冷链企业快速发展壮大，中物联2017年中国冷链物流百强企业名单中，大昌行物流、深圳市泛亚物流有限公司、深圳招商美冷供应链有限公司、深圳小田冷链物流股份有限公司等9家企业上榜。作为国内最大的食品进口商，大昌行集团旗下物流为客户提供全球采购、冷仓管理、冷链配送一站式物流方案，华南区以江门大昌行物流园和珠海横琴大昌行物流中心为依托，建设冷库超过1万吨，自有冷链运输车60台、协议车辆200余台，服务费列罗、和路雪、百佳超市、麦德龙等客户。深圳小田物流总部设在深圳，全国设立10家分公司，形成“区域型支线+一线城市干线”模式，辐射全国冷链配送的网络化布局，为“7－11”等便利店客户提供冷藏运输、仓储、加工、干线、零担、保险等服务。此外，以湾仔码头、思念、三全冻品为核心的市配物流——广州穿梭物流和承接京东与安鲜达冷链业务的安得物流等专业冷链物流企业年营业额均超过5000万元，满足全程冷链运输需求。

（六）冷链技术与管理创新成果显著

冷链物流对储存、运输以及安全管理控制的要求相对较高，冷链物流在技术、设备、模式等方面取得了突破性创新。如麦当劳御用3PL——夏晖冷链物流，依托美国总部领先的多温度食品分发技术和后台支撑系统，配备先进的冷链设施，在市区配送中实现即时配送、精细运货、系统检测、冷链跟踪、及时补货、安全库存等功能。珠三角、粤西水产品加工企业广泛引入平板速冻机、冲击式钢带速冻机、单螺旋速冻机、隧道式速冻机等高效冻结设备，满足产品加工源头冷链需求。茂名荔枝冷链运输中，顺丰与电商企业联合共建荔枝分级分选、打包发货冷库，并率先引入大数据管理系统，能够实时反映本仓发出的订单运输情况，实现订单全程监控。

二、广东省冷链物流发展存在的主要问题

（一）冷库经营模式较为落后

广东省内现有冷库主要有三种形式。批发市场类型、传统仓储类型和仓配一体化现代冷库，分别占比约10%、80%和10%。由于历史原因，批发市场类型和传统仓储类型冷库，建筑面积较小、周边及内部交通拥挤、仓库设备陈旧老化、仓库管理简单粗暴，冷链设施标准化、现代化、信息化水平低，不符合现代冷链要求。能够提供简易打包、配送服务并实施信息化管理的仓配一体化现代冷库，多为加工企业自建，像太古冷链、天业云埔仓、长运冷库等专注第三方服务的大型冷库容量远不足以满足生鲜电商企业、超市、生鲜零售等新零售业务发展对冷链物流的需求。

（二）冷链物流发展区域不平衡

广东省冷库具有高度集中和容量普遍偏小的特点，地区冷库容量与经济发达程度呈正相关，冷链物流发展不平衡，珠三角地区发展较快，粤东西北地区仍处于起步阶

段，全省冷库集中在珠三角地区，其中，主要分布在广州、深圳、佛山等地，农产品、水产品产量较大的粤东西北地区缺乏冷库投资建设。区域冷库缺口较大，湛江、汕头基于水产品养殖、加工产业发展，以企业自用冷链设施建设为主，这两个地区集中了粤西、粤北大部分冷库，而其他地市冷库数量偏少且规模偏小。冷链物流公共服务发展缓慢，公用型、共享型、移动式、集装箱式田头预冷、冷藏加工等冷库设施缺乏。广东省现有冷链物流流通线路、网络、交通枢纽等基础设施建设也主要集中在珠三角地区，粤东西北地区的基础设施建设进度仍然较为落后。

（三）农村冷链物流基础设施薄弱

广东省农村冷链物流基础薄弱，问题较为突出。一是省内农村冷库规模小、利用率低。近几年，政府大力支持农业企业发展田头冷库，有效促进农村冷库的建设发展，但受农村场地限制和农产品季节性问题影响，田头冷库多为零散且长期闲置。二是农村冷链车保有量少。省内冷链车多集中在珠三角地区和粤西水产品企业，大部分农产品在运输过程中仍处于常温状态，导致荔枝、龙眼等需要冷链运输的农产品上市期间，由珠三角等地区临时调入产区的冷链车费用高、空返现象严重。三是田头预冷设施落后。以荔枝为代表，农业企业已有意识对荔枝进行采后预冷，但田头预冷设施各式各样，有冰水预冷、冷库预冷等不同的方式，整个操作过程没有形成统一的标准和体系。

（四）冷链行业标准难以统一

长期以来果蔬农产品、生鲜肉产品等生鲜产品包装粗糙，冷链运输专用包装的使用率仅为15%，远落后于欧美国家的85%；不同产品的预冷、冷链运输技术和设备各式各样，行业内尚未形成有公信力、广泛推广应用的标准。广东省内冷链企业规模较小，全国冷链物流百强企业上榜仅9家，省内容量超过4万吨的冷库仅有广弘西村冷库、天业冷库、太古云埔仓以及2018年即将完工的富力空港仓和东莞联想增益仓，国有企业与私营企业各自为营，分别牵头成立冷链协会，行业整体缺乏巨无霸企业，没有行业寡头带头制定统一的标准和秩序，无序竞争现象严重。

（五）冷链物流信息化水平低

当前冷链物流信息网络仍存在信息传递、共享难的问题，尤其在粤东西北地区，信息化建设相对落后，专业性的冷链物流信息平台缺乏，生产、流通企业与第三方服务企业无法实现有效沟通，导致生产、流通企业使用冷链设施成本高企而第三方冷链物流设施闲置的情况比比皆是。大部分产品冷链运输仍然依靠传统的人工找车模式，物流信息平台、车货匹配等现代物流模式应用不广。冷链物流企业多数仅仅提供仓储、运输服务，缺乏完善的信息系统支持，难以实现更先进的供应链管理服务。政府部门与企业、企业与企业之间的数据未能实现有效打通，信息孤岛广泛存在，冷链物流信息化建设任重而道远。

三、促进广东省冷链物流发展的建议

（一）推动传统冷库现代化升级

整合省内现存闲置冷库资源，结合冷库建设新材料、新技术对落后冷链设备设施进行升级改造，淘汰已不能改造升级的旧冷库设施，盘活冷库土地。引导结合各地优势特色产业，合理统筹利用闲置冷库。鼓励企业改造传统冷库单温的局限，形成高温、低温、常温、恒温搭配的多温区冷库，适应新零售、电商、同城配送等行业发展。鼓励冷链企业突破传统冷库仅存储功能的限制，建设发展集仓储、加工、分拣、包装、办公等多功能的现代化冷库，重视冷库信息化建设，构建仓配一体化现代冷库。

（二）加强农村冷链物流建设

合理布局农村冷链物流节点，充分利用交通运输、商务、农业、邮政、供销社等既有农村、农业生产资源，做好农村冷链物流网络节点建设。鼓励发展田头冷链装置，合理利用现有零散、小冷库，在重点农产品产区建设采后预冷、贮藏保鲜等农产品初加工冷链设施，支持鼓励发展公用型田头冷库。加强农村冷链物流体系建设，建设覆盖产地预冷、加工、冷链运输等环节的全程冷链体系，降低农产品损耗，提高产品品质。

（三）加强农产品冷链物流标准化建设

鼓励支持制定与国际标准接轨的冷链物流标准，包括技术标准、运作标准、工作流程、服务规范、行为准则、质量控制和质量评价方法等。建立覆盖冷链全过程的标准，包括仓储标准、运输标准、装卸搬运标准、流通加工标准、包装标准、配送标准和信息化标准等，将冷链保鲜技术、移动二维码技术等应用在农产品的分级、挑选、清洗、加工、包装、预冷、冷藏、运输和销售中，实现冷链物流各环节之间的有效衔接，实现标准动态监控，保证冷链物流“不断链”。

（四）打造专业第三方冷链物流服务商

加大企业扶持力度，支持龙头企业做大。建议政府实行一企一策，帮助冷链行业企业不断做大做强，充分发挥龙头企业示范带动作用，加快行业标准和规则的制定，为实现行业规范有序做强支撑。争取设置冷链物流专项资金，扶持专业冷链物流服务商发展，规范流通加工、仓储运输、装卸搬运、配送销售等关键环节，鼓励第三方冷链物流服务商抱团发展，建设高效、规模化的冷链物流配送基地。提倡传统加工企业释放自有冷链设施公共服务功能，鼓励企业冷链物流业务外包。

（五）建立第三方监管体系

冷链物流是物流的一个重要分支，涉及运输、仓储、包装、装卸、流通加工和信息系统等多个方面，发改、交通运输、商务、国土、供销、邮政、经信、食药监等多个部门均对冷链物流业务有相应的管理职责，且部门之间责任存在一定的交叉。建议各部门协调合作，由广东省政府牵头建立推进冷链物流工作组，并组织商务厅、科技厅、经信委、食品药品监督管理等部门，建立第三方监管体系，运用高新技术实现各职能实时监管，实现事前计划、事中监控指挥、事后可追溯。

2017 年广东省农村物流发展回顾与展望*

一、2017 年广东省农村物流发展总体情况

（一）农村物流发展政策环境优化

实施乡村振兴战略，是党的十九大作出的重大决策部署，是决胜全面建成小康社会、全面建设社会主义现代化国家的重大历史任务，是新时代“三农”工作的总抓手。推进农村流通现代化是乡村振兴战略的重要内容，其中建设农产品冷链物流体系、构建农村物流服务网点、实施电子商务进农村等对于构建农村第一、第二、第三产业融合发展体系意义重大。2017 年若干促进农村物流发展的相关政策文件相继出台，例如《中共中央国务院关于深入推进农业供给侧结构性改革　加快培育农业农村发展新动能的若干意见》《广东省人民政府关于印发促进粤东西北地区振兴发展 2017 年重点工作任务的通知》（粤府函〔2017〕122 号）等，为农村物流的加快发展创造了良好的政策环境。

（二）农村市场扩大带动物流体量

广东省为全国人口第一大省，常住人口达 1.12 亿，农村人口占全省人口约三成，农村消费市场成为推动社会内需的重要力量。2017 年，全省农村常住居民人均可支配收入 15779.7 元，增速连年高于地区生产总值和城镇居民收入增速；农村消费品零售额 4776.33 亿元，增长 10.5%，连续 3 年高于城镇同期水平。随着电子商务进农村的发展，农村农产品网络销售渠道逐渐建立，工业品下乡市场逐渐扩大，电子商务带动

---

* 供稿人：吴乐燕，广东省现代物流研究院。

农村快递物流市场规模的扩大，2017年广东省“亿元淘宝县”达22个，南雄市、龙川县、平远县和饶平县四个示范县（市）已建成6个县级电商（物流）服务中心和643个乡村服务站点，物流快递网点乡镇覆盖率达到100%，普宁服装、惠东鞋业、四会玉器和廉江小家电等产业集群积极上线，高州荔枝、清远鸡、茂名龙眼等农产品电商品牌影响力日益扩大。

（三）农村交通运输网络不断优化

近年来，广东省农村交通等基础设施逐步改善，交通运输网络逐渐优化，为物流顺畅发展创造了基本条件。截至2017年年底，全省农村公路通车里程达18.3万公里（其中县、乡、村道分别为0.94万公里、10.1万公里、7.3万公里），通村公路路面硬化里程2.3万公里，居全国前列。农村流通节点持续增多，经交运部门登记的县乡村三级物流节点覆盖率分别达81%、81%、38%左右；80.8%的乡镇有商品交易市场，全省纳入农业部（现“农业农村部”）定点的批发市场有35个，纳入省农业厅定点的批发市场有50个。广东粤东西北地区基本形成了以县城为中心、乡镇为节点的农村客货运网络，珠三角地区初步建成了城乡一体化公共交通服务网络。

（四）物流企业加快布局农村市场

供销、邮政等大型国有企业在政策鼓励下纷纷有计划地进行农村物流布局，顺丰、京东等大型民营企业把握市场动态也纷纷投资农村物流市场。广东省供销合作社作为全国供销社综合改革试点，大力推动为农服务综合平台建设，从田间采购到终端销售，构建冷链物流系统，建成仓储加工和物流配送基地13个，建设县域为农服务综合平台92个，发展乡镇为农综合服务中心170家。目前，全省80.8%的乡镇有商品交易市场，35.7%的乡镇建有以粮油、蔬菜、水果为主的专业市场，12.4%的乡镇有以畜禽为主的专业市场，5.7%的乡镇有以水产为主的专业市场。此外，在农产品电商尤其是冷链物流的带动下，大型物流快递企业如顺丰、邮政等，加强农产品仓配服务和农村物流布点，有效提升了农村物流网络化水平。

（五）新模式新技术加快应用

新模式新技术在农业生产及农产品流通领域加快应用，有效提高了农业生产及农产品流通的组织化水平。全省农村经营主体不断发展壮大，通过集约化规模化的生产和销售，大大提升了农村物流发展质量和水平。2017年，全省已建立农业合作社约4万家，农业龙头企业达3400家左右，农业部门认定的家庭农场约14000家，种养大户达13.8万户，“公司+合作社+农户”的生产模式不断推广，在助推农民创收保收、农产品质量控制、农产品流通等方面取得良好效果。在农村土地确权方面，深入推进全省试点工作，鼓励通过土地经营权流转、农业生产托管等多种方式，加快发展土地流转型、服务带动型等多种形式规模经营；积极贯彻农业部（现为“农业农村部”）促进家庭农场发展政策措施，开展广东省省级示范家庭农场认定，推进家庭农场生产模式应用。

二、广东省农村物流发展存在的问题

（一）农村物流基础设施薄弱

目前，部分农村地区缺少高等级公路，物流运输网络不够完善，村水泥路面无法满足大型物流运输车辆进出要求。现代化的仓储运输设备尤其是田间预冷设施、高温冷库、冷藏车缺乏，机械化、标准化物流设施在农村应用少，造成鲜活农产品腐损率难降及物流运作效率低。全省城乡双向流通格局发展尚未成熟，重要农产品产区如茂名、湛江、韶关等地农产品上行“最初一公里”不顺畅，冷链流通率低，物流配送时效性差，且农产品物流组织化程度不高，难以形成规模效应；重要农资、农村消费品等下行在乡镇与行政村、自然村之间的“最后一公里”末端配送未完全打通，农村物流终端节点功能不完善、体系不健全。

（二）物流发展区域差异较大

受城乡“二元”经济结构、农村地区经济发展水平、地理条件、人口分布等因素制约，珠三角地区与粤东西北地区农村物流基础设施差距显著，粤东西北载货汽车数量占全省总量不到30%，粤东西北货物周转量占全省比例不到15%。粤东西北乡镇人口占比达到了67%，但是作为农产品主产区，未铺装路面总里程占比达81%，快递和货物周转量却均只占10%，快递及物流需求远没有得到有效满足；水产肉类、蔬菜和热带水果产量占比分别为65%、64%和85%，但是只分布了约全省10%的冷库容量。全省物流发展区域不平衡问题比较突出。

（三）农村物流发展成本难降

广东省农村多丘陵，成片大规模种植基地少，全省土地适度规模经营占比仅为25%，农业种植分散和农村人口低密度分布，导致农产品上行运输和物资配送成本上升。由于农产品保鲜期短、运输要求高、价值低、重量大的特性，更加大上行困难。农产品销售不畅，产需不能有效对接，严重影响了农村物流生态。农村下行运力富余，与上行运量不足形成反差，增加了物流企业的成本。农产品冷链物流运输费用高，调查显示，小型单件农产品通过顺丰冷链运输，仅省内物流成本就占农产品总售价的25%～40%，高企的物流成本严重制约农村物流的顺畅发展。

（四）农村物流资源存在浪费现象

广东省农村物流发展尚无专门的规划引导，也无专门的农村物流规章、条例或规范可循。现有的农村物流节点布局由邮政、快递、物流公司、电商平台物流等根据自身业务情况自发形成，结果导致在经济繁荣、人口密度较高的乡镇和中心村设点扎堆，而部分偏远村庄，由于配送成本较高物流网点几乎空白。不仅村民无法享受基本的生活配套，网点重复建设和返程空车的情况，更是加大了物流企业的生存成本。

（五）农村物流专业人才匮乏

囿于城乡之间基础设施、教育、生活条件等方面的差距，农村地区难以吸引优秀的企业和人才，人才引入难、留住更难。在粤东西北农村地区，农业物流操作型人才、农业物流管理型人才、农业物流科技型人才和农业物流治理型人才四类农村物流人才普遍缺乏，人才培养远不能满足物流发展的需要。近年来农村电商发展迅猛，青年电商创业力量逐步显现，但受农村基础设施和环境的限制，电商人才吸引力差，农村电商人才缺口大，同样制约了农村物流的发展。

三、促进广东省农村物流发展的措施建议

（一）积极贯彻落实相关政策

贯彻落实《中共中央　国务院关于实施乡村振兴战略的意见》《中共广东省委、广东省人民政府关于推进乡村振兴战略的实施意见》及全省乡村振兴工作会议精神，推动实施乡村振兴战略，做好乡村振兴综合改革试点工作，彻底打通农产品进城（上行）、农资及日用消费品下乡通道（下行），助推乡村经济发展，提升乡村居民生活水平，促进城乡协调发展。在全省范围内实施《广东省农村物流建设发展规划（2018—2022）》，强化各地市对农村物流发展的认识，形成各部门工作合力，将农村物流建设规划作为乡村振兴重要工作之一，共同逐步推动规划中主要任务、重点工程等内容的落实。

（二）开展乡村振兴综合改革试点工作

积极推进梅州、惠州、江门、清远市和佛山市三水区开展乡村振兴综合改革试点，以试点工作为契机，将农村物流发展建设现代化作为乡村振兴工作的重要内容，聚焦

农村物流着力点和突破口集中用力。发展“一村一品、一镇一业”，总结推广“龙头企业+基地+农户”发展产业模式做强富民兴村产业，通过振兴农村产业经济，带动农村商贸流通业，激发扩大农村电商物流、快递物流、消费品物流等需求。实施“千村示范、万村整治”工程，全域推进生态宜居美丽乡村建设，整治修葺优化城镇乡村通车，为农村发展乡村旅游、生态旅游等创造良好交通环境。

（三）推动电子商务进农村示范项目

以海丰县（汕尾）、英德市（清远）、梅县区（梅州）、潮阳区（汕头）、遂溪县（湛江）、广宁县（肇庆）、龙门县（惠州）、高州市（茂名）和江城区（阳江）九个省级电子商务进农村综合示范县为载体，积极推动完善三级农村电商服务体系建设，加快实现产品双向流通渠道畅通。支持农村产品的标准化、生产认证、品牌培育、质量追溯等综合服务体系建设，支持示范县进行电子商务园区的基础设施建设及电商平台、相关企业等市场主体的引入，支持建设县域电子商务公共服务中心，支持乡村电子商务服务站点的建设，支持农村电子商务人才培训。以电子商务进农村示范项目为推动，带动农村物流体系配套建设。

（四）优化提升农产品流通节点

进一步加强全省公益性农产品市场建设，引导各地市充分考虑当地人口分布、集聚程度、消费能力等因素，合理规划布局城区内、郊区的农产品市场。鼓励社会资本参与农产品市场建设，运用先进信息技术、互联网技术、物流网技术等对现有农产品市场的基础设施及软件设施进行优化升级，创建符合新城镇、新农村消费需求的农产品流通节点。整合优化县、乡、村农产品批发市场、田头市场、村镇市场、社区菜店等布局，积极发展“农批对接”“农超对接”等多形式的产销对接，提升农产品流通效率。

（五）积极发展农产品冷链物流

根据各地资源特色，整合现有传统冷库、普通仓库等仓储设施，结合地区产业发展需求，优化布局全省农产品冷链物流网络，建设珠三角、粤东西北错位发展、相互补充的冷链物流服务体系。以新建冷库、改造升级冷库、增设冷藏车等项目为抓手，鼓励引导更多社会资本、企业资源进入农产品冷链物流市场，扶持培育农产品冷链物流企业发展壮大，支持企业联盟组建冷链运输力量。向全省重要农产品生产基地、农业龙头企业、农业合作社、种植大户等推广建设使用田头预冷库、移动冷库等，引导农业经营企业提高农产品预冷处理、保鲜加工与冷藏运输等水平。

2017 年广东省跨境物流发展回顾与展望*

一、2017 年广东省跨境物流发展总体情况

（一）跨境物流市场规模不断扩大

随着广东省积极融入全球贸易发展战略，广东省继续稳居我国对外贸易第一强省地位，2017 年，广东省进出口总额 68155.9 亿元，较上年增长 8.0%。在全球对外贸易持续下行的趋势下，跨境电商规模仍逆势增长，2017 年，广东省跨境电子商务进出口额 441.9 亿元，较上年增长 93.8%，规模居全国首位。目前，广东省跨境电子商务快速发展，已经成为创新驱动发展的重要引擎，带动着跨境物流市场规模不断扩大。2017 年，全省港口货物吞吐量完成 197131 万吨，较上年增长 9.6%，其中，外贸货物吞吐量 59614 万吨，增长 8.7%；港口集装箱吞吐量 6398.8 万标准箱，增长 11.7%。广东省年快递业务量突破上百亿件，其中，国际/港澳台快递业务量完成 4.2 亿件，同比增长 33.1%，实现业务收入 179.3 亿元，同比增长 29.1%。

（二）跨境物流通道持续扩张与优化

随着广东省参与国家“一带一路”建设的持续深入，跨境物流通道持续扩张与优化，广东省围绕海上丝绸之路、陆上丝绸之路和空中丝绸之路，新增建多条跨境物流大通道，形成海陆空综合立体交通运输网络。2017 年，广州市开通广州港—营口港—欧洲、广州港—连云港—欧洲的海铁联运货运通道，实现国际物流通道从“单一运输”

---

* 供稿人：林豪婕，广东省现代物流研究院。

到“多式联运”变革，促使国际物流效率大幅提升。以省内城市作为始发地的“中欧班列”已实现常态化运作，并新增开通深圳—白俄罗斯—明斯克的中欧班列；广州白云机场 T2 航站楼主体工程完工，停机坪已投入使用；广州铁路集装箱中心站正式竣工，可专业办理国际集装箱、国际整车运输、国际快运、国际特货运输等跨境物流业务，将成为广州连通中欧、南亚等地区的国际铁路物流枢纽。

（三）跨境物流信息化进程加快

提高物流信息化水平成为降低成本、提高效益的重要前提，也是建立信息化网络系统和增强国际竞争力的基础。广东省通过大力发展“互联网+”高效物流的新业态、新模式，促进跨境物流流程标准化、信息化进程，降低跨境物流综合成本。广州白云区率先建立我国第一个国际物流信息港，依托信息化技术，实现客货机舱位资源以及多元物流信息整合，搭建第四方物流信息业务凭条，构筑空陆联运数据云系统，开拓国际空陆联运市场，建设成广州第四方物流集成平台，形成国际物流产业链。广州海关在全国率先应用的跨境电商进口信息化管理系统，利用互联网实现全程“零纸化”通关，提高跨境物流时效。

（四）政企协同探索跨境物流新模式

随着国家“一带一路”建设的深入，广东省积极探索开放型经济创新体制，建设高水平对外开放门户枢纽，发挥产业集聚效应，为跨境物流企业拓展新型发展模式提供坚实基础。广东省自贸区积极创新运用“全球中心仓”理念，基于“仓储货物按状态分类监管”，构建“一区多功能、一仓多形态”创新模式，实现存储于不同地区、不同仓库的多种物流及国际贸易集中在自贸区内的全球中心仓内一站式完成，大大降低物流成本。随着跨境物流市场的逐步扩大，以顺丰为代表的跨境物流企业开始升级自动化设备、开拓海外市场，完善国际产业链条，不断画大同心圆、扩大生态圈，凭借“一带一路”“走出去”等倡议 与战略，逐步由亚太向全球覆盖服务网络。

（五）跨境物流通关环境持续改善

广东省不断加强对跨境电商政策扶持，出台一大批促进跨境电商发展的政策，如《关于促进我省电商经济健康发展的调研报告》等，持续推动改善跨境物流通关环境，实现成本的节约和通关的便利化。广东省积极打造全流程综合性跨境电商公共服务平台，实现通关业务事项网上办理，已建成“易通关”“关邮 e 通”“穗关在线”等移动终端平台，覆盖五个领域 227 项业务。与此同时，广东自贸区率先推行全国首创“跨境电子支票缴税”、V－Tax 远程可视自助办税系统等跨境缴税业务，积极探索跨境商品退换货、跨境电商商品区内交易的监管全流程，为港澳台以及国外纳税人，提供导航式智能流程指引和税务人员远程服务，实现跨境办理涉地方税费业务。通过一系列通关改革，广东省跨境货物进、出口通关时间分别比去年全国海关进、出口通关时间压缩49%、62%，“互联网+自主报关”报关单数约136万票，进口货物通关成本降幅最高为六成，出口货物通关成本降幅最高为八成。

二、广东省跨境物流发展存在的主要问题

（一）国际贸易形势复杂多变

国际贸易环境不确定因素较多，局势复杂多变，不同国家、地区之间经济、政治和法律等先决条件的不协调，对跨境物流快速、持续发展产生巨大压力。随着中国经济的迅速崛起，保护主义和逆全球化思潮在部分国家与地区兴起，国际关系局势紧张，倒逼跨境物流发展，对广东省跨境物流发展产生一定影响。2017年，中国商务部回应美国向中国发起的双反调查以及初裁、终裁结果高达十余起；同年12月，欧盟公布的国别报告中，认定中国存在“严重市场扭曲行为”。在复杂多变的国际贸易形势下，各国政府加大了对跨境物流管理力度，如俄罗斯海关部门规定从2017年1月1日起，对跨境包裹实施严格的监管政策，规定境外购物网站发往俄罗斯的包裹需向海关提供收货人护照复印件。同时，各国对跨境电商交易加征增值税，如向俄罗斯居民提供服务的外国IT（信息技术）公司，除需提交在俄罗斯境内的销售信息，还需缴纳高达18%的增值税。

（二）跨境物流配套政策不完善

广东省作为改革开放的前沿阵地，对外贸易快速发展，但跨境物流发展在财政支持、物流用地、海关监管、统计监测等配套政策方面存在不足，在一定程度限制了广东省跨境物流的发展。在财政支持方面，广东国际铁路货运班列补贴力度不够，综合运营成本较高，货源流失严重，据统计，全省约40%～50%的货源被其他地市低价揽走。由于广东经济发达地区用地紧张、地价贵等问题，导致物流用地申请难，个别物流龙头企业出走广东，不利于广东省建设跨境物流基础设施。随着跨境电商的快速发展，国际物流订单逐渐碎片化，交易频次几何式增加，现行的通关政策无法适应海关和检验检疫暴增的工作量，仍需深化通关一体化改革。目前广东省跨境物流统计监测系统存在不足，缺乏反映广东国际物流运营发展的统计数据，相关政策制定缺乏依据，仍需进行相关监测系统的建设。

（三）跨境物流市场竞争日渐激烈

随着我国跨境电商企业数量的不断增多，国际业务需求日益增长，跨境电商物流市场也正呈爆炸式增长态势。从企业聚集程度方面，全国 80% 的供应链企业集中于深圳，一些知名国际物流企业如 UPS、FedEx、TNT、马士基、汉莎等纷纷落户广东，致力于抢夺中国对外跨境份额，跨境物流市场竞争日渐激烈。从寡头企业发展程度方面，2017 年我国六家大型物流企业均已实现上市，在获取大量融资后，加大在人才、国际物流基础设施、管理、技术方面的投资；菜鸟、顺丰均实现对全球多达 200 个国家与地区的覆盖，抢夺全球市场。跨境物流巨头在短时间内占领国际业务市场，出现降低跨境快递运费，以补贴航线、清关等形式的价格战，行业整体毛利率在资本进行行业洗牌之前都将越来越低。从布局海外市场方面，大型跨境物流公司将通过收购获得跨境快递人才和经验，以及仓库、航线等资源，大大缩短中国快递公司自建国际业务团队需花费的时间，未来几年快递公司收购国内外跨境物流服务商潮流将会继续延续，中小型跨境物流企业将面临被收购的风险。

（四）跨境物流成本不断攀升

随着跨境电商的快速发展，大量资金纷纷涌入跨境物流行业，越来越多的企业通过自建、合营、并购等形式，搭建跨境物流体系，积极打通国际快递物流通道、提升国际快递网络的覆盖水平，但跨境物流运营成本的急剧上升在一定程度上限制了跨境物流的发展。海外仓是解决跨境物流时效问题的重要措施之一，但无序的发展也增加了跨境物流企业成本，主要来自三方面。一是出于贸易保护的角度，面临的贸易纠纷频率增加；二是随着跨境电商的发展，多采用的是大宗货物清关方式，认证体系更烦琐；三是对海外仓的管理和服务能力要求更高，相应的人工成本也更高。同时，广东省跨境电商物流企业缺乏高端性技术，在跨境电商物流配送量增加的情况下，大多依靠香港空运的飞机仓位，极易出现运力不足的现象，时间成本无法掌控。“一带一路”沿线国家电商物流技术无法与广东省智能物流系统相匹配，对接不顺畅，导致成本增加。

（五）缺乏跨国物流龙头企业

随着国际竞争的日益激烈、国际产业转移步伐不断加快和国际贸易快速发展，全球采购、全球生产和全球销售的物流发展模式正在形成，迫切要求广东省形成一批深入参与国际分工、具有国际竞争力的跨国物流企业，加快国际物流网点布局，构建与“一带一路”等主要贸易国家便捷、高效的国际物流大通道，形成具有全球影响力的国际物流中心，以应对日益激烈的全球物流企业竞争和快速发展的跨国贸易需求。除顺丰外，当前广东本土品牌国际物流企业较少，物流企业服务能力与社会需求还有差距，企业国内与国际之间的跨境物流衔接有待提高，缺乏在全球开展国际物流的供应链整合与服务能力。

三、促进广东省跨境物流发展的措施建议

（一）加大跨境物流发展支持力度

一是深入贯彻国家、省有关政策。积极贯彻落实国家、省有关物流业供给侧结构性改革、降本增效的措施，加强对各种运输方式物流成本研究，有针对性地细化降本增效措施。二是加强财政资金支持与补贴。加大广东丝路基金对广东省参与“一带一路”物流基础设施建设的支持力度；对国际物流园区、专线、货运班列、海外仓等国际物流网络建设给予资金补贴或贷款贴息等政策倾斜。三是积极推广广东全球中心仓模式。将进出口贸易的集聚、分拨融为一体，提高企业的仓储利用率、仓库周转率，灵活运用两个市场、两种资源，拓展企业国际国内业务范围，大幅度节约运营成本。四是加大土地政策支持。在符合国家、省用地政策的前提下，优先安排省级重点国际物流项目建设用地，鼓励大型跨境物流企业自建自营物流仓储基地，变零散仓储为集中仓储。五是建立国际物流统计监测制度。加强与统计部门的沟通合作，初步建立反映国际物流运营发展的统计指标体系和监测机制。

（二）进一步促进跨境物流通关便利化

不断加强与其他国家之间的联系，争取在国际间建立关于跨境电商和跨境物流等方面相关法律法规和国际公约，积极解决跨境电商和跨境电商物流中出现的问题。加快推广国际贸易“单一窗口”建设，全面落实口岸管理相关部门信息互换、监管互助、执法互助，建立国际化、现代化、规范化的通关管理体制机制，促进通关业务便利化、智能化。支持拓展自由贸易试验区改革开放试点深度和广度，在更大范围推动国际物流监管体制机制创新，进一步降低国际物流监管成本。深入推广全球中心仓的建设经验，简化流动申报手续和监管流程，加快吸引大型电商平台跨境业务和大型跨国公司国际业务聚集。同时结合海关金关工程，积极采用物联网、云计算、人工智能等新型技术，加快全球中心仓系统前瞻性优化，推动从信息化向智慧化升级。

（三）推进跨境物流信息化建设

支持建立跨境电商物流信息系统。利用数据交换、传输技术，条码普及，物流追踪等发达技术和先进设备，实现跨境商品物流全过程记录和追踪，逐步建立现代化跨

境物流配送中心网络，形成一系列畅通的运输服务，减少运输环节，打破传统国际贸易零碎化的弊端，将跨境物流企业从劳动密集型升级为技术驱动型。引导企业标准化运作，跨境物流的运输过程包括境内段和境外段，利用先进技术使境内段配送方与境外段配送方信息系统对接畅通，通过统一的物流条码标准和包装标准提供通用业务语言，建设现代化物流技术设施系统。做好数据的传输、技术的标准制定、跨境物流作业的规范化、法制化等工作，借以最大限度提高跨境物流的效率。支持建设智能仓库，积极探索智能化仓储管理模式，利用数据感知技术、人工智能和机器人建立“无人仓”，如利用数据进行库存管理或使用仓库机器人进行货物分拣、搬运和包装，打造以自动化为特色的智慧物流中心，节省仓储人工成本。

（四）促进跨境物流一体化发展

依托“信息透明、资源高效、信用保障”的跨境物流智能服务平台，实现跨境物流信息共享、供应链服务、金融等，根据现有的跨境物流基础设施，引进高端科技，完善跨境物流服务信息系统各种功能与运行模式，提高跨境物流多项基础设施使用率，实现跨境物流信息网络系统达到降本增效。鼓励国内外知名跨境物流企业之间加强联系，通过合作、合资或加盟国外快递巨头的形式，以最经济的手段获取国际业务所需的功能。支持第四方物流公司以供应链理念为指导，基于互联网信息技术，API（应用程序编程接口）无缝对接，通过大数据智能匹配物流价值链上的资源和信息，拓展为集物流、仓储、报关、报检等工作为一体的整体化物流产业链服务公司，实现资源集约化和物流成本的降低，为服务中小型外贸企业、跨境电商企业提供“e站式”最便捷、最优质的跨境物流综合解决方案。

（五）加快培育跨境物流龙头企业

鼓励跨境物流龙头企业做大做强，不断提高广东国际物流企业服务水平，加大政府对本土物流企业扶持力度，支持广铁集团、广州港集团、广百物流、嘉诚国际等公司建成世界级物流强企。积极参与国家战略与倡议发展，鼓励广东省物流企业通过参与国家战略与倡议，如“走出去、引进来”“一带一路”“粤港澳大湾区”等，积极布局和建设国际物流枢纽中心和海外仓等，提高物流企业国际竞争力。不断壮大跨境物流企业规模，鼓励多元化投资主体进入国际物流市场，加大资源整合力度，通过参股、控股、兼并、联合、合资、合作等多种形式进行资产重组，壮大企业规模与实力。积极引导第四方物流企业的发展，建立融合了现代物流、信息技术、检验检疫、金融服务及跨境电商的4PL（第四方物流）模式，构建新型跨行业跨区域的合作模式。

2017 年广东省绿色物流发展回顾与展望*

一、2017 年广东省绿色物流发展总体情况

（一）绿色物流政策日渐完善

当前，绿色发展理念不断贯彻深入，绿色物流体系建设受到国家和省级政府部门的高度重视，一系列推进绿色物流建设的政策措施陆续出台。国家邮政局等 10 部门联合发布《关于协同推进快递业绿色包装工作的指导意见》，明确提出“增加绿色快递服务产品供给，提高快递业包装领域资源利用效率”，基于此，广东省邮政管理局召开省快递业绿色包装工作座谈会，研讨快递业绿色包装相关工作计划。交通运输部等 3 个部门共同发布《关于组织开展城市绿色货运配送示范工程的通知》，指出要推动城市货运配送绿色高效发展，缓解城市交通拥堵，促进物流业降本增效。中国商贸物流标准化行动联盟等 4 个行业合作联合发布《开放式循环木质平托盘日字形周底托盘》及《开放式托盘共用系统运营指南》，明确了开放式托盘的唯一标准尺寸以及开放式托盘共用系统托盘中各主体责任与系统运营规则。各项绿色物流相关政策意见和行业标准的出台，为绿色节能、规范高效的现代物流服务体系的发展提出了更高要求，有利于加快行业绿色发展的工作的实施，有利于实现物流产业绿色、高效、可持续发展。

（二）绿色物流设备应用持续增加

在现代化生产和消费模式下，物流行业规模和范围不断扩大，其对自然环境和社

* 供稿人：张嘉桀，广东省现代物流研究院。

会环境造成的影响越发深远，物流行业对节能环保的重视程度以及升级改造绿色物流设备的意识和力度不断增强。据统计，2017 年广东省新能源物流车销量稳居全国第一，共销售新能源物流车超过 4.3 万辆。其中，深圳市作为推广应用新能源汽车的先行城市，2017 年深圳新能源物流车注册登记 25421 辆，保有量达到 36649 辆，总量首次超过新能源公交和出租车之和，并已连续 3 年成为全球新能源物流车保有量最大城市。除新能源物流车外，物流企业在其他新能源设施设备的更新不断加快，以顺丰为例，其在装卸等物流操作环节也在向新能源设备切换，目前切换投入电动叉车 1700 余台，减少碳排放量 3.9 万吨，设备升级措施成效显著。

（三）先进物流组织模式不断推广

2017 年以来，广东省委省政府通过推进多式联运和甩挂运输，不断推进先进物流组织模式的加快应用，有效促进了流通领域的提质增效和绿色运行。在多式联运方面，加快实施海铁联运和珠江战略，完善海铁联运网络，扩大江海联运驳船航线业务，“东盟—广东—欧洲”公铁海河国家多式联运示范工程初见成效，“粤新欧”“粤满俄”国际班列常态化运行。在甩挂运输方面，广东省交通厅等部门严格执行甩挂运输车辆技术管理要求，加大对甩挂运输研究推广的资金扶持力度，积极做好甩挂运输的试点工作。目前，甩挂运输线路覆盖国内 17 个省市（区），并通过“粤港澳—东盟 1 + N 甩挂运输试点项目”向国际拓展。

（四）共享成为绿色仓储发展新趋势

近年来，随着仓储设施与仓储服务标准化不断加深，基于共享仓储资源的共享平台迅速发展，共享仓储成为绿色物流发展新趋势。广东本土企业采用共享发展思路，通过线上线下结合不断整合仓储资源，有效提高了全社会的仓储管理水平。例如，顺丰利用覆盖全国主要城市的仓储网络，围绕高质量的直营仓配网，优化供应链服务能力，重点面向手机（3C）、运动鞋服行业、食品冷链和家电客户开放共享仓储系统。广东太阳神集团有限公司，通过大数据分析，科学规划、合理布局配送中心，并创新推行“三方联合、多方共享”的物流合作模式以及“第二收货人”制度。上述企业的创新不仅促进了物流运作效率的提升，同时还高效整合了社会资源，为企业自身及物流合作伙伴大大降低成本，提高社会资源利用率，为社会节能减排、低碳环保事业做出持续努力。

（五）电商巨头加码绿色包装发展布局

随着电子商务的飞速发展，物流企业承担的包装工作与日俱增，其在环保社会责任方面正面临更高的要求，电商巨头纷纷通过应用可回收或循环利用的物流包装新模式，降低物流企业包装成本和耗材的污染。阿里巴巴旗下的菜鸟物流“双11”期间在广州、深圳等城市菜鸟驿站启动纸箱回收计划，在消费者收件拆包后，告知和鼓励消费者将纸箱留在驿站，并联合纸箱厂进行回收，有效缩短物流包装的回收链条。京东物流则针对商品特性，推出了循环包装袋和保温周转箱分别代替传统快递盒和一次性EPS（聚苯乙烯泡沫）泡沫箱，推动物流包装返回仓储再次打包使用。纸箱直接回收和物流包装的循环应用的出现将节省大量的商业资源，减轻企业运营成本负担，降低行业总体碳排放量。

二、广东省绿色物流发展存在的主要问题

（一）绿色物流指标统计体系尚未建立

2016年，国家发展改革委、国家统计局、环境保护部（现为“生态环境部”）、中央组织部制定了《绿色发展指标体系》和《生态文明建设考核目标体系》，采用能源消费总量、非化石能源占一次能源消费比重、二氧化硫排放总量减少、新能源汽车保有量增长率等指标作为生态文明建设评价考核的依据。但由于诸多原因，目前广东省尚未建立绿色物流统计监测指标，统计监测数据缺失、统计监测预警功能薄弱，对经济社会和物流业发展指导性不强，不能满足政府、行业、企业和公众的信息需求。

（二）物流包装绿色化进程缓慢

目前物流包装绿色化发展面临重重障碍。一是产品过度包装。为提高商品价格，保护商品不因暴力分拣损坏，商家主动采用上好的包装原材料，增加商品包装层数，对商品进行繁复的包装加工。二是绿色快递包装成本费用较高。国家邮政局对快递企业总部和基层网点问卷调查中，超过95%的受访者表示，难以承受环保包装在成本方面的压力；在接受问卷调查的电商卖家中，超过64%的受访者认为快递绿色包装推广的关键是降低成本。三是回收流程设计欠缺。一方面，回收流程需要消费者与从业人员配合，由于需要当面交付，消费者对物流包装回收的积极性不高；另一方面，实现物流包装的回收循环需要复杂的逆向物流体系支持，其中的人员布局与联网调配工作难度较大，大大阻碍了物流包装的循环应用。

（三）物流共用共享体系协同性差

物流共用共享体系需要一个统一、高效、协同的物流系统支撑。一方面，部分物流企业物流设备陈旧，物流设备设施标准化、信息化和智能化水平低，难以满足物流

设施设备共享、循环应用的要求。另一方面，物流信息平台运作缺乏统一的标准，整合信息资源的能力较差。当前，物流企业和地方政府纷纷根据自身发展需要建设物流标准化信息平台，但各大平台的建设缺少顶层设计和统一规划，各大平台数据接口不一，平台间统计指标、统计口径尚不统一，信息平台之间难以实现覆盖全省、高效的物流公共信息共享。

（四）绿色物流高端人才缺乏

一是绿色物流人才培养体系不完善。目前，绿色物流专业发展缓慢，物流教材老旧，与绿色物流相配套的物流人才教育、人才培训等与绿色物流实际需求仍然存在较大的脱节，绿色物流理念也没有完全融入专业的物流教育当中，导致专业绿色物流人才缺口。二是信息技术人才不足。物流设施设备的循环共用高度依赖智能化和信息化的系统平台，系统的开发、运营和维护都需要一系列的信息技术人才参与。当前，绿色物流企业信息技术人员紧缺，物流企业推进信息化建设面临人才不足的短板。

三、促进广东省绿色物流发展的措施建议

（一）建立绿色物流指标框架与评价体系

一是充分动员研究院、协会等社会力量，整合现有各个部门的统计指标，对目前绿色物流的发展现状进行监测分析，及时把握绿色物流的发展动态和发展趋势。二是在充分借鉴发改委、国家统计局等部委起草的《绿色发展指标体系》和其他兄弟省市相关的绿色物流指标体系与评价方法的研究，构建符合广东省实际的绿色物流发展指标体系。三是逐步建立绿色物流企业的认定标准和评价方法，为后续制定扶持绿色物流企业政策建议提供工作抓手和数据支撑。

（二）鼓励企业推广使用绿色包装技术

一是鼓励企业借助大数据、云仓储等信息技术手段，合理规划快递的配送路线和对相同路线的客户订单进行合并处理，减少包裹数量和配送次数。二是大力推广电子运单，减少电子商务物流包裹运单的浪费等。三是在末端配送环节，广泛采用可循环使用的编织袋、标准纸箱、标准塑料箱，并采取现场回收或定点回收模式实现循环使用。四是加大对使用可环保降解包装材料的电子商务及物流企业资金补贴力度，推广相关企业应用可分解材料的经验，尽快提升绿色材料的覆盖范围。

（三）加强物流共享循环体系建设

一是加速非标准化托盘转换为标准化托盘，支持相关企业推广标准化托盘“回购返租”模式，以补贴的形式鼓励大型企业与供应链企业以回购返租的方式使用托盘。二是设立专项资金鼓励企业更换物流设施设备、推动标准化设施设备的推广，推进物流设施设备的推广应用。三是以地级市为单位，整合当地物流公共服务平台信息资源，鼓励企业以及企业之间进行信息共享、数据标准等领域的协作，推进全省范围内提供高效的物流公共信息服务。

（四）大力培养绿色物流专业人才

一是支持高等院校、大中专院校和职业院校大力引进绿色物流师资和研发人才，在物流专业中开设绿色物流技术和绿色物流管理等领域的专业课程，为绿色物流技术研发项目提供资金支持。二是利用学会、协会和研究院等社会力量，充分利用现有的培训资源和体系，开展绿色物流知识、技能培训，培养理论与实践兼备，熟悉一线绿色物流操作的专业型复合型人才。三是设立专项资金鼓励企业根据自身发展需要对一线操作人员进行技术水平、操作能力和理论素养等方面的培训。

（五）进一步推动货物运输绿色化

一是通过金融政策、财政贴息等手段鼓励企业进行站场等货运设施设备的购买和标准化改造，并通过整合地市间资源，扩大多式联运、甩挂运输等先进的货运模式的覆盖面。二是鼓励一批规模大、实力强的电子商务及物流企业参与到城市共同配送体系建设，持续推动绿色货运模式创新。三是统一绿色货运车辆标准，支持引导物流企业使用电动叉车、新能源物流车等先进交通运输设备，推广节能减排车辆技术与应用。四是鼓励地方政府开展绿色货运驾驶培训，推动物流企业借助技术手段监控和引导绿色驾驶行为。

第二部分

区域发展篇

珠三角地区

2017年广州市物流业发展回顾与展望*

一、2017年广州市物流业发展总体情况

（一）物流业总体运行良好

一是物流产业总体规模不断扩大。2017年，广州市交通运输、仓储和邮政业实现增加值1523.7亿元，比上年增长11.5%，对经济社会发展促进作用不断增强。二是物流运输总量持续稳定增长。2017年，完成货物运输总量120736.85万吨，比上年增长11.8%；完成货物运输周转量21422.18亿吨公里，比上年增长39.2%；其中，水路运输实现大幅增长，水路货物运输量同比增长24.1%，水路货物运输周转量同比增长41.6%。全年港口货物吞吐量59011.74万吨，增长8.4%；其中外贸货物吞吐量12967.4万吨，增长1.9%。港口货物吞吐量5.9亿吨，集装箱吞吐量2037.2万国际标准箱，增长8.0%。广州白云国际机场货邮吞吐量233.85万吨，增长8.3%（见表2-1）。

表2-1　2017年广州市各种运输方式完成货物运输量及其增长速度

指标	单位	绝对数	比上年增长（%）
货物运输总量	万吨	120736.9	11.8
铁路	万吨	5120.5	4.8
公路	万吨	77099.41	7.3
水运	万吨	37505.53	24.1
民航	万吨	132.17	5.7

* 供稿人：张艳平，广东省现代物流研究院。

续 表

指标	单位	绝对数	比上年增长（%）
管道	万吨	879.24	-3.4
货物运输周转量	亿吨公里	21422.18	39.2
铁路	亿吨公里	182.55	4.4
公路	亿吨公里	886.5	7.5
水运	亿吨公里	20289.46	41.6
民航	亿吨公里	63.2	12.6
管道	亿吨公里	0.47	-1.6

（二）物流基础设施建设进度加快

2017 年，广州围绕打造世界级枢纽港区，大力推进港口基础设施建设，南沙港三期建成投产，广州港深水航道拓宽一期工程主体完工，新增 12 条国际班轮航线，港口货运量稳居世界前列。白云机场扩建加快，第二航站楼全面完工，商务航空服务基地投入使用，开展第二机场选址，建设临空经济示范区，白云机场旅客吞吐量 6580 万人次，排名全国第三。加快综合交通枢纽建设，统筹推进一批国铁、城际轨道、高速公路、国省道主干线和市政路桥工程建设，广州大桥拓宽工程顺利完工，新开通地铁 4 条（段）、总运营里程近 400 公里，大交通网络体系加快形成。

（三）快递业持续高速发展

广州市快递业务量连续多年排名全国首位，快递业务保持快速运行状态。根据广州市邮政管理局统计数据，2017 年，广州市快递业务量完成 39.33 亿件，同比增长 37.19%，占全省总量的 38.83%，完成快递业务收入 374.96 亿元，同比增长 36.12%，占全省快递业务收入的 32.70%；快递业务收入占邮政行业总收入的比重为 90.1%，比上年提高 0.4%。其中，同城快递业务明显上升，同城快递业务量完成 9.17 亿件，同比增长 53.35%，实现业务收入 64.08 亿元，同比增长 57.46%；异地快递业务高速增长，2017 年异地快递业务量完成 29.54 亿件，同比增长 33.46%，实现业务收入 225.58 亿元，同比增长 35.86%；国际/港澳台快递业务增幅扩大，国际/港澳台快递业务量完成 0.63 亿件，同比增长 11.96%，实现业务收入 43.42 亿元，同比增长 15.12%。

（四）空港经济区助力物流业发展

2017 年，空港产业新政密集出台，《关于加快空港经济区开发建设的意见》提出了61项支持措施和改革任务，《推进广州国际航空枢纽和临空经济示范区建设三年行动计划（2017—2019年）》在基础设施、航空维修、航空物流等领域明确了一批重点项目，《广州空港经济区管理试行办法》的修订赋予了空港经济区控制性详细规划审批、城市更新等54项行政管理权限，广州空港经济区出台了“7+1”招商引资政策，加速全球企业布局。广州空港经济区将转变以往“港城分离”的发展思路，推动“港—产—城”协同发展，建成高品质、港城一体的国际航空产业城，加快聚焦高端航空产业，发展航空物流、航空维修、航空金融、航空培训等高端产业，在南航总部以及联邦快递亚太转运中心两大支柱型企业的带动下，将吸引更多国际物流企业进驻空港经济区，带动全省物流业向国际化、高端化方向发展。

（五）跨境电子商务与跨境物流业协同发展

广州自2016年获批国家跨境电子商务综合试验区以来，跨境电子商务进出口发展迅猛，特别是进口业务态势良好。据海关统计，2017年，广州市外贸进出口总值9714.4亿元，比上年同期（下同）增长13.7%，其中，跨境电子商务进出口总值227.7亿元，同比增长55.1%，占全国25.2%，自2013年成为跨境电商试点城市以来，广州跨境电商业务量连续第四年位居全国首位。其中进口总值151.9亿元，增长1.5倍，占全国比重为26.8%，全国排名第一。2017年“双11”广州共验放255.4万票跨境电商货物电子清单，是上年同期3倍，货值6.3亿元，是上年同期3.8倍，平均每小时审核（验放）清单10.6万票，是平时的24.6倍。2017年，广州海关审核验放跨境电商进出口申报清单2.2亿票，其中，有近800种商品销往全球180多个国家和地区，约2230万国内消费者购买世界各地的商品，消费金额达127.9亿元。广州海关积极支持打造以南沙保税港区、白云机场综保区为核心区域的跨境电商产业集聚区，推出零售进口申报清单修撤单流程简化、商品入区单自动化审核、物流辅助系统对接跨境系统、商品24小时自动出区放行等7项专为跨境电商海关通关流程制定的“去繁就简”措施，减少不必要的人工干预与审核环节，让“数据多跑路”，进一步提升了关区跨境电商的竞争力。南沙保税港区、白云机场综保区已吸引京东、唯品会、天猫、苏宁易购、亚马逊等近100家电商平台，以及卓志物流、中远国际、顺丰、威时沛运等30多家物流企业入驻，形成了从政策优惠、平台集聚到物流便捷、金融创新完整的跨境电商生态圈。

（六）物流业发展持续专项扶持

根据广州市交通委员会、广州市财政局联合发布《广州市现代物流发展专项资金管理办法》，广州市连续设立五年专项资金，2017年是专项资金设立的第二年，对风神物流有限公司等14家企业的项目进行了专项扶持。广州市继续加强对物流业发展的资金支持力度，引导全市物流项目向“高精尖”方向发展，提高物流效率降低物流成本，促进物流企业做大做强，促进全市物流业转型升级，对广州市物流园区、大型货运站、仓储设施、大型城市配送中心、分拨中心、多式联运节点等物流基础设施项目，以及物流公共信息服务平台、智能化管理、标准化单元装卸、立体仓库、自动识别和标识、电子数据交换、可视化与货物跟踪、货物快速分拣、电子结算、甩挂运输、绿色货运等物流技术项目给予支持。

二、广州市物流业发展存在的主要问题

（一）物流对外辐射能力有待提升

随着“一带一路”倡议不断推进、多边贸易协定签署落实、新的贸易走廊逐渐形成，广州作为全球性物流枢纽城市，全国对广州市综合物流服务枢纽服务及全球运输运力的需求日益提高，广州市空港、铁路、公路通道的对外拓展辐射能力有待进一步提升。广州南沙港泊位能力、航道条件需继续适应船舶大型化发展趋势，机场航站楼、跑道等设施保障能力日趋饱和，对外铁路、高速公路通道仍需不断拓展，珠三角边界交通联系有待进一步加强。

（二）物流仓储空间不足

仓储业务是物流行业的核心板块之一，由于现代物流行业的快速发展，市场对于物流仓储的需求快速上升，广州物流企业对本地的土地资源需求较大，同时，广州市规划的仓储用地较少，物流土地空间保障不足，广州市物流仓储空间不足的情况越来越严重，以非保税仓库为例，2017年广州市非保税优质仓库需求持续升温，全年净吸纳量共计约5.3万平方米，新增供应仅5万平方米，整体市场空置率下降至7.1%，平均租金同比增长3.8%。

（三）中小型物流企业发展层次较低

广州市虽然拥有一批像中国远洋物流、中铁快运、中邮物流等大型物流企业集聚，但物流的底层还存在大量中小型物流企业，中小型运输企业发展层次相对较低，制约了广州市整体物流产业的发展完善。大部分中小型物流企业创新发展意识不强，管理思想、管理理念、管理手段落后，对大数据、云计算、移动互联网等信息技术应用不足，不能适应物流新业态、新模式及物流需求日益多元化、个性化的要求。

三、广州市促进物流业发展的措施

（一）发挥粤港澳大湾区核心增长作用

落实粤港澳大湾区发展规划，加快建设粤港澳大湾区综合物流枢纽，积极衔接国家级物流枢纽布局规划，布局和完善一批具有多式联运功能的综合物流枢纽，统筹推进公路、铁路、水运、民航等基础设施无缝衔接。依托南沙粤港澳全面合作示范区，建设粤港产业深度合作园等重大产业合作平台。吸引港澳现代物流服务业企业落户。推进穗港澳服务贸易自由化，促进穗港澳人流、物流、信息流、资金流的互联互通。

（二）加快建设南沙高水平对外开放门户枢纽

推动落实南沙自贸试验区更大改革自主权，加大制度创新力度，积极争取自由贸易港政策。加快国际中转和离岸贸易发展，吸引外贸机构在南沙设立商贸代表处，建设商品集散分拨中心。加快南沙港资源整合，提升港口竞争力，打造连接“一带一路”的国际航运枢纽。加快推进重大基础设施建设，推动交通路网与产业园区有效衔接，启动高速公路和普通国省干线公路配套服务设施规划和建设。

（三）建设提升国际航运航空战略枢纽

制定实施新一轮国际航运中心建设三年行动计划。推进广州港深水航道拓宽工程、南沙港区四期工程、南沙国际邮轮码头等 6 个港口工程项目建设。以广州港为龙头整合优化周边地区沿江沿海港口资源，打造世界级枢纽港区。推进白云机场三期扩建等 11 个国际航空枢纽工程建设，启用白云机场第二航站楼，加快推进白云机场第四、第五跑道和第三航站楼报批，做好第二机场规划、征地拆迁等前期准备工作。全面启动临空经济示范区起步区开发，建设机场综合保税区二期项目，推动航空总部、航空物流、航空维修、航空制造和航空金融等临空产业集聚发展。

（四）拓展物流用地空间

引导物流企业利用粤港澳大湾区建设机遇，加快发展步伐，向周边地区优化布局服务网络和基础设施，扩展物流用地空间。研究优化物流用地规划，适当增加物流用地供应，在城市更新规划中配套物流用地，对有能力建设物流园区的大中型企业，给予政府土地和资源支撑，发挥大中型企业的模范作用。支持物流企业集约发展，整合建设现代物流园区，引导物流、快递、供应链等企业向园区集约型和协同型发展。

（五）加快推进物流业“降本增效”

以国务院办公厅《关于进一步推进物流降本增效促进实体经济发展的意见》为指导，推进全市物流业成本下降，运行效率提升。做好收费公路通行费“营改增”相关工作，加强物流领域收费清理，着力解决“乱收费、乱罚款”等问题。加快推进物流仓储信息化标准化智能化建设，加强物流装载单元化建设，推进物流车辆标准化，提高运行效率。大力发展“互联网＋”高效物流的新业态、新模式。针对供应链服务企业的实际纳税情况，制定合理的符合供应链服务企业实际情况的税收要求。

2017年深圳市物流业发展回顾与展望*

2017年是“十三五”的第二个年头，深圳市坚持问题导向、民生为先，提升综合交通发展战略，继续深化物流行业改革创新，现代物流业继续呈现快速、健康、全面发展的趋势。

一、2017年深圳市物流业发展总体情况

（一）物流业主要指标运行情况

一是物流业增加值不断增加，支柱产业地位持续巩固。2017年，全市实现物流业增加值2276.39亿元，同比增长9.76%，占全市全年GDP的比重为10.15%，略低于上年同期水平（见表2－2）。

表2－2　　2014—2017年深圳市物流业增加值统计

年份	2014	2015	2016	2017
物流业增加值（亿元）	1614.18	1782.70	1984.50	2276.39
占GDP比重（%）	10.09	10.19	10.18	10.15
同比增长率（%）	9.69	9.35	9.42	9.76

二是社会物流总额稳中有升，物流需求规模持续扩大。2017年，深圳市社会物流总额为42360.12亿元，同比增长12.58%，较上年同期提高5.97个百分点（见表2－3）。

* 供稿单位：深圳市交通运输委员会。

表 2－3　　2014—2017 年深圳市社会物流总额统计

年份	2014	2015	2016	2017
社会物流总额（亿元）	35854.88	35293.79	37625.47	42360.12
同比增长率（%）	1.12	－1.56	6.61	12.58

三是社会物流总费用占 GDP 的比率持续下降，行业运行效率领先全国。2017 年，深圳市社会物流总费用2838.27 亿元，同比增长 11.63%，与深圳市同期 GDP 的比率为 12.65%，较上年同期下降0.39 个百分点，优于全国平均水平 2 个百分点，运行效率居国内城市前列（见表 2－4）。

表 2－4　　2014—2017 年深圳市社会物流总费用统计

年份	2014	2015	2016	2017
社会物流总费用（亿元）	2268.15	2331.87	2542.48	2838.27
与 GDP 比率（%）	14.17	13.32	13.04	12.65
同比增长率（%）	9.61	2.81	9.03	11.63

四是社会货运量继续保持增长态势。2017 年深圳市社会货运量累计完成 32269.28 万吨，同比增长 3.55%。其中，铁路货运量 70.66 万吨，同比下降 2.08%；公路货运量 23952.51 万吨，同比增长 0.69%；水路货运量 8147.49 万吨，同比增长 12.99%；民航货运量 98.62 万吨，同比增长 5.34%（见表 2－5）。

表 2－5　　2014—2017 年深圳市社会货运量构成统计　　单位：万吨

年份	2014	2015	2016	2017
社会货运量	29384.21	30972.54	31164.49	32269.28
铁路货运量	123.44	66.52	72.16	70.66
公路货运量	20990	23272	23787.80	23952.51
水路货运量	8193.2	7556.91	7210.91	8147.49
民航货运量	77.57	77.11	93.62	98.62

五是社会货物周转量止降回升。2017 年，深圳市社会货物周转量 2302.53 亿吨公里，同比增长 2.48%。其中，铁路货物周转量为 0.74 亿吨公里，公路货物周转量为 383.07 亿吨公里，水路货物周转量为 1903.75 亿吨公里，民航货物周转量为 14.97 亿吨公里（见表 2－6）。

表 2-6　　2014—2017 年深圳市社会货物周转量构成统计　　单位：亿吨公里

年份	2014	2015	2016	2017
社会货物周转量	2386.37	2267.23	2246.86	2302.53
铁路运输	1.10	0.67	0.67	0.74
公路运输	301.95	339.09	368.05	383.07
水路运输	2072.33	1916.20	1864.06	1903.75
民航运输	10.99	11.27	14.08	14.97

六是机场货邮吞吐量再创历史新高。截至 2017 年年底，深圳机场通航 18 个国家、162 个城市，全年机场货邮吞吐量 115.9 万吨，同比增长 2.9%。其中，国内航线完成 82.2 万吨，同比增长 0.9%；国际航线完成 28.3 万吨，同比增长 11.6%；港澳台航线完成 5.4 万吨，同比下降 6.3%（见表 2-7）。

表 2-7　　2014—2017 年深圳机场货邮吞吐量

年份	2014	2015	2016	2017
机场货邮吞吐量（万吨）	96.39	101.37	112.60	115.90
同比增长率（%）	5.52	5.17	11.1	2.9

七是港口货物吞吐量快速增长，创下了近 7 年来最高增幅。2017 年，深圳港累计完成货物吞吐量 2.41 亿吨，同比增长 12.73%，其中，外贸货物吞吐量为 1.88 亿吨，同比增长 4.31%；全港完成集装箱吞吐量 2520.87 万标准箱，同比增长 5.13%，成功吸引了三大航运联盟航线落户深圳，开辟集装箱国际班轮航线 226 条。货物吞吐量和集装箱吞吐量增幅创下了近 7 年来最高，连续 5 年位列全球集装箱港口第三位。

八是快递业迅猛发展。截至 2017 年年底，全市共有获得快递业务经营许可的法人企业 507 家，分支机构 716 家，末端服务网点 2518 个，行业从业人员超 8 万人。2017 年，全市实现快递业务收入 375.5 亿元、同比增长 25.86%，完成快递业务量 25.95 亿件、同比增长 26.90%，分别居全国城市第二、第三位。

（二）快递业持续快速发展

随着电子商务、跨境电子商务的快速发展，民生快递物流需求日益增长，在海陆空综合交通运输设施的强大支撑下，深圳市民生快递业发展势头依然强劲。据深圳市邮政管理局数据显示，2017 年，深圳市快递业务量累计完成 25.95 亿件，同比增长 26.90%；快递业务收入累计完成 375.49 亿元，同比增长 25.86%；快递业务收入占行业总收入的比重为 90.98%，比上年下降 0.19 个百分点。其中，同城快递业务快速增长，业务量完成6.70亿件，同比增长14.83%；异地快递业务高速增长，业务量完成16.13亿件，同比增长29.46%。从全国看，深圳市快递业收入占全国比重7.57%，在全国城市排名中仅次于上海，位居第二；快递业务量居广州和上海之后，排名第三。

（三）交通运输枢纽不断升级

2017年，深圳国际航运枢纽巩固加强，开通了首条中欧班列，深圳港口企业参与投资的吉布提新港区等投入运营，深圳港新增巴林、仁川两个友好港，新增10个大型泊位，57艘次船舶使用岸电，居全国沿海港口首位。深圳加大国际航线拓展力度，新增国际客运通航城市达到16个，其中包括墨尔本、布里斯班、莫斯科、米兰、凯恩斯5个洲际客运通航城市，深圳机场开通的国际客运通航城市增至36个，高峰小时航班容量提升至51架次，增开了坪山等4座城市候机楼，开辟了全国第一个机场网约车候客区。深圳提出的“东西贯通、南北终到、互联互通”铁路枢纽总图规划思路获中国铁路总公司和省政府认可，深肇铁路、深汕铁路纳入广东省铁路网规划修编初步成果。广深港客专深港连接段隧道全部贯通，开通了福田、深圳北至坪山、惠州、汕尾捷运化列车，增加了高铁光明城站停靠班次，全年铁路发送量达7181万人次。

（四）多项举措推动物流业创新发展

一是修订《深圳市现代物流业专项资金管理办法》。针对物流业发展新形势、新要求，先后组织7个行业协会、50多家企业召开8次座谈会，实地调研企业20余家。在广泛征求行业意见的基础上，对《深圳市现代物流业发展专项资金管理办法》进行修订，增加了纯电动物流配送车辆运营、智能快件箱等资助项目，调整了市重点物流企业贴息资助标准。目前，该文件送审稿已上报深圳市政府审定。

二是开展物流与供应链行业调研。现场调研怡亚通、越海、飞马、亦禾、商贸通等具有一定影响力的典型供应链服务企业，了解企业发展诉求以及行业前沿动态；同时，围绕企业经营数据、服务对象特征、发展规模等内容，编制了《深圳现代物流业发展情况调查问卷》，共发放问卷122份，收回有效问卷100份，全面掌握了行业发展特征、发展趋势、存在的问题和发展诉求，为下一步研究制定供应链发展政策措施提供支撑。

三是搭建政府—企业—金融机构沟通合作平台。举办“助力创新合作共赢”2017年物流与供应链高峰论坛暨产业发展政策宣讲会，近300位物流与供应链企业家参会。此活动是搭建政府部门—物流企业—金融机构沟通合作平台，通过招商银行等金融机构、物流行业专家对行业创新发展献言献策，现场解读交通物流、商贸流通、人力资源、税务、海关等政府部门政策，促进物流行业转型升级。

四是支持企业在“一带一路”沿线国家拓展业务。2017 年 5 月 22 日，深圳首趟中欧铁路货运班列由盐田港开往白俄罗斯明斯克市，现已延伸到德国杜伊斯堡，直达白俄罗斯、波兰、德国三国，辐射乌克兰、俄罗斯、匈牙利、捷克等 14 国，开辟了连通“一带一路”沿线国家的铁路战略大通道。截至 2018 年 8 月底，已累计开行班列 22 趟，累计运输集装箱 970 柜，累计服务企业 476 家，出口货物总值约 6000 万美元。

（五）现代物流业发展特色显著

一是行业创新能力不断提升。深圳物流企业一直坚持技术创新、模式创新、业态创新，在技术创新方面，涌现了顺丰科技、今天国际、鲸仓科技等智能物流装备研发制造领军企业；在运力组织方面，地上铁、新沃运力、货拉拉、曹朝货的等平台企业不断壮大，无车承运人试点企业数量全国第一；在供应链方面，涌现出了“O2O 供应链商业生态圈”“C2B + DIY 生态体系”“物流与金融一体化”等模式。

二是绿色物流体系逐步完善。截至 2017 年年底，深圳市新能源物流配送车保有量超 3. 5 万辆，比上年增加 2. 4 万辆，保有量和增长量均居全国首位；全市可提供岸电服务的大型深水泊位岸电设施达 22 个，在国内沿海港口位居领先地位。

三是国际影响力不断提升。第十二届深圳国际物流与交通运输博览会于 2017 年 10 月 12—14 日在深圳会展中心举行，吸引了来自 52 个国家及地区近两千家企业参展，物博会的国际影响力逐渐提高。

（六）高度重视现代物流业发展

深圳市从政策、资金等方面给予了现代物流业高度重视。2017 年，深圳市用于重点物流企业贷款贴息财政资金达到 7707 万元，对 50 家重点物流企业进行了扶持；现代物流业航空业子项资助资金给予南方航空等 9 家公司 13 个项目，资金达 4479 万元；现代物流业发展专项资金港航业子项（6 个子项）财政为 88 家企业提供了支持，资金达 5506 万元。根据《深圳市港口、船舶岸电设施和船用低硫油补贴资金管理暂行办法》（深人环〔2014〕403 号）有关规定，2017 年发放深圳市港口、船舶岸电设施和船用低硫油补贴资金共计 4252. 86 万元。

二、深圳市促进物流业发展的措施

2018 年，以创新发展为主线，按照“完善产业政策、引导企业发展、提升服务水平”的总体思路，围绕现代供应链、智慧物流、绿色物流、民生物流等工作，全面推进物流业发展。

（一）深化发展规划研究

出台落实交通强国深圳发展策略，制定粤港澳大湾区背景下深圳交通发展策略和行动方案，开展深港深度合作的交通枢纽规划研究，进一步强化交通规划引领作用。推进深圳至深汕特别合作区高速新通道、高铁新通道规划建设，支撑合作区建设开发。完成深莞惠路网衔接交通设计修编初步成果。完成干线路网优化及地下快速路规划，新增宝坪、宝鹏东西向快速通道。完成机荷—惠盐、盐坝、南光、广深高速深圳段等高速公路和侨城东路北延、皇岗路等一批重点改扩建项目规划研究，完成滨海大道深圳湾总部基地段、中心区中轴线局部路段下沉方案规划研究，优化完善全市路网结构。

（二）完善优化政策支持措施

一是修订完善专项资金扶持政策。总结过去现代物流业发展专项资金使用经验，根据物流业新模式、新方向发展需求，继续统筹推进《深圳市现代物流业发展专项资金管理办法》修订工作。

二是开展2018年度重点物流企业认定及贴息资助工作。按照新修订的《深圳市重点物流企业认定管理办法》和《深圳市现代物流业发展专项资金管理办法》，遴选一批服务水平高、竞争力强的行业领军企业成为新一批重点物流企业，同时，支持重点物流企业扩大再生产。

三是推进企业建设高端化、现代化电商物流产业园区。重点支持前海蛇口自贸试验片区跨境电商产业园区、海格云网跨境供应链服务中心等跨境电商物流园区建设，着力打造南方农产品“互联网+海鲜”专业市场等新一代生鲜电商智慧物流产业园区。

（三）推进海空双港枢纽发展

一是提升深圳港国际集装箱枢纽港影响。出台加快港口发展指导性意见，完成港航产业资助政策修订，引导全行业深度融入粤港澳大湾区港口群建设。对标新加坡和中国香港，制订深圳自由贸易港构建方案，力争成为国家自由贸易港试点港口。加快推进深圳港口资源整合，形成立足深圳、辐射粤港澳、布局全球的港口发展模式。推进深圳港集装箱近距离内陆港体系方案研究，开展盐田东港区项目前期，完成西部出海航道二期工程可行性研究和初步设计。推动实施降低运价、便利通关手续等措施，提升驳船和铁路运输比例至21%。加密深中水上巴士，新开5条国际邮轮航线。新增可提供岸电服务泊位5个，提高岸电使用率。

二是拓展深圳机场国际航线网络。重点发展全球创新型城市、欧美澳热点城市和“一带一路”节点城市航线，新开伦敦、马德里、布鲁塞尔等国际航线5条以上。积极协调各级部门，争取更多航权时刻资源，解决基地航空公司生产保障用地问题，推进机场第三跑道、T3 卫星厅规划建设，谋划第二机场规划选址，力争完成樟坑径直升机场社会稳定风险评估。优化机场国际中转流程，力争 144 小时过境免签和 24 小时过境免检政策落地。协调完成观澜导航台迁建方案，发布机场及导航台周边无人驾驶航空器禁飞区和限飞区。

（四）大力发展现代供应链

一是完善供应链发展政策。在全国率先制定促进现代供应链发展指导意见，出台现代物流业发展专项资金管理办法，培育壮大一批拥有核心竞争力的骨干企业，力争进入全国财富 500 强的企业达到 3 家，新增营业收入超百亿的企业 2 家，重点物流企业增至 90 家。

二是激发市场主体活力。推动怡亚通、信利康、顺丰供应链总部建设，支持顺丰无人机配送、越海全球机器人自动化分拣仓库等创新示范项目，鼓励新能源物流配送车辆运力、标准化托盘、冷链物流基础设施信息共享。做好无车承运人试点项目监管指导，促进无车承运物流创新发展。培育新能源物流车辆 300 辆以上的规模化、绿色化、智慧化企业 3 家，力争获得国家绿色货运配送示范城市第一批试点资格。

三是扩大交流合作平台影响力。继续办好物博会，举办全球价值链创新发展峰会、泛太平洋海运大会、智慧物流论坛等高规格、国际化的高峰论坛活动，力争国际参展商比例达 35%，打造物流业全球著名品牌。

2017 年珠海市物流业发展回顾与展望*

一、2017 年珠海市物流业发展总体情况

（一）基本情况

2017 年，珠海市交通运输、仓储和邮政业实现增加值 49.50 亿元，较上年增长 7.1%。全市货物运输总量 12110 万吨，同比增长 6.3%，其中公路货物运输量 9599 万吨，同比增长 3.8%；水路货物运输量 1871 万吨，同比增长 15.2%；航空货物运输量 1 万吨，同比下降 5.4%；铁路货物运输量 638 万吨，同比增长 21.5%。全市货物运输周转量 167.48 亿吨公里，同比增长 5.2%，其中，公路货物周转量 52.57 亿吨公里，同比增长 3.5%；水路货物周转量 103 亿吨公里，同比增长 4.5%；航空货物周转量 0.25 亿吨公里，同比下降 1.1%；铁路货物周转量 11.66 亿吨公里，同比增长 22.7%。年末公路通车里程 1455.41 公里，减少 0.4%，其中高速公路通车里程 136.29 公里，与上年持平。

（二）重点物流园区建设进程加快

近年来，珠海市抢抓国家“一带一路”倡议、粤港澳大湾区建设、横琴自贸试验区和珠海自主创新示范区建设、港珠澳大桥建成通车，以及高栏港综合保税区建设等重大发展机遇，加快推进重点物流园区的建设进程，着力推动全市现代物流业发展。筹划在建的两个重点物流园区分别是位于港珠澳大桥洪湾片区的珠港澳物流合作园和空港国际物流园，均可实现报关报检、保税仓储、海关监管、分拨配送等多项功能，能为跨境电商和快递冷链进行展示交易、采购结算、分拨配送、农副产品加工等增值

* 供稿单位：珠海市商务局，珠海市交通运输局。

服务，是综合性物流基地的综合性物流基地，能极大提升珠海市现代物流业的核心竞争力，顺应了进一步提升珠江口西岸地区乃至全省的外向型经济发展水平的需要。

（三）完善交通枢纽集输运网络

2017 年，珠海市大力打造以港珠澳大桥为龙头的交通大格局，在建重点交通项目 19 个，完成年度投资约 131.43 亿元，海陆空铁交通体系日臻完善。海路方面，珠海市全港共开通集装箱班轮航线 67 条，其中国际航线 28 条；北港池 15 万吨级航道升级工程完工；高栏主航道和万山陆岛交通获得交通部重点支持；东澳岛客货运码头、隔离海岸游艇码头、珠海港神华粤电煤炭码头等项目建设进展顺利；珠海港—巴西维多利亚港直航航线开通。陆路方面，洪湾枢纽互通二期工程全线建成通车；港珠澳大桥主体工程实现全线贯通、珠海连接线全面完工、珠海口岸工程基本完成，具备通车条件；香海大桥、鸿鹤大桥建设全面铺开，鹤港高速一期、金琴快线、兴业快线北段动工建设；珠机城轨一期拱北至横琴段全线站点主体工程基本完工，二期横琴至机场段近期将开工建设；高铁新增直达郑州、上海、潮汕等 7 条线路，通达城市共 47 个；新开通“营口—高栏—衡阳”北粮南运海铁大通道。空路方面，珠海机场升级改造项目开工建设，候机楼东指廊完成改造并启用；通用机场、空港国际物流园建设和九洲直升机场搬迁工作稳步推进。

（四）加大政策措施扶持力度

依据《继续提升高栏港区集装箱吞吐量暂行办法》，2017 年，珠海市继续拿出 1 亿元的补贴资金，大力推进高栏港区集装箱业务的发展。制定实施《珠海市民用航空运输发展专项资金暂行管理办法》，大力支持航空客运和货运的发展，对企业在珠海机场发展航空货运给予资金支持。现正研究制定支持现代物流业发展的相关政策措施，拟重点支持港珠澳大桥物流业务、物流园区和企业发展，以及开展多式联运、冷链物流、物流信息化和标准化等方面工作，持续优化现代物流业发展环境，促进现代物流业全面加快发展。

（五）深化珠港澳物流合作

把握港珠澳大桥通车的重大机遇，深化珠港澳物流领域合作。密切联系香港机管局、香港付货人委员会、香港货运物流业协会、香港物流商会、澳门物流货运联合商会等港澳物流机构，并在珠港两地分别举办以“港珠澳大桥通车后——珠港两地物流发展新路径”为主题的高规格、高水平推介活动，共吸引 1000 余名境内外物流业界代表参会，极大地提升了珠海物流发展关注度，积极促成重大物流项目落地珠海；借助亚洲物流及航运会议、中拉国际博览会等重要展会活动，组织本市龙头物流企业“走出去”参展和邀请港澳物流企业“走进来”参展；组织物流相关部门单位、物流企业代表团考察香港机场超级一号货站、敦豪中亚枢纽中心等物流项目，学习先进经验。

（六）加大招商引资力度

截至2017年年底，珠海市共有各类从事物流相关业务的企业近800家，第三方物流企业70余家。其中，5A级物流企业2家，4A级物流企业2家，3A级物流企业4家。珠海市大力引进优质物流项目，先后引进1688、京东物流、敦煌网、一达通等知名平台，与阿里巴巴签订了全方位合作框架协议，与京东供应链合作开展跨境电商零售进口业务。积极主动对接香港国际机场，正在引进超级一号货站“超级中国干线”、敦豪国际快件等项目，争取早日促成合作；积极与菜鸟、网易考拉、顺丰等知名企业接洽，合作建设跨境电商珠江西岸仓储分拨中心，利用珠海机场开展国际货运包机业务。

二、珠海市物流业发展存在的主要问题

（一）物流基础设施仍待完善

虽然目前珠海市铁路物流基地建设、公路港建设、交通物流综合性枢纽建设均在有序推进，但由于各运输方式的标准化、现代化发展程度不一，园区、港口、机场、铁路等主要交通节点之间尚未实现紧密衔接与配套，各物流节点之间的物流基础设施仍有待进一步完善。由于物流用地重新规划涉及拆迁问题，珠海市在建的重点物流园区建设进度存在滞后情况，需要各方进行协调统筹，保障物流园区建设的顺利进行。

（二）物流用地指标严重缺乏

物流发展离开不大量的仓储等物流用地的使用，但随着土地节约和集约利用的严格执行，物流用地指标获取难度不断增大。目前，珠海市内除高栏港区、富山工业园外，原有物流用地随着城市扩张被挤压，其他各区，特别是港珠澳大桥延长线周边已无物流发展用地，严重制约珠海市物流业的健康发展。如何盘活存量土地资源，发展高效利用的多层次物流网络节点，提升周转效率和集聚效应，成为解决物流用地严重缺乏的重中之重。

（三）通关便利化程度有待提高

随着粤港澳三地经贸合作的逐渐深入和跨境物流的快速发展，需要高效快速的通关、检验检疫、物流仓储等体系应对粤港澳往来货物运输量爆发式增长的趋势。但珠

海、澳门之间尚未能实现货物24小时内通关，经常造成货物积压、滞留时间长、仓储使用面积不够等压力，因此珠海海关仍需联合相关部门进一步创新通关监管模式，深化通关改革，提升通关效率。

三、珠海市促进物流业发展的措施

（一）创新通关监管模式

加强与口岸联检部门沟通协调，争取上级有关部门的大力支持，在港珠澳大桥货物口岸复制“深港陆空联运”试点经验，实现付运货物在完成打板和通关安检手续后，可以直接用车辆经港珠澳大桥运往香港国际机场上机。争取港珠澳大桥货物口岸申请成为进境食用水生动物、进境冰鲜水产品、进口水果、进口肉类等指定口岸。支持珠海电子口岸公司与香港物流业界合作，探索建设“香港—珠海通关信息平台”，为香港企业提供一站式通关申报服务。积极推动国家跨境电子商务综合试验区申报，争取开展“网购保税”业务。恢复邮政快件监管中心和昆仑物流快件监管中心的运作，支持其开展跨境电子商务及跨境物流业务。

（二）依托自贸试验区发展跨境电商

推动横琴、保税区、洪湾片区一体化发展，以建设跨境电商试点城市为契机，利用省、市和港澳地区成熟的招商活动和招商平台开展招商引资活动，引进核心跨境电商企业入驻，带动跨境供应链上下游企业集聚发展。进一步完善跨境物流基础设施及现有的跨境电商服务平台，逐步形成跨境进口、跨境出口、供应链金融三位一体的跨境电商综合服务体系。以“一平台六中心”建设为抓手、以发展跨境电商为切入点，大力发展以国际酒类交易中心和高端消费品交易中心为载体的高端消费品跨境电商，以航空标准件交易中心为载体的生产资料跨境电商，积极对接港澳贸易，积极与粤西南及广西合作，在航空、电子信息、生物医药等外向型企业间建立跨境电商产业同盟，发挥毗邻港澳的区位及市场优势和珠江口西岸地区农产品资源优势，积极发展生鲜产品的冷链跨境电商和物流服务。

（三）积极参与“一带一路”建设

稳步推进川贵广—南亚国际物流大通道建设，积极落实珠海港与巴基斯坦瓜达尔港友好港口合作协议，积极对接渝新欧、蓉欧等中欧班列。推进国际产能合作，支持优势产业走出去，重点推进兴业公司乌兹别克斯坦光伏电站项目、纳思达美国生产基地项目、格力巴西公司增资扩产项目、澳门珠光商贸平台项目等。依托马来西亚作为21世纪海上丝绸之路重要支点国家和新加坡的地区金融中心地位，充分发挥驻东南亚经贸代表处的作用，促进与东南亚各国双向投资和经贸往来，提升双边经贸合作的质量和水平。

（四）深化珠港澳物流合作

发挥港珠澳大桥的引流作用，主动对接粤港澳物流业务，承接粤港澳货物分流。强化高栏港区域性大宗货物枢纽港地位，发挥广珠铁路疏港功能，拓展国际港口直航业务。推动开通机场国际口岸，弥补航空货运短板。创新三地物流行业之间沟通交流机制，探索构建三地物流大联盟，共同推动珠港澳物流业合作发展。主动承接港澳地区的物流项目，探索直接与超级一号货站、敦豪货站等香港国际机场物流项目的合作，引进先进管理经验，推动物流企业与港澳物流业务的无缝对接。依托重点物流园区，充分发挥无水陆港的口岸资源优势，联手周边丰富的空港、海港、公路和铁路资源，深化与港澳物流领域的合作，大力发展中转物流、航空物流、保税物流、冷链物流为主的现代物流，加快推动现代物流业全面发展。

（五）加强人才队伍建设

目前，高校均设有物流相关专业，充分发挥北京师范大学珠海分校、吉林大学珠海学院、北京理工大学珠海学院和广东科学技术职业学院等高校平台优势，重点培养物流、供应链专业人才。加强与周边地市相关院校的联动，通过学历教育、人才引进、职业培训等多种形式和途径，培养一批高素质的懂科技、善管理、会营销的中高层物流管理人才，组织物流从业人员参加各类培训，提升从业人员的素质，提高物流企业管理水平。

2017年佛山市物流业发展回顾与展望*

一、2017年佛山市物流业发展总体情况

（一）佛山物流业发展基本情况

2017年，佛山市物流业发展规模保持持续稳定增长。佛山市社会消费品零售总额3320.43亿元，比上年增长10%，与社会消费品相关的商贸物流需求呈现平稳增长态势。货物运输量全年达到30997万吨，同比增长5.5%，其中公路货物运输量26457万吨，增长5.4%；水路货物运输量4540万吨，增长6.4%。完成货物周转量299.24亿吨公里，增长10.1%，其中公路货物周转量208.85亿吨公里，增长8.0%；水路货物周转量90.39亿吨公里，增长15.3%。全年主要港口完成货物吞吐量7967.40万吨，比上年增长20.5%，其中港口集装箱吞吐量390.12万标准箱，比上年增长21.3%。以卜蜂莲花配送中心、百佳华南配送中心、屈臣氏华南分拨中心、苏宁三水配送中心等为代表的大型超市、连锁商店、网上商城等商贸企业的物流中心纷纷落户佛山，佛山市强大的制造业和各类大型专业商品批发市场产生了巨大的物流需求空间，推动商贸业与物流业加速联动融合发展。

（二）交通基础设施建设加快

2017年，佛山市交通基础设施建设完成投资309.85亿元，为年计划的101.8%，同比增长111.5%，现代化综合交通体系逐步完善，轨道交通建设稳步推进，城市路网全面优化。2017年，佛山市公路通车总里程达5409.3公里，公路密度达142.4公里/百平方公里，城市道路总长4297.6公里，中心城区路网密度为4.8公里/平方公里。佛

* 供稿单位：佛山市商务局。

清从高速公路南段二期、广明高速公路陈村至西樵段二期两个项目于2017年10月如期开工建设。全市计划打通20项“断头路”，实际连通21条。禅城深宁路、南海丹金大道、顺德德民路东延线、三水河西路、高明杨西大道立交等一批项目的完工通车，进一步提高了佛山市整体路网的承载力和运行水平。“一环”西拓建设全面铺开，北环段5个子项目全面开工，南环段高明大桥至富龙大桥公路工程于6月28日开工建设。港航扩能升级加快实施，了哥山港区码头主体工程建成完工。

（三）货物运输生产能力提高

佛山市持续推进货运业转变传统经营模式，推进构建长、短途城市配送一体化运输，引导开展公、水、铁多种方式联合运输，探索转型升级之路。截至12月底，全市公路运输车辆平均吨位达7.53吨，同比增长28.5%；规模公路运输企业共114家，同比增长70%；新增2艘5000载重吨、1艘6000载重吨船舶。为积极响应粤港澳大湾区战略，依托广州南站、佛山西站以及珠三角新干线机场的航空货运能力、机场周边高速公路高效的货物转运能力，佛山市正加快建设空港物流经济区，建设辐射全国及东亚地区的空港物流园区，打造地区航空转运中心，加快推进形成进出口货物集散的物流平台。

（四）物流新业态不断涌现

佛山市积极引入和改善物流信息系统、物联网技术，通过运用现代信息技术和先进适用设备开展技术改造，降低企业的运营成本，提升企业的生产效率和管理水平。借助物流信息化的快速发展，佛山市催生了一批以开展电子商务物流、跨境物流、物流金融、冷链物流、现代仓储、物流信息平台交易管理等新业态的现代第三方物流企业，如快消品供应链代表企业佛山市海天调味食品股份有限公司，水产品供应链龙头企业广东何氏水产有限公司，南储仓储集团打造了集商流、物流、信息流和资金流“四流合一”的综合性大宗商品服务商务平台，广东小冰火人网络科技股份有限公司以软件技术、数据库技术为手段开发了“物流服务上下游智能对账系统”。目前，佛山市共有A级企业16家，其中AAAAA级1家，AAAA级7家，AAA级7家，AA级1家。国家驰名商标企业1家，广东省著名商标2家，高新技术企业1家。

二、佛山市物流业发展存在的主要问题

（一）政策亟须与粤港澳大湾区发展同步

粤港澳大湾区是在“一个国家、两种制度、三个关税区”的政策制度下建设的，粤港澳三地属于不同关税区域，经济制度、法律体系和行政体系存在巨大的差异，各

类要素难以实现完全自由流动，一些领域还存在不同程度的同质化竞争和资源重复现象，湾区城市群之间资源整合相对不足，发展协同效应尚未充分显现，长期存在物流到特区运营不畅的情况。在粤港澳大湾区加快建设的背景下，佛山市亟须出台有利于佛山物流企业更加便利、便捷融入大湾区发展的政策措施，而现阶段正是需要政策促使湾区城市形成“融合”发展态势，破除行政和制度壁垒，让要素顺畅流动，资源优化配置，形成有机整体以提升效率、释放更强功能。

（二）物流空间布局有待完善

随着城市的扩张、功能的转变和产业的转型升级，一些大型物流基地、港口、园区由于中心城区限行等原因不得不搬迁或转营。为了适应区域经济社会新的发展形势，进一步合理利用港口资源，佛山新港码头、澜石港码头均需加快搬迁改造升级，在一定程度上对原有周边陶瓷产业、家具产业等制造业的物流运输节点产生影响。目前城市物流配送发展相对滞后，支撑大物流业发展的中小物流节点不足、功能不全，使许多企业无法将其产品直接分拨到分销点，使“基地—园区—配送中心”的物流节点层级结构未能从整体上、区域上、功能上形成合力，物流资源的整合与布局仍有待改善。

（三）物流企业经营成本上升

佛山市市区内禅桂及部分城市道路实行限货后，物流企业面临必须将货物化整为零进行分解运输，货物的重复分解、搬运等环节造成了不必要的车辆、人力成本的增加，运输时效性大幅降低，分解后货物的运输成本上升了2~6倍，造成物流企业利润收入的大幅降低。与此同时，由于“营改增”政策的实施，企业可抵扣的进项税金缺口增加，企业税负压力急剧上升。在利润降低和成本增加的双重压力下，物流企业经营难度大大增加。

三、佛山市促进物流业发展的措施

（一）打造面向大湾区的综合交通运输体系

抢抓深中通道、港珠澳大桥等湾区大通道建设机遇，加快佛山一环高速化改造，打造融入广东高速路网的开放性外环，为打造“一环创新圈”和对接广深科技创新走廊提供交通设施保障。强化广佛超级城市的交通网络构建，促进广佛两市创新要素的快速流通。配合珠三角新机场选址编制和报批工作，同步开展机场交通集疏运体系规划研究。加强与佛山西站、白云机场、广州南站等重大交通枢纽的衔接，构建现代化综合交通体系。加快推进魁奇路快速化、碧桂路等道路建设，并加强与其他城市干道网络的衔接，为佛山市打造具有高端水平、体现佛山特色的创新集聚区提供交通设施保障。

（二）促进物流企业转型升级发展

继续贯彻落实货运升级政策，引导运输企业积极加大运力投放，以市场化方式兼并重组，实现规模化、集约化经营。探索构建经济、可靠、安全、绿色的城市配送体系。鼓励企业利用先进的信息系统平台整合社会配送运力资源，发展以互联网为平台、以移动设备 App 为终端、以新能源汽车为载体的城市“货的”商业模式。加强与香港、深圳、广州三大“枢纽型”港口的对接，强化佛山港口作为内河主要“喂给型”港口的地位。推进内河船型标准化工作，引导企业建造新能源及大型船舶，发展沿海航线。大力发展内河集装箱江海联运、公水联运，培育多式联运经营人，综合发挥公路水路运输方式的优势，促进集装箱多式联运的发展。

（三）完善城市物流配送体系建设

依照 2017 年落实的《佛山市城市配送发展规划》，依托中心城区和便利的高速道路网络，大力发展“物流集散中心、公共配送中心、货物终端集散点”的三级网络城市配送体系，从建设对接全国的物流平台，到依托中心城区外围、高速公路交通网络的货物中转配送中心，最后到达利用现有的邮局、快递和物流网点形成的货物终端集散点和配送收发点，最终实现完整物流产业链全覆盖，确保城市日常生产、生活的基本物流需求。大力推行城市配送车辆标准化，引导企业推广使用统一标准的标准托盘和配送车辆，推广货运车辆向小型化、厢式化、标准化转变，以符合“安全、畅通、高效、绿色”的城市配送要求。扶持和鼓励有条件的企业组建“城市货的”配送体系，有效提高城市货运配送服务质量，形成统一的服务标准和服务承诺。

（四）加大现代物流业政策扶持

认真落实国家关于促进物流业降本增效的用地供地和税费减免政策，保障各项政策落实到位。加大资金扶持力度，建立物流发展专项资金，加强快递物流城乡物流服务网络、公共信息平台、冷链物流、试点示范等方向的支持。落实营改增关于物流税费调整和抵扣政策，研究解决个体运输业（户）开具增值税发票等实际问题，减轻物流企业税赋负担。规范公路、铁路、水运、港口等收费项目，合理减少抽检次数，扶持大型快递物流企业规模化经营。

（五）鼓励“互联网 + 物流”发展

发挥物流业务范围的云联网化，促进互联网与物流业深度融合，扩大服务于电子商务的快递业，完善物流配送重点设施及配送网络，加速互联网 + 与农产品流通体系建设相结合，加快农产品配送中心建设。提高农产品检测、加工、包装、仓储、配送等设施条件和水平，试点推行农产品物流全程跟踪、监控。实施物流共同配送试点工程，鼓励企业以多种形式搭建共同配送平台，整合商贸企业物流需求和社会物流资源，促进电子商务与现代物流的集成发展，实现信息标准化、配送区域化、服务集中化，优化“最后一公里”快递配送服务网络，提高居民生活便利度。

2017 年东莞市物流业发展回顾与展望*

一、2017 年东莞市物流业发展总体情况

（一）物流业规模总体平稳增长

2017 年，东莞市公路货运量为 10521.14 万吨，货运周转量为 743333.78 万吨公里；全年共完成水路货运量 6204.15 万吨、货运周转量 4092887.67 万吨公里。东莞港全年累计完成货物吞吐量 1.57 亿吨，集装箱吞吐量完成 391.32 万 TEU，同比分别增长 7.75%、7.44%。2017 年，佛山市快递服务企业业务量累计完成 122485.76 万件，同比增长 14.58%；业务收入累计完成 147.68 亿元，同比增长 20.46%。其中，同城业务量累计完成 43535.64 万件，同比增长 10.83%；异地业务量累计完成 75725.18 万件，同比增长 17.17%；国际/港澳台业务量累计完成 3224.94 万件，同比增长 8.12%。目前，东莞市共有道路普通货物运输经营者 21187 户，道路普通货物运输车辆 39002 辆。共有道路危险货物运输企业 118 家，危运车辆 4239 辆。共有水路货运企业 35 家。全市营运货船 410 艘，载货量 190.1 万吨。共有港口码头 108 座，泊位 221 个（其中万吨级及以上泊位 29 个），码头泊位总长为 21076.86 米，全港年设计通过能力达 11092.71 万吨、集装箱 172.9 万 TEU。

（二）物流基础设施加快建设

2017 年，东莞市编制印发了《东莞市综合交通运输体系规划》以及《东莞市综合交通运输体系十三五规划》，对全市物流通道网络进行统筹布局。全年佛山市公路建设完成投资 25.88 亿元，在建公路项目 26 个，建成项目 6 个，建成里程 56.38 公里。目

* 供稿单位：东莞市交通运输局。

前，东莞市公路通车里程 5262.329 公里、密度 213.48 公里/百平方公里，公路密度位居全国前列。从莞高速主线及清溪支线共 46.12 公里正式通车，虎门二桥、莞番高速、深圳外环高速东莞段、从莞高速约场北互通、沿江高速立沙岛互通工程等省市重点项目建设稳步推进。积极推进 26 个主干公路项目建设，建成梨川大桥、粤晖大桥、红海大桥、莞潢南路、水乡大道升级改造工程 5 个项目共 5.78 公里。加快推进虎门港宏川化工码头工程、麻涌深粮食仓储码头等 7 个港口重点项目和沙角 A 电厂码头、沙角 C 电厂码头等 4 个码头结构加固改造项目建设，全年共完成 6 个在建项目的竣工验收工作，新增码头 3 座，泊位 8 个，新增通过能力 284 万吨。

（三）稳步推进多式联运项目

大力支持相关企业申报国家多式联运示范工程，其中“广东铁路国际物流基地项目”已于 2016 年 6 月成功入选首批国家多式联运示范工程项目，广东（石龙）铁路国际物流基地项目成为连接“一带一路”沿线国家地区的重要枢纽节点。2017 年 3 月，东莞市交通局向广东省交通运输厅报送《关于东莞港内河港区石龙作业区东莞中外运石龙码头改扩建工程使用港口岸线的请示》申请港口岸线使用审批，交通运输部于 2018 年 3 月 21 日以《交通运输部关于东莞虎门港内河港区石龙作业区东莞中外运石龙码头改扩建工程使用港口岸线的批复的通知》批复港口岸线使用，目前，建设单位正在抓紧开展安全预评价和初步设计工作。同时，根据广东省交通厅统一部署，第二批多式联运示范工程企业申报正在积极开展。

（四）加大支持综合货运枢纽建设

2017 年，东莞市广东铁路国际物流基地和东莞市百茂物流中心被纳入交通运输部的“十三五”综合货运枢纽（物流园区）建设方案，目前广东铁路国际物流基地和百茂物流园项目建设正在有序推进当中。为推动冷链物流行业发展，加快发展冷链物流保障食品安全，推进冷链物流基础设施建设，东莞港联想增益供应链华南总部基地项目正加快建设进度。“十三五”中期，东莞市交通协助向省交通运输厅申报百茂物流园、华鹏飞智能物流项目等项目建设计划专项资金补助，其中东莞市保税物流中心、百茂物流园项目有关补助资金已下达，华鹏飞智能物流项目正在申报当中。

（五）加快物流信息化标准化建设

东莞市不断加强道路运输车辆卫星定位系统建设，目前接入通过广东省厅备案的卫星定位运营商 30 多家，接入各类营运车辆 40000 多台。高速公路实现全省联网及全国电子不停车联网收费，高速公路各站出入口基本设置了 ETC 车道，车辆 ETC 使用率和非现金支付率稳步提高。建立了东莞市港航管理信息系统，通过引入计算机信息化、智能化和 GIS（地理信息系统）等现代化先进科学技术，实现港口业务审批、水运业务审查及港口、水运安全生产管理工作的规范化、信息化监控和管理；搭建港口、水运行业信息统计管理平台，加强港口、水运行业市场运行情况动态掌控，提升行业服务水平。交通物流企业积极参与标准建设，加强建设投入，效果良好，涌现出一批如广东时捷物流有限公司、顺丰速运（东莞）有限公司、广东铧为现代物流有限公司等标准化企业，企业积极采用先进的物流装备智能系统，利用大数据，有效整合寄递物流分拣、装卸、运输、信息处理等功能，智能化水平提高。

（六）加快推动城市配送发展

东莞市交通局会同市公安、商务、邮政部门制定出台《东莞市城市配送车队组建工作试行方案》，开展城市配送工作试点，初步取得优化城市配送车辆通行的试点效果。2017 年 12 月，对《东莞市城市配送车队组建工作试行方案》重新修订。目前，全市累计共有 6 家企业，80 辆货运车辆参加组建城市配送车队，服务范围涵盖快递、连锁超市配送和商贸流通等领域，为城市居民生活和城市中心区商业经营提供货物配送。进一步巩固了试点工作成果，东莞市建立了城市配送车辆管理的长效机制，致力于解决城市配送“最后一公里”问题。

二、东莞市物流业发展存在的主要问题

（一）物流基础设施建设瓶颈较多

土地利用、资源使用和生态环境的现实条件已经发生了深刻变化，道路、港口、物流园区、物流枢纽节点工程建设受国土、环保、海洋等约束限制越来越多，城市总体规划、土地利用控制性规划与物流专项规划之间的衔接越来越难，物流仓储性质的土地面积逐年减少，导致物流大型项目的建设推进日益困难，部分项目征地拆迁、电线迁改进展较慢，严重影响了现有项目的建设进度。

（二）综合交通运输深度融合不够

各种运输方式衔接不畅、效率不高的问题突出，东莞市拥有普速铁路、高速铁路、城际铁路、城市轨道交通、港口、候机楼、高速公路、快速路等各种交通运输方式，但相互之间融合衔接不够，海陆空综合运输优势并未真正融合发挥。信息化智能化应用程度普遍较低，不同交通运输方式的标准化设施设备不一样，导致公、铁、水、空之间的货物运输衔接不畅。

（三）快递物流“最后一公里”配送受阻

随着近几年电子商务的飞跃发展，快递服务与百姓生活的日益密切，对快递服务的网络布局、服务环境、车辆通行等基础建设提出了更高的要求，安全、快速、便捷、高效成了用户的普遍需求。基于社会治安综合管理和城市环境保护等因素的考虑，东莞市自2006年开始实施“双禁政策”，快递企业面临车辆进城通行难、停靠装卸难等问题，快件中转受到影响，难以适应行业发展的需求。与此同时，从东莞市邮政业消费者申诉情况来看，快件延误、投递服务两项问题占快递服务申诉问题75%左右，快递行业“最后一公里”问题制约了东莞的快递揽投配送，服务质量难以保证。快递“最后一公里”揽投配送交通工具的滞后，也制约了行业的持续快速发展，更难以满足城市共同配送试点和跨境贸易电子商务试点建设的要求。

三、东莞市促进物流业发展的措施

（一）积极融入粤港澳大湾区发展

以粤港澳大湾区规划发展为契机，要紧紧抓住交通强国、粤港澳大湾区、广深港科技创新走廊建设等重大契机，加强与广州、深圳等跨区域现代高快速路网衔接，加强穗深莞惠交通一体化。积极配合全省港口资源整合，加强穗莞港航合作，协调加快石龙中外运码头、新沙港区二期开发建设，加快东平东江大桥等5个跨市项目建设，推进新槎大桥、新派高速、增莞大道等8个跨市路网项目的对接前期工作。同时积极推进莲花山过江通道、虎门大桥复线工程选线工作。

（二）解决交通物流发展不平衡问题

大力推进打通片区断头路，推进次发达镇交通设施规划配套。加强综合交通运输体系内部协调，发挥各种运输方式比较优势，引导企业转变传统服务方式、加快结构调整和创新组织模式，鼓励规模化、集约化、网络化经营，推动发展多式联运、城市共同配送、集装箱运输等先进组织模式，构建一体化的现代交通物流体系。加强跨区域跨部门跨行业协调，着力解决基建项目征拆、用地手续及建设资金需求，完善物流基础设施配套，着力解决交通物流发展不平衡问题。

（三）加快物流信息化建设

加强物流快递信息基础设施建设，加快建设行业、区域和面向物流快递企业的公共信息服务平台，促进物流快递信息交换和共享。启动“物联网”的前瞻性研究工作，率先发展“物联网”。探索创新“互联网+高效物流”“智慧物流”等新模式。鼓励传统货运企业利用先进信息技术，优化运输组织；鼓励创新物流信息平台功能，除具备整合运力资源、货源资源外，提供业务撮合、支付场景配适等一站式物流供应链解决方案，实现物流资源的有效聚集和优化配置。推动“智慧型港口”建设，整合港口物流信息资源，形成港口、航运物流企业等多方信息的互通互联、业务协同机制，打造港口物流信息共享交换平台；抓住国家“一带一路”的战略机遇，推进集装箱、大宗散货等江海联运、铁水联运信息互联互通。

（四）完善“最后一公里”配送服务

鼓励支持公路运输企业积极主动对接铁路运输两端业务，强化对铁路“最先一公里”和“最后一公里”的接驳和集散服务。鼓励货运枢纽站场升级完善快递配送功能，加强具有电子商务功能和服务电子商务发展的货运站场及中转、分拨、配送等设施建设。建立城市绿色货运配送体系，积极引导物流园区、城市共同配送中心（邮件、快件分拨中心）及末端配送网点三级配送节点建设，利用公共自行车站点、公交站点、邮政信箱、便利店等设施建设“e邮站”“e邮柜”等智能快件箱、智慧物流配送终端，推进客运班车小件快运系统的建设，并进一步探索电动车辆进行快递配送的可行性。

2017 年中山市物流业发展回顾与展望*

一、2017 年中山市物流业发展总体情况

（一）物流运输工具数量有所下降

目前，中山市道路运输业户共 17196 家，其中货运个体户 16171 户，普通货运企业 869 家，危险货物运输企业 67 家，货物专用运输企业 89 家；取得经营许可证的公路货运站场 11 家。载货汽车共 25890 辆，比 2016 年年底减少 14.46%，其中普通货运车辆 23456 辆，比 2016 年年底减少 16.63%，专用运输车辆 2545 辆，比 2016 年减少 3.45%。全市共有水路运输及辅助业 15 家，拥有船舶 118 艘，同比减少 14.49%；其中散货船 76 艘，净吨 6.86 万吨。中山市物流业总体规模增长有所放缓，以中山市北部物流中心有限公司为例，2017 年园区散装货物吞吐量 360 万吨，较 2016 年减少 5%，件杂货物吞吐量 60 万吨，较 2016 年减少 25%。

（二）港口货物吞吐量企稳向好

2017 年，中山市港口物流企稳向好，主要指标同比全部出现回升，全年港口完成货物吞吐量 8044 万吨，同比增长 18.5%；其中外贸 712.19 万吨，同比增长 7.5%；集装箱吞吐量为 144.04 万标准箱，同比增长 6.3%。总的来看，自 2014 年中山市港口货物吞吐量达到 7845 万吨的峰值以来，在“十三五”期间经济增速放缓和增长乏力的大环境下，中山港口生产近几年进入调整期，港口生产增长乏力甚至略微下降的局面已经持续一段时间。从 2017 年各项指标集体增长来看，结合深中通道、港珠澳大桥的陆续投入使用，港口生产能力重新进入过渡爬坡期，港口年货运吞吐量将重新上升到

---

* 供稿单位：中山市交通运输局。

8000 万吨的水平。

（三）交通基础设施建设加快

2017 年，中山市大力支持交通基础设施建设，实现了中开、东部外环、西环等高速公路项目和东二环、南三公路等一批干线公路动工建设，“深中水上巴士”正式通航，中山港新客运码头开工建设。成功推动 3 个高速公路项目实现动工，全市在建高速公路项目达 6 个，建设总里程达 215 公里，全年完成投资 51 亿元；2017 年，新开工东二环、西二环港口至横栏段、西二环横栏段、坦洲快线、南三公路等 8 个项目，民众快线、南朗快线、西二环（沙溪之横栏段）、横栏快线、北二环（沙港公路）等干线公路正稳步推进；大力提升路网通行能力，实施 X533 官横线等 7 项 17.7 公里县道大修工程，完成两个跨界道路建设项目，累计完成 65 公里县道公路安全生命防护工程，推进 8 个桥梁维修加固工程项目建设，检测各类桥梁 1283 座次。

（四）铁路货运领域逐渐起步

2017 年，中山市共开通两批次国铁长途列车，直达国内 9 个重要城市，中山市正式融入国家铁路网。此外，途经中山的深茂铁路（深圳—中山—江门段）项目已纳入国家发展改革委联合交通运输部印发的《交通基础设施重点工程建设三年行动计划》重点项目，南沙港铁路项目作为国家重点铁路项目和广州国际航运中心建设重要支撑，贯穿江门、中山、佛山及广州四市，是珠三角西部货运通道的重要组成部分，也是服务珠三角西翼地区重要城镇和构筑珠三角西翼地区各市与广大内陆地区之间铁路货运联系的重要通道。中山市正争取建设珠江西岸南北向高速铁路和跨珠江口的东西向高速铁路，依托高速铁路、城际铁路、城市轨道的多层次对外铁路网络，强化与粤港澳大湾区铁路网的互联互通。

二、中山市物流业发展存在的主要问题

（一）物流发展层次比较低

目前，中山市物流业尚处于起步阶段，绝大多数物流企业受“大而全”“小而全”观念影响，仍集中在公路运输等传统物流行业，物流专业化程度低，物流节点规模较小，服务范围窄、服务层次低，多数只能提供仓储、运输等基础物流服务。大多数物流企业科技应用水平不高，缺乏现代化经营和资源整合手段，物流精细化组织和管理能力不足，难以满足多样化、个性化的客户需求。有实力并拥有跨地区乃至全国性物流网络的骨干企业和龙头企业较少，能够提供全程供应链服务的物流企业尤为缺乏，

现有物流企业难以带动整个行业的转型升级。

（二）物流企业成本不断攀升

随着油价不断上升，企业的运输成本节节高攀，严重打击道路运输经营者的积极性。根据成本结构分析，货运企业的运输成本主要集中在运输返程空载率高，运输车辆养护经营费用、车辆更新费用高等方面。中山市物流运输主管部门积极鼓励货运物流企业加强资源整合，进而降低空载率，由于企业间的发展理念存在差异，以及信息化建设不足，资源整合作为系统性工程比较难推进，整合效果不明显。

（三）本地物流企业发展缓慢

中山市不少企业的物流运输业务均采用回头车运输的模式，一些外地车辆长期在中山经营，本地物流运输企业长途货运处于发展弱势地位，导致本地企业货运量下降，利润被不断压缩，生存空间越来越小。此外，由于市场规模的限制，中山货运从业人员工资普遍偏低，部分在本地取得从业资质的人员选择流向外地就业，企业时常出现难以招到合适人员的局面，当前中山市大货车（A 牌）司机驾驶资格培训能力不足，导致该类司机供不应求，制约了本地物流运输企业的发展。

（四）内河运输企业发展滞后

据统计，中山市航运企业平均运力 2000 吨，船舶吨位小且船型杂乱，技术水平低，经营结构单一、运价持续低迷、燃油及人力成本持续上涨等因素，导致内河运输企业的盈利能力比较差。另外，内河运输企业信息化水平低、规模小，导致其在精确度、综合能力、及时性的运输和完善的综合物流管理服务等方面与客户的要求存在着很大的差距。传统企业管理不规范，不注重潜在市场的开发和创造，无法对未来市场行情及发展趋势做出准确判断，导致内河运输企业的发展滞后。

三、中山市促进物流业发展的措施

（一）推动物流业供给侧改革

按照整合存量与优化增量相结合的思路，加快推动中山市物流业供给侧改革，优化资源配置，调整物流业结构，提升规模化、集约化水平。一是逐步引导散乱分布的小型物流企业向园区集聚发展；二是鼓励物流企业间通过参股控股、兼并重组、联盟协作等方式做大做强；三是加强对物流企业经营资质、经营行为的规范管理，依法取缔无证无照违法违规行为，淘汰落后的物流业态；四是通过信息化建设与新技术、新装备应用，促进物流企业功能整合与业务创新，以“互联网＋”理念大力发展新兴物流业态。

（二）转变交通运输增长方式

积极实行积极交通发展政策，不断扩大交通网络规模、增加运输供给，以不断满足日益增长的交通运输要求，满足经济社会可持续发展需要。切实转变交通运输增长方式，调整和优化交通结构，强化各种交通运输方式、城乡交通的衔接配合，各种方式交通发展从粗放型向集约型、环保型转变，从自主发展为主向综合、协调发展转变，正确处理交通建设和土地等紧缺资源的矛盾，完善交通使用土地、岸线等资源和节能减排机制，加大环境保护和治理的力度。

（三）促进内河运输企业做大做强

内河运输企业由于受规模、资金、技术所限，无法取得规模经济效益，导致经济效益差，生产面临困难。加大资源整合力度，积极促进运输企业走向联盟，建立稳定的组织形式和共同遵循的章程，加强企业间合作，促进内河运输企业做大做强，避免不必要的运能过剩和恶性竞争，实现资源的优化组合，实现互利共赢。

2017 年江门市物流业发展回顾与展望*

一、2017 年江门市物流业发展总体情况

（一）物流业规模不断扩大

近年来，江门市物流业规模不断扩大，各类物流业态快速发展。2017 年，江门市交通运输、仓储及邮政业增加值为 97.22 亿元，与 2016 年比增长 5.2%；全市水陆完成货运量 14975 万吨，比上年增长 6.5%；完成货物周转量 186.62 亿吨公里，比上年增长 10.1%；完成港口货物吞吐量 8267 万吨，比上年增长 4.4%。2017 年，江门市邮政行业业务收入（不包括邮政储蓄银行直接营业收入）累计完成 17.42 万元，同比增长 9.78%；业务总量累计完成 196300 万元，同比增长 14.16%；快递服务企业业务量累计完成 7755.92 万件，同比增长 16.44%，其中，同城业务量累计完成 2280.76 万件，同比增长 45.04%；异地业务量累计完成 5368.94 万件，同比增长 7.42%；国际/港澳台业务量累计完成 106.22 万件，同比增长 17.6%。江门公路运输、铁路运输、港口货物、快递业等均保持较快增速，物流业总体规模不断扩大。

（二）物流基础设施不断完善

随着江门市城市建设持续推进，江门物流基础设施建设得到迅猛发展。2017 年，全市年末公路通车里程 10167 公里，其中高速公路 455 公里，一级公路 831 公里。公路密度 106 公里/百平方公里。辖区内河航道 135 条、1040 公里。广珠铁路已经开通，全长 187 公里，在江门市境内长度约 82 公里。江门港 6 个港区都已开通港澳集装箱航线，其中新会港区和台山港渔塘（广海）港区是国家一类货运口岸。深（中）江通道、江

* 供稿单位：江门市商务局。

门大道、广中江高速、深茂铁路、中开高速等一批重大项目加快推进，港珠澳大桥建成即将全线通车，江门在连接广佛深中，辐射珠江西岸以及对接粤港澳大湾区的交通区位优势越来越突出。珠西物流中心部分投入运营，普洛斯、安博等国际物流行业巨头入驻园区，珠西农产品交易流通中心启动建设；高新区公共码头、新会港万吨级泊位等港口设施加快建设，新会港B型保税物流中心建设加快；新会路物流专业市场加快转型升级，江沙物流园快速进入招商运营。交通网络及物流设施节点的建设，推动江门物流业基础设施不断完善，珠西综合交通枢纽江门站、珠西物流枢纽中心的“两中心”定位不断增强。

（三）物流业市场主体不断壮大

江门市现代物流企业以服务本地制造业、商贸流通业为主，物流企业数量稳步增长，整体运力能力逐渐提高，目前，江门市共有货运汽车近7.8万辆、货运船只超过500艘，货运车辆的运载能力11万吨左右，货船的运载能力在15万吨左右。近年，江门市物流行业龙头企业带动作用加强，引导传统运输企业向第三方物流企业转型，有力地推动了江门市物流企业从提供传统物流服务加速向提供第三方物流和供应链管理的现代物流服务转变，并涌现出了一批能够提供一体化物流服务的企业，全市综合物流服务能力和层次有所提升。江门市物流企业发展势头强劲，现代物流业的市场主体得到了长足发展，大昌行物流是粤西最大的以提供物流解决方案、食品供应链和保税业务为主的物流企业；华鸿物流是粤西最大的以提供国际货代贸易为主的物流企业；德润物流以提供金融物流为主业；安捷物流成功登陆新三板，成为江门首家登陆资本市场的物流企业。一批物流园区加快规划建设，如银洲湖现代物流基地、鹤山现代物流园区、广海湾物流园区，江门市物流业集聚化程度不断提高。

（四）物流信息平台加快建设

江门大力实施“互联网+物流”战略，通过政府主导，企业参与的形式，大力支持物流公共信息服务平台建设，有序推进物流信息化、标准化发展。江门市物流信息公共服务平台已经开通运行，平台提供7×24小时全方位的物流配载、物流咨询、交易申报、营销支持、投诉受理等服务，实现物流业的一站式服务。江门电子口岸平台建设正有序开展，江门电子口岸物流服务平台、江门市跨境电子商务公共服务平台、国际贸易“单一窗口”江门分平台三大公共服务平台加快建设。江门市智慧物流公共服务平台（华迅达）已上线运营，平台利用互联网大数据分析技术和定位技术，提供车货匹配、智能配载等服务，能够为企业提供一套完备的智慧化城市配送解决方案。社会物流平台“卡行天下”进驻江门，一期规划建设“三区四市”网点数24个，区县覆盖率100%，二期规划建设“62镇18街”网点数46个，乡镇覆盖率60%。物流信息平台应用不断推广，将有效助推物流运行效率不断提升。

（五）跨境物流能力不断提升

随着近年跨境电子商务的迅猛发展，江门市紧跟市场步伐，不断加大跨境物流基础设施建设。目前，江门市已建成江门市跨境贸易电子商务分拣清关中心、万年松跨境电商清关中心等6个跨境电商分拣清关中心，均采用智能化操作流程，每天可验放快件20万件，总体清关能力在全国地市中位居前列。江门海关积极试点国际贸易“单一窗口”改革，致力于通关一体化提速增效，不断提升贸易便利化水平。此外，创新“卡车航班”物流渠道，通过航空提单“一单到底”操作模式，借助安全智能锁、卫星定位系统等科技手段，极大便利了接驳香港国际航班运输车辆的海关监管。

二、江门市促进物流业发展的措施

（一）深化物流业“放管服”

加快行政审批制度、企业投资管理体制和商事登记制度改革步伐。精简快递企业分支机构、末端网点备案手续，推进快递领域工商登记“一照多址”改革，全面实施市场主体住所（经营场所）“申报承诺＋清单管理制”登记模式。组织开展物流领域收费检查，着力解决“乱收费、乱罚款”等问题。取消营运车辆二级维护强制性检测，取消收取货物港务费，严格执行货运车辆ETC卡收费、船闸收费标准下调等优惠政策，以及鲜活农产品运输“绿色通道”政策。

（二）鼓励发展物流新业态新模式

支持发展电商物流、冷链物流、农村物流等物流新业态，推动电子商务与物流协同发展，扩建多功能冷库基础设施，完善布局农村物流网络节点。鼓励发展无车承运人、甩挂运输、城市共同配送等物流新模式，引导中小物流企业、运输个体户上无车承运人平台，规范化交通运输业管理体制，推动物流业降本增效。

（三）支持物流企业信息化建设

加强江门物流公共信息平台的建设，支持物流企业建设“互联网＋”物流信息平台，提供信息发布、物流资源交易、仓配管理、车货匹配、线路规划、货款结算等服务。支持物流企业应用条码、EDI（电子数据交换）、RFID（无线射频识别）、GIS 和 GPS（全球定位系统）以及供应链管理等信息技术，提高企业信息化管理水平。引导国际物流企业对接海关、检验检疫、商务等部门的系统，保持信息接口一致性，规范化跨境物流信息统计。

（四）支持物流企业标准化建设

积极申报国家商贸物流标准化试点城市，争取国家财政资金对江门物流标准化建设的支持。支持龙头物流企业、商贸流通企业、制造企业共同开展标准化托盘循环共用，鼓励企业设立物流标准化建设项目，以项目为抓手推动全市物流标准化建设。加大物流标准应用推广力度，推进产品的包装、标识的标准化，引导企业使用统一的标准。

（五）鼓励校企人才培养战略合作

鼓励校企开展物流人才双向培养战略合作，探索产学研一体化人才培养模式。鼓励高校从企业的实际需求和产业发展趋势出发，为企业提供物流人才培训服务。支持企业与高校建立人才战略合作伙伴关系，积极参与高校人才培养全过程，充分利用五邑大学、江门职业技术学院、广东南方职业学院等教育资源，实行订单式物流培养人才。完善多层次、多渠道的高层次人才引进工作体系，积极推动建立人才储备资源库。将高层次物流人才引进及激励机制纳入江门市总体人才引进方案，并从资金、住房、子女教育等多个方面给予政策扶持。

2017年惠州市物流业发展回顾与展望*

一、2017年惠州市物流业发展总体情况

（一）物流业政策支持持续推进

2017年，惠州市对物流业的政策支持持续推进，一是研究出台《关于促进海运业健康发展的实施意见》，通过推动简政放权、放管结合、优化服务等措施，致力于将惠州港打造成为国家“一带一路”上开放、便捷、高效、安全的重要物流枢纽门户。二是积极组织快递业安全发展专项资金财政补贴，并对中国邮政速递物流股份有限公司、深圳市丰巢科技有限公司、顺丰速运（惠州）有限公司等部分项目给予了财政资金支持。三是积极组织相关企业申报2017年冷链物流发展项目专项资金。

（二）公路网建设进一步优化

2017年，惠州市公路网结构明显优化，密度进一步提升。截至2017年年末，全市境内公路通车里程总长13823公里（统计公报数），通车里程公路密度为122公里/百平方公里，等级公路密度为122公里/百平方公里。其中高速公路通车总里程825公里，高速公路面积密度7.38公里/百平方公里，公路网整体技术等级、通行能力进一步提高。随着运输方式在规划体制、衔接机制方面不断改革推进，运输方式间的协作更加流畅，水铁联运、公铁联运、空地衔接等联运形式日趋成熟和不断完善。

（三）电商快递继续保持快速发展势头

惠州市电子商务与快递物流快速发展，电子商务交易额年均增速保持在20%左右，

* 供稿单位：惠州市交通运输局。

2017 年，惠州市电子商务交易额突破 1700 亿元，同比增长 21%。“京东·中国特产·惠州馆”正式开馆，惠州特色农产品可借助京东这一平台向全国推广，实现线上线下同步销售。2017 年，全市快递服务企业业务量累计完成 20259.28 万件，同比增长 27.52%；业务收入累计完成 23.39 亿元，同比增长 32.88%。其中，同城业务量累计完成 4794.18 万件，同比增长 23.39%；异地业务量累计完成 15211.03 万件，同比增长 29.13%；国际/港澳台业务量累计完成 254.08 万件，同比增长 14.53%。一些重大物流、快递项目稳步推进，京东仓储区建成并投入运营，未来将推进建设顺丰惠州电商物流产业园、邮政速递物流园、中投物流园二期等项目，物流快递行业将更加集聚，物流效率将进一步提高。

（四）惠州港物流功能不断增强

目前，惠州港拥有生产性码头泊位 43 个，其中 22 个为万吨级以上深水泊位，总吞吐能力突破 1 亿吨。2017 年，惠州港年吞吐量达 7000 多万吨，其中，16% 是通过公共码头实现，84% 是通过企业码头实现。2017 年，惠州国际集装箱码头与盐田港通过市场化运作，实现了惠深沿海港口集装箱业务整合；惠州港以近洋航线为主，盐田港则主攻远洋航线。未来，惠州港将以澳洲牛肉进口及中澳农牧产品进出口为切入点，推动两地活畜、农贸、矿产、轻工等产品广泛的经贸往来，为“一带一路”其他区域的合作发挥示范带动作用。将不断加强与国内港口合作，开辟海上新航线，目前，惠州港已开通唐山、上海、虎门、盐田、香港、台湾等航线。

二、惠州市物流业发展存在的主要问题

（一）物流运输企业规模小

目前，惠州市物流企业、货运企业经营主体多、规模小的问题明显，现有道路货运经营主体 95% 以上是个体经营业户，96.7% 以上的货车经营范围为普通货运，项目单一，小而散，本地货物运输市场运价，竞争白热化，运价一直保持在较低水平，货运司机工资未得到实质性提高，行业存在招聘大型货车司机难等问题。集装箱、冷藏保鲜等高附加值的专项或特种运输发展仍然缓慢。货运物流管理水平低，企业管理和实际业务操作等从业人员还处在较低水平。

（二）物流运输发展模式传统

当前，惠州物流业发展模式还比较传统，行业组织化程度低，对物流的认识还停留在“运输＋仓储”这一简单的理念上，集装箱运输、甩挂运输等模式应用所占比例

很低。仅有少数效益好的快递物流企业建立了内部收发货信息化系统，其余大多数货运物流企业还处于传统的作业方式，缺乏信息化管理手段，对信息化改造升级意愿不高，物联网等新技术应用不多，物流效率较低。

（三）物流货运枢纽发展滞后

目前，惠州市主要以惠州港、铁路及个别具规模的物流中心来带动物流业的发展，真正取得许可的物流中心和货运站为数不多。大部分货运企业物流信息化处于低水平，物流货运站规划建设滞后，缺乏现代化综合物流园区，传统货运站已不能适应现代物流发展的要求。

三、惠州市促进物流业发展的措施

（一）加快现代物流业规划建设

根据省市综合交通运输规划，结合交通运输网络和产业特征，加快建设以石化数码产品、纺织服装、鞋类、粮食、农副产品、建筑材料等为主的现代综合物流园区。引进和培育并举，建设一批商贸中心、物流中心、配送中心、区域分拨中心和第三方专业货运物流企业，规划推进冷链物流企业发展，培育有国际竞争力及区域辐射能力的龙头和品牌物流企业。

（二）推进农村物流网络建设

统筹利用农村客运、邮政资源，探索客运为先、以客（车）带货模式，研究利用已有农村客运站、邮政服务点建设“客货邮服务一体站”，适度增加农村客运站物流和邮政服务功能，促进运邮结合、一体发展。开展农村货运物流节点布局规划研究，建立县城货运物流园、乡镇货运物流站、村级货运物流点的三级货运物流网络。

（三）加快货运物流信息平台建设

建议由政府引导、企业运作，引进先进的物流信息设备，加快物流与信息技术、电子商务的融合，推动物流信息网络化、平台化，加快构建共享的物流信息平台。通过信息平台，整合惠州市零散物流供给资源，促进物流资源成分利用，并发布宏观管理和调控货运物流业发展的宏观信息，深化政企合作。

（四）加大对物流企业政策扶持力度

一是借鉴其他城市的一些做法，对物流企业，特别是大型物流企业，通过政策引导、给予资金扶持、减免税收等多种手段促进企业的转型发展，培育惠州市本土物流龙头企业。二是建立农村物流示范点，对农村物流企业示范点给予财政扶持。培育一批服务农村，配送农产品、日用消费品、农资用品等的物流市场主体，同时，加强对农村物流场站设施的建设，促进农村双向物流的发展。三是合理布局物流园区建设。依托惠州市电子企业众多的优势，形成电子产品的货运物流配送中心，政府给予适当的政策扶持，鼓励企业、个人投资，完善全市物流园区的布局。

2017 年肇庆市物流业发展回顾与展望*

一、2017 年肇庆市物流业发展总体情况

（一）物流业保持平稳增长

一是全市货物运量保持增长。2017 年，肇庆市货物运输总量达到 7171 万吨，同比增长 8.2%，其中公路货运量 5448 万吨，同比增长 7.5%；水路货运量 1723 万吨，同比增长 10.6%。全市货物运输周转量 76.11 亿吨公里，同比增长 7.1%，其中公路货运周转量 49.36 亿吨公里，同比增长 8.4%；水路货运周转量 26.75 亿吨，同比增长 4.8%。二是邮政业务量平稳增长。2017 年，肇庆市邮政行业业务总量完成 8.96 亿元，同比增长 5.45%，业务收入（不包括邮政储蓄银行直接营业收入）实现 9.04 亿元，同比增长 17.33%，其中快递业务量 3193.37 亿元，同比下降 1.7%；快递业务收入完成 5.31 亿元，同比上升 19.77%。三是港口业务发展良好，港口物流稳定增长。2017 年，肇庆市港口货物吞吐量 3973.4 万吨，同比增长 21.8%，其中港口集装箱吞吐量 80.4 万标准箱，增长 12.4%；全市有二类口岸 5 个（分别是肇庆三榕港、肇庆新港、高要港、四会马房港、德庆康州港），现有生产性泊位 61 个，其中千吨级以上的泊位 48 个。

（二）物流政策环境持续改善

2017 年作为“十三五”规划发展关键之年，中央和地方政府出台了众多促进物流业发展的利好政策，物流业整体发展环境进一步改善，发展方向逐渐明晰。一是国家政策层面。国家相继出台了《商贸物流发展“十三五”规划》《粮食物流业“十三五”

* 供稿单位：肇庆市商务局、肇庆市交通运输局。

规划》《关于进一步推进物流降本增效促进实体经济发展的意见》《关于积极推进供应链创新与应用的指导意见》《关于协同推进快递业绿色包装工作的指导意见》《城乡高效配送专项行动计划》等政策服务物流行业发展。二是省政府政策层面。广东省积极贯彻国家政策，相继出台了《广东省现代服务业发展“十三五”规划》《广东省综合交通运输体系发展“十三五”规划》《广东省农产品冷链物流发展规划》《广东省冷链物流发展“十三五”规划》《广东省物流业降本增效专项行动实施方案（2017—2018年）》等支持广东省物流业发展。三是地市政策层面。肇庆市积极响应国家、省的号召，依据本市物流产业发展基础与特色，出台了《肇庆市促进快递业发展实施方案》《肇庆市深入推进“互联网+流通”行动计划工作方案》《肇庆市推进国内贸易流通现代化建设法治化营商环境的工作方案》《肇庆市加快民营经济发展的实施意见》以及《肇庆市民营企业商贸流通领域发展专项资金申报指南》等政策，扶持全市物流业发展。

（三）物流企业不断发展壮大

据统计，肇庆市取得道路运输经营许可证从事道路货运的物流企业约60家，用于物流配送的货运车辆约435辆（主要以厢式货车和集装箱专用车辆为主）。物流企业类型繁多，国内龙头企业分支机构如申通快递公司肇庆市分公司、广东省邮政速递物流有限公司肇庆分公司等；本土知名货运企业有肇庆市致美物流有限公司、肇庆市骏辉物流有限公司等，集装箱运输企业有肇庆市现代物流发展有限公司、高要（大旺）珠江物流有限公司、肇庆新港码头有限公司等。近年，随着物流基础设施的不断完善，一些创新型物流企业飞速发展，如肇庆市粤运汽车运输有限公司，利用独有的客、货专业运输网络优势，建立了以肇庆客运总站为中心、其他各车站为分点和代理点的快运网络，成功打造“粤运快件”的品牌。目前，一些园区型物流企业正在加速孕育生长，如肇庆市粤达物流有限公司经营肇庆市物流园区，占地面积2.5万平方米；肇庆市佳顺物流有限公司经营佳福汽车货运站，占地面积1.3万平方米；肇庆骏强物流有限公司经营骏业汽车货运站，占地面积约1.5万平方米。

（四）港口物流逐渐发挥作用

肇庆市经济发展较快，港口物流逐渐发挥作用。一是港口集疏运条件较好。一条黄金水道（中国流量第二大河西江）、两条国道（321、324）横贯全境；五条铁路（三茂、贵广、南广铁路，广佛肇城际轻轨，谋划中的柳肇货运铁路）、八条高速公路（广肇、江肇、二广、肇花、广佛肇、汕湛、汕昆、怀阳）经过肇庆市并交汇成港口物流运输网。二是肇庆市的港口发展较快。依托西江水道优势，突出的港口集货、存货、配货的特长，肇庆市拥有较强的港口物流集配能力。其中，肇庆港是全国内河主要港口，是香港及沿海主要港口的集装箱补给港，是以外贸物资、原材料运输及西江流域物资中转为主，内外贸兼顾的具有江海直达运输及运输组织管理、中转转换等多功能的综合性港口。三是港口物流企业发展迅速，全市共有已取得港口经营许可证的港口企业21家，其中公共港口企业9家，货主港口企业11家；集装箱装卸码头8家，危险货物作业码头1家，主要分布于新港、高要、四会、德庆、封开、大旺、三榕7个港区。

（五）邮政快递行业快速发展

一是快递业务量稳步发展。根据肇庆市邮政管理局数据，2017年，肇庆市快递服务企业业务量累计完成3193.37万件，实现业务收入5.31亿元，同比增长19.77%。其中，同城业务量累计完成902.46万件，异地业务量累计完成2267.65万件，国际/港澳台业务量累计完成23.25万件。投递量达7000万件，同比增长141.56%。二是快递业务基础设施不断完善。2017年快递业拥有各类营业网点449处，其中设在农村的217处；全市拥有邮政信筒信箱435个，邮政报刊亭7处；全市快递服务汽车420辆；快递服务企业拥有计算机864台，手持终端1567台。全市邮政邮路总条数35条，比上年末增加1条，邮路总长度（单程）3663.5公里，比上年末减少23.5公里。三是快递服务能力不断增强。全市邮政寄递服务营业场所平均服务人口0.99万人，邮政城区每日平均投递10次，农村每周投递30次。人均函件量0.5件，每百万人订有报刊量4.75份。年人均生成快递业务量7.19件，年人均接受快递业务量17.74件。年人均用邮支出203.52元，年人均快递支出119.61元。

二、肇庆市物流业发展存在的主要问题

（一）全市物流整体发展水平偏低

一是物流企业规模较小。目前肇庆市从事物流服务的企业规模和实力都还比较小，服务方式和手段比较原始和单一，难以形成一个规模化且营运结构成熟的集约化市场。二是物流企业运作管理水平较低，经营管理较为粗放，物流经营管理理念落后，网络化的经营组织和物流技术装备有待加强，现代物流管理人才缺乏。多数企业只能简单地提供运输、仓储服务，在流通加工、物流信息服务、库存管理、物流成本控制、物流方案设计、全程物流服务、供应链管理等物流增值服务方面比较薄弱。三是新兴物流发展势头不足。由于企业自身积极性不强，物流经营现状不佳，无车承运人、多式联运等新兴物流发展模式较为落后。

（二）港口物流发展水平有待提升

一是港口功能较为单一，港口基础设施落后。肇庆港拥有1000吨级以上泊位45个，仅占全港生产性泊位的30%，肇庆为西江航运干线3000吨级海轮航道的起点，除新港港区基本建成2个5000吨级泊位外，尚无严格意义上的3000吨级泊位。尤其是核心港区的新港，由于规划滞后，港区用地被严重挤压，港口和物流园区发展受到影响，存在“大货量吃不消，小货量吃不饱”的情况。二是缺乏规模较大的公共型散货码头，与目前全市港口大宗货物进出以散货为主的客观需求不相适应，从而导致沿江零散码头管理混乱，港口资源整合亟待加强。三是缺乏龙头物流企业入驻。目前全市还没有一个规模较大、吸引力较强的物流龙头企业，物流业市场化、智能化程度不高，导致港口和航运的服务能力弱化。

（三）物流业信息化程度不高

肇庆市物流企业的信息化建设仍处于初级阶段，物流企业中95%为利润低、收入不稳定的中小微企业，多数企业的物流信息化和物流新技术应用水平较低，近年出现先进物流技术如电子订货系统（EOS）、ASS自动分拣系统、电子数据交换系统（EDI）、GPS、GIS（地理信息系统）、无线射频识别技术（RFID）、ERP（企业资源计划）技术等，肇庆市物流企业多数只运用了其中几种技术，还处于半人工半自动运行状态。

（四）物流高层次人才缺乏

全省物流人才培养渠道一般分为三类：一是专门为了获取物流行业从业资格证书的培训机构；二是高职高专院校开设的“物流管理”专科层次的学历教育；三是省属或国家属的本科类院校设置的本科及以上层次的“物流管理”专业和“物流工程”专业。肇庆物流人才培养的层次不高，多数是由本专科类院校负责物流人才输出，人才输出渠道较为单一，缺乏高端物流专业人才的培训机构。肇庆市高校针对物流学生开设的物流专业及课程较少，极少与龙头物流企业合作办学，也缺乏到龙头物流企业实习经验，物流实操能力差，影响着肇庆市物流业发展。

（五）物流成本持续偏高

近几年，肇庆市仓储运输业、物流服务业成本逐年增加，物流企业生产要素成本大幅上涨，使得物流业发展趋缓、经营面临困难。一是物流车辆燃料动力价格持续上涨，物流企业生产经营支出成本不断增加，物流车辆运行费用难降；二是综合用工成本大幅上涨30%～40%，随着人口老龄化趋势逐渐增强，愿意从事物流搬运、装卸、包装等作业的劳动力大幅减少，年轻劳动力对工资要求逐年升高；三是保管费用上升，土地使用税大幅增加，物流企业负担加重。

三、肇庆市促进物流业发展的措施

（一）加大政府扶持力度

一是做好物流业发展的总体规划。按照“政府引导，企业参与”的原则，政府提供现代物流业良好的发展环境和扶持政策，引导和培育一批本土的大型物流龙头企业。二是加快物流基础设施建设。整合港口资源，建设大肇庆港，通过西江航道的整治、新港和柳肇铁路的建设，以及高速公路网的建设，确立肇庆市连接珠江三角洲、粤港澳大湾区的大西南的交通枢纽地位。三是完善现代物流业发展环境。通过制定合理的市场准入政策、土地价格、电价政策、税收政策、投融资政策、快速通关政策、人力资源政策等，科学规划、合理布局物流园区和公共信息平台，推动肇庆市物流市场加速形成。

（二）积极发挥行业协会作用

大力支持物流行业协会发展，规范行业行为和强化行业自律。物流行业协会属于民间行业组织，可以由大型物流龙头企业牵头、企业自由加入。积极发挥行业带头作用，定期举办论坛、讲座，与国际国内知名企业和物流产业发达的省、市进行交流，实现肇庆市物流企业“走出去、请进来”。积极引导企业管理者不断学习和融入供应链管理理念，为迁入现代物流园区的企业提供“一站式”服务，协助政府制定优惠政策。

（三）加快推动港口建设工程

一是积极推进公共散货码头建设。加大招商引资力度，加强与深圳招商国际沟通对接，吸引企业进驻新区，谋划建设现代化港区。合理利用港口岸线资源，大力发展港口码头物流经济，抓好西江沿线港口码头建设，重点加快建设规模化、集约化的散杂货码头。二是加强港口间联动合作。推动肇庆新港、三榕港、四会港等 5 个口岸港口企业加大投入，扩能提质，积极向西江上游的广西等地拓展货源，加强与广州港、深圳港、佛山港、珠海港航线合作，进一步提升港口的规模效应。三是建设西江航运信息服务系统。积极构建西江航运信息服务系统，为物流企业、社会公众和管理部门提供航道、航运物流、航运运输、航运法律、航运统计、航运费用、水上交通等信息服务，实时共享西江航运（肇庆段）动态，提高港口、航运和信息化水平。

（四）持续推进“快递下乡”工程

肇庆省积极推进“快递下乡”工作，加大布局全市各县城独立许可企业建立自己的快递处理站，积极推动肇庆市城乡配送、同城配送、即时配送等业务发展。积极推动快递服务站延伸至乡镇末端，运用业务创新、多元化经营等模式，优先选择业务量较大的乡镇设立快递末端服务网点；在业务量较小的乡镇，积极与士多店、手机店等便民服务机构开展多种形式的快递“最后一公里”投递服务合作。加大快递企业市场管理与审核力度，快递企业在独立配置末端服务网点，必须经市邮政管理局备案后方可开展快递业务；与第三方机构合作的快递服务只能是“代投”业务，不能开展“代收”业务。目前全市共有40个乡镇设立了末端网点105个，辐射全市92个乡镇，对其中偏远乡镇的49个快递末端网点提供财政补贴98万元。

（五）引进培养高层次物流人才

高层次物流人才的严重缺失，是制约肇庆市物流企业发展的瓶颈，应积极加强引导企业和高校进行合作，在输送和引进高层次物流人才方面加强沟通和联系。加强对高端专业物流人才的定期培训，为人才成长营造一个良性的环境，引导物流企业深化与高等院校的合作，充分利用当地高等学校的高科技人才和先进设备，开展横向合作，为企业的发展提供理论支持，同时培养企业科研人才，提高企业自身的研发水平。

（六）大力发展枢纽门户经济

推进粤港澳大湾区与大西南人流、物流、资金流、信息流在肇庆市集聚辐射。依托深江肇高铁规划，谋划建设以肇庆东站为枢纽的大湾区大西南企业总部基地。以肇庆新港为核心构建“一市一港”“肇深协同”的港口物流新格局，发展一站式综合物流基地，打造辐射西南地区的水运集散中心。做强封开、怀集等“西联”门户经济，高起点规划建设粤港澳大湾区（怀集）绿色农副产品集散基地，不断提升粤桂合作特别试验区产业资源要素集聚能力。

其他地区

2017 年汕头市物流业发展回顾与展望*

一、2017 年汕头市物流业发展总体情况

（一）物流业总体运行良好

2017 年，汕头市现代物流快速增长，全年交通运输、仓储和邮政业完成固定资产投资 94.21 亿元，比上年增长 101.3%，实现增加值 63.92 亿元，比上年增长 14.8%。货物运输规模、港口吞吐量不断扩大，目前汕头港已进入全球集装箱港口百强的行列。2017 年货物运输总量 6405.02 万吨，同比增长 4.1%，货物运输周转量 148.09 亿吨公里，同比增长 6.6%，港口货物吞吐量 4889.7 万吨，集装箱吞吐量 129.9 万标准箱，同比增长 4.8%。2017 年邮政行业业务收入（不包括邮政储蓄银行直接营业收入）累计完成 33.42 亿元，同比增长 54.89%；业务总量累计完成 80.78 亿元，同比增长 71.74%。截至 2017 年年底，汕头市普通货物运输业户 9582 户，其中普通货运个体运输业户 8661 户，占道路货运业户总数的 90%，普通货物运输车辆为 20016 辆；有危运企业 9 家，危运专用车辆 138 台，其中挂车 47 台。

（二）快递业务规模快速增长

2017 年，汕头市快递服务企业业务量完成近 4 亿件，同比增长 73.19%；业务收入完成 30.18 亿元，同比增长 58.91%。一是快递业务收入在全行业收入中占比继续提升。快递业务收入占行业总收入的比重为 90.31%，比上年提高 2.31 个百分点。二是同城快递业务快速增长。全年同城快递业务量完成 5599.54 万件，同比增长 49.73%；实现收入 3.52 亿元，同比增长 48.96%。三是异地快递业务高速增长，异地快递业务

* 供稿单位：汕头市商务局、汕头市交通运输局。

占比提升。全年异地快递业务量完成 34190.58 万件，同比增长 78.39%；实现收入 21.83 亿元，同比增长 69.16%；同城、异地、国际/港澳台快递业务量分别占全部快递业务量的 14.0%、85.5%和 0.5%；业务收入分别占全部快递收入的 13.2%、81.6%和 5.2%。四是国际/港澳台业务平稳增长。全年国际/港澳台快递业务量完成 192.22 万件，同比增长 6.94%；实现收入 1.40 亿元，同比增长 14.31%。

（三）物流基础设施建设加快

一是支持物流枢纽建设。汕头市已成为全国 179 个公路运输枢纽城市之一，高标准规划建设 9 个客运站和 7 个物流中心（货运站），已有 3 个物流中心在营运，分别为澄海粤海货运服务中心、汕头西交物流中心、泰山物流中心，1 个物流中心在建中，其他 3 个物流中心在规划中。二是优化发展港口物流业。近年，汕头市重点发展大型集装箱船、散货船等运输船，完善大宗物资中转功能，巩固并拓展新兴市场；培育大型现代海洋运输与物流企业集团，依托港口基础和保税区优势，加快珠池港区的物流业务逐步转移至广澳港区，推进汕头保税物流中心（B 型）、广澳物流园、粤电 LNG（液化天然气）接收站和粤东粮食产业园等一批港口物流重大项目建设；支持龙头物流企业完善供应链协作平台，全面提升汕头“数字港口”的信息化水平和核心竞争力。三是完善农村交通基础设施。重点改善淘宝村、淘宝镇的公路网络情况，布局农村地区新交通道路网，至 2017 年年底，汕头市农村公路已实现区县镇 100%通水泥路、镇至建制村 100%通水泥路。根据省的统一部署，汕头市正在编制全市县道网调整规划，届时预计将新增 400 多公里县道。

（四）交通运输平台顺利建立

汕头市积极组建“中国交通运输网”，整合物流车辆资源、物流供需信息，提高运输效率。汕头经济特区运输总公司经向国家工信部申请核准，与汕头市网际网络科技有限公司合作组建“中国交通运输网”，以物流运输企业、设备制造企业、专线运输公司、货运信息部、货代公司为服务对象，提供物流设备、仓储设备、交通运输设备、联运项目等产品供应信息，并提供最新的产品市场和产品行业资讯的交通运输平台。

（五）鼓励支持绿色物流发展

汕头市大力支持绿色新能源物流车辆使用，发挥行业中介组织作用，积极主动实施物流降本增效措施。在汕头市物流行业协会的牵头下，推动“同城优服”电动汽车、货车租赁项目正式落地运营，打造绿色、低碳、环保的新型出行方式。目前，广东同城优服新能源有限公司基于同城配送需求，已经在汕头市投入运营电动小汽车约一百辆、电动货车数百辆，项目正在持续优化扩容之中，助力汕头市物流业向绿色环保方向发展。

（六）物流业发展环境持续优化

近年来，汕头市高度重视物流发展，先后出台了《汕头市现代物流业发展规划》《汕头市“互联网＋现代物流”专项实施方案（2016—2020）》，并结合全市实际，精心组织推动《广东省现代物流业发展规划（2016—2020年）》实施，进一步完善商品货物流通渠道。为提高物流标准水平，汕头市鼓励市物流行业协会成立了物流标准化技术委员会，委员会主要向物流企业推广现代物流管理新技术与成功的物流管理经验，协调、制定并推广相应的国家物流标准化准则，促使物流供应链各企业充分利用标准化及信息技术，提高物流运作效率，降低物流系统成本、库存和物资储备，提高企业核心竞争力。

二、汕头市促进物流业发展的措施

（一）加强重点物流园区规划建设

培育发展专业物流中心和现代物流龙头企业，以宝奥物流城为依托，推动建设电子商务＋现代物流＋品牌会展三位一体、协同发展的粤东电商物流产业集聚区。发展第三方、第四方物流和冷链物流等新兴业态，完善物流金融、增值服务、公共外库和结算中心等功能，推动制造业与服务业互动发展。

（二）加快电子商务物流发展

借助汕头市建设国家电子商务示范城市的有利时机，加快国家电子商务示范城市建设，推动物流产业与电子商务的融合，鼓励运用电子商务手段推动批发市场升级改造，推动物流业转型升级。发展和提升汕头国际电子商务应用平台、粤东电子口岸、全球潮商电子商务合作平台、海港集装箱信息平台系统等电子商务平台，提升企业物流效率。推进信息共享交换中心建设，重点建设服务汕头市企业信息资源共享平台、信息安全认证中心和政务网络中心，建立互联互通的电子商务认证体系，打造电子商务交易数据服务中心，推广以移动终端为载体的微电子支付，为现代物流的认证、交易、在线支付等环节构筑便捷、诚信、安全的电子商务支撑体系。

（三）推进物流技术创新和应用

通过政府主导、协会组织、企业参与的模式，建设区域物流信息平台。开发粤东电子口岸物流信息服务平台，打造“无纸化”通关软环境。加快物流产业与电子商务的融合，发展电子认证、网络交易、在线支付协同运作的物流配送服务。鼓励发展物联网，推广物联网射频 RFID 等自动识别、标识技术以及 EDI 技术在物流企业的广泛应用。抓住汕头市与中国航天科技集团合作共建卫星应用产业基地的机遇，积极推进北斗卫星导航在汕头市物流系统的应用。加强物流技术装备的研发与生产，鼓励企业采用仓储运输、装卸搬运、分拣包装、条码印刷等专用物流技术装备。

（四）持续改善物流配送，解决“最后一公里”问题

目前，电子商务与快递物流的融合发展仍然面临着一些困难，需要推动电商与快递两个行业深度融合、协同发展。一是研究探讨出台快递电动三轮车通行政策的可行性。《国务院关于大力发展电子商务加快培育经济新动力的意见》中，提出“推动城市配送车辆的标准化、专业化发展；制定并实施城市配送用汽车、电动三轮车等车辆管理办法，强化城市配送运力需求管理，保障配送车辆的便利通行；鼓励采用清洁能源车辆开展物流（快递）配送业务”，汕头市正结合实际，积极推动相关政策落地实施，力争在快递电动三轮车推广实施上取得新突破。二是加强财政金融支持。支持出台快递下乡补助资金实施办法，按照快递企业的乡镇覆盖率、业务量增长率、经营网点数量等指标，对快递企业进行持续补助，缓解快递企业乡镇网点经营成本高的问题，引导企业加强乡镇网点建设，服务电商发展。三是加快建设快递物流园区。汕头市交通部门已将粤东快递物流园纳入汕头市综合交通运输体系发展中长期规划，并确定粤东快递物流园作为“十三五”规划重点工程项目。

2017 年潮州市物流业发展回顾与展望*

一、2017 年潮州市物流业发展总体情况

（一）物流业发展基础夯实

随着大润发、卜蜂莲花、苏宁电器等知名流通企业进驻潮州，以及“万村千乡市场工程”的快速推进，潮州市目前已形成大型综合超市、大型零售公司连锁店、专业品牌超市、各类市场及社区便利店、农村农家店等多层级的流通结构。截至 2017 年年底，潮州市已建市场 98 个，占地面积 856 亩，营业面积 391381 平方米，年交易额达 33 亿元；已发展连锁经营企业 15 家，大型物流企业 8 家；年销售额 500 万元以上的零售企业 103 家。年营业额 200 万元以上餐饮企业 29 家、住宿企业 24 家。2017 年，全市社会消费品零售总额 544.1 亿元，同比增长 9.8%，其中，限上企业销售总额 246.6 亿元，增长 9.4%；限上企业 668 家，其中法人 218 家，大个体 450 家。

（二）现代物流产业初具规模

近年来，潮州市通过加大专业市场及物流业建设力度，促进新兴市场和新兴产业快速发展。据潮州市统计公报数据显示，2017 年第三产业增加值 452.01 亿元，同比增长 8.9%；第三产业占 GDP 比重 42.1%；商品销售总额 936.8 亿元，同比增长 9.1%；在第三产业中，交通运输、仓储和邮政业实现增加值 27.31 亿元，增长 8.9%。货运量 5482 万吨，同比增长 8.5%；货物周转量 276.3 亿吨公里，同比增长 8.6%。目前，潮州市已建成配送中心 9 个、农家店 659 家（其中乡级店 35 家、村级店 624 家），全市限上规模物流企业 1 家，初步形成了以城区商贸流通企业为龙头，乡级店为骨干，村

* 供稿单位：潮州商务局。

级店为基础的商品流通网络。

（三）潮州市重点园区加速建设

2017年，潮州市重点园区规划建设加快推进，积极为承接粤东等发达地区产业转移打好基础。中山（潮州）产业转移工业园“一区六园”格局形成；凤泉湖高新区动工超亿元项目71个，建成8个；闽粤经济合作区已动工项目18个，投产5个；东山湖现代产业园基础设施建设基本完成，已动工项目6个，投产项目2个。重点园区的建设加快了潮州市产业集聚吸引效应，大唐国际、中国交通集团等多家世界500强企业相继落户潮州市，同时也吸引了一批优秀的广州、深圳企业进驻潮州。

（四）公铁交通网络日渐完善

2017年，潮州市借力闽粤经济合作区和省内振兴粤东西北政策，努力构筑外通内联的交通体系，全市公铁交通网络体系建设日渐完善。公路方面，潮惠高速公路、潮州大桥、如意大桥、如意路建成通车，新改建县乡公路182公里、通村公路1155公里；梅汕客专、宁莞高速潮州段和大潮高速先行性工程开工建设；外环西路、绿榕西路、护堤路项目取得突破性进展。铁路方面，厦深高速铁路建成通车，广梅汕铁路增建二线及厦深联络线开工建设。

二、潮州市促进物流业发展的措施

（一）加大商贸流通业发展支持力度

一是自上而下建立健全领导和工作机制，加强对商贸流通工作的研究、协调和领导；建立政府激励机制，每年对商贸流通企业中的纳税大户、税收增长大户开展一次表彰活动。二是研究出台扶持商贸流通业发展的一套涵盖招商引资、土地使用、信贷资金、财税支持、行政事业性收费、人才引进和培养等方面优惠政策。三是制定商贸流通业发展规划，支持商贸流通企业做大做强，促进商贸流通业发展。四是加强人才队伍建设。除出台优惠政策，积极引进急需的人才外，通过举办短期、中期职业技术教育、职业技能培训等方式，不断提高其整体素质。

（二）完善市镇村三级商品流通网络体系

一是强化专业市场建设。在专业市场建设中，立足长远，坚持高标准、高起点，按现代市场要求进行规划设计和建设。坚持市场建设与社会主义新农村建设相结合，走以产业兴市场、以市场促产业发展的路子，以工农业生产资料为重点建设专业要素市场，以区位交通优势为依托建设区域性批发市场。着力改造提升现有市场，加快改造专业批发零售市场，使其逐步向商品展示订货中心、批发采购中心、信息服务中心、物流配送中心等现代市场形态转变。二是加强主城区商贸流通设施建设。要以建设中心城区为目标，坚持高起点规划、高标准建设主城区商贸流通设施，着力打造民主大道核心商业圈、特色文化街区以及大型日用消费品配送中心。三是大力推进农村和社区商业网点建设。以中心集镇为重点，积极发展连锁超市和便利店，大力实施“万村千乡市场工程”，在巩固、完善、提高现有村级日用品和农业生产资料农家店的基础上，进一步加快建设步伐，力争村村建有标准化农家店。积极扩展农家店服务功能，逐步实现消费品、农资、药品、图书同网流通，增强社区在家政、保洁、文化娱乐、休闲健身等方面的服务功能。

（三）打造多业态融合的物流市场

一是发展壮大制造业物流市场。依托潮州市地处汕头、揭阳、梅州三市的交会点，高效利用机场、高铁、火车站和三百门港口，整合车站码头资源，在不同产业集聚区分别建设港口物流中心、仓储物流中心和制造业物流中心，大力发展以陶瓷、水产品、食品等支柱产业、骨干企业原材料为主的制造业物流体系。二是积极发展以电子商务、快递为主的城市配送物流体系。加强电子商务平台建设，引导和鼓励企业开展电子商务与连锁经营、物流配送相结合，发展电子商务和网上超市，扩大网上采购与销售规模。鼓励和支持物流配送中心和商品交易市场开展电子商务。支持企业发展基于互联网的新型流通业态，改善电子支付环境，促进银行卡使用和信用消费，推进商业运营模式的创新，提高流通效率，降低交易成本。

（四）优化物流经营发展环境

一是加强物流市场运行监测。建立健全市场监测制度和监测网络，完善市场监测分析。充分利用现代信息技术，提高数据采集、运行分析、市场预测的科学性和准确性。发挥公共商务信息服务体系的作用，建立健全物流市场价格预测预警体系。二是加强特殊经营范围规范管理。着力建立健全长效监管机制，加强市场管理；强化行业监管，提升物流管理。三是加强企业安全监管。督促物流企业按照有关规范，完善消防设施，加强安全管理。四是加强商务综合执法。成立综合执法队伍，定期或不定期开展商务联合执法活动，严厉打击欺行霸市、投机扰市、违规乱市、虚假宣传等违法行为，为物流企业经营发展创造优良环境。

2017 年汕尾市物流业发展回顾与展望*

一、2017 年汕尾市物流业发展总体情况

（一）物流业规模总体平稳增长

2017 年，汕尾市交通运输、仓储和邮政业实现增加值 33.15 亿元，比上年增长 10.1%。货物运输总量 2722 万吨，同比增长 8.2%；货物运输周转量 31.92 亿吨公里，同比增长 7.6%。旅客运输总量 1263 万人，同比增长 5.6%；旅客运输周转量 15.76 亿人公里，同比增长 18.2%。规模以上港口货物吞吐量 1166 万吨，同比增长 28.4%。水路运输货运量 8.96 万吨，同比增长 4.06%。水路运输货运周转量 2155.63 万吨公里，同比增长 4.05%。2017 年完成邮电业务总量 47.27 亿元，比上年增长 59.5%。其中，邮政业务总量（按 2010 年不变价计算）7.51 亿元，增长 39.8%；电信业务总量（按 2015 年不变价计算）39.76 亿元，同比增长 63.9%。

（二）交通基础设施建设加快

汕尾市公、铁、港等交通基础设施建设力度进一步加大，全年投入资金 28.6 亿元。一是铁路建设取得重大突破，深汕城际捷运开通运营，广汕高铁汕尾先行段动工建设，汕汕高铁前期工作加快推进，启动深汕高铁、龙汕铁路前期工作。二是高快速路网建设全面铺开，新改建公路里程 143 公里，兴汕高速加快建设。深汕西高速改扩建、珠东快速、广东滨海公路汕尾段前期工作加快推进。三是市政路网不断完善，汕尾大道完成改造升级，红海西路建成通车，东城路加快改造建设，汕马路、通航路、红海中路、红海东路、香洲路、康平路等一批市政道路全面拓宽优化。国道 324 陆丰

* 供稿单位：汕尾商务局、汕尾交通运输局。

穿城段改建工程、海丰莲花大道、陆河大道南段、汕遮路、华侨南三线公路等县区重要干道加快建设。四是小漠国际物流港、甲湖湾电厂10万吨级煤码头、陆丰（粤东）核电厂重件码头工程建设加快推进。

（三）重大物流项目加快推进

加快汕尾火车站片区的国际商贸物流城项目、汕尾市海丰县中宝珠宝交易物流中心、陆河县新河工业区物流园等物流中心项目建设步伐，积极推进粤东水产商贸中心等大型物流中心、汕尾（全球）生态食品交易中心的建设，加大大型商贸物流项目引进力度，做强做大物流产业。重点推进南储汕尾海洋食品冷链物流中心项目建设，该项目占地约10万平方米，项目建设分期实施，首期于2017年年底建成投产，冷库容量达到1.25万吨，二期建设冷库容量2.35万吨，建成投产后将拥有完善的海洋食品冷链配送网络系统，将成为汕尾最大的冷链物流基地。

（四）加强冷链物流资金申报

汕尾市积极组织冷链物流企业申报中央财政资金项目，以重点冷链物流项目为抓手，大力推进冷链物流建设。组织汕尾市利群农业食品有限公司申报实施“农产品冷链物流中心冷链物流基础设施建设项目”，项目总投资为527.55万元，并获得中央财政扶持资金90万元的支持，已于2017年12月完成项目建设并投入使用。组织汕尾南储食品冷链有限公司申报实施“冷链物流基础设施建设项目——汕尾南储海洋食品冷链物流中心”项目建设，项目总投资6135.41万元，获得中央财政扶持资金1000万元的支持，进一步推动现代物流业发展。

（五）加快编制物流业发展规划

2017年年底，由汕尾市交通局牵头编制的《汕尾市物流体系及重点物流园区发展规划》已完成，该规划旨在形成“三基地、四中心，两轴带、四通道”的总体物流布局体系。重点以汕尾新港和小漠港区为核心，以“一带一路”倡议深入实施和深汕合作为动力契机，培育与珠三角制造产业转移相协调、与珠三角物流产业互补协作，以服务汕尾周边区域为核心市场，辐射赣、粤、闽交会区域，集大宗物资集散、金融支撑和信息服务于一体的区域性海港物流新城、区域性陆港联运中心、区域性大宗物资集散平台以及以服务汕尾为主的地方性物流配送中心。

（六）开展物流标准化试点工作

汕尾市积极鼓励和支持物流标准化建设，以托盘标准化为切入点，构建生产、仓储、配送一体的标准化体系，探索行业上下游以及地区间托盘标准化运营的互联互通、资源共享。选择汕尾市利群农业食品有限公司作为物流标准化试点企业，重点开展托盘标准化试点，该公司已配置木质标准化托盘3000个，胶质标准化托盘300个，并投入资金建设冷链物流中心项目，已建成投产。

二、汕尾市物流业发展存在的主要问题

（一）本地物流企业数量少，缺乏物流龙头企业

汕尾市物流网点数量不足，多为外来物流企业，本地物流企业数量少，在现有的62家物流企业中，有44家是外来物流企业，占比70.97%，其营业网点相对较多，约有98个，占比83.76%；本地物流企业18家，占比29.03%，其营业网点约19个，占比16.24%。全市物流企业中，仓储面积小于100平方米的物流网点92个，占比78.63%，超过1000平方米的仅有8处，占比6.84%。物流行业发展层次低、业务分散，导致了汕尾市缺乏物流龙头企业，尤其是缺乏本土物流龙头，无法发挥行业龙头带动作用。而且，由于外来物流企业占多数，汕尾市难以形成物流总部经济带来的产业集聚效应，抑制了本地物流龙头的生长和发展。

（二）缺乏铁路货运站场，铁路货物运输发展滞后

汕尾市境内仅有厦深线一条铁路线，在汕尾境内设陆丰、汕尾、鲘门三个站，但三个站点均是铁路客运站，并未设置配套铁路货运站，在汕尾暂时无法依托铁路运输方式进行货物运输。铁路货物运输发展的滞后，各站点与周边地区的交通联系缺乏，导致汕尾市公铁联运、铁水联运等物流先进模式难以开展，交通衔接明显不足，难以支撑汕尾市对外货运联系的需求。

（三）物流信息化水平低，服务辐射能力不强

目前，汕尾市现有的物流企业发展模式都还比较传统，绝大多数物流服务企业仅提供运输和仓储服务，甚至有些物流企业只是配货站，物流企业信息化水平相对较低，除外来知名物流企业外，物流的电子查询系统覆盖面较窄，货物跟踪困难。此外，汕尾市尚无冷链物流、无车承运、多式联运、城市共同配送企业，物流新业态发展情况不佳，物流产业整体服务能力不足，突出表现在服务层次较低、服务内容单一，市场范围大多局限于本地服务，腹地不足，物流服务的辐射能力不强。

三、汕尾市促进物流业发展的措施

（一）增强港口物流服务功能

完善各类交通基础设施建设，为运输方式多元化提供基础条件，重点推进深汕特别区小漠国际物流港、陆丰核电一期重件码头建设，优化整合汕尾新港区、海丰港区和陆丰港区。加快汕尾机场建设前期工作。加强与珠三角的统合，利用汕尾港自身有利区位条件及资源优势，通过组合深圳港，依托深圳港的国际影响力，强化汕尾港和深圳港之间的发展联动，拓展区域物流，进一步扩大港口市场的腹地范围，推动区域物流产业的发展。

（二）完善现代物流业产业链

以《广东省现代物流业发展规划（2016—2020 年）》为工作指引，重点解决汕尾市物流企业服务模式、运输模式单一，冷链物流、多式联运、铁路货物运输缺失问题。加快推进汕尾市现代物流产业发展，进一步优化城市功能结构，提升城市现代物流的综合服务能力，为全市工业产品运输、鲜活农产品运输提供良好的物流环境。

（三）推动道路货运行业降本增效

按照《广东省交通运输厅等十四个部门关于印发〈广东省促进道路货运行业健康稳定发展实施方案（2017—2020 年）〉的通知》要求，切实推进道路货运行业转型升级，促进道路货运行业降本减负、提质增效，降低物流企业运营成本，充分激发物流市场活力。

（四）促进物流信息化建设

以物流企业、行业信息需求为基础，充分利用互联网、云计算、大数据、物联网、地理信息系统等先进技术，加快现代化物流业的公共平台建设，加强与国家、省、市物流公共信息平台互联互通，推动建设先进高效的物流信息化体系，构建高效安全的信息网络平台和管理平台。积极对接汕尾新港和小漠港区，利用深汕合作契机，搭建进出口通关服务平台，为进出口客户提供订单处理、进出口报关、报检、到港提货及通关监管运输等服务。

2017 年湛江市物流业发展回顾与展望*

一、2017 年湛江市物流业发展总体情况

（一）物流业保持平稳增长

2017 年，湛江市道路货运物流完成货运量 13358. 07 万吨，货物周转量 3145849. 11 万吨公里，分别比上年同期增长 8. 15% 和 8. 97%。随着经济快速发展，市内钢铁、炼化等大项目逐步投产，湛江港货物吞吐量不断攀升，全市大吨位货车、集装箱车在近几年仍呈现逐年增长的态势。湛江港货物吞吐量达 2. 82 亿吨，比上年增长 10. 1%，集装箱 90. 33 万标准箱，增长 24. 8%，旅客 1466 万人次，汽车 303 万辆，港口货物吞吐量居全国沿海主要港口第 11 位，排在广东省港口第 2 位。

（二）物流基础设施不断优化完善

一是积极参与构建“一带一路”国际物流大通道。湛江市新增集装箱航线 6 条、航线总数达 35 条，其中，外贸航线 14 条，覆盖新加坡、越南、泰国、马来西亚、缅甸、印度尼西亚、孟加拉国、日本等国家以及中国台湾地区；内贸航线 21 条，覆盖东北、华北、华东、华南等地区。二是稳步推进港口建设。湛江钢铁基地 30 万吨级码头项目通过验收，开工建设中科炼化一体化项目配套码头、东海岛港区杂货码头、湛江港 30 万吨级航道改扩建工程、霞山港区通用码头、宝满港区集装箱码头一期扩建工程、徐闻港南山客货滚装码头和进港公路改扩建等港航项目。三是积极推动陆路运输基础设施建设。广湛高速官渡（互通）立交出口（二期）建成通车，黎湛铁路电气化改造完成；汕湛高速湛江段通车，东雷高速全线施工；玉湛高速、西城快线和调顺跨

---

* 供稿单位：湛江市商务局、湛江市交通运输局。

海大桥开工，高铁西站建成启用。四是大力推进海港枢纽、公路枢纽、铁路枢纽“三大节点”建设。积极推动港口集疏运体系建设，推进东海岛港区铁路支线工程建设并通车、推进宝满港区铁路支线工程前期工作；湛江国际机场启动建设。湛江市初步形成了港口水路、公路、铁路、管道、航空等多种运输方式组成的综合交通运输体系，布局合理，相互衔接的局面，并重点抓好“大港口、大物流”，以港口带动物流，以物流促进港口发展。

（三）物流园区建设稳步推进

湛江市围绕建设区域航运中心、物流中心和西南门户的战略要求，现代物流园区发展加快，特点、专业性逐渐显现。在制造业基地、商贸集聚区和综合交通枢纽处，逐步建立了宝满保税物流中心（B 型）、东盟出口加工区（奋勇）、湛江市（宝满）临港工业物流园区、宝满冻品中心（江南果蔬批发市场）、下山水产品批发交易中心、南方国际水产批发市场、海田装修材料城等一批布局合理、用地节约、产业集聚、功能集成的物流园区。各园区积极利用互联网、物联网等技术，创新经营模式和优化管理流程，创新经营跨境电子商务物流、物流金融、冷链物流、现代仓储、物流信息平台交易管理等新业态。

（四）物流市场需求空间增大

近年来，湛江市加大了公路、水路、货运站场等物流公共基础设施建设力度，港口货运口岸功能不断完善，港口物流服务企业从单纯提供货物装卸、储存转运服务，发展为货物代理、船舶代理、船舶运输、保税仓储、出口监管等业务全覆盖。宝满保税物流中心（B 型）、港口货运站场和湛江铁路货运站场建设运行顺畅、建设推进顺利，大大增强了湛江市与全省乃至国内外交通枢纽的物流对接和通达能力。国务院批复的《北部湾城市群发展规划》中，湛江市被定位为北部湾城市群中心城市之一，成为“一核两极”中的重要增长极，湛江市鼓励和吸引北部湾各市以及东盟国家到湛江建设码头仓储设施，开办商贸运输等业务，共同构建区域性物流平台和西南门户通道，积极发展临港工业，促进口岸物流业共同发展，创造了巨大的物流需求空间。

（五）电子商务专业化程度提高

湛江市重视利用“互联网 +”技术，积极推广电子商务，在完善专业市场信息化管理系统、大力发展农村电商等方面做了大量工作。一是合理规划电商发展，完善电子商务发展基础配套设施。湛江市政府印发实施了《湛江市推进线上线下互动加快商贸流通创新发展转型升级的实施方案》，充分利用国际国内两个市场，协同发展“线下实体”和“电子商务”，重点抓好产业结构、行业布局、配套服务、销售渠道的转型升级，实现“实体+虚拟”立体运营、线上线下融合发展。二是积极引导有条件的本土企业与大中型专业市场发展电子商务。鼓励企业建立电子商务中心，建设电子商务平台，开展网上贸易；鼓励专业市场线上线下融合发展，形成专业市场竞争新优势，如湛江商贸物流城、海田国际建材交易中心、霞山水产品批发市场等一批大型专业市场正在探索建立线上线下交易平台，完善市场交易服务水平。

二、湛江市促进物流业发展的措施

依托港口、产业和区位优势，湛江市重点发展港口物流、保税物流、冷链物流、邮政快递、第三方物流、城乡配送，着力打造全国性综合交通枢纽、大西南和北部湾区域重要物流枢纽城市和粤西物流中心，逐步建成海、陆、空一体化的现代物流业。

（一）继续完善港口物流体系

一是优化湛江湾内港口。加大湛江湾外港口建设，提高口岸服务能力和承载力，将湛江港建设成为世界级的散货母港，成为区域性国际物流中心和航运中心；拓宽加深湛江港40万吨级航道，巩固提升湛江港作为大西南出海主通道地位，推动“一带一路”倡议海上支点港建设。二是促进相关产业集聚。加快发展湛江产业园区、保税物流、临港地产等相关业务，采用“前港-中区-后城”综合开发模式，实现港口、产业和城市的协调发展。三是着力发展集装箱现代港口运输业。依托主要港口和临港工业基地，建设湛江港大型集装箱作业区、港口物流园区、配送中心和交易额超过千亿元的大宗货物集散中心与交割地，形成涵盖国际贸易、航运、港口装卸、原料配送、分销物流、金融保理、商业保险等环节的全产业链一站式服务生态圈，确立湛江港在环北部湾地区的集装箱运输干线港地位。四是加强港口合作。持续完善港口功能，大力发展国际中转、国际配送、国际采购、国际转口贸易和出口加工等业务，与国内外港口建立港口联盟，打造广州-湛江组合港。五是积极开拓大西南物流市场。在西南经济腹地共建“无水港”，主动服务、靠前竞争，促进港口-铁路-西南“无水港”对接融合，为西南货物进出口提供快捷便利通道。

（二）推动服务业优质高效集约发展

一是争创广东服务外包示范城市和示范园区。依托龙头企业大力发展现代服务业，规划建设服务贸易功能区，推进湛江商贸物流城等重点项目发展。二是大力发展电子商务等服务业。培育电商龙头企业和行业性电商平台，推动电商与工商企业建立网络直销联盟。三是构建专业物流平台。依托北部湾农产品流通综合示范园等大型园区，建成一批专业物流示范区，促进专业物流与加工龙头企业规模化发展；抓住湛江机场扩建和高铁开通契机，高起点布局建设空港物流园区和高铁物流园区。四是推动智慧物流建设。加快智慧信息交易平台建设和物流信息化普及，构建“交换平台 + 数据库 + 云服务”的现代物流信息体系，推广北斗导航、物联网、云计算、大数据、移动互联等现代信息技术在物流领域的应用，实现信息化的互联对接、共享互通，提升物流信息化水平与服务效率。

（三）加快推动冷链物流发展

一是推广应用现代冷链物流技术。加强冷链物流理念的宣传和推广，提高人们和相关企业对冷链物流重要性的认知度；鼓励农产品生产经营企业利用冷链物流理念与技术，在产后商品化处理、生产加工环节实现冷链低温控制；鼓励相关企业进行冷链设备及运输技术的升级改造。二是加快冷链物流基础设施建设。鼓励冷链物流企业加快各类冷链物流基础设施建设，重点加强批发市场等重要农产品物流节点的冷藏设施建设，合理规划布局一批生鲜农产品低温配送和处理中心；大力改善农产品加工环节的温控设施，建设经济适用的农产品预冷设施；配备节能、环保的长短途冷链运输车辆，推广全程温度监控设备；完善与冷链物流相配套的查验与检测基础设施建设。三是完善冷链物流标准体系。积极发展覆盖生产、仓储、运输及销售整个环节的全程“无断链”的冷链物流体系；依托霞山水产品批发市场、广东湛绿农业科技发展有限公司等规模较大的重点企业，积极推进农海产品冷链物流操作规范和技术标准的落实。四是培育发展第三方冷链物流企业。培育发展一批专业化、特色化突出的第三方冷链物流企业或综合型冷链物流企业，引进一批实力雄厚、设施先进的大型冷链物流企业，提升湛江市冷链物流发展层次和水平。五是加快推进冷链物流信息化进程。依托徐闻、廉江等各类生鲜农产品优势产区，扶持行业协会建立区域性各类生鲜农产品冷链物流公共信息平台，实现数据交换和信息共享，优化配置冷链物流资源；积极推广应用市场信息、客户服务、库存控制和仓储管理、运输管理和交易管理等应用系统软件，健全冷链物流作业的信息收集、处理和发布系统，全面提升冷链物流业务管理的信息化水平。

（四）全面贯彻落实政策支持

贯彻落实国家和省出台的扶持现代物流业发展政策，结合湛江市实际，制定扶持现代物流业的优惠政策，特别是在市场准入、用地指标、税费减免、人才培养、车辆通行、用电等方面给予倾斜；积极开拓融资渠道，利用信贷资金广泛吸引民间资金，同时探索“物流企业＋担保机构＋金融机构”三位一体、互相联动的融资模式，缓解物流企业资金压力。加强财政扶持，采取补助、贷款贴息等方式，支持和引导重点物流企业、重大物流项目建设物流公共信息平台，推广应用标准化、智能化物流运输系统，加快构筑全市和区域性物流信息平台。

2017 年阳江市物流业发展回顾与展望*

一、2017 年阳江市物流业发展总体情况

（一）物流业指标持续增长

2017 年阳江市统计公报数据显示，阳江市实现地区生产总值 1408.63 亿元，同比增长 6.2%，其中第一产业、第二产业和第三产业总值分别增长 4.1%、6.9% 和 6.1%。全市社会消费品零售总额 689.90 亿元，同比增长 8.7%。全市货物运输总量 1.07 亿吨，同比增长 0.4%。其中，公路运输 0.99 亿吨，同比增长 9.0%；铁路运输 0.07 亿吨，同比增长 0.07%；水路运输 0.01 亿吨，同比下降 89.6%。全市货物运输周转量 105.76 亿吨公里，同比下降 38.1%。其中，公路货物运输周转量 91.96 亿吨公里，同比增长 10.2%；水路货物运输周转量 9.18 亿吨公里，同比下降 88.9%；铁路货物运输周转量 4.61 亿吨公里，同比增长 0.5%。全市港口货物吞吐量 0.27 亿吨，同比增长 17.0%。

（二）交通基础设施建设提速

阳江市着眼打基础、利长远，谋划了 241 个总投资 974 亿元的“三大抓手”基础设施项目。推进以“一港一路一桥”为重点的交通基础设施建设，阳江港总体规划审批实现突破，4#、13#、14#等码头泊位完成主体工程或试运营，阳江港至珠海高栏港集装箱班轮航线正式开通，汕湛高速阳春松柏至八甲段建成通车，阳江合山机场成为全省第 3 家可对公众开放的通用机场，深茂铁路阳江段完成铺轨工程，海陵岛大桥、中阳高速阳春段加快建设，G325 北惯至白沙段改线、沈海高速阳江段四改八扩建工程

---

* 供稿单位：阳江市商务局、阳江市交通运输局。

正式动工，广东滨海旅游公路阳江雅韶至溪头段（含阳江港大桥）、广湛客运专线前期工作扎实推进。双捷拦河闸重建工程投入运行，海堤达标加固 123.7 公里，大河水库引水工程前期工作积极推进。

（三）物流行业发展规模不断壮大

近些年，阳江市积极贯彻国家政策，结合全市物流发展实际，相继出台了《阳江市商贸物流和对外贸易发展十三五规划》《阳江市冷链物流发展中长期规划》《阳江市商贸物流园区招商引资实施方案》等政策措施，推动了物流业的飞速发展，促使物流行业发展规模不断壮大。截至 2017 年年底，全市共有道路货运经营业户 12465 户，其中企业户 299 户，个体户 12166 户；危险货物运输业户 5 户；全市从业资格证含道路普通货物运输业务的从业人员 30505 人。全市营运货车 12727 辆，共计 112656 吨，其中大型车 5059 辆，共计 101494 吨。全市拥有仓库占地总面积约 60 万平方米，其中一般货场占地面积约 26 万平方米，冷链仓储占地面积约 17.25 万平方米，拥有冷冻库容量超过 30 万吨，冷藏库容量近 20 万吨。

（四）物流标准化进程不断加快推进

一是积极推进托盘标准化工程。2017 年全市物流企业标准托盘使用率平均达 20%以上，1.2 米×1.0 米标准托盘使用率达 60%以上企业有 2 家，标准托盘推广已取得成效。二是加快推动标准化试点企业培育工程。有针对性、有代表性选择联城物流和风顺物流等标准化托盘运营服务商，开展了标准化托盘租赁业务，并提供托盘维修、保养等专业化服务，初步形成标准化托盘循环共用体系。三是标准化试点城市取得阶段性成果。2017 年，阳江市获批成为“2018 年广东省商贸流通标准化试点城市”，是全省仅有的四个试点城市之一，并获得支持资金 875 万元，进一步推动阳江市物流标准化发展，助推各类标准化立体仓库、智能仓库、冷藏库等建设。

（五）物流技术创新应用推广普及

一是平台建设方面。2017 年 2 月，由广东风顺物流有限公司自主研发的珠江物流公共信息平台投入使用，吸引珠三角地区 800 多家企业以及 1 万多名货车司机加入平台，极大提高运输货物效率。二是软件开发方面。广东捷邦物流有限公司加大投入研究费用，自主研发跨城快运等物流技术软件，应用于旗下所属 300 多个运营网点，未来将普及推广到市内第三方物流企业。三是政府推动方面。广东顺和工业有限公司推出智能手推运载工具等，已获得“省长杯”工业设计大赛发明大奖。

二、阳江市促进物流业发展的措施

（一）加快构筑立体交通网络

2018 年，阳江市要积极推进融入珠三角、连接大西南的交通网络建设，提升区位优势。高速公路方面，加快建成汕湛高速阳春段，全面开工建设沈海高速阳江段四改八工程，加快建设怀阳高速海陵岛大桥、中阳高速阳春段，谋划推动中茂高速（粤桂界）阳春段、西部沿海高速阳江南联络线前期工作。干线公路方面，动工建设广东滨海旅游公路雅韶至溪头段（含阳江港大桥），加快建设 G325 北惯至白沙段改线、G325 阳西县城过境段改线和 S277 海陵大堤至闸坡段等项目。铁路方面，确保深茂铁路阳江段 2018 年 6 月底前建成通车，积极谋划广湛客运专线、海陵岛轻轨、春罗铁路改造、三茂铁路阳春段改造等项目。港口方面，科学规划码头功能布局，加快阳江港进港航道改造工程及 13#、14#、18#、22#等一批码头泊位建设，谋划建设丰头片区深水码头泊位，开展阳江港综合保税区、B 型物流中心可行性研究等前期工作。机场方面，积极推进阳江民用运输机场规划建设。

（二）持续支持现代物流企业培育工作

鼓励物流企业与制造企业之间以资产重组、合资、合作等形式，组建第三方物流企业。重点指导一批服务水平高、竞争力强的大型物流企业与制造企业建立供应链战略合作伙伴关系，为其提供从原材料供应到产成品销售全过程的物流服务，进行功能整合和服务延伸，加快向现代物流企业转型。扶持中小物流企业创新物流服务模式，加强资源整合，组建物流企业服务联盟，逐步发展壮大。引导、协调阳江市物流协会为全市物流企业做好服务工作，支持协会与茂名、云浮、肇庆等周边地市物流企业、物流园区进行交流合作。完善阳江市物流园区和物流企业的等级认证工作，健全物流企业信用评价指标体系，以星级物流企业和物流园区为标杆，积极引导物流企业规范化发展。

（三）加快物流人才培养工程

物流人才的培养是推动阳江市物流企业发展的重要因素，阳江市物流产业发展过程中有必要制订有效的物流人员培养规划，通过提升物流从业者素质来构建优秀的物流从业者队伍，为阳江市物流产业的可持续发展提供人才保障。阳江市物流人才培养工作应当重视实现培训方式与培训项目的多样化，如实现学历教学、校企合作培训、物流职业资格认证、在职培训等培训形式与培训项目的结合，在充分利用教育资源、企业资源以及行政资源的基础上确保物流人才队伍素质的整体提升。

（四）搭建现代物流信息平台

积极创造条件设立物流信息化建设专项引导资金，加大对物流园区和重点产业链物流信息化项目补助。加强重大物流信息平台工程项目的支持，积极推动搭建以信息流整合商流、物流、资金流、人才流形成五流合一的现代物流公共信息平台，规范物流市场发展，引导物流企业整合物流供需双方、物流中介、物流园区、物流信息平台等资源。积极推进物流企业信息化管理，引导企业采用物联网技术、无线射频识别技术等，实现商品物流流程可视化，提高物流现代化、智能化水平，推动智慧物流发展。

2017 年韶关市物流业发展回顾与展望*

2017 年，韶关市委、市政府把商贸物流产业确定为韶关市重点发展的六大新兴支柱产业之一，加大招商引资力度，加快项目建设，推动商贸物流产业稳步发展。

一、2017 年韶关市物流业发展总体情况

（一）物流业总体平稳发展

2017 年，韶关市物流业发展总体良好，各项指标保持平稳增长态势。据统计，2017 年全市交通运输、仓储和邮政业增加值达 91.03 亿元，同比增长 5.6%；全社会货运量同比增长 6.1%，达到 1.96 亿吨，居全省各地市第 6 位；进出口货物总量 1007 万吨，进出口集装箱 6806 个标准箱，分别同比增长 5.35% 和 20.04%；公路货运周转量 254.8 亿吨公里，同比增长 7.6%，水路货运周转量 105.7 亿吨公里，同比增长 2.1%；全年完成邮政业务（含快递）总量 5.73 亿元，增长 22.2%。

（二）物流基础设施建设加快推进

一是交通基础设施建设方面，截至 2017 年年底，韶关市公路通车里程 16628 公里（其中高速公路 538.951 公里），公路密度 91 公里/百平方公里，通车里程比上年增加 1355 公里。铁路运营里程 462 公里，全市内河航道维护里程 386 公里（其中等级航道 256 公里），泊位 23 个，泊位年通过能力 530 万吨，营运船舶 890 艘。北江航道“五改三”工程加快推进，孟洲坝枢纽开展船闸工程地质超前钻、地下连续墙、主体土石方开挖；航道工程拆除旧坝、新建丁坝；桥梁工程临时设施等工程的施工。濛浬枢纽开展主基坑帷幕灌浆、高压旋喷桩、土石方开挖、上引航道土石方开挖、高边坡挂网喷

---

* 供稿单位：韶关市商务局。

锚护坡及下引航道土石方开挖、高压旋喷防渗墙、基坑支护等工程的施工。

二是重点物流平台建设方面，韶关市委、市政府以创造多式联运物流条件为方向，以集约节约用地为原则，以引导产业集聚为目的，着力推动韶关港和粤北国际物流中心两大物流平台项目建设。韶关港已明确一港多区的布局定位，确定以乌石码头作为一期开发推进码头建设，组建了韶关港乌石码头物流枢纽工作组，基本确定投资主体。粤北国际物流中心已启动土地征收工作，2017 年 12 月韶关市与广铁集团签订合作协议，广铁集团计划将黄岗铁路货场等级由三级上调至二级，正对项目可行性研究进行修改并向中铁总公司申报。

（三）商贸物流项目建设不断加快

韶关市已落地的商贸物流项目建设不断提速，部分项目已建成开业，初具规模。一是鑫金汇商创综合体项目一期（总面积 42 万平方米）建成营业，规划面积 4.92 平方公里的黄金（商创）小镇已完成初步设计，现正开展征地拆迁工作，2018 年下半年动工建设。二是华南农产品交易中心项目粮油饲料交易区近 4 万平方米已完成建设，于 2017 年 12 月底开业运营，二期水果蔬菜交易区 6 万平方米已封顶，其余 2 万平方米桩基施工中，2018 年年底可投入运营。三是乳源中农批粤北农特产品电商物流商贸城项目一期 5 万平方米已于 2017 年年底建成开业，二期旅游小镇项目在建，已于 2018 年年底开业。四是摩尔城大型商业综合体商业街、购物中心及写字楼已封顶，现在进行幕墙和机电安装，已于 2018 年 9 月底竣工；酒店板块现在进行内部调试，已于 2018 年 8 月试营业。

（四）快递及跨境清关业务迅速增长

随着电子商务、跨境电商的快速发展，居民快递物流需求大幅增加。据韶关市邮政管理局统计数据显示，2017 年全市快递服务企业业务量累计完成 1512.57 万件，同比增长 27.83%；业务收入累计完成 2.44 亿元，同比增长 21.45%。其中，同城业务量累计完成 620.05 万件，同比增长 65.67%；异地业务量累计完成 889.64 万件，同比增长 10.19%；国际及港澳台业务量累计完成 2.88 万件，同比增长 74.77%。广东省内陆地区首个跨境电商清关中心于 2016 年 11 月在韶关市建成投产，自运营以来，业务量不断增加。2017 年到车 1402 台次，到货量 102.98 万件，外贸进出口总值达 3.06 亿元，成为韶关市外贸进出口新的增长点。2017 年 9 月，广州海关批复同意在韶关市设立“韶关快件监管场所”，增加个人物品类进口快件业务，将跨境电商清关中心打造成为粤北首个涵盖个人物品类和跨境电商 B2C 业务的监管场所，已于 2018 年 8 月投入运营。

二、商贸物流产业发展存在的问题

（一）产业结构不够合理

韶关市产品结构相对单一，大体量的企业多为资源型工业企业，物流流入量大于流出量，在产业上未能形成物流流通环节的互补，使得相当一部分的运力满载入韶、空载离韶。如韶关钢铁厂，每年原材料流入量与成品钢材流出量之间的比例约为3∶1，而韶关市没有其他工矿企业能平衡韶钢所造成的离韶运力空载缺口，使得韶关市物流运输效率不高，成本不低。

（二）物流基础设施不完善

近几年，随着新建高速陆续通车及北江航道“五改三”工程持续推进，韶关交通区位优势进一步凸显，已具备发展商贸物流产业的基础条件。但物流基础设施仍然不足，融合公、铁、水等多种运输方式的综合运输枢纽建设滞后，韶关港、粤北国际物流中心等具有规模效应的重点物流园区尚未取得实质性突破，不利于韶关市商贸物流产业规模化发展。

（三）物流企业规模偏小

虽然韶关市社会货运总量不小，但缺少有实力的大型物流企业进行资源整合，使得大部分货运资源被社会零散的小规模货运公司、车队甚至个人瓜分，导致韶关市物流企业总体呈现“小、散、乱”。此外，韶关市大部分物流企业经营方式较为传统，未能广泛使用信息化手段提高车货匹配效率，未能开展供应链管理等相对高端的业务，企业经营管理水平有待提高。

三、韶关市促进物流业发展的措施

（一）进一步加快物流基础设施建设

物流基础设施是影响物流产业发展的重要因素，韶关市要以解决制约项目推进问题为导向，以突破项目瓶颈为着力点，推动粤北国际物流中心、韶关港等重点物流平台项目加快实施，为发展商贸物流产业提供基础设施保障。一要继续加强与广铁集团对接力度，要进一步提高土地收储速度，力争年内推动黄岗铁路货运站场这一控制性项目动工开建；二要组建韶关港乌石综合交通枢纽建设协调机构，加大部门间协调力度，尽快明确投资主体，推动项目早日开工。

（二）进一步加大招商引资力度

招商引资是地方发展关键之一，韶关市地处粤湘赣三省交界处，是湘南经济圈、赣南经济圈、珠三角经济圈的交会中心，是广东省的北大门，也是粤港澳大湾区辐射内陆腹地的“黄金通道”，区位优势显著。目前，在交通基础设施方面，韶关市已融入广州“一小时生活圈”和粤港澳大湾区“两小时经济圈”。韶关市应该充分利用交通区位优势，积极融入珠三角，主动参与粤港澳大湾区建设，面向珠三角地区开展商贸物流产业招商，积极承接珠三角地区部分物流功能转移。例如，可以重点围绕广州市专业市场开展招商，利用广州对部分专业市场整治的契机，争取吸引部分专业市场外迁韶关，或建设珠三角专业市场仓储物流基地，带动韶关市商贸物流产业发展。

（三）推进物流标准化及信息化建设

利用韶关市成功申报广东省 2018 年商贸流通标准化建设试点为契机，通过动员组织符合条件的企业申报商贸流通标准化建设试点企业，引导企业对硬件设施设备进行标准化改造和对物流服务流程进行标准化提升，有效提高了韶关市商贸物流产业标准化水平。要加强物流信息化建设，大力推进信息技术、物联网技术等高新技术在物流领域的研发应用，提高全市物流的智能化水平。鼓励支持韶关市物流企业接入广东省交通运输物流公共信息平台，争取平台向韶关市开发信息端口，发挥信息平台在物流产业发展中的积极作用，降低全市物流成本。

（四）推动农村物流体系建设

以“电子商务进农村”为工作抓手，推动农村物流现代化加快建设。积极发展农村电子商务，完善县镇村电商服务体系，深化与苏宁、阿里巴巴、京东、乐村淘、邮政等平台的合作，特别是加强在电商精准扶贫领域的探索，鼓励电商服务向农村基层延伸。通过进行农村物流发展规划研究，引导物流企业，特别是快递运输企业完善农村电商配套，促进农村服务网点覆盖，有力推动农产品上行及工业品下行，促进农村物流发展。

2017 年清远市物流业发展回顾与展望*

一、2017 年清远市物流业发展总体情况

（一）物流业发展速度加快

2017 年，清远市 GDP 达到 1500.9 亿元，比上年增长 5.0%；第三产业增加值 740.7 亿元，增长 6.6%。全社会固定资产投资额 6666.3 亿元，比上年增长 7.3%，其中交通运输仓储和邮政业完成投资 100.7 亿元，比上年增长 26.9%。全年邮政行业业务总量完成 72137.52 万元，同比增长 27.58%，邮政业务收入 61672.53 万元，同比增长 19.34%。其中，快递业务量累计完成 2561.80 万件，同比增长 32.39%，快递业务收入完成 38216.02 万元，同比增长 24.13%。全年公路货运量 12847 万吨，同比增长 7.6%；货物周转量 218.9 亿吨公里，同比增长 8.8%；客运量 2753 万人，同比增长 6.4%。水路货运量 3019 万吨，同比增长 14.7%；货物周转量 42.9 亿吨公里，同比增长 15.1%。快递市场为国有、民营、外资等多元主体共存的格局，共有邮政企业 1 家，快递许可企业 33 家，备案快递分支机构 105 家，邮政普遍服务网点 121 个，快递末端网点约 310 个，从业人员约 3200 人。

（二）交通体系逐步建立

目前，清远市已基本形成水、陆、空协调发展的立体交通网络。水运方面，通过北江、连江水运沟通整个珠江水系，清远港码头设备完善，水陆货运可直通港澳。铁路方面，清远市区范围现有京广铁路和武广客运专线过境，还有即将完工的广清城际轻轨。公路交通方面，2017 年清远市对高速公路投资 85.81 亿元，清远境内公路通车

* 供稿单位：清远市商务局。

里程 24815.7 公里，其中高速公路里程 580.5 公里。汕昆高速龙怀段、汕湛高速清云段第二阶段已完工，汕湛高速、佛清从高速北段进入大规模施工阶段，广连高速、二广高速连州联络线也将全面开工建设。空运方面，清远市依托车程半小时的广州新白云机场发展、辐射全国甚至全球的物流网络。

（三）电商与物流协同发展

清远市目前已建立起多个有一定知名度的电商平台，如清农电商平台、英德即送网、连州农产品电商平台、阳农网等。受电子商务蓬勃发展的影响，基于电子商务的配送物流迎来发展的良机。截至 2017 年年底，清远市各县均已建成电子商务产业园区，通过建立"清远市电子商务快递业务合作平台"，整合市内"三通一达"、EMS 等大型快递企业的运输资源，在全市各县的电商园区快递中转站，实现物流产业集聚效应。通过深化与京东、天猫、苏宁等大型电商平台合作，2017 年全市共建成农村电子商务村级服务站 380 家（其中阿里巴巴村点 183 个，苏宁村点 92 个，顺丰村点 94 个，其他 11 个），依托清远农村电商服务网络建立了"工业品下乡，农产品进城"双向商贸流通体系。

（四）冷链物流正加快发展

随着城市化进程，清远市冷链物流发展也处于发展阶段，冷链物流发展成为新热点。目前清远市上规模的冷链市场为清远双汇物流公司和顺丰集团，两家企业均已建立起专业化、智能化的冷链配送系统，较大的第三方冷库企业为寻乡记创新谷冷库。寻乡记冷库项目位于清远市清新区山塘镇工业区，紧临清四公路，离广清高速、汕湛高速清新出口约 3 公里，一期工程基本完成，已建成商务办公、农产品加工、仓储物流和生活配套等建筑近 30000 平方米，其中冷库库容达到 30000 立方米，一次可储存农产品达 8000 吨，是清远市最大的冷库之一。

（五）重点物流园区建设进展平稳

源潭物流园作为清远市重点规划物流项目，在市政府给予大幅的土地、财政等政策保障下，源潭物流园建设进程顺利。目前，源潭物流园在建或者规划的项目共有 5 个。成功引进项目有 2 个，两个项目总投资额达 40 亿元，涉及土地面积 1906 亩，分别是中国南部物流枢纽项目和城际清远源潭综合物流产业园项目，项目建成后源潭物流园不仅能够配备高度集成化、规模化、互联网化、全面金融服务的现代化综合服务性平台，还将成为中国南部物流枢纽项目的综合体；正在洽谈的项目有 3 个，分别是清远源潭·综合智慧物流枢纽项目、汕头市振信工贸有限公司冷链物流项目和清远市源潭镇易商红木现代电商产业园项目，项目的促成将为源潭物流园带来新的发展点，对促进清远市的经济发展、物流业规模的提升和就业率的提高都有重大意义。

二、清远市物流业发展存在的主要问题

（一）缺乏专业化物流企业

虽然2017年清远市物流业发展情况良好，但现阶段本土大多数物流企业仍处于粗放经营的状态，低端个体运输现象普遍存在，缺乏具有行业领先地位的龙头企业，企业管理水平和运输服务能力不符合现代经济发展对物流的需求，市面上的恶意竞争难以遏制。清远市大部门物流市场被外地物流公司抢占，税收流失严重，无法反哺清远市物流发展，不利于清远市物流业的发展。

（二）政府扶持力度有待增强

广东省内物流项目的扶持资金申请对项目建设单位的经济指标考核较严格，目前清远市的物流企业大多数处于中小微的发展规模，较难符合申报资格，得到省政府的资金扶持力度较小。清远市政府由于财政资金的缺乏，目前仅对源潭物流园区提供扶持政策，其他园区或企业能够得到的扶持力度较小，缺乏对物流业的整合规划，导致全市物流业发展进程不协调。

（三）物流建设用地不足

由于土地利用总体规划、城市总体规划、综合交通规划、商业网点规划中缺乏对物流业发展合理用地需求的考虑和统筹保障，导致现行物流用地指标紧张，如源潭物流园等项目的开工建设受到制约，现有的企业服务能力难以满足市场对物流的需求，一定程度上制约了清远市物流业的发展。

三、清远市促进物流业发展的措施

（一）促进物流业提质增效

大力发展物流业及配套产业，为清远市物流产业能够朝现代化方向发展奠定基础，提高为清远市的第一、第二产业服务能力，进而提升第一、第二产业的竞争力。培育具有品牌优势和核心竞争力的本土大型物流企业，通过管理创新和物流设备设施标准化、现代化拓宽物流企业的服务范围，提高第三方物流业务量占物流市场的比重，提

升物流业增加值占全市 GDP 的比重，降低综合物流成本占 GDP 的比重，实现物流业的提质增效。

（二）推进商贸物流业提升发展

探索建立清远市商贸流通发展专项资金，支持商贸流通体系建设和商贸物流业转型升级。以标准化托盘及循环共用体系建设作为切入点，促进传统物流园区和企业提质增效；支持有产业基础的电商园区完善物流基础设施建设，以信息化、现代化物流为方向，发展配套物流服务；依托优质农产品如清远鸡、砂糖橘，在“最先一公里”的重点农业产区发展田头冷链，支持农产品冷链物流配送的发展，推进实现全程冷链。

（三）加强源潭物流园项目招商

2013 年出台的《清远市源潭物流园区优惠政策》有效期已于 2017 年 12 月 31 日过期，为吸引更多优质物流企业落户源潭物流园，进一步扩大物流园规模，清远市政府要加快出台园区新的优惠政策，并加大园区招商优惠力度。为加快推进源潭商贸物流产业园的建设以及相关物流项目的落地，清远市政府要加快盘活土地资源，加快推进项目用地的回收征收工作，积极推进项目的建设进程，积极配合相关企业做好在建项目的工作。

（四）加强物流规划

以科学规划引领交通发展，深入开展多层次、全领域、系统化的综合交通规划编制工作。将符合土地利用总体规划的物流相关仓储、分拨、配送等物流用地纳入城乡规划，指导各地在公共服务设施专项规划编制时预留仓储、快递末端综合服务场所等用地，对符合土地规划的物流土地申报加快审批流程，督促、实现项目尽快落地。

2017年梅州市物流业发展回顾与展望*

一、2017年梅州市物流业发展总体情况

（一）物流业保持较快增长

2017年，梅州市交通运输、仓储和邮政业实现增加值30.18亿元，比上年增长9.0%。2017年，全市公路货运量为8344万吨，公路、水路交通运输方式完成货物周转量182.46亿吨公里，同比增长8.4%，其中，公路货物周转量182.30亿吨公里，同比增长8.7%；完成旅客周转量40.49亿人公里，同比增长9.4%。2017年，梅州市邮政业业务总量完成10.08亿元，比上年增长38%；业务收入完成8.92亿元，比上年增长22%。快递服务企业业务量累计完成3261.8万件，同比增长54.07%；业务收入累计完成4.24亿元，同比增长49.3%。其中，同城业务量累计完成635.38万件，同比增长7.65%；异地业务量累计完成2614.75万件，同比增长72.10%；国际、港澳台业务量累计完成11.66万件，同比增长54.86%。目前，梅州市共有普遍服务网点159个、助农取款点1099个、村邮站430个、农村电商点1349个、快递网点596个。邮政业车辆1995辆，进出口邮路300条，投递路线1797条，邮政业从业人员2935人，行业服务能力逐渐增强。

（二）交通基础设施加快建设

2017年年末，梅州市公路通车里程18483.8公里（其中，高速公路567公里，国、省道2146.438公里，县、乡道14507.857公里，村道1260.7公里），每百平方公里公路密度为116.07公里，其中高速公路通车里程567公里。目前，全市在建的高速公路

* 供稿单位：梅州市商务局、梅州市交通运输局。

项目包括梅州东环外、梅（州）平（远）高速公路、大（埔）潮（州）高速公路等多个项目。2017 年，梅汕高铁全线无障碍施工，计划 2019 年建成。双龙高铁和瑞梅铁路梅州段已开展前期工作，2018 年力争动工建设双龙高铁。2017 年 11 月，泰国芭堤雅—梅州国际航线正式通航。2018 年 5 月 1 日，梅州至柬埔寨暹粒国际航线正式开通。至此，梅县机场航线增至 12 条，通航城市增至 17 个。目前梅州市新机场建设进程正在稳步推进，航线网络布局有望得到进一步完善，随着国际与地区航线的拓展，将进一步扩大梅州航空口岸的影响力。

（三）快递与其他行业加速融合发展

近年来，梅州市加大政策和资金支持力度，相继出台《梅州市 2016 年“快递下乡工程”实施方案》《梅州市人民政府关于促进快递业发展的实施意见》，推动快递业转型升级，邮政业保持持续增长态势，邮政业与农业、电商产业融合不断深入。一是快递 + 农业。2017 年，梅州市快递行业协会与梅州农业十二协会正式签订《邮政服务现代农业发展战略合作框架协议书》，搭建农邮合作平台，合作内容包括建立 10 个快递物流示范中心、100 个快递物流中转站、1000 个快递物流溯源基地，并探索产业基金或产业保险合作模式。二是快递 + 电商。梅州市现共有 8 个电商产业园，其中梅县区电子商务产业园和梅江区客天下农电商产业园被评为“广东省农村电子商务示范基地”。目前，全市快递行业共与 200 多家电商企业建立合作关系，多家快递企业入驻各类电商产业园。三是邮政 + 快递。近年来，梅州市快递行业协会与梅州市邮政分公司签订了“战略合作框架协议”，平远邮政分公司与平远平通快递有限公司开展合作，以邮乐购等线上平台为依托，打造线上宣传、线下寄递双轮驱动的农村电商发展模式。

（四）支持冷链物流快速发展

2017 年 11 月，梅州市积极发动全市符合条件的冷链物流企业申报 2017 年中央财政冷链物流发展项目，梅州稻丰实业有限公司获得 2017 年中央财政冷链物流建设项目资金 168 万元，在支持企业建设粮仓冷链物流基础设施、购置冷库信息化测控系统、购置冷链设备，实现冷链物流信息化、标准化，提高流通效率、降低流通损耗等方面发挥了积极作用。2017 年，对获得 2016 年中央财政冷链物流建设项目资金的 8 家冷链物流企业启动验收工作，除梅州中农批农产品批发市场有限公司的项目建设因征地原因未全面完成须另行验收外，其余 7 家企业的项目已全面完成验收工作。

（五）积极推动农村物流发展

梅州市、县两级交通运输部门进一步加强了农村公路基础设施建设，按照“四好农村路”规划要求，积极谋划“运营好”，探索县、镇、村三级农村物流货运网络。依托县、镇、村客运站为货运集散地，客运班车为运输工具，拓展农村农产品、消费品进城下乡流通渠道。依托镇、村邮政快递代办点，延伸邮政快递物流普惠服务网点，最大限度拓展邮政网点在农村地区的辐射范围。依托农村电商平台或临时集散地、商铺，发布信息和联系相关货运业务，充分发挥社会零散运力资源作用。通过这三种方式，逐步探索县、镇、村三级货运网络，满足农村老百姓的需求。

（六）物流标准化建设有序推进

梅州市物流标准化处于起步阶段，标准化程度低，推进成本高，企业推进物流标准化意愿和动力不足。2017 年 7 月，为推动物流标准化互联互通，降低物流成本，提高流通效率，提升商贸流通标准化水平，根据省商务厅、省财政厅有关文件要求，梅州市商务局制订了《申报 2018 年广东省商贸流通标准化建设试点事项实施方案》，积极发动全市符合条件的物流企业申报 2018 年省商贸流通标准化建设试点企业（项目），支持构建以标准化托盘为中心的物流体系和支持构建农产品现代流通体系，并于 2018 年年初获得广东省商贸流通标准化试点城市建设项目专项资金共 875 万元，项目的组织实施正在有序推进。

二、梅州市促进物流业发展的措施

（一）充分发挥政策引导作用

支持和鼓励企业用好用足国家、省、市各级政府的扶持发展资金。继续做好中央财政冷链物流建设项目资金组织申报工作和项目验收工作，以及梅州市快递业安全发展专项资金财政补贴项目申报工作和资金落实工作。出台市级扶持物流发展的财税、土地、金融、人才等政策措施，积极开展物流专业技术人才引进和培养工作，为梅州市物流业营造良好发展环境。

（二）积极发展农村电子商务

充分利用五华县成功获评 2017 年省级电子商务进农村综合示范县、梅县区成功获评 2018 年省级电子商务进农村综合示范县的契机，大力发展农村电子商务，开展“快递下乡”业务，促使快递与电商、物流深度融合，利用农村电商平台、渠道等把梅州市丰富的农特产品销售出去，更大范围实现“工业品下乡，农产品进城”，着力解决制约农村电商发展的瓶颈问题，把电子商务和物流配送服务延伸到广大农村地区。

（三）大力发展农产品冷链物流

积极申报国家、省有关扶持发展资金，支持梅州市农产品物流企业建设冷链物流项目，支持企业逐步建立农产品冷链物流业务标准流程，实现标准化生产、仓储、运输和销售，实施远程监控、智能温控、产品安全溯源、产品检验检测等信息化建设。重点指导梅州市稻丰实业有限公司建设粮仓冷链物流基础设施、购置冷库信息化测控系统、购置冷链设备等，实现冷链物流信息化、标准化，提高流通效率、降低流通损耗。

（四）推进物流标准化建设

以2018年年初获得广东省商贸流通标准化试点城市建设为契机，重点支持企业构建以标准化托盘为中心的物流体系和支持构建农产品现代流通体系，以托盘的标准化及其循环共用为切入点，带动其上下游企业推动标准化应用实施，支持企业在仓储运输、装卸搬运、分拣包装等环节使用先进适用的物流设备，推动全流程服务标准化，解决“最后一公里”配送难题。支持县乡镇农产品批发市场、农贸市场建设，对现有落后的县乡镇农产品批发市场、农贸市场进行标准化改造；支持县乡镇农产品批发市场、农贸市场进行冷链、废弃物处理等准公益性设施以及交易厅棚、仓储物流、加工配送、分拣包装等经营性设施升级改造。

（五）着力打造专业批发市场群

依托梅州市现有专业批发市场的基础，积极打造有区域辐射力的农产品、服装、建材、家具、汽车等专业批发市场，对传统老旧的专业批发市场进行改造升级、优化整合或搬迁重建，到2020年，建成以大型综合批发市场为支撑，周边中小型专业批发市场为辅助的批发市场群。着力打造海吉星、义乌小商品城、毅德城、锦绣国际建材家具商业城、华泰农兴农产品交易中心等大型商品集散地和分拨中心，扩大梅州市专业批发市场的影响力。

（六）加强物流监管保障

提高物流主管部门对行业的监督管理水平，推动梅州市物流业向规范化、标准化、高端化发展，创造现代物流业发展良好环境。发挥行业协会、行业自律组织等中介作用，提高全市物流企业合作水平和规范经营水平。提高物流从业人员的社会保障水平，相关部门按照各自的职责分工，建立健全和完善相关保障制度，更好地维护物流企业和从业人员的合法权益。

2017年河源市物流业发展回顾与展望*

一、2017年河源市物流业发展总体情况

（一）物流业规模持续扩张

2017年，河源市交通运输、仓储和邮政业实现增加值25.99亿元，比上年增长4.6%。全市完成货运量6702万吨，同比增长8.0%，其中公路货运量6686万吨，同比增长8.0%；水运货运量16万吨，同比增长14.3%。完成货物运输周转量90.02亿吨公里，增长10.4%，其中公路货物周转量896104万吨公里，同比增长10.3%；水运货物运输周转量4110万吨公里，同比增长13.9%。快递业务量实现1608.78万件，同比增长23.17%；业务收入完成3.03亿元，同比增长31.09%。

（二）交通基础设施建设持续推进

2017年全年至2018年上半年，全市共完成交通建设投资165.53亿元。截至2018年6月底，全市公路通车总里程16017公里，公路密度达101公里/百平方公里，其中高速公路495公里，普通国省道2264公里（一级公路175公里、二级公路850公里），县乡公路（包括村道）13258公里，铁路营业里程310公里（其中京九铁路183公里，广梅汕铁路127公里），内河通航里程515公里，可通行300吨级船舶。

（三）农村物流基础设施进一步完善

一是农村公路建设稳步推进。深入开展“四好农村路”建设，包括县乡公路改造、贫困村村道硬底化建设、农村公路安全生命防护工程、危桥改造等，农村交通基础设

---

* 供稿单位：河源市交通运输局。

施得到有效改善和提升。二是首个农产品物流园区即将投入运营。河源绿然灯塔农产品物流园规划面积15.5万平方米，总投资4.06亿元。第一期建设主要是农产品现货交易区、农业互联网大楼和生活配套；第二期建设主要是3000吨冷库和5000吨干货库。目前第一期主体工程已封顶，即将投入使用。

（四）内陆港形成“海铁联运”新格局

河源市交通运输局与广铁集团联合开通河源至黄浦、盐田、大亚湾、四川等地的铁路专列，2017年11月中旬，“盐田国际内陆港—河源”运输专线正式揭牌投入运营。随着龙川铁路集装箱货场正式投入使用，河源内陆港已形成了一中心四货场的“海铁联运”新格局。现已有部分全球排名靠前的船运公司入驻河源内陆港，并通过“预渡柜”形式在场站内堆放空集装箱，为当地及周边进出口企业提供更加便捷的提还柜、堆存、补料服务。2017年全年至2018年上半年，河源市通过海铁联运的货运量为12886TEU，为实体经济企业降低运输成本约190万元。

（五）扶持政策加快制订出台

为充分发挥铁路专列效能，促进河源市海铁联运发展，引导外贸企业选择海铁联运方式进出口货物，降低企业物流成本，促进节能减排，改善河源投资环境，支持开放型经济发展，根据《河源市人民政府关于印发河源市降低制造业企业成本支持实体经济发展实施方案的通知》（河府〔2018〕20号）精神，河源市交通运输局牵头拟定了河源市海铁联运政策措施的具体实施细则，并征求了市财政局、市商务局的意见建议，实施方案将会尽快出台。

二、河源市物流业发展存在的主要问题

（一）物流业发展基础薄弱

一是交通基础有待加强。公路、铁路、水运一体化、综合性、无缝对接的大交通格局尚未构建完善。二是物流网络布局制约现代物流发展。从物流网络上看，河源市集配货末端，运输需要绕行东莞、深圳或广州，不具备物流分拨功能，物流成本高，不利于物流业发展。三是发展现代物流缺少产业支撑。河源GDP及人均GDP较低，总体经济水平不高，物流总需求不足。尤其是当地大中型工业企业少，同类经济产业分散，缺乏互补共享性物流需求，导致物流需求分散、运作成本高。四是缺乏大型物流园区载体。河源市物流园区、物流枢纽节点规划建设滞后，在国家、省级层面相关规划，河源市均未列入物流枢纽节点。

（二）物流业整体规模小

2017 年，河源市加快了龙川铁路编组站物流园和市高新区综合物流园建设，但目前市内尚无真正意义上的物流园，缺乏多式联运业态发展条件。此外，河源现有物流企业规模小、数量少、经营散，只能够提供简单传统的储运类服务，缺乏系统综合的供应链管理服务。例如，对比河源物流运输行业协会会长单位——邦晨物流公司和深圳市物流与供应链管理协会常务副会长单位——腾邦物流集团，邦晨物流公司物流服务功能仅限于货物运输、保价理赔和包装服务，腾邦物流集团则能提供包括综合物流规划、保税物流等在内的十多项服务，河源市物流企业发展水平与珠三角部分城市的差距明显。

（三）冷链物流基础设施处于初级阶段

河源冷链物流资源多为农业企业、贸易流通企业自建自用，第三方服务少，全市冷链物流建设仍处于初级阶段。据不完全统计，目前，河源市企业自用冷库 120 余座，总容量约 11000 立方米，存储能力约为 6000 吨，以小型、低温冷库为主，主要用于储藏蔬果和肉类；企业自有冷链运输车几十辆，市内冷藏品、冷冻品的运输车辆多来源于上游供应商。

三、河源市促进物流业发展的措施

（一）加快重点交通基础设施建设

构建现代综合交通运输体系，建设粤港澳大湾区东北部交通枢纽。加快建设河惠莞、武深等高速，推进粤赣高速埔前至热水段扩建工程，推动河紫高速等规划实施，积极谋划河惠深、河增、连梅韶、龙寻高速；加快龙（川）韶（关）铁路、龙（川）汕（尾）铁路等重大铁路项目；推进支线机场和通用机场规划建设，推动东江航道河源段扩能升级和恢复通航。推进国、省道升级改造，加快国道 G236 线紫金县城段、国道 G238 线和平县城段、省道 S243 线东源县地运至蓝口段等建设，推动国道 G205 线热水至埔前段、国道 G205 线龙川县城段、省道 S253 线忠信至青州段、省道 S253 线顺天至灯塔段等开工建设；加快规划建设市区连接各县城的高快速通道，推进高速公路、高铁出入口与产业园区道路和城市主干道的连接通道建设。

（二）着力推进物流“南融”行动

主动对接珠三角、承接珠三角辐射，积极推动粤东西北与珠三角一体化进程中发挥交通先导作用。大力推进“3＋2”合作，加快融入深莞惠（3＋2）经济圈。加强与广深机场、港口等大型物流节点对接，大力发展多式联运，做好公路、铁路、水路文章。积极推进物流运输信息共享平台建设、东江航道河源至惠州段升级改造，着力承接珠三角物流供应链分拨功能，进一步加快交通建设互联互通。

（三）优化产业布局与政策环境

综合考虑河源主导产业、交通、消费市场等情况，分析产品流量、流向及储运要求，拟定科学合理的产业规划。完善物流业配套政策，加强对物流项目的扶持力度，为物流业发展提供良好的环境。进一步精简办理程序，优化物流业营商环境，加快建设物流市场。健全物流业服务标准及信用评价体系，利用信息化手段加强事中事后监管。

（四）重点发展冷链物流

逐步构建覆盖河源市产销两地的冷链物流基础设施网络，鼓励企业建设完善冷链基础设施。大力发展“互联网＋”冷链物流，推动构建区域冷链物流公共信息服务和质量安全追溯平台，加快冷链物流技术装备创新和应用，推动冷链物流设施和技术装备标准化，形成完善的冷链物流体系。引导和鼓励冷链物流企业积极申报国家、省级有关扶持资金，支持农产品物流企业建设冷链物流项目，支持企业逐步实现标准化生产、仓储、运输和销售。

第三部分

理论探讨篇

中国智慧物流发展趋势*

一、当前我国物流业的新特点

当前，我国物流业正处于重要的战略机遇期。随着我国产业结构的调整和发展方式的转变，物流业在国民经济中的基础性、战略性地位日益显现，焕发出新的生机和活力。

（1）我国已经成为全球最大的物流市场。我国作为全球第二大经济体，是全球第一制造业大国，带动物流市场呈供需两旺态势。2016 年，全国社会物流总额达 230 万亿元，其中工业品物流总额占 90% 以上，仍然是最主要的社会物流需求来源。我国社会物流总费用超过 11 万亿元，已经超过美国，成为全球最大的物流市场。全国货运量达到 440 亿吨，其中公路货运量、铁路货运量、港口货物吞吐量多年来位居世界第一。快递业务量突破 300 亿件，继续稳居世界第一。2016 年，物流业从业人员超过 5000 万人，占全国就业人口的 6.5%，其中邮政快递业从业人员 245 万人，同比增长 22%。物流业是吸纳就业的重要行业之一。

（2）消费型物流需求增长成为亮点。当前，我国人均 GDP 超过 8800 美元，最终消费对经济增长的贡献率为 65%，消费驱动经济增长特征明显。2016 年，社会消费品零售总额 33 万亿元，增速高于同期 GDP 增速 3.7 个百分点。其中，网上零售额占社会消费品零售总额的 15.7%，网上零售已经成为重要的消费力量。持续扩大的消费带动消费型物流高速增长。2016 年，我国单位与居民物品物流总额 7251 亿元，同比增长 43%，有持续加快趋势。2016 年，中国物流与采购联合会发布的中国电商物流运行指数年均达到 156 点，反映全年电商物流业务增速超过 50%。扩大消费特别是电商消费

* 供稿人：何黎明，中国物流与采购联合会，发表于《中国流通经济》，2017 年第 6 期。

带动物流增长趋势明显。

（3）社会物流效率进入快速提升期。2016 年，社会物流总费用与 GDP 的比率为 14.9%，连续五年持续下降，出现较快回落趋势。究其根源，一是产业结构调整优化的影响。2016 年，服务业占 GDP 比重已经上升到 51.6%。根据测算，服务业增加值占 GDP 的比重每上升 1%，社会物流总费用与 GDP 的比率下降 0.3～0.4 个百分点。二是产业降本增效的影响。近年来，科技创新和技术进步成为物流提质增效的驱动力。越来越多的企业加大技术装备改造升级力度，行业信息化、自动化、机械化、智能化趋势明显。例如，菜鸟广州增城物流园投入建设的自动化分拣系统，每天可高效处理超百万级商品，拣货准确率接近 100%。效率提升已经成为行业竞争焦点。

（4）一批领先物流企业引领行业发展。当前，我国物流企业法人单位数量近 30 万家，成为重要的企业群体。2016 年中国物流 50 强企业主营业务收入共计 8400 亿元，占物流业总收入的 11.5%，市场集中度小幅提升。截至 2016 年年底，我国 A 级物流企业超过 4000 家，一批领先物流企业加快涌现。2016 年，菜鸟网络作为首家电商物流企业获评 5A 级物流企业。近年来，随着“互联网＋”时代的到来，一批平台型物流企业进入市场，如运满满、货车帮、福佑卡车、卡行天下、路歌等，成为行业变革的重要力量。顺应时代发展趋势，传统物流企业积极拥抱互联网，如传化物流构建中国智能公路物流网络运营系统，中国物资储运总公司上线中储智运平台。线上线下企业加快联动融合。

（5）物流基础设施强化互联互通。随着第三次工业革命的到来，物流基础设施正在发生深刻变革。截至 2016 年年底，我国高速公路和高速铁路里程分别达到 13.1 万公里和 2.2 万公里，双双位居世界第一。国家高速公路网连接了城镇人口超过 20 万的中等及以上城市、重要交通枢纽和边境口岸，拉近了城市间距离，降低了通行成本。截至 2015 年 7 月，全国物流园区超过 1200 家，成为区域物流中心。交通线路和园区节点等物流基础设施编织形成互联互通的物流网络。从国际互联看，截至 2017 年 4 月，中欧班列已累计开行 3682 列，成为国际物流陆路运输骨干通道。跨境电商高速发展带动国际快递与海外仓建设布局，国际物流网络助推中国企业“走出去”。同时，我们也看到，随着物联网、云计算、大数据等信息基础设施逐步成熟，信息互联网带动物流基础设施虚拟化联网与智能化升级，物流互联网正在成为可能。

（6）智慧物流成为转型升级新动能。当前，我国物流产业增速正在趋缓，传统的产业发展方式难以满足消费型需求快速增长要求，现有资源条件不足以支撑产业规模持续快速增长。2016 年，全国社会物流总额比 2015 年增长 6%，物流需求增速呈逐年放缓趋势。目前，我国 60 岁以上人口占比 16.7%，老龄化形势严峻；每年排放二氧化碳总量 90 多亿吨，环境保护压力较大；2016 年工矿仓储建设用地 12.08 万公顷，供给小幅下滑，仓储物流用地指标获取难度加大。全球新一轮科技革命的到来，为产业转型升级创造了重大机遇，智慧物流正在成为物流业转型升级的重要源泉。

二、我国智慧物流发展特点

智慧物流是以物流互联网和物流大数据为依托，通过协同共享创新模式与人工智能先进技术，重塑产业分工，再造产业结构，转变产业发展方式的新生态。近年来，随着物流业与互联网深化融合，智慧物流出现了一些新特点。

（1）政策环境持续改善。2016 年，国务院总理李克强主持召开国务院常务会议，从国家层面部署推进互联网 + 高效物流。经国务院同意，国家发展和改革委员会会同有关部门研究制定了《“互联网 +”高效物流实施意见》，交通运输部、商务部、工业和信息化部等有关部门从各自职能领域出发部署推进“互联网 +”高效物流相关工作，为推动智慧物流发展营造良好政策环境。

（2）物流互联网逐步形成。近年来，随着移动互联网的快速发展，大量物流设施通过传感器接入互联网。目前，我国已经有超过 400 万辆重载货车安装北斗定位装置，还有大量托盘、集装箱、仓库、货物接入互联网。物流连接呈快速增长趋势，以信息互联、设施互联带动物流互联，物流互联网的形成正处于关键时期。物流在线化创造和奠定了智慧物流发展的前提与基础。

（3）物流大数据得到应用。物流在线化产生大量业务数据，使得物流大数据从理念变为现实，数据驱动的商业模式推动产业智能化变革，大幅提高生产效率。例如，菜鸟网络推出智能路由分单，实现包裹与网点的精准匹配，准确率高达 98% 以上，分拣效率提高 50% 以上，大大缓解了爆仓压力。利用物流大数据服务对物流大数据进行处理与分析，挖掘对企业运营管理有价值的信息，从而科学合理地进行管理决策，是物流企业的普遍需求，其典型场景包括以下 5 种。

①数据共享。实现物流基础数据互联互通，减少物流信息重复采集，消除物流企业信息孤岛，提高服务水平和效率，如供应链上下游各方共享货品、车辆等基础数据。

②销售预测。利用用户消费特征、商家历史销售等海量数据，通过大数据预测分析模型，对订单、促销、清仓等多种场景下的销量进行精准预测，为仓库商品备货及运营策略制定提供依据。

③网络规划。基于历史大数据、销量预测数据，构建成本、时效、覆盖范围等多维度运筹模型，对仓储、运输、配送网络进行优化布局。

④库存部署。在多级物流网络中科学部署库存，智能预测补货，实现库存协同，加快库存周转，提高现货率，提升整个供应链效率。

⑤行业洞察。利用大数据技术，挖掘分析 3C、家电、鞋服等不同行业以及仓配、快递、城配等不同环节物流运作特点及规律，形成最佳实践，为物流企业提供完整解决方案。

（4）物流云服务强化保障。依托大数据和云计算能力，通过物流云高效整合、管理、调度资源，为各参与方按需提供信息系统及算法应用服务，是智慧物流的核心需求。近年来，京东、菜鸟、百度等纷纷推出物流云服务应用，为物流大数据提供了重要保障。业务数据化正在成为智慧物流的重要基础。物流云服务的典型场景包括以下 3 种。

①统筹资源。整合社会闲置仓库、车辆及配送人员等物流资源，通过仓库租赁需求分析、人力资源需求分析、融资需求趋势分析、设备使用状态分析等，合理配置，实现资源效益最大化。

②软件即服务（SaaS）。实现仓库管理系统（WMS）、运输管理系统（TMS）、订单管理系统（OMS）等信息系统的 SaaS 化，为更多物流企业提供更加快捷、更加多样化的系统服务与迭代升级。

③算法组件化服务。将路径优化、装箱、耗材推荐、车辆调度等算法组件化，为更多物流企业提供单个或组合式的算法应用服务。

（5）协同共享助推模式创新。智慧物流的核心是协同共享，这是信息社会区别于传统社会，并将爆发出最大创新活力的理念源泉。协同共享理念克服了传统社会的产权所有观念，通过分享使用权而不占有所有权，打破传统企业边界，深化企业分工协作，实现存量资源的社会化转变与闲置资源的最大化利用。例如，菜鸟驿站整合高校、社区、便利店、物业等社会资源，有效解决末端配送效率与成本问题。近年来，“互联网＋物流服务”成为贯彻协同共享理念的典型代表。利用互联网技术和互联网思维，推动互联网与物流业深度融合，重塑产业发展方式与分工体系，为物流企业转型提供方向指引，其典型场景包括以下 4 种。

①互联网＋高效运输。通过搭建互联网平台，实现货运供需信息在线对接与实时共享，将分散的货运市场有效整合起来，改进运输组织方式，提升运输运作效率。

②互联网＋智能仓储。开发全自动仓储系统，设计智能仓储机器人，完成货物上架、拣选、打包、贴标签等操作，大幅提高仓储管理效率与水平。通过仓储信息集成、挖掘、跟踪与共享，有效实现取货自动化、进出货无缝化和订单处理准确化。

③互联网＋便捷配送。借助互联网平台，搭建城市配送运力池，采用共同配送、集中配送、智能配送等先进模式，消除“最后一公里”痛点。

④互联网＋智能终端。适应本地生活服务需要，整合末端人力资源、服务网络和智能终端，实现资源分布式布局与共享式利用，提升资源利用效率与用户服务体验。

（6）人工智能正在起步。以人工智能为代表的物流技术服务应用物流信息化、自动化、智能化技术来实现物流作业的高效率、低成本，是物流企业较为迫切的现实需求。其中，人工智能通过赋能物流各环节、各领域，实现智能配置物流资源、智能优化物流环节、智能提升物流效率。特别是在无人驾驶、无人仓储、无人配送、物流机器人等人工智能前沿领域，菜鸟、京东、苏宁等一批领先企业已经着手开展试验应用，有望与国际电商和物流企业从同一起跑线起步。物流技术服务的典型场景包括以下4种。

①自动化设备。通过自动化立体库、自动分拣机、传输带等设备，实现存取、拣选、搬运、分拣等环节的机械化、自动化。

②智能设备。通过自主控制技术，进行智能抓取、码放、搬运及自主导航等，使整个物流作业系统具有高度的柔性和扩展性，如拣选机器人、码垛机器人、自动导引运输车、无人机、无人车等。

③智能终端。基于高速联网的移动智能终端设备，物流人员操作将更加高效便捷，人机交互协同作业将更加人性化。

④当前，物流企业对智慧物流的需求主要包括物流大数据、物流云、物流模式、物流技术四大领域。2016 年，这四大领域的市场规模超过 2000 亿元。预计到 2025 年，智慧物流市场的规模将超过万亿元。

三、我国智慧物流的时代定位

我国发展智慧物流具有积极的时代意义。当前，我国物流业增速放缓。行业增速放缓主要面临供给侧结构性矛盾。一方面，大量存量资源受所有权限制沉淀在传统业务领域不能退出，无法满足对高端服务的需求；另一方面，增量资源受信息不对称和投入不足约束，难以创造新需求。此外，受劳动力、土地、资本等要素资源和生态环境约束，也不足以支撑物流业规模继续快速扩张。智慧物流是物流业供给侧结构性改革的重要抓手。通过互联互通与协同共享，释放存量资源使用价值，激发增量资源投资效益，重塑产业分工与资源分配体系，开辟产业提质增效新路径。

（1）社会资源的整合者。目前，大量物流资源存在闲置。我国货车空驶率在 30%以上，仓库空置率为 15%左右。智慧物流贯彻协同共享理念，打破企业边界和信息不对称问题，实现对闲置资源的充分利用。例如，近年来涌现出的一批车货匹配、仓货匹配互联网平台，实现了供需信息在线对接与闲置资源实时共享，有效降低了社会物流成本，从根本上改变了传统物流交付方式。

（2）分散市场的集中者。以公路货运市场为例，道路货物运输经营业户有 718 万户，其中个体运输户659万户，全国营运货车超过1300万辆，平均每户拥有车辆不到2辆，分散经营是市场基本格局。智慧物流通过数据赋能，实现分散资源的互联共享，促进物流的组织化和集约化，同时激发个体创业积极性。例如，卡行天下加盟网点和线路1.5万多家，整合运输车辆120多万辆，分散的公路货运市场加快向社会化平台集中。

（3）紧缺人工的替代者。物流业作为劳动密集型产业，人工紧缺已经成为行业面临的普遍难题。例如，我国快递业从业人员缺口在20%左右。中国物流与采购联合会《中国电商物流与快递从业人员调查报告》显示，49%的从业人员认为工作强度提高不少。劳动力紧缺局面直接表现为劳动力工资持续上涨，近年来持续保持10%～15%的增速。越来越多的企业加大技术与装备升级力度，提升物流信息化、自动化、机械化水平，实现机器替代人战略。

（4）个性需求的满足者。随着消费需求持续升级，消费体验成为价值驱动力。智慧物流借助分布式物流资源网络，能够以快速、便捷、低成本、个性化的方式满足消费者需求，极大地提升消费者体验。例如，我国快递时效已经接近3天，高于美国等发达国家，继续缩短时效面临巨大的边际资本投入。智慧物流能够通过大数据分析提前将所需货物布局到距离消费者最近的仓库，实现对物流需求的即时满足，大大提升客户体验。

（5）绿色生态的创造者。当前，我国物流业能耗排在工业和建筑业之后，大量能耗浪费在了无效的长距离运输、产成品库存、过度包装等物流环节。智慧物流通过智能规划与资源共享减少无效物流能耗排放，为绿色环保与可持续发展创造有利条件。例如，通过使用菜鸟电子面单，每年可节约纸张消耗费用约12亿元。

当然，智慧物流在我国属于新生事物，还面临一系列严峻挑战。一是基础设施投入不足。与物流互联网相关的物流大数据、物流云等智能基础设施与实际需要相比还存在较大差距，物流互联网覆盖度与精确度尚显不足。二是物流标准化成为制约。智慧物流的有效运转建立在共同的标准和协议基础之上。目前，我国的车型有2万种之多，车辆装载单元化短板凸显，严重影响了社会车辆的交换互用。此外，还有运输单证信息不统一，导致物流信息传递失真。在这方面，菜鸟电子面单进行了很好的尝试。三是监管体系不适应变化。智慧物流打破了企业边界和所有权限制，由于所有权和使用权边界难以确认，与之相关的监管制度特别是财税制度无法适应市场需求，导致部分智慧物流商业模式游走在灰色地带，不利于鼓励创新，甚至会阻碍创新。四是社会保障制度失灵。智慧物流的发展使得自由职业者和创业者走上前台，传统企业雇佣模式面临挑战，与之相配套的社会保障制度面临变革。五是诚信体系有待建立。智慧物流打破了传统熟关系模式，维系众多陌生关系，形成常态市场交易，亟待建立社会化诚信管理体系。六是企业观念亟待转变。当前，面对新一轮技术革命，传统物流企业观念转变与战略转型速度稍显不足。如何推动物流企业拥抱互联网，加入智慧物流生态体系构建中来，形成协同共享的产业新生态是智慧物流下一步发展面临的艰巨挑战。

四、我国智慧物流发展趋势

“十三五”时期，国家实施“互联网 +”战略，我国智慧物流迎来发展机遇期，智慧物流加快转型升级成为必然趋势。

（1）连接升级。预计未来 5 ~ 10 年，物联网、云计算、大数据等新一代信息技术将进入成熟期，物流人员、装备设施以及货物将全面接入互联网，呈现指数级增长趋势，形成全覆盖、广连接的物流互联网，万物互联助推智慧物流发展。

（2）数据升级。随着信息系统建设、数据对接协同与手持终端普及，物流数据将全面实现可采集、可录入、可传输、可分析。预计未来 5 ~ 10 年，物流数字化程度将显著提升，打破行业信息不对称和信息孤岛现象，全程透明强化智慧物流基础。

（3）模式升级。预计未来 5 ~ 10 年，众包、众筹、共享等新的分工协作方式将得以广泛应用，打破传统分工体系，重构企业业务流程与经营模式，创新驱动成为智慧物流动力。

（4）体验升级。预计未来分布式的物流互联网将更加接近消费者，全面替代集中化运作方式，依托开放共享的物流服务网络，满足每个客户的个性化服务需求，体验经济创造智慧物流价值。

（5）智能升级。随着人工智能技术的快速迭代，机器将在很多方面替代人工。预计未来 5 ~ 10 年，物流机器人使用密度将达到每万人 5 台左右，物流赋能改造传统物流基因，智能革命改变智慧物流格局。

（6）绿色升级。智慧物流充分利用社会闲置资源，积极降低能源耗费的做法，符合全球绿色与可持续发展的要求。预计未来五年，绿色包装、绿色运输、绿色仓储将得以加快推广应用，绿色低碳提升智慧物流影响力。

（7）供应链升级。智慧物流将引领智慧供应链变革。凭借靠近用户的优势，智慧物流带动互联网深入产业链上下游，以用户需求倒逼产业链各环节强化联动与深化融合，助推协同共享生态体系加快形成。

当前，我国正处于新一轮科技革命和产业变革的关键时期。智慧物流通过连接升级、数据升级、模式升级、体验升级、智能升级、绿色升级全面助推供应链升级，将深刻影响社会生产与流通方式，促进产业结构调整与动能转换，推动供给侧结构性改革，为物流业发展创造新机遇。

“互联网+”背景下智慧物流发展的新动能、态势与路径*

随着我国经济发展中增长方式的转变，扩大内需和刺激消费成为新形势下经济发展的重要引擎。在国家不断推进“互联网+”与不同产业融合发展进程中，电商经济的发展速度和规模取得了显著的成果，2016年全国电商交易总额已经高达22.97万亿元，同比增长25.5%。井喷式增长的电商经济对碎片化和去中心化的智慧物流发展提出了更高的要求，国务院在2016年7月常务会议上也明确提出了加速构建“互联网+”高效物流的战略规划，要求智慧物流在发展中深入融合大数据与云计算等现代信息技术，实现新经济发展中物流行业的提质增效和转型发展目标。智慧物流发展在区域经济发展中可以有效提高商贸流通效率，作为劳动力和技术密集型的服务行业，智慧物流发展实现了经济增长驱动与解决就业的双重目标。近年来，在国家供给侧改革不断深化背景下，工业尤其是制造类行业对物流的市场需求正在不断的升级，传统物流服务中的仓储和运输需要不断向综合型的智慧物流服务转型，从采购到销售多环节适应市场发展的物流需求，智慧物流服务企业将成为社会发展和物流行业发展的中坚力量。

在国务院、发改委、交通运输部及商务部等密集出台的多项物流行业政策引导下，智慧物流的发展问题成为广大学者的研究重点。任永昌（2011）对智慧物流配送中心选址的影响因素进行了分析，研究发现地理位置、自然因素、社会影响及周边基础设施等都对智慧物流配送中心的选址产生影响。张风平（2014）重点分析了冷链智慧物流中配送中心选址的影响因素，通过NHP和EM法确定了配送中心建设中的环境因素、社会影响、经济因素及自然因素等众多因子的权重，根据选址模型评价冷链物流配送中心的选址决策。许德刚（2016）以粮食配送为案例进行了相关影响因素的智慧物流配送中心选址问题研究，其中包括11个不同类别的选址影响指标，分别是气候条件、

* 供稿人：吴萍，广西师范大学漓江学院，发表于《商业经济研究》，2018年第7期。

运输距离、客户分布、地理区位、政策环境等。可以看出，目前关于智慧物流的研究大部分集中在某一节点上，面对电商经济催生出的各种新型商业模式和业态，“互联网+”引导下的智慧物流发展将成为物流行业供给侧结构性改革的先行军。本文从产业发展的宏观角度对“互联网+”背景下的智慧物流发展进行研究，通过探讨智慧物流的发展动能、态势，提出智慧物流的发展新路径，为现代物流产业变革与智能化发展提供有益的借鉴。

一、智慧物流发展的新动能与新态势

（一）智慧物流发展的新动能

电商经济催生出的新经济模式和业态带动物流行业规模不断壮大的同时，也带来了物流服务需求碎片化和物流配送去中心化的新挑战，在全社会互联网化、共享经济及智能化发展的趋势下，智慧物流面临着发展的新动能。

首先，智慧物流需要面对快速增长的快递服务市场需求。我国的物流行业自21世纪初至今经历了由快趋缓、逐步企稳的发展历程，除2008年金融危机导致的物流行业发展速度骤降外，其他年份均保持了8%左右的增长速度，其中快递服务市场的发展规模和速度最为显著。根据国家统计局统计数据，2012年我国的快递总件数为75亿件左右，2016年已经突破300亿件，年均复合增长率高达45%，而与之对应的全社会物流增长率在2015年和2016年仅为5%左右，如图3-1所示。

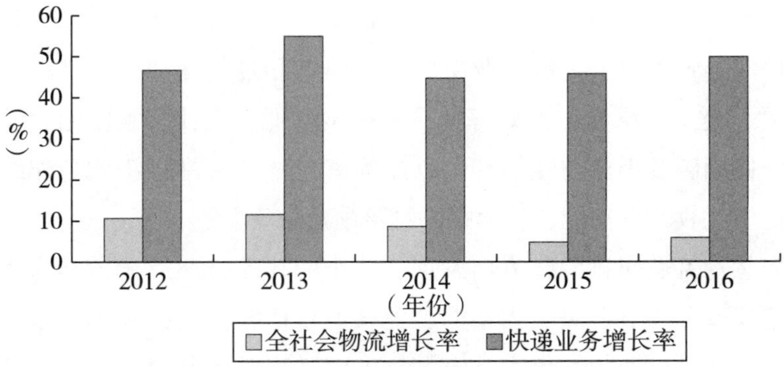

图3-1　2012—2016年全社会快递业务与物流增长率

其次，智慧物流发展面临的物流服务需求碎片化。传统商贸经济体系下的物流需求具有系统化和批量化的特点，物流的仓储与配送一般为大批量的货物提供流通服务，随着近年来电商经济的飞速发展，物流行业面临的商品流通正向着小包装和多频次趋势发展，消费市场对物流服务的碎片化现象十分严重。根据国家对电商市场消费的数据统计显示，2016 年全国的电商交易总额达到了 22.97 万亿元，其中小包装的商品包裹量较 2015 年增长了 50% 以上，可以看出，社会网络化和消费电商化引起的居民物流服务需求日益频繁，且随着低价值可包裹货物电商交易的不断增加，小包装的物流服务需求碎片化发展态势将更为显著。

最后，智慧物流发展面临着物流配送去中心化。传统商贸流通经济对物流配送的需求具有固定地域性特征，分销环节与物流环节相互独立完成流通功能，截至 2016 年年底，全国已经建成的年均交易规模超过 1 亿元的批发市场超过 5000 个，全部品类的商品经营面积已经达到 3 亿平方米。随着电商经济的发展，传统大规模的批发市场或交易中心在进行商品分销的同时也为电商交易提供了物流集散的功能，在电商交易大市场、大流通的属性下，物流服务不再受到地域空间的限制，网络化的服务实现了随时随地的商品交易，因此物流配送中心的去中心化是智慧物流发展的必然趋势。

（二）智慧物流发展的新态势

建立在大数据、云计算和共享经济基础上的智慧物流能够有效地实现物流服务中的资源信息共享，从根本上解决市场物流需求与物流企业服务之间的信息联通障碍，目前全国有超过 7000 万家中小企业在市场物流需求中打破“信息孤岛”带来的供需失衡，不断通过推进信息的开放与共享实现物流行业的提质增效。

首先，智慧物流需向共享经济方向发展。现代物流发展已经实现了智能化的供应链管理与仓储配送，但“最后一公里”难题仍是整个物流行业亟待解决的关键性问题。随着物流市场中自营物流、第三方物流、第四方物流甚至第五方物流的不断参与，在整个物流环节末端的配送网点存在重复性建设问题，尽管隶属于不同的物流企业，但宏观角度上仍然导致了整个物流行业中的资源浪费和过度竞争。共享经济可以实现智慧物流“最后一公里”配送中的效率提升和成本降低，在社会互联网化发展下的社区服务站、高校便利店及小区物业等都可以成为智慧物流共享经济的合作终端，为智慧物流的配送提供代收代存功能，从而提高物流配送效率。

其次，智慧物流需向自动化方向发展。传统的物流行业属于劳动力密集型，在仓储、配送及包装多个环节解决了大量的就业，但目前我国老龄化的现象日趋严重，智慧物流发展需要通过自动化的物流设施设备来应对物流服务增长需求中劳动力不足问题，一方面解决了劳动力的供需难题，为其他行业提供劳动力生产要素；另一方面在包裹分拣、扫描、运输、仓储、装卸、搬运及派送等环节的自动化技术和设备应用中可以大大提高工作效率，并有效降低出错率。

最后，智慧物流需向服务高效化和成本低廉化方向发展。我国 2016 年的物流总额已经高达 230 万亿元，社会物流综合费用约 12 万亿元，“互联网 +”背景下的智慧物流在提高服务效率和降低物流成本方面已经开始着力发挥积极影响。根据交通运输部科学研究院与阿里巴巴提供的物流时效指数（见图3－2、图3－3），全国各区域的物流效率在智慧物流技术及设施应用下都得到了显著的提升，东部、中部和西部地区在2016年的物流时效指数分别降低了6%、10%和9%，且存在越偏远地区提高幅度越明显的效果。

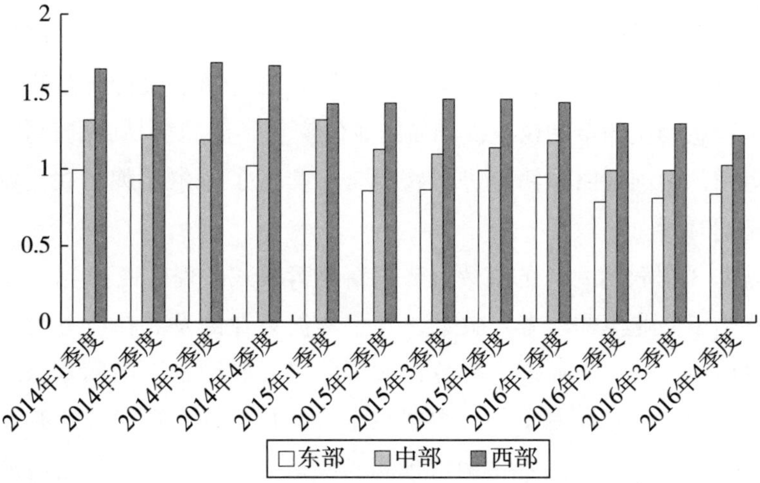

图3－2　2014年1季度—2016年4季度各区域物流时效指数

资料来源：根据《2017年中国智慧物流大数据发展报告》整理；以东部地区2014年1季度为基期，指数值越低代表时效越好。

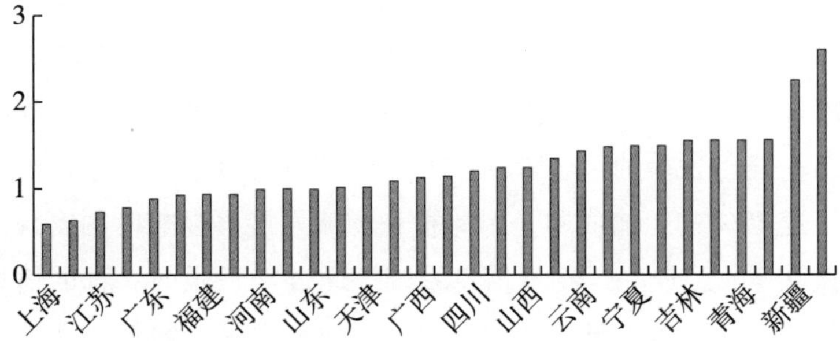

图3－3　2016年我国各省市（区）物流时效指数

资料来源：根据《2017年中国智慧物流大数据发展报告》整理。

二、智慧物流发展的新路径

我国“十三五”物流发展规划和发展理念提出，智慧物流的新动能和新态势发展需要符合创新、绿色、协调和共享等原则，本文认为实现智慧物流发展的新模式应遵循以下路径。

（一）协同创新与资源共享

首先，智慧物流的发展离不开物流企业之间的战略合作和协同创新。信息时代的现代化物流企业之间存在着竞争与合作的双重关系，在智慧物流发展需要的技术创新、设备研发等方向需要企业间进行资源共享和技术合作，同时与其他行业实现跨界的协同创新，在互联网金融的支持下实现智慧物流的软硬件升级。以阿里巴巴的菜鸟物流为例，在智慧型物流发展的过程中，菜鸟网络深入融合网上银行对互联网金融链端进行打通，通过智慧物流的金融供应链产品的研发实现了商品交易中的存货与销售授信，此外与海尔集团、中国铁路集团等进行跨界合作实现了海尔品牌的铁路物流专列，大大提高了物流的时效。

其次，借助“互联网+”的高效服务创新运营模式。现代商业与“互联网+”的融合发展中重构了商业模式与客户关系，智慧物流行业的发展在业务流程和生态体系上也不断衍生出新模式和新业态。智慧物流借助“互联网+”的高效服务一方面体现在智能仓储方面，在“互联网+”大数据技术下的智慧物流智能分仓有效解决了“单点发全国”物流配送模式中的货物销量预测和配送规划，并通过分仓后的智慧型分拣和包装提高物流链路的整体效率。此外，智慧物流借助“互联网+”的高效服务还体现在高效运输与便捷配送上，在“互联网+”与车货匹配、甩挂运输及城市配送等融合发展模式下，智慧物流已经开始出现诸如货车帮、云鸟配送、运满满及速派得等新型的配送业务，通过信息技术的协调创新为电商交易提供了同城或短途的即时配送服务。

最后，发展多式联运提升物流资源的集约度。智慧型物流发展多式联运目前正面临着国家“一带一路”发展的黄金阶段，2015 年我国的铁水联运量已经高达 240 万标箱，有效降低了近 30% 的运输成本，因此智慧物流发展可以响应国家规划，积极开发多式联运的海铁联运、公铁联运物流信息系统，通过“互联网+”的信息互联与共享功能积极与海关、上下游物流服务需求企业进行协作发展，创新一站式和开放式的联运服务业务，通过物联网、快速转运装备技术和智能转运系统等配套技术设施的研发实现智慧物流中的多式联运自动化发展。

（二）物流业务数据化处理和物流数据业务化发展

首先，物流业务的数据化处理具体体现在物流业务标准化产品的应用、在线化产品的应用和大数据化产品的应用等方面。在标准化产品的应用方面，诸如电子面单等一系列基础产品的应用实现了智慧物流运营在数据采集和传输等环节的自动化水平，不断提高物流服务商与需求企业、快递公司的服务渗透率，有效降低派送成本并提高派送效率。在物流业务在线化产品的应用方面，基于云计算的物流云可以快速处理大量的包裹信息，提升运营效率，不断提升物流业务的在线化处理能力。在数据化的产品应用方面，智慧物流与电商在商品交易信息和客户消费信息的收集与处理上可以提高物流企业的数据对接协同能力，实现智慧物流运营中的静态数据可传输化与可视化。

其次，物流数据的业务化发展主要体现在智慧物流的供应链管理优化上，在大数据的分析下通过监测商品生产状态、预测商品销售订单、信息化管理仓储配送及借助大数据确定仓储配送中心的选址。在智慧的供应链优化方面，主要作用路径是优化商品库存、优化物流配送和管理存储空间等，其中优化商品库存主要体现在分析和预警存储、预测库存需求和管理库存成本上，优化物流配送主要体现在通过商品销量数据分析和管理采购与供应商、科学地进行商品发货等，管理存储空间主要体现在通过消费者消费偏好和消费习惯的大数据来分析顾客购买模式，并据此进行科学的发货处理。

（三）智能化与物联网化

人工智能是智慧物流发展的一个重要主题，随着可视化的信息技术、无线射频识别、机器人理货及货物移动信息服务等新兴技术在智慧物流中的普及应用，智能化的运营与管理是智慧物流发展的必然趋势。智慧物流中的仓储配送等节点在自动化的智能机器人辅助下，一方面可以解决劳动力短缺导致的“用工荒”和“用工贵”，另一方面在业务处理效率和出错率等方面都能大大的改善。以阿里巴巴的智能化机器人作业为例，智能搬运机器人可以自动获取搬运路线，降低搬运时间90%以上，智能缓存机器人能够短时间内处理大量的包裹并获取全部信息等。

此外，物联网与智慧物流的融合发展也是未来物流发展的主要趋势，目前，物联网已经开始在智慧物流的部分环节提质增效，具体体现在车辆调度、货物溯源、全程冷链、驾驶安全和供应链协同等方面。车辆调度上通过物联网的定位与附属信息采集系统，对智慧物流运营车辆的路况、车况及外部环境等进行信息识别与上传；货物追溯上通过物联网适时远程视频追溯货物的整个运输流程；全程冷链方面主要针对智慧物流的冷链运输环节进行全过程的温度检测，适时控制冷链物流的温度要求；驾驶安全方面是通过对车辆驾驶过程中的速度、驾驶室环境及车况进行信息处理；供应链协同方面通过物联网技术及时传递供应链上下游企业物流信息，打通信息壁垒，实现供应链高效协同。

参考文献

［1］吴婷．物流可持续发展战略下“互联网＋物流”服务研究［J］．商业经济研究，2017（4）．

［2］郭梦颖．智能物流模式的困境与出路［J］．经营与管理，2016（10）．

［3］何黎明．我国智慧物流发展对策［J］．中国流通经济，2017（6）．

［4］郝书池，姜燕宁．发展区域智慧物流的长效机制探讨［J］．商业经济研究，2016（3）．

［5］褚翠霞．物联网在智慧物流管理中的应用［J］．中国新通信，2017（1）．

基于“互联网 +”的“无车承运人”物流模式研究*

近年来，我国公路运输业出现“多、小、散、乱”的局面。国内有90%的市场份额被小型物流企业和个体运输商占据；货源、车源在空间上分布不均衡；货源信息的发布处于封闭状态。为有效解决上述问题，国内引进了“无车承运人”概念，以解决“车找货难、货找车难”的问题。然而，当前国内无车承运平台仅作为沟通货源方和车源方的信息平台，其功能比较单一，服务多样化程度低，必须对“无车承运人”模式做进一步优化。

一、研究现状

目前国内关于“无车承运人”的研究非常少，2016 年已统计期刊仅有 155 篇，研究主要集中于无车承运人含义、运力资源优化、业务模式改革等方面，而对于无车承运人模式的研究较少，仅李冰漪等讨论过货运组织改革问题。因此本文通过对国内现有“无车承运人”模式进行优化，在结合供应链思想的基础上，利用云计算、物联网、大数据等新技术，提出了基于“互联网 +”的“无车承运人”物流模式，以实现国内市场资源的有效整合、加快供应链上各方现金周转速度、保证交易安全，最终促进国内无车承运物流的健康发展。

二、“无车承运人”含义及典型模式

（一）“无车承运人”含义及特点

“无车承运人”是由美国“Truck Broker”（货车经纪人）一词汇演变而来，是无船

* 供稿人：金忠旭、郭跃显，石家庄铁道大学经济管理学院，发表于《石家庄铁道大学学报（社会科学版）》，2017 年 11 卷第 2 期。

承运人在陆地的延伸。“无车承运人”指的是不拥有车辆而从事货物运输的个人或单位，称为社会车辆的“总调度员”。“无车承运人”具有双重身份，对于真正的托运人来说，其是承运人；但是对于实际承运人而言，其又是托运人；“无车承运人”一般不从事具体运输业务，只从事运输组织、货物分拨、运输方式和运输线路的选择等工作；“无车承运人”的收入来源主要是规模化的“批发”运输而产生的运费差价。

（二）“无车承运人”典型模式

1. 典型模式架构

“无车承运人”物流模式由美国“货运经理人”模式发展而来，在国外已形成成熟的模式。目前，罗宾逊物流是全球最大的“无车承运人”，其利用遍布全球的网点和信息网络以及客户资源，集约整合社会物流资源，为客户提供一体化的物流运输服务。如图 3 -4 所示为典型“无车承运人”物流模式（罗宾逊物流模式架构）。

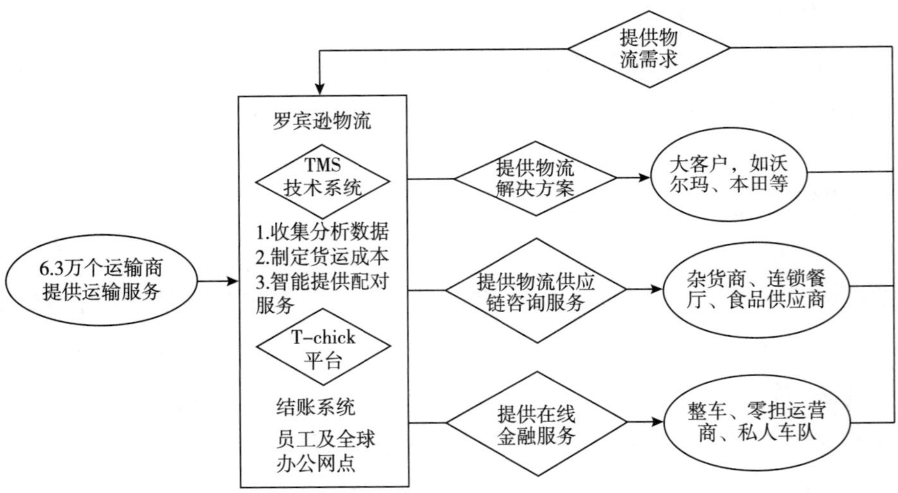

图 3 -4　典型“无车承运人”物流模式

2. 典型模式运行方式

（1）降低自有车辆数，创建可视化信息平台。以“无车承运人”模式整合社会资源的罗宾逊物流，凭借其信息平台，与 6.3 万家经过评估的运输企业签订货运合同，作为其实际承运人。2015 年营收达 135 亿美元，相比之下，美国的世能达拥有 1.3 万多辆自有车辆，同年营收只有 61 亿美元。罗宾逊物流拥有两个信息平台，用来联系运输企业的 TMS 信息平台和用来联系货主的 Navisphere 信息平台。只要货主在 Navisphere 信息平台上注册账号，填写货运信息及目的地等，信息就会立刻传递给 TMS 信息平台，TMS 根据客户对服务价格、时间等需要，提出可供选择的物流解决方案，并实时掌握货运的运输情况。

(2) 减少基础设施建设、增加信息技术领域资本投入。当传统物流企业将资金投入仓储、车辆等领域时，罗宾逊物流很少投资建设物流地产，而是投资信息技术领域，为保障其先进性，每年投入7000多万美元，其中TMS平台维护费每年就达5000万美元。罗宾逊物流在各地设立技术型分支网点，这些分支不需要车辆、库房等重资产，而只需要技术性服务人员，以了解当地客户的需求，从而成为罗宾逊物流的区域信息中心。

(3) 降低普通劳动者数量，增加高端人才比重。截至2014年4月，罗宾逊物流仅有员工1.1万人，却在2013年创收128亿美元。而世能达仅司机就有1.55万人，此外在全球28个国家和地区拥有员工2.23万人，营收却不及罗宾逊物流的一半。罗宾逊物流是人才密集型的巨头，拥有近600个IT工程师。

3. 典型模式评价

该典型无车承运物流模式的核心是提供全方位的物流解决方案，实现资源的有效整合。不论在货物定价、人才培养还是平台构建方面都有自己独特的优势。

(1) 灵活的定价策略。罗宾逊物流模式可在一定时期内，根据限定的货物和目的地等条件提供一个固定的价格，也可以根据市场的时点价格进行灵活定价。按需提供灵活的物流解决方案，满足货主不断变化的需求。

(2) 完善的人才培养体系。罗宾逊物流不断从市场引进人才从事实际业务并提高沟通效率，看重人才给企业发展提出的好建议，通过一些经验丰富的人才不断审视企业的流程并通过科技创新来支撑和优化流程。

(3) 智能化的可视平台。罗宾逊物流拥有可视化平台、先进的运输管理系统及Navisphere技术供客户全天在线访问与货物状态查询。所有不同的运输模式，都可以在统一的信息平台上进行操作，同时，罗宾逊物流拥有智能化运输优化仪器，每天可以处理几十万笔运输订单。

三、国内现有“无车承运人”模式及存在问题分析

(一)“无车承运人”在我国的发展情况

1. 处于小作坊式的起步阶段

国内“无车承运人”模式还处于小作坊式的起步阶段，没有形成规模。事实上，我国无车承运物流模式早已存在，货主联系中介，告知其货运信息，中介借助已有的车辆信息，联系货运车辆，从而完成一票货物运输。这里所说的中介就是“无车承运人”。但在2015年之前，其没有获得合法身份，一直处于“灰色地带”。随着多项国家政策的发布，“无车承运人”已获得了合法身份，“互联网+物流”模式也迎来了发展

契机。

2. 以提供车货信息为主

国内现有无车承运平台以提供车货信息为主要工作，不参加实际货物运输。然而以平台建设为主的“无车承运人”却无法为诚信认证，货物安全担保等问题提供法律保障，只是在必要环节减少虚假信息的出现，而且不参与风险管理，不承担运输风险。同时，对之前未曾合作的车主，在审核的过程中仅依据证照图片很难保证其真实性，而且牵扯货损风险、发票开具及货物信息不真实等问题，需要对已有的管理方法做出相应调整。

3. 已获得国内多方融资

当前国内很多投资人都把目光对准了无车承运平台的建设。据统计，类似于运满满、货车帮、罗计物流等货运 App 互联网公司就多达 300 个，其中超过 40 个获得融资（见图 3 – 5）。

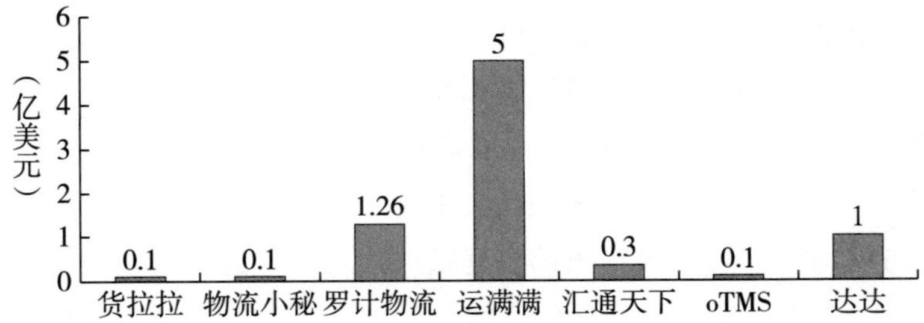

图 3 – 5　2015 年国内物流 O2O 行业部分企业融资额

资料来源：国家统计局。

（二）“无车承运人”在我国的发展条件

1. 社会经济条件成熟

随着宏观经济的复苏，煤炭、石油、钢铁等能源运输量增大，货运车辆销量增长，阿里巴巴、京东等线上贸易与出口跨境贸易的发展，促成了公路市场货运量上升。我国 2013—2015 年各类型私人载货汽车拥有量情况及 2011—2015 年公路货运量情况如图 3 – 6、图 3 – 7 所示，可知我国发展“无车承运人”模式的条件已经成熟。

2. “互联网 +”推动着“无车承运人”发展

随着现代移动互联技术的发展以及智能手机的广泛应用，人们的生活方式逐渐从桌面互联网转向了移动互联网。获取信息速度更快、方式更加多样，为无车承运物流发展带来了契机。2015 年以来，“互联网 +”进入各个行业，为各个行业的发展带来了机遇和挑战，物流也不例外，结合已有的物流技术，并采用云计算、物联网、大数

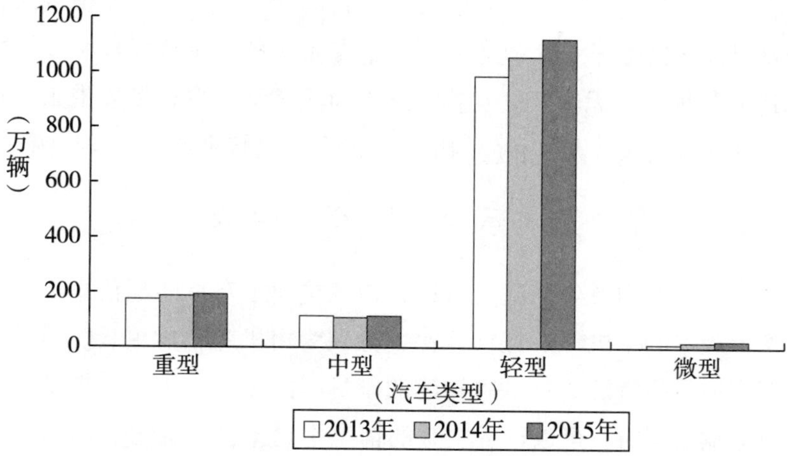

图 3－6　2013—2015 年我国私人载货汽车拥有量

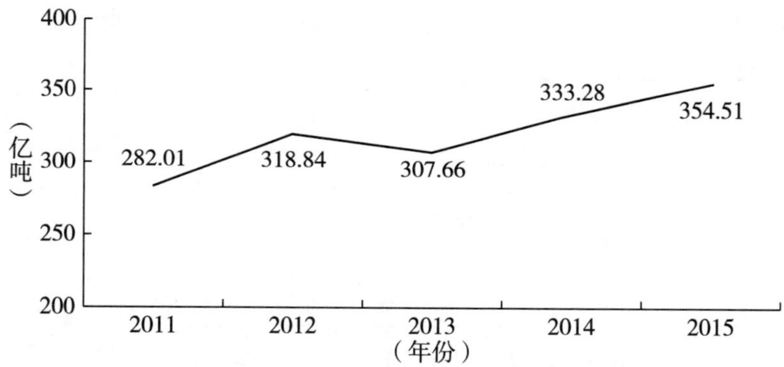

图 3－7　2011—2015 年我国公路货运量

资料来源：国家统计局。

据等新技术，为无车承运物流的发展奠定了坚实的基础。

3. 国家政策支持“无车承运人”发展

从 2015 年开始，国家出台了很多文件和政策支持“无车承运人”的发展。财政部和国家税务总局发布的《关于全面推开营业税改征增值税试点的通知》，明确了无车承运企业在开展运输服务时的税法依据，正式认同了无车承运物流的合法性；国务院办公厅发布的《关于推进线上线下互动加快商贸流通创新发展转型升级的意见》，意味着无车承运企业从事货物运输在中国获得政策认可；国务院办公厅发布的《关于深入实施“互联网＋流通”行动计划的意见》，提出组织开展道路货运无车承运人试点工作，允许试点范围内无车承运人开展运输业务，使“无车承运人”得到了正式实施可能。

4. “营改增”加快了“无车承运人”发展

虽然从体制上已解决了“无车承运人”的身份问题，但无车承运能否真正实施的关键还是税收政策。2013 年，我国开始实施“营改增”试点，在增值税时代，国税规定不准代开发票，增值税开立发票必须是基于真实业务，而掌握真实业务的企业多采用“无车承运人”模式，无法开立发票。这也为无车承运平台发展带来契机，其可以将业务的真实性体现出来，开具相应的增值税发票，以解决各方发票问题。

（三）国内现有“无车承运人”模式架构

目前国内无车承运物流处于起步阶段，初步构建了车货匹配信息平台。大多数平台都研发了两个版本的手机 App 终端产品，分别为司机版和货主版。司机版主要帮助司机在全国范围内寻找货源。货主版构建的车货匹配系统，为货主提供高效的发货服务。当货主有运输需求时，可以在货主版的信息平台上注册账号，填写货运信息、货运时间、目的地等，信息就会立刻传递到车货匹配信息平台，车货匹配信息平台根据客户对服务价格、时间等需要，在信息平台上公布货物信息，车主根据自身情况选择是否承运该货物。待车主将货物运输到指定目的地后，由货主就此次服务在信息平台上对车主进行评价（见图 3－8）。

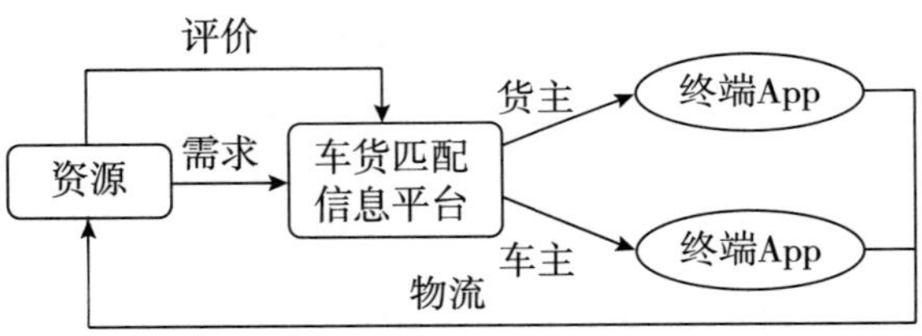

图 3－8　国内现有“无车承运人”模式架构

（四）国内“无车承运人”存在的主要问题

1. 运行混乱

国内现有无车承运企业基本处于监管的盲区，运作不规范、服务水平低、抗风险能力差、市场秩序混乱等问题不断出现，严重影响了公路运输行业的健康发展。而责任承担问题是诱发上述问题的根源所在。根据无车承运人的法律责任，其应对运输过程中发生的全部损失承担第一连带责任，但有时货主提出的索赔额度非常高，远超出实际承运人的注册资本和缴纳的保证金，难以补偿货主的损失，引发承运人外逃现象，严重影响货运市场秩序。

2. 服务范围小

国内现有“无车承运人”模式仅在货主、平台、车主之间进行信息流和物流的流通，无法辐射到更大范围。货主的供应商，接收方的下游分销商等未在平台的链条服务范围内，难以实现资源的有效整合。例如，货主的供应方需要将原料、半成品等运输到货主手中，车主将商品运输到接收方后，接收方需要将商品运输到下一级的分销商手中，目前由于货主、货主的供应商、接收方、接收方的分销商都各自通过平台联系车源，增加了供应链上多方的等待时间，使得交易效率降低，成本增加。

3. 诚信体系建设不完善

车主的诚信评价体系建设是当前无车承运平台的难点之一。国内现有无车承运平台对车主爽约的问题未提出针对性的解决措施，无法保证车主按约定履行义务，有关车主的身份、驾驶证明、车型等也未做登记与核实，运输过程中货物的安全存在风险。一次交易完成后，尽管平台上已构建了相应的评价机制，但现实情况却是很少有货主会对货物的运输情况做出合理评价，也就无法促成信用评价机制的良性循环。

4. 创新意识不强

国内现有“无车承运人”模式的建设完全是照搬国外模式，没有具体考虑国内特殊情况。货运无车承运平台所处的产业环境与从事客运的“滴滴”模式不同，在总体货运市场存量一定的情况下，必然会触动原有的利益格局，造成有车承运与无车承运相互之间的矛盾。同时，平台服务功能单一，仅以提供车货信息为主，服务项目并未涉及有关物流金融服务，物流方案咨询服务，物流信息服务与保险服务等。

5. 税收改革不到位

我国税法规定运输企业必须要有道路运输许可证才可发放11%的发票，而无车承运人本身“无车”，导致大量的合同承运人无法开具11%增值税专用发票，只能开具6%的发票，但客户需要11%的发票，导致了两者间产生矛盾，很多运输企业不得不“代开发票”，不仅增加了成本支出，也给货主造成了很大困惑，更加重了全行业违法经营情况的泛滥。

四、国内“无车承运人”物流模式创新措施

（一）结合“互联网＋物流”，优化“无车承运人”物流模式架构

针对国内现有“无车承运人”物流模式存在的问题，以供应链的相关知识为基础，结合“互联网＋物流”的理念，对国内“无车承运人”模式进行了改进。在供应链管理模式下，“无车承运人”物流模式不再仅停留在信息平台的搭建，而是从整个供应链角度出发，组织上下游企业，为其提供个性化、一体化物流解决方案，帮助客户实现供应链效率和效益的最大化。优化后的“无车承运人”物流模式架构如图3－9所示。

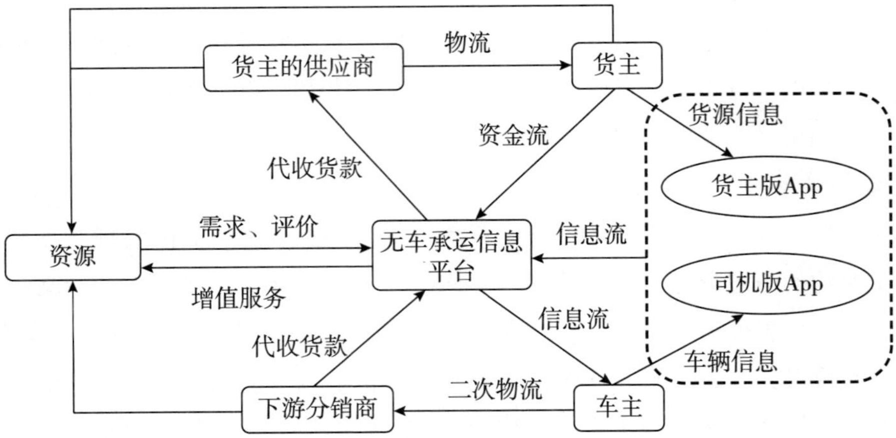

图3－9 优化后“无车承运人”物流模式架构

（二）依托信息平台，实现一站式运输服务

在无车承运信息平台搭建完成后，不仅需要将基本的货源、车源信息提供给车货双方，而且应由其沟通货主的供应商、下游分销商，形成一条以信息平台为核心的无车承运供应链。从供应链角度出发，组织上下游企业，为其提供一站式的物流运输服务，同货主方、货主的供应商、车源方、下游分销商甚至最终客户形成物流战略联盟，共享供应链上的信息，提高供应链的整体竞争力。

（三）开展代收、代付货款业务，保证各方现金流通

在商品交易过程中，货主的资金可能出现暂时性缺口，无法及时向供应商支付货款，供应商也可能无法准时收取货主的货款，造成双方经济风险的发生，甚至某一方需赔付巨额的违约金，而现有无车承运平台并未涉及物流金融业务。国内无车承运平台完全可利用自身优势，提供代收、代付货款业务以赚取服务费，提高自身价值，为平台创造更多增值收入。这部分资金的来源可利用车主在从事每一笔运输任务之前需要向无车承运平台缴纳的保证金。

（四）实施精细化专业运输，提升自身价值

由于无车承运平台所处产业环境与滴滴模式不同，总体货运市场存量是保持不变的，无车承运物流的发展必然会触动原有的利益格局，造成无车承运与有车承运之间的矛盾。而要想在此背景下继续发展，“无车承运人”必须开展精细化的专业运输方式，明确自身运输类型，是定位于干线运输还是支线运输，在车型上根据地域情况，是选择重卡、中卡还是轻卡作为平台的主要车源，都需要无车承运平台的管理者根据

当地经济发展状况、车源情况等做出针对性决策。

（五）拓展增值服务，实现物流一体化

未来物流行业的竞争将从“价格战”逐步转向“服务战”，改进后的“无车承运人”模式应在保证基本服务功能的基础上发展物流金融服务，物流方案咨询服务，物流信息服务与保险服务等。例如，保险服务应包括货主与无车承运平台签订承运合同，如果货物在运输途中遭到损伤，将会获得信息平台的合法赔偿；物流金融服务应为资金需求方提供资金融通；物流信息服务应为信息需求方提供信息支持，实现供应链上信息流的多方共享，从而为物流需求的各方提供一体化的增值服务。

（六）提高信息技术利用率，实现全程物流可视化

为了提高用户体验，无车承运平台要做的不仅是一个信息平台，而是一个服务平台和一个车辆调度平台。必须合理利用大数据、云计算、物联网等技术，打造一套可循环的生态系统。发展“无车承运人”必须应用互联网技术结合 GPS、RFID 等先进的设备，使货主可以通过平台实时追踪物流的位置，车辆运行状态，保证货物从开始装车直至运送到接收方手中的全程物流可视化，实现物流、信息流、资金流等所有资源在平台上的透明化。

（七）开展线下售后服务，提高各方满意度

很多时候司机与货主的纠纷需要线下解决，发展无车承运物流必须成立自己的服务站和服务体系。建立综合服务站，帮助司机解决投诉，处理合同纠纷等。此外，无车承运平台的经营人必须服从国家有关政策规定，才能在物流行业的发展中站稳脚跟，其必须规范自身的经营行为，获取相关许可证，强化运输安全、服务质量等方面的管理，接受交通运输主管部门的监督，加强信用评价体系建设，建立一套完善的信用评价体系，严厉惩处失信行为，并且积极响应国家营改增政策的执行，对交易、运输、结算等各环节进行全过程透明化管理。

五、结束语

改进后的“无车承运人”将实现国内市场资源的有效整合。对于货源方而言，能以更低价格享受更优质服务，有效减轻其管理压力，缩短货物运输时间，节约库存成本；对于车主方而言，在最短时间内得到了再一次货物运输机会的同时有效降低了空驶率，车主不必为了争取货源而恶性竞争；对于社会而言，可充分调动社会投资的积

极性，推动流通产业结构调整，最大限度地释放流通潜力，并降低流通成本，对提高国民经济竞争力具有重要意义。

参考文献

［1］李冰漪．业内人士眼中的无车承运人［J］．中国储运，2016（12）：44－45.

［2］常连玉，陈海燕．无车承运人运力资源组织优化研究［J］．公路交通科技，2016（10）：152－158.

［3］桑士东．无车承运人业务模式下司机和车辆管理模式改革的探索［J］．现代经济信息，2016（17）：334－336.

［4］李冰漪，徐翔，王悦．货运模式新变革——无车承运人［J］．中国储运，2016（12）：41.

［5］PETER KNORRINGA. New dimensions in enterprise co－operation and development［J］. Cluster to Industrial Distrios Harvard University Press，2002.

［6］包兴安．“无车承运”有望分享万亿元市场蛋糕［J］．运输经理世界，2016（7）：41.

［7］杨筱卿．蜂云汇：接地气的中国“罗宾逊”［J］．中外管理，2015（12）：98－99.

［8］王婷．“互联网＋”时代公路运输车货匹配平台的发展［J］．综合运输，2015（12）：22－28.

［9］楚峰．“破”“立”之间寻蓝海［J］．运输经理世界，2016（7）：4.

［10］罗文丽．“互联网＋无车承运”的机会来临——“路歌”掌门人冯雷解析物流发展最新机遇［J］．中国物流与采购，2016（15）：50－52.

［11］李睿奇，郭纭记．运满满的运气［J］．中国企业家，2016（2）：46－52.

［12］庞彪．2015年公路物流业有喜有忧［J］．中国物流与采购，2016（3）：35－37.

［13］李润涸．基于供应链管理的煤炭物流模式探析［J］．宏观经济研究，2011（12）：27－34，65.

［14］何荣宣．传统物流向现代供应链管理转变的策略［J］．企业经济，2011（9）：41－43.

［15］喜崇彬．运满满：用移动互联技术推动货运行业变革［J］．物流技术与应用，2016（5）：108－110.

我国无车承运人运营模式创新及发展路径*

现阶段，在我国道路运输市场上，多数货源通常掌握在货运代理手中，而个体运输户则无法通过自身获得较为稳定的货源。这主要是由于道路运输市场无法有效地组织货源，使得市场上的各方信息不对称，货源信息与运力信息相分离。针对这一现象，为明确运输责任主体，达到运输安全、提高运输效率的目的，交通运输部引进了“无车承运人”这一新型的业态形式，明确指出开展无车承运人模式试点工作。由于无车承运人具有资源整合能力强、网络效应明显、品牌效应广等特点，因此对无车承运人的研究，对于促进物流货运行业的转型升级、提质增效具有重要意义。

一、无车承运人运营模式发展背景

无车承运人是指不拥有车辆而从事货物运输的个人或单位。与普通的货物运输不同的是，无车承运人一般只从事货物分拨、运输组织、运输线路以及运输方式的选择工作，而不从事具体的运输业务，它的基本收入主要是由于规模化的“批发”运输而产生的运费差价（表 3 - 1 为货运代理与无车承运人模式的异同）。无车承运人的业务对象是实际承运人、委托人、收货人。其业务流程为委托人委托，运单调度，货物装车、货物在途、货物签收以及回单等环节。对于无车承运人而言，他们业务的关注点是单据的执行状态，管理难点则是对货物运输过程的监控以及对运费的结算。

* 供稿人：王勉，刘峰丽，江苏科技大学商学院，发表于《物流科技》，2017 年第 12 期。

表 3－1　　货运代理与无车承运人模式的异同

	货运代理	无车承运人		货运代理	无车承运人
订立运输合同	不可以	可以	全程运输责任	不承担	承担
收取全程运费	不可以	可以	对委托人身份	代理人	承运人
佣金	可以	不可以	对实际承运人身份	代理人	委托人
运费差价	不可以	可以	托运人法律地位	单一法律地位	双重身份

无车承运人的发展有其历史必然性。在 1980—1990 年，我国经济飞速起步，所谓的物流就是买个卡车拉货跑运输，货运运输门槛低、赚钱快、利润高，个体运输者数量激增，这也导致我国物流形成小、多、散的局面。在 1990—2005 年，很多有名的货运公司占据了市场的较大份额。政府为加强对货运行业的管理和引导，出台了一系列关于运输资质的政策并承认了车辆挂靠的合法性，这种允许挂靠的单位则是无车承运人的前身。随着时间的推移，粗放式的公路货运已越来越不能满足市场的需求。货运行业进入了真正拼模式、拼服务的整合阶段，但仍然无法实现货运的有效控制和全程管理。

2016 年，财政部、国家税务总局印发了《关于全面推开营业税改征增值税试点的通知》，明确规定无车承运业务按照“交通运输服务”缴纳增值税，这为无车承运物流发展创造了必要的政策环境。7 月，发改委正式发布《“互联网 +”高效物流实施意见》，明确提出道路货运无车承运人模式试点时间表，“无车承运人”成为公路物流业最热的话题。9 月，交通运输部办公厅印发《关于推进改革试点加快无车承运物流创新发展的意见》，提出重点围绕“规范经营行为、强化信用建设、落实税收政策、鼓励模式创新、探索管理制度”五个方面开展试点，这是现阶段我国实现物流产业资源整合、转型升级、创新发展的契机，也是我国实现经济转型升级的重要抓手。

二、国外无车承运人运营模式借鉴

作为全球无车承运人的领军企业，罗宾逊平台拥有全美国最大的卡车运输网络系统。从罗宾逊物流的运营模式中可以看出，罗宾逊物流取得成功的关键是重资本、轻资产；重视互联网信息技术的推广和应用；重视人才的培养；罗宾逊物流重视资本投入；没有自有车辆和物流地产。罗宾逊公司在美国处于垄断地位，但是其在中国的分公司业务却不顺利，根本原因在于中美两国面临的产业环境有所不同。

（1）税务体制上的差异。中国物流行业中现有的公路运输企业开具的是 11% 的增值税发票，而美国物流行业是不需要开税务发票的。这种税务体制上的不同，使得中国货运行业现有的税务成本要高于美国。

（2）产业结构上的差异。美国物流产业结构相对比较扁平，而中国大部分是小型的货运公司，在货主和最后的承运司机之间，货物运输往往会存在若干层的转包。

（3）产业成熟度上的差异。美国的物流产业标准作业化程度高，提高了车辆的装卸效率、运行效率。而中国货物运输标准化程度较低，致使长途车辆的平均等待时间很长、车辆平均利用效率低。

（4）结算模式上的差异。在美国货运运输业中，罗宾逊公司与客户一个月结算一次账单，不存在资金占压的现象。而在中国企业账期结算时间很长。大量资金必然沉淀在应收账款上，使得车货匹配平台的规模难以扩大。

三、现阶段我国无车承运人运营模式探索

（一）第一阶段：车货匹配平台

由于罗宾逊模式无法在中国进行复制，从而出现了“车货匹配”这一新的形态。自“车货匹配”被提出以来，“车货匹配”平台一直都是物流圈中的一个热点。截至2016年，仅公开披露的车货匹配平台就已经近百个，其中，比较知名的有以下几家（见表3－2）。

表3－2　比较知名的车货匹配平台

企业名称	业务范围	匹配目标
神盾快运	同城货运	社会车辆、商家或电商企业
运策网	整车货运、城际货运	货主、车主或物流公司
福佑卡车	长途整车（大体量高价值货物）	货主、经纪人（中介）
云鸟配送	同城货运	货主、个人车辆或中小型物流公司
物流小秘	长途专线	专线、司机
运东西	零担物流	中小微企业、个体司机或运输公司
货车帮	中长途货运	物流企业、司机
罗计物流	同城货运	货主、车主或物流公司
一号货车	同城货运	货主、司机
第一物流	同城配送	货主、司机
运拉拉	同城配送	货主、司机
Gogovan	同城配送	货主、司机

这些平台存在着一定的共性，也存在着一定的差异，而正是这种差异性，导致平台发展速度与效率的不同。

（1）服务对象不同。平台通常有同城货运、城际货运和长途货运三种服务对象，不同平台在目标客户群体上有一定的差异。面向货主、司机的平台占大多数，但是针对中介和物流公司、货代的匹配平台业务会比较稳定。

（2）撮合方式存在差异。撮合方式上主要存在系统自动匹配、人工撮合两种模式，其中，系统匹配方面又有公开竞价、非公开竞价和信息发布平台三种模式。

（3）计费方式不同。车货匹配平台的主流计费方式为按重量、体积、距离等不同的标准计算运费。但是也有部分车货匹配平台推出了“按需计费”，即给货主的报价是一整套服务费包含同城货运费用。

（4）信任体系较为相似。车货匹配平台会对申请报名的车主、货主进行严格的审核，例如车主100%实名身份认证。同时，平台基本都有保险机构或赔付金制度，有效地降低了货物损失的风险。

（5）盈利模式相同。平台通常采用补贴和资源导入两种方式获取客户。在起步阶段平台通常以各种“补贴”形式进行客户获取。在发展阶段，客户量积累到一定规模后，平台开始通过运费差价、订单抽成来盈利。在成熟阶段，平台企业通常会通过金融服务、保险等领域进行套现获利。

（二）第二阶段：无车承运人运营模式

车辆匹配平台是简单地进行信息整合，并不能保障货物的安全以及货主的利益。目前，我国在大力推进无车承运人运营模式（见图3－10），无车承运试点企业要求有四大能力：强大的货源组织能力、车辆整合能力、信息数据交互及处理能力、全过程管理实际承运人的能力；具备很高的经营管理水平、良好的社会信誉，并且能够承担全程运输风险。

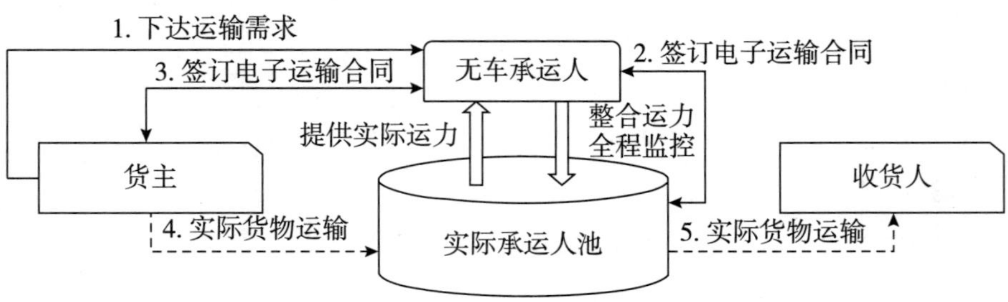

图3－10　无车承运人运营模式

无车承运人在一定程度上就是通过互联网平台这一工具达到去中介化的目的。通过各种物流系统的应用，将线下车源、货源等进行整合，并在线上进行信息发布，实现车货精确匹配，解决货运信息不对称的问题。在无车承运人试点推行过程中，行业出现了线上和线下交互发展的模式。

（1）线下+线上模式：线下方面，在全国范围内布局，建立服务节点，整合当地运力资源，建立可控的运力资源网络，形成一个“运力池”，以此为基础在线上提供车货匹配业务。以传化物流为例，传化物流有大量的物流地产，形成遍布全国四大枢纽的公路港网络。线上方面传化物流研发了以“易配货”等系统为核心的互联网物流平台，通过传化物流门户网站、手机配货 App（应用程序）、同城货运平台，解决了公路干线与城市“最后一公里”的货运问题。

（2）线上门户网+线下加盟模式：比如卡行天下。线下方面，卡行天下在全国选择建立多个区域性的流通中转中心，并由此向外辐射，在辐射不到的区域通过加盟方式建立加盟网点，最终建立起覆盖全国范围的物流运输网络。线上方面，卡行天下主要通过建设门户网站，为加盟企业提供统一的信息系统，实现对加盟企业的跟踪统计及考核评价，实现运输服务全程可视化。

四、无车承运人运营模式存在的问题及创新发展路径

（一）无车承运人运营模式试点存在的问题

我国的无车承运人运营模式刚刚起步，还没有形成比较稳定的业务模式与规模。在试点过程中，也出现了例如法律和监管滞后的问题。由于国家税收管理并不支持无车运输企业的合理开票需求，这使得无车承运人的业务操作流程只能在灰色地带进行，尽管“无车承运人”有望推动中国物流行业转型升级，但是缺乏法律支持，导致运输担保机制缺失、财税配套政策尚未明晰，这些都让“无车承运人”面临权责利关系不均衡、风险预防难度大、未来发展受限等问题，给“无车承运人”的发展带来了一定的阻碍。

此外，无车承运人的盈利模式尚不明朗。目前，多数无车承运人还处在资金大量注入阶段，市场收益尚无法支撑物流网络庞大的管理成本和信息资源投入，即便后期盈利想象空间大，但是存在一种致命伤：货主与实际承运人熟悉后摆脱无车承运人进行私下交易。因此，无车承运人不能仅仅依赖佣金和平台费等模式获取收益，还应提供独特的服务来创造利润。

（二）无车承运人模式创新路径

我国无车承运人的发展需要在借鉴国内外先进企业的经验基础上，结合我国的宏

观经济环境、法律环境、产业发展阶段，探索出适合我国本土的无车承运人运营模式。

1. 平台规模化运行

无车承运人体系架构包含了：货主、运输者、第三方支付机构、保险以及监管者等。作为市场新兴热点，各家企业都在尽最大可能拓展企业规模，而在这一混战阶段，货主和实际承运人都存在着多样性选择，同一资源挂在了不同的平台上，并且在不同的平台选择过程中实现套利。而最终结束这一混战局面的只能是通过集中化，实现资源的有效整合，最终实现规模化和垂直专业化两个市场发展方向。

其一，加大资本的投入。无车承运人是一种轻资产重资本的经营模式，需要通过前期大量资本的进入建立市场门槛，当市场规模高度集中之后，才有可能形成盈利，在此之前，都需要通过不断地“烧钱”才能吸引并维持客户，并击垮同质化竞争对手。而市场资本也在优选各种潜在的优秀无车承运人进行市场投入。

其二，加强宣传力度。无车承运人的服务对象是货主和运输者。要扩大无车承运人的规模，就需要有足够的运力与货源。因此，通过有效的市场宣传，培养客户的需求偏好，形成对无车承运平台的依赖性，才能够逐步形成市场的普遍性游戏规则，在整体上降低市场的交易成本与各项费用，实现专业化。

其三，引入第三方支付手段。第三方支付是指具备一定实力和信誉保障的独立机构，采用与各大银行签约的方式，通过与银行支付结算系统接口对接而促成交易双方进行交易的网络支付模式。

支付手段的便利性是客户选择的重要考虑因素，快捷支付能够降低企业的资金时间成本，通过第三方信用机制能够提升双方交易的信任程度，由第三方支付根据交易记录所生成的信用评价体系更具有说服力。

其四，从单一平台向联盟、专业垂直化方向发展。无车承运人与客运需求不同，由于货物种类、运输需求等存在着巨大的差异性，并且物流的区域化特征明显，因此，在构建全国性的大平台时，会存在大量的不确定因素，能否出现中国的罗宾逊，与行业的标准化、规范化有直接的关系。因此，大量的无车承运人会通过信息平台的对接实现在不同区域的联盟合作关系，在专业化物流（如冷链物流、危险品物流等）领域出现垂直化的无车承运人。

2. 多元化盈利模式

企业的盈利来自基础服务和增值服务两部分。无车承运人实际上是一个类互联网企业，其核心资源是大量的业务信息，因此在成本结构上，存在边际成本递减和边际收益递增现象，为了提高无车承运人的收益，需要对基础服务与增值服务两部分采取不同的定价方法。

基础服务部分，即传统的交易撮合佣金，此部分来自货主和车主的收益分割，因此，对于这部分的收益是零和的，因此，应尽可能地降低基础服务成本，并以此扩大市场的服务面，起到锁定市场客户的功能。而为客户提供更多的增值性服务，才是无车承运人收益的真正来源。这一思想符合“免费经济”的基本判断。

在有充分的运力和货源基础上，通过优化的方法，降低市场信息搜寻成本，才能更好地实现规模化的收益，目前已有的可能的增值服务链条包括以下内容。

①低成本融资。对于中小型承运人和货主而言，资金的瓶颈持续存在，小额融资由于手续烦琐、制度成本高以及监管困难，在市场上一直都难以实现融资需求。平台化的无车承运人，可通过获取金融牌照，运营物流金融相关业务，利用对物流全过程的监管与数据分析，实现质押与信用融资业务，为客户提供短期小额融资业务。

②保险业务。物流过程中存在着大量的不确定因素，需要通过财产保险的形式对风险进行有效的规避，而传统小规模物流承运人由于怕麻烦、成本高、风险意识不强等，往往忽略了保险这一重要因素，而一旦发生较为重大的责任事故，带来的风险是难以对冲的。而通过无车承运平台，能够和保险公司进行合作，提供给货主与承运人更为合理与便捷的保险服务，也能够为平台创造更多的增值服务空间。保险这一金融产品还能够为平台提供更多的融资。

③加油业务。油料是物流中的重要成本构成要素。因此，对于无车承运人来说，可以通过经营加油业务，为平台中的用户提供价格低廉以及质量可靠的油品，同时，利用获得油料的经营权实现油品批零之间的利润。此外，也能够更好地在平台上利用价格优势锁定客户。

④维修业务。从长期合作的角度来说，无车承运人为客户提供的服务是全方位多样性的。维持车辆在整个生命周期内的有效运行，既是帮助车主节约成本，也帮助无车承运人获得了稳定的运力来源，同时维修业务的数据可以得到更好的应用，用于对车辆进行综合评估与分析。

⑤大数据分析。未来市场上最为重要的资源就是数据，如能对已经投入运营的车辆、货物等数据进行全程的追踪，利用物联网技术采集车辆行驶过程中的数据，能够获得实时化的网络感知数据，优化无车承运人的运输决策。通过对订单数据的分析，能够更好地预测车货之间的匹配过程，提升撮合效率，降低撮合成本，并且进一步推动平台的使用。

3. 完善制度建设

目前，对于无车承运人的管理还处于实验期，尚且没有明确的法律规范对其进行专门的约束与管理。通过首批试点单位先行先试的政策，让企业在市场运营过程中发现问题，并对其进行持续地跟踪与监测，及时处理各种新问题。近日，交通运输部办公厅发布了通知，明确强调了对无车承运试点工作的运行监测，对总质量 12 吨及以上的货运车辆都要接入全国道路货运车辆公共监管与服务平台信息服务，要提供实际承运人的人、车、户的基本信息。目前，通过试点的283家企业已有110家接入平台。由于无车承运人这一新鲜事物涵盖面广泛，因此还会涉及相关管理部门之间的配合与协调，包括数据标准、车型、单据的统一与标准化，需要多部门之间共同协作来推动无车承运人行业的健康有序发展。

4. 提升技术水平

无车承运人是一个由技术驱动的平台化物流整合商。因此，对于技术层面，需要实现数据的实时化采集，运行全程的追踪，基于海量数据的分析与应用等。这些技术的整合，能够助推物流从分散的经营方式向着整合化、高质量、高效率的方式发展。通过技术的辅助，能够进一步降低人在常态化、重复性劳动上的投入，进一步提升管理幅度，降低管理成本，并且借助于技术实现更广范围内的运行管控。

参考文献

[1] 董娜. 无车承运人的优势分析和发展建议 [J]. 交通标准化，2011 (24)：87 -90.

[2] 元野. 基于图着色模型的零担物流调度优化问题研究 [D]. 哈尔滨：哈尔滨工业大学，2015.

[3] 陆慧娟，安春霖，等. 基于SaaS和CSCW的车货匹配系统研究与应用 [J]. 华中科技大学学报（自然科学版），2012 (40)：324 -327.

[4] 徐维维. 卡行天下：用精准数据打造物流标准化产品 [N]. 21世纪报道，2016 -06 -19 (05).

[5] 范玮瑛. 我国第三方支付的风险控制研究 [D]. 武汉：华中科技大学，2013.

[6] 蒲斌. 物资在途识别系统框架设计 [J]. 河南科技，2013 (16)：7 -8.

第四部分

典型案例篇

案例一　志鸿物流

——三流合一的无车承运人平台

一、企业概况

广州志鸿物流有限公司（以下简称“志鸿物流”），位于广东省广州市白云区太和镇。志鸿物流通过引入知名投资机构作为股东，加大科技研发投资力度，于2016年自主研发完成“运势界”系统，并于2017年1月获得交通运输部“无车承运人”试点企业经营资质。志鸿物流主要向快递、快运、电商类客户提供干线整车运输服务，服务范围从客户的某一货物集散中心至另一货物集散中心。依托长期稳定的优质货源，志鸿物流吸纳了大量的运力资源，目前已基本整合华南、华中、华北、西南以及周边大量运力资源，车辆类型以半挂、集装箱为主，整合社会车辆超4万辆，网络覆盖北京、上海、广州、深圳、成都、武汉、杭州、西安等省市及地区，业务辐射华南、华中、西南、华北、西北、东北等重点区域。

二、无车承运人业务开展情况

（一）业务模式

志鸿物流作为第三方无车承运物流平台，一方面依托货源企业的真实货源吸引社会运力，整合优质运力反向为货源企业提供优质的运输服务，通过货源、车源的高效对接，降低运输成本，提高运输效率；另一方面利用平台的研发技术优势，开展物流金融服务，提供线上结算、信用授信等服务，形成“信息流＋资金流＋业务流”三流及数据贯穿的自循环体系。

志鸿物流通过自主开发的移动互联网平台“运势界”解决运输过程中的前期配货

难、中期运输效率低、后期交付质量差等一系列问题，为客户和社会司机提供一站式服务，极大地提高了资源配置合理性及物流效率，并通过整合众多优质运力和物流供应商资源，应用车联网、云计算和移动互联网技术，采用线上、线下（Online To Offline，O2O）相结合的方式打通从招投标、合同签署到订单管理、交易结算、电子回单等的流程，建立覆盖全国的整车物流交易和甩挂运输网络。

志鸿物流凭借现有业务体系、线下网络、信息化系统和品牌优势等，面向中国大型快递、快运、电商及商贸企业提供优质高效的公路整车运输解决方案。目前志鸿物流自行设计的“运势界”智能物流软件，集移动互联网、物联网、大数据、云计算技术于一体，实现了物流业中发货人、承运人、收货人的紧密连接。

（二）无车承运人信息平台建设情况

1. 总体情况

志鸿物流运用专业卡车管理技术，依托自主研发的移动互联网和物流数据交互系统，为客户提供干线物流运输解决方案。目前业务主要包括：传统的干线运输业务，以及由此衍生的后续一系列增值服务。例如：以卡车买卖及融资租赁赚取车价差及利息差的车辆金融业务；以卡车生产资料要素［油品、ETC（不停车电子收费系统）、轮胎耗材、车辆保险及物流责任险］集中采购赚取零批差的车后市场业务，未来可拓展至二手车买卖平台及驾驶员培训平台；以应收、应付质押贷款的供应链金融业务。

已上线的“运势界”平台作为志鸿物流现阶段无车承运人方向发展的重要战略支撑，随着“运势界”平台的逐步完善，志鸿物流将后服产品逐步推向社会车辆，包括：油价差、尾款贷以及物流责任险；会员管理信用体系的搭建，志鸿物流将通过“运势界”把后服产品开放推广至非体系内卡车司机。随着物流行业的发展，志鸿物流依托“运势界”互联网平台正构建以干线运输业务为基石，车辆金融业务、车后市场业务及供应链金融业务为驱动的重度垂直卡车生态圈。

2. 平台架构

志鸿物流信息平台“运势界”在产品设计上整合 TMS（运输管理系统）、CRM（客户关系管理）、EHR（人力资源管理）、智能调度算法引擎为数据处理中枢，Web（万维网）、App、微信应用号为操作终端；在架构设计上采用与阿里系统相似的大中台架构，用户中心、订单中心、商品中心、结算中心等 9 大业务板块模块化区隔设计，具备良好的模块封装能力、数据区隔能力及拓展性；在流程设计上以打穿业务的纵深贯通为核心，实现业务流、信息流、资金流三流合一，自动流转，解决资金、票据、税务的一致性；在平台化设计上，将客户（货源方）、供应商（运力方）、后服务商、金融支持贯通，以信息流为载体自发流转，形成生态平台布局，为后续平台开放奠定基础。

3. 平台主要功能

志鸿物流于2016年10月组建核心技术开发团队，摒弃原TMS，重新设计产品框架，以业务流、信息流、资金流三流贯通及开放平台为核心思路打造新系统，在设计及搭建上参考了阿里系统相似的大中台架构，命名为“运势界”，基于系统强大的装载能力，意识到“运势界”作为开放平台的巨大价值与想象空间，2017年10月开始，“运势界”研发团队的开发重心转为为开放准备的数据隔离、模块封装、共享云、后服体系封装、金融体系封装和智能调度引擎上，2018年系统将进入成熟期。

（1）自动化、数字化办公。志鸿物流通过“运势界”系统，实现了自动化、数字化办公，让组织架构更加扁平、高效，使人均效能大大得到提升，实现了组织架构的优化。通过“运势界”系统，数据BI（商业智能）系统建立，运营质量监督、成本/利润、日/月/年度经营报表等系统自动产生；财务系统实现自动化处理，供应商及客户账单自动生成。预付/尾款事业部批量审核由财务统一核销；驻场业务员移动终端办公，不再受场地限制，实现了订单跟踪、异常记录、预付款支付、合同上传等功能，提高了工作效能，提升了运营品质，让业务员有更多精力创造业务价值。

（2）虚拟账户+金融服务。志鸿物流通过“运势界”系统的虚拟账户+金融服务，打通了后服消费障碍；后台数据实时推送，运力供应商愿意主动消费后服产品。通过“运势界”系统，志鸿物流为平台用户提供每单30~100元的运费险，降低用户运输风险；为平台用户引入后付费ETC卡，为平台用户引入虚拟油卡，预付款直接写入虚拟油卡，用户根据指引到合作加油站使用，简化平台用户运输流程，提高运输效率。

（3）平台输出。志鸿物流通过“运势界”系统，实现了针对中小车队用户免费输出平台的能力，解决中小车队用户融资难、采购成本高、难管理的痛点，获取供应商分利。针对中小车队用户普遍存在的资金周转困难、拖欠运费问题，志鸿物流通过“运势界”系统，对其进行金融模块输出，推出尾款贷乃至借款服务，为中小车队用户提供强有力的资金保障，助力其扩大规模，加速发展。针对中小车队用户普遍存在的缺乏信息系统、管理难度大问题，志鸿物流通过“运势界”系统，对其进行管理模块输出，凭借系统的自动化车辆跟踪，大大降低了中小车队用户的管理难度，优化了其管理管控可能性。针对中小车队用户普遍存在的规模小、无法获取生产资料采购优惠价问题，志鸿物流通过“运势界”系统对其进行后服模块输出，利用系统平台的集采优势，大大降低了中小车队用户的运营成本。

三、无车承运人试点取得成效

无车承运人试点开展以来，志鸿物流实现了经济效益与社会效益的结合，不断扩大业务量，开发各类型客户，在扩大货源的同时整合社会运力，完成了车货匹配的深度结合，取得运输组织效率的提升、运输成本的降低、节能减排等成效。

经济效益方面，志鸿物流目前盈利模式主要包括上下游的运价差以及车辆后服市场的增值效益，其中车辆后服的增值效益是依托志鸿物流整个运力平台和车队规模衍生出来的全新盈利模式。志鸿物流通过借力快递、快运市场的高速增长，完善自身的全网建设，配对出更多的对流线路；同时，通过推广甩挂模式进一步降低自身运营成本。志鸿物流全网建设已形成一定规模，通过优化客户结构，进一步深耕了后服业务来增强自身盈利能力。截至 2017 年，志鸿物流“运势界”系统共整合社会车辆超 4 万台，年度营业收入突破 10 亿元。

社会效益方面，志鸿物流通过信息化建设，实现“运势界”系统对每一台车辆 GPS（全球定位系统）定位、行驶路线规划、运单信息化、结算信息化，并正准备研发智能调度系统，加快车货匹配速度，系统定点客户场地，随时根据客户需求进行匹配，迅速响应需求，及时安排车辆，减少运输时效浪费；通过积极探索甩挂运输模式，减少了货物装卸等待时间，增加单车载重行驶里程以及完成的总周转量，极大提升了运输效率，降低了车辆空驶率、运输成本、单位货物的燃油消耗水平，促进节能减排。

四、无车承运人试点主要经验

试点工作开展期间，志鸿物流在模式创新、信用考核评价体系建设、标准化建设、信息化建设、管理制度创新等方面，以及在配合政府部门开展政策及制度创新方面取得了一定经验。

志鸿物流依托各大快递、快运、电商客户的货源，整合自有运力与社会运力，通过“运势界”系统的强大信息化功能，包括订单自动获取、智能调度、智能线路规划、车辆管理、可视化实时监控、BI 数据报表功能，逐步优化组织架构，务求降低管理难度，现已通过高效安全的运营管理，将事故率控制在 0.4% 以下，并制定外调车管理制度，重点对社会车辆的信用、服务质量、车辆情况等方面进行管控，通过信用评价体系、质量考核体系对业务参与方进行考核评估，确保每一台车每一票货购买保险，保证抗风险能力。

志鸿物流在信息化建设方面基于“运势界”系统，不断挖掘实用性新功能及寻求系统现有功能的更加完善，逐渐形成由用户注册、资质审核、发布货源、调度车辆、预付款支付、装货、运输、卸货、尾款支付构成的标准化线上业务流程。在线上业务流程各关键节点完善相关制度，包括《用户服务协议》《用户租车协议》《车辆放空赔付制度》《安全生产规范》等，为线上业务流程保驾护航。

志鸿物流积极参与广东省交通运输厅组织的关于推进改革试点加快无车承运物流创新发展主题的研讨、交流活动，在省交通运输厅的指导下，与各无车承运试点企业加强交流，取长补短，并根据试点要求细化试点实施方案，升级改造无车承运平台功能，认真组织实施，积极探索创新物流运营新模式，根据监测要求开发无车承运平台试点监测模块，实现与广东省、国家交通物流公共信息平台的无缝对接。

未来，志鸿物流将加大对系统的开发投入，完善该系统各项功能，配备专业互联网、风控人才，通过强大的风险控制、业务管理能力，基于系统强大的装载能力及志鸿物流现有业务体系、线下网络、信息化系统和品牌优势，面向中国大型快递、快运、电商及商贸企业提供优质高效的公路整车运输解决方案。

案例二 前海美泰

——公路物流供应链全流程组织者

一、企业发展概况

深圳市前海美泰物流网科技有限公司（以下简称“前海美泰”）成立于2013年，注册地址在深圳美泰物流产业园内，是美泰物流企业集团旗下的全资子公司。公司以互联网+智能物流为发展方向，有效整合供应链上优质节点资源，包括物流服务厅、配送物流、专线物流、仓储、第三方物流、物流保险等经营主体，制定物流供应链上各协同服务商的操作流程和服务标准，为中国物流产业的转型升级提供技术服务。

美泰物流网是由前海美泰打造的国内物流行业线上、线下同步交易平台，提供各类物流服务、整合物流资源的核心依托，结合后台智能系统、路径算法等前沿科技的研发，实现对物流全过程进行有效组织和监控执行，建成一个可全时段、全方位、全流程响应用户与服务商之间高效运营需求的一站式服务平台。

前海美泰于2017年获得国家首批无车承运人资质，目前已与5000余家制造业企业（货方）建立了合作关系，合作的车辆数超过2万辆，业务网络覆盖全国。

二、无车承运人业务开展情况

（一）业务模式及特点

前海美泰以物流大数据、云计算为技术基础，深度融合物流与交通、金融等相关行业资源，提供在线平台增值信息、交易、自动结算等服务，改善现代物流较为单一的服务现状。在业务管理上，实现信息流、物流、资金流一体化协同管理，做到信息、物流、资金及时准确的高效处理；在业务运作上，实现平台商户间、平台商户和平台客户间、平台运营与合作伙伴间的快速协同工作；在技术方面，试点通过对货运标准智能运算体系、双数据库运转设计、多端数据互联互通等关键技术的研发，重塑物流生产流程，重组物流产业运营主体，打通产业供应链信息壁垒，创建由互联网信息平台管控网点达到物流轻资产的新模式。

美泰物流网平台重组物流服务供应链，在整个物流组织模式中，充分发挥无车承运人的主体职责，将物流过程中各服务节点优质资源整合，利用后台智能系统统一调配，由高附加值的信息流促成交易完成。主要特点如下。

（1）物流供应链重组。平台重组物流服务供应链，将服务厅、配送、专线、运力、仓储、第三方物流、保险等优质要素资源进行聚集整合。

（2）平台服务内容专业可控。提供线上线下综合服务，通过智能信息系统的多重路线规划、货物订单运算等核心功能，对物流全过程进行有效组织和监控执行，实现服务过程的科学性和精确性。

（3）平台服务标准统一、服务流程协同。统一物流供应链上各协同服务商的操作流程和服务标准，同步操作环境、压缩循环时间。

（4）行业大数据共享。通过平台内的行业大数据资源，为国内物流服务供应商、大中型企业客户和相关产业研究机构等提供行业数据支持。

（5）增值信息服务。提供物流行业信息化功能接口对接，例如提供仓库空仓数据、整车返车信息等。

（6）行业金融服务。融入优质金融资源，挖掘客户潜在需求，搭建以物流、商流、资金流、信息流为一体的一站式服务平台。

（7）物流云服务（TMS 云计算服务）。为物流行业企业提供免费而高效的物流云服务，利用信息互通互惠达到物流服务贡献的一个物流云服务平台。

（二）无车承运人信息平台建设情况

平台是由一个物流综合服务网络、四大服务系统和绿色高效的线下支撑节点组成的。物流服务网络负责线上、线下 O2O 配送物流业务。零担物流、同城配送、仓配物流、供应链物流四大系统，负责各领域专业服务需求。线下支撑节点作为平台线下服务实体，前店后仓设计，为客户提供多样化选择。

（1）利用 LBS（基于位置的服务）技术，开发生成可视化订单与货物追踪功能。通过利用 LBS 技术，获取司机手机端采集到的 GPS 信息与运输状态节点信息，达到数据可视化的订单与货物的跟踪。

（2）利用大数据技术与智能算法开发全国首创公路物流货运标准智能运算体系。例如零担货运标准智能运算价格，客户通过平台下单，平台计算出标准零担运输的各个节点费用报价。

（3）采用 Sybase（美国 Sybase 公司开发的一种关系型数据库系统）与 MySQL（瑞典 MySQL AB 公司开发的一种关系型数据库系统）双数据库的联合运转设计，兼顾平台计算处理的高效性与灵活性。

（4）三端（手机、PC、平板）数据互联互通。利用核心物流运算引擎，通过标准接口联动三端。

（5）利用平台管控达成物流轻资产模式。平台管控网点路由、网点商户、商户运输车辆等。

三、无车承运人试点工作取得成效

无车承运人试点开展以来，前海美泰在优化和提升原有业务模式的基础上，持续推进资源整合和企业规模扩张，在提高企业经济效益的同时，实现了运输组织效率的提升、运输成本的降低、节能减排等方面的社会效益。项目的建设打通了产业供应链信息壁垒，助力物流行业经营者，特别是中小型物流行业经营者快速、有效地实现产业升级，提升物流行业服务水平和服务能力，通过项目系统的研发搭建，高效整合行业资金流、物流、商流、信息流，将带领国内物流行业向生态化、品质化、网络化、智能化转型。

（1）吸引社会运力及资源。依托充足、稳定的货源，美泰物流平台实现对产业链资源的有效集聚。截至 2018 年 3 月，美泰物流网平台共整合社会车辆 2.3 万台，加盟网点 350 余家，累计完成 26 万运单。

（2）提升了运输组织效率，盘活现有社会物流资源，减少车辆空驶率与信息时间成本。无车承运业务的开展，减少了信息匹配和货物装卸等待时间，增加了单车载重行驶里程以及完成的总周转量，极大提升了物流效率。无车承运业务的开展，使得货物装卸等待时间从平均 1～1.5 天缩短到 8 小时内，空载率降低了 5%～18%。

（3）有效降低运输成本，规范市场，促进节能减排。前海美泰通过无车承运模式提高运输和物流效率，避免了社会物流资源的盲目扩张，降低了单位货物的燃油消耗水平，使企业和司机整体运营成本大幅减少、运输利润大幅上升，实现节能减排社会效益。

四、无车承运人试点主要经验

试点工作开展期间，前海美泰按照交通运输部无车承运人试点相关工作要求，依托企业经营业务，持续推进相关探索，在模式创新、管理制度建设、信用考评体系完善、标准化流程构建等方面取得了一定经验。

（1）节点优化，专精发展，网点管控。前海美泰根据物流产业链条的各阶段服务特点，有效截取关键节点，实现节点资源的智能化配置，利用平台核心技术将每一环节服务实现优质高效的组织运营，实现物流整个服务链条的完备。平台通过线下加盟网点进行车辆管控，平台管控网点路由、网点物流商户、物流商户运输车辆等，充分发挥各区域最终端网点功能，实现最末端服务者的灵活调配。前海美泰对各片区的客户群体、网点分布、承运商实力等信息进行了逐一挖掘，实现网点选取与建档，达到物流轻资产的管理。

（2）多管齐下，完善风险管理及赔付机制。为进一步确保运输安全，提供更有保障的物流体验，前海美泰分别从托运方、平台、承运方三者入手，在“货物安全”“法律风险”“运营风险”“资金风险”“运输风险”等方面制定了相应防范策略，对于上游托运方来说，从“货物数量风险”“货物品类风险”“货权风险”等方面进行风险控制。对于平台来说，从“用户审核”“规章制度”“业务风险”“操作风险”等各个方面制定了严密的流程管控和管理规范。对于下游承运方来说，从“司机安全”“车辆安全”“司机服务质量”“车辆产权风险”四个方面进行风险控制与处理。平台除了在各个流程节点实施严密的风险把控以外，还及时与保险公司合作，保证整个运输过程中的货物损失和丢失的风险与责任。平台收益的一部分作为风险储备金，一旦出现纠纷和风险，平台先行垫付，做好源头风控管理，最大限度保障货主及承运人的权益。

（3）规范管理，建设信用考核评价体系。前海美泰通过信用评价系统实现了托运方与承运方的信用评价，通过业务完成情况与投诉机制分别对客户与各阶段服务商进行多维度评价，由系统自动计算综合信用评价指数，通过量化指标为规范用户交易行为与金融服务提供帮助。

（4）持续探索，形成标准化业务无车承运服务流程。通过长期探索，前海美泰形成了五统一的标准化运作流程，形成了由用户注册、资质审核、发布货源、服务商承接、签订合同、投递保险、装货、运输、卸货、支付运费、开具运输发票等环节构成的业务流程。同时，围绕业务流程完善相关制度，如《用户服务协议》《用户注册协议》《网点加盟规则》《争议处理流程》《安全生产规范》《安全装卸规范》等，保证相关作业的规范性。

案例三　好多车联

——“物流信息平台＋无车承运”模式

一、企业基本情况

好多车联（深圳）科技有限公司（以下简称“好多车”）成立于 2014 年 12 月，总部设在深圳市，是一家致力于提升公路运输产业链整体运行效率的互联网平台企业。2016 年被评定为国家道路货运无车承运人试点企业，成为对接顺丰速运的四大运输平台之一。截至 2017 年年底，公司拥有 8 项自主知识产权，与国内 100 多家企业签订长期合同，平台聚集各种物流车辆近 120 万辆，驾驶员信息 50 余万条，长期合作物流线路达百余条，业务覆盖全国大部分省市地区。公司致力于通过公路运输运力服务平台——好多车，打造“物流信息平台＋无车承运”模式，促使平台企业获得更优质且更低成本的运力服务，让平台司机更专注于道路运输服务。

二、主营业务内容

（一）一站式订车业务

一站式订车服务是指通过好多车采购平台订购运力资源，从最初的采购下单到车辆运输完成等整个流程实现一站式订车服务，实现订车服务全过程的标准化、效率化、透明化、低成本。

（二）均价调车业务

在一定的运输周期内，已具备良好合作基础的客户，在相对固定的线路或者区域有稳定的运力需求，通过平台运力资源池，实现客户以恒定的价格匹配相对应的运力，同时提供运费代付、保险代买等相关增值服务（见图4－1）。

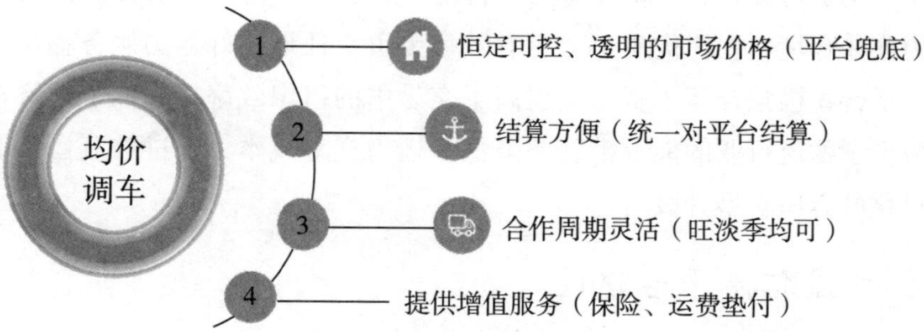

图4－1　均价调车业务内容

（三）代付运费业务

第三方金融平台对好多车平台进行金融授信，好多车平台提供居间保理服务，旨在帮助客户解决融资困难，只要合作中信用良好的三方物流企业，且通过好多车平台达成交易的运单，即可申请贷款服务（见图4－2）。

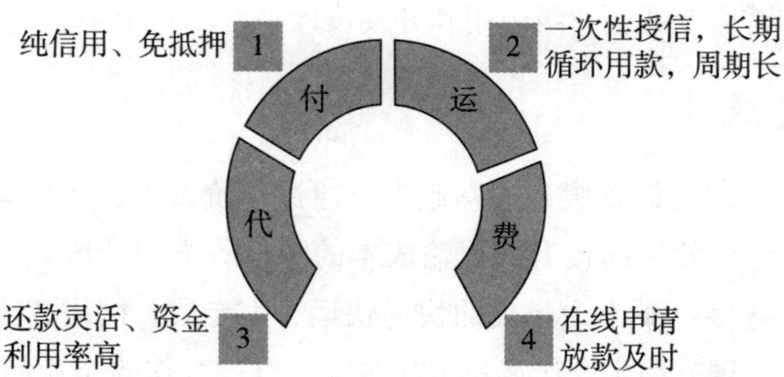

图4－2　代付运费业务内容

（四）无车承运人业务

2016年12月，好多车平台被广东省交通厅评为第一批国家级“无车承运人”试点企业，立足开拓拥有3万亿元规模的公路运输大市场，并通过互联网技术高效匹配3PL（第三方物流）公司和卡车司机，帮助3PL公司提升运输效率。

三、平台业务开展情况

（一）业务模式及特点

好多车利用互联网资源整合能力强、信息处理及时、反应速度快等特点，将运力资源进行智能相互匹配，搭建一个司机与货、货主三方信息共享车货匹配平台，实现企业可找车、司机可配货、货物可追溯的目的。通过平台物流交易信息的沉淀，培育了诚信运力交易环境，促使优质运力更有效率更负责任地做好运力服务输出，实现标准化体系。平台积极整合运力资源，提高了交易中的组织效率，降低了运输车辆的等待时间，减少了物流行业的能源消耗，降低了运力交易成本，促进物流运输业向节能及网络信息化的方向转型升级。

（二）物流信息平台建设

平台的技术核心是解决智能调度的问题，通过搭建交易平台，以海量运力资源池为基础，实现运力资源标准化，并最终打通平台线上交易。同时，在基于用户规模和用户黏性的特征实施物流、电商服务的基础上开发各种附加增值服务，如物流金融贷款等，以更好地服务于客户，实现平台的发展与盈利。基于微软的 .net 技术平台，项目采用 XML（可扩展标记语言）数据总线技术、MVC（模型 - 视图 - 控制器）设计模式和 SOA（面向服务的架构）框架，将各种松散服务植入耦合的模块，通过在 XML 数据包中加入标签数据（元数据）的方法实现调用接口的弹性，从而面向最终用户和开发商提供了一个随需应变的企业级应用和开发设计平台。

（三）取得成效

好多车平台在一站式订车服务的基础上，通过均价调车、代付运费、无车承运等方式，实现了运输组织效率的提升、运输成本的降低等方面的成效。一是合作企业方面。目前，合作企业多以顺丰为代表的快递快运、大专线、网络式零担、承运商以及大三方企业为主，全国有稳定合作客户 100 多家，有过合作的企业超过 1000 家。二是整合运力方面。实现了 2 万家具有实时 GPS 位置的运输公司，80 万辆具有实时 GPS 位置的个体车辆，100 万位具备运输能力数据的司机。三是运作线路方面。业务遍布全国 144 个省市（区），实际业务发生线路 627 条，排名前三的业务线路分别为广州—成都、广州—长沙、上海—佛山。四是运作货量方面。据无车承运人平台数据显示，在 2017 年 3 月—2018 年 3 月，运量达到 15 万吨。

四、平台运营经验介绍

（一）模式创新

（1）用户流量。2014 年，市场以传统物流信息大厅和传统中介为主，用户对于平台 App 都还熟悉和认可，以信息共享、用户注册、用户流量为主要目标。

（2）运单上线。2015 年，公司聚焦运单量交易模型，将线下车源、货源进行整合，把线下业务搬到线上，并且在线上利用系统、App 发布信息精准匹配，解决物流信息不对称。

（3）运力交易。2016 年，各平台聚焦交易额的流水模型，坚持为客户提供运力服务产品，为客户提供一站式订车服务，解决客户 30% 的临时用车需求计划。

（4）无车承运人模式。2017 年正式取得无车承运人资质，通过 1 年物流交易信息的沉淀，构建诚信运力交易环境，在保障运力的同时，使优质运力能更有效率更负责任地做好运力服务输出，通过有效的运力组织方式为客户提供无车承运人业务。

（二）技术创新

（1）运力分层。好多车平台合作车辆，基于基础资料、服务行为、服务评价三大维度 16 个子维度差异分值进行积分，在 60 分淘汰、末名淘汰双重考核机制下，基于系统沉淀数据和大数据分析形成运力的智能分层，让运力在 A、B、C 类运力中不断循环、沉淀、提升，而 D 类运力则直接淘汰，最终形成良币驱逐劣币的分层运力结构，通过智能化分层构成整个运力体系的良性循环。

（2）多模式组合监控沉淀智慧监控方案。利用三个位置数据以及后期引入的第四个位置数据系统化获取，并且进行比对分析，结合企业现有异常管理监控模式，智能化和人工化结合实现线上线下智慧监控。

（3）多方资源协同应急方案。通过对平台应急预案不断完善，集百家之所长及实战沉淀，提高调用全国性应急资源的效率，并在可控成本范围内将损失降到最低，整套成熟方案以应对各种突发异常事件。

（4）技术路线。平台采用 C#语言开发，可应用于包括 BEA WebSlogic、IBM WebSphere、IIS 等的主流服务器，通过 XML 技术进行数据交换和配置，数据库支持 SqlServe（结构化查询语言服务器），服务器端采用 . Net 技术，客户端支持 Windows 操作系统的 IE6 以上浏览器，主要采用 Microsoft Visual Studio 2012 开发工具。

（三）资源管理创新

（1）新增运力管理。针对新增运力对象管理，该平台上所有司机都必须以实名制注册好多车平台，保证信息真实性，同时需要与客户手机号码绑定使用。

（2）认证运力管理。一是资料上传，申请注册时，在 App 上提交新的全面的、真实的用户资料。二是认证审核资料。加强审核资料准确性、全面性。对注册时上传的驾驶证、行驶证、身份证，从业资格证、车辆运输许可证、保险卡，车辆照片等资料，后台审核人员要进行严格审核，方可通过。

（3）平台交易管理。设置充值运力目标、卡内剩余额度标准、自动接活功能、抢单报价功能、支付功能。通过运力转化、运力错配管理、运力转化标准等手段对潜在运力、稳定运力、优质运力进行规范化管理。

（4）运力分层管理。基于基础资料、服务行为、服务评价三大维度16个子维度差异分值进行积分，在低于60分淘汰和末位淘汰双重考核机制下，基于系统沉淀数据和大数据分析，形成运力的智能分层，让运力在A、B、C类运力中不断循环、沉淀、提升，而D类运力则直接淘汰。

（5）信用管理。创建信用评价体系，所有合作运力将建立诚信档案，并且基于车辆的基本信息、行为信息、评价信息，按照细项进行评分，以优胜劣汰的方式沉淀持续服务货主项目的运力。

（6）资质管理。一是基本证件资料管理。加强对客户的资质审核，包括驾驶证、车辆车头行驶证、车辆挂车行驶证、身份证、从业资格证等。二是车辆状况管理标准。国产车辆在3年以内、进口车辆在5年以内。厢车车厢完好、不透光、不漏水、无异味。三是驾驶员要求标准。500公里以上快递业务要求双驾，并提供副驾的驾驶证、身份证、从业资格证。驾驶员要求B照3年以上，A照5年以上；年龄为25~55周岁。

（7）可视化安全管理。车辆实施实时地图监控，可以实时查看车辆当前位置状态以及App在线状态。

五、发展计划

（一）打造诚信体系

通过物流交易信息的沉淀，构建诚信运力交易环境，在保障运力的同时，使优质运力能更有效率更负责任地做好运力服务输出，实现标准化体系，打造好多车标准化诚信体系，如推出企业画像——企业的诚信标准、运力画像——司机的诚信标准。

（二）推行黑名单共享

一是积极推动与中国物流与采购联合会的“黑名单”认证共享对接。中国物流与采购联合会被国家发改委授权为“黑名单”认定单位，其中黑名单共享单位有23家（好多车是其中一家）国内重点物流服务平台和中物联平台直接对接。二是对接行业内大型客户黑名单体系，以顺丰为代表的行业客户黑名单体系。三是积极推行好多车平台自己的黑名单机制。

（三）实现合作保障

一是打造好多车平台客户标准结算体系，保障运力通过好多车平台能找到合适的货源，并准时拿到运费。二是打造运力资源池系统，激活零散公共运力、优化整合稳定运力、便捷地管理合作运力、灵活调配自有运力；实现客户在好多车能找到优质的运力资源。

案例四　广东中外运

——公铁海河多式联运示范工程

一、项目简介

广东省“东盟—广东—欧洲”公铁海河多式联运示范工程项目，是广东省积极融入国家“一带一路”倡议的重要支点，是广东省推进对外开放和大湾区建设的重要举措。项目以2015年9月中俄两国元首共同见证签订的中俄产业贸易园的相关产业布局为依托，以广东铁路国际物流基地为核心，凭借自身强大的公路、水运物流资源，联合铁路运营部门、盐田码头，招商局旗下的蛇口、赤湾码头等共同开展跨境多式联运业务，优化实现公路、铁路、海运、内河航运多种运输方式的有效衔接，形成公铁海河联运格局，为广东省外贸企业开辟一条安全、高效、便捷的通往中亚、欧洲物流通道，将广东打造成为连通海上丝绸之路与陆上丝绸之路的重要节点。

二、多式联运示范工程概况

（一）基本情况

项目以中国外运华南有限公司及其下属东莞中外运物流有限公司等为实施主体，以广东铁路国际物流基地为中转枢纽，通过公铁海河将珠江和西江水系、东南亚的货物中转至东莞石龙作业区，再通过铁路向西连接中亚、俄罗斯、欧洲其他国家。本项目充分发挥多种运输方式的组合优势，打造公铁海河通道，是积极融入国家“丝绸之路经济带”战略的典型代表。

（二）运输通道介绍

本项目主要依托“粤新欧”“粤满俄”“中韩多联”“东盟”四条战略通道，开展进出口、过境及内贸运输业务，探索公铁、铁铁、河铁、海公铁、海铁铁、海河铁等多式联运模式。

（1）“粤新欧”通道。东盟、珠江三角洲、西南地区的货物经黄埔、虎门、江门等联运作业港区，通过驳船运输至东莞石龙作业区，以此为中转枢纽，由“粤新欧”跨境铁路通道送至俄罗斯、欧洲其他国家、中亚五国；俄罗斯、欧洲其他国家、中亚五国的货物到达东莞石龙作业区，经驳船运到黄埔、虎门、江门等联运作业港区进行装卸、加工等作业，然后运往我国华南地区、东南亚、北美乃至世界各地，广东铁路国际物流基地成为中亚及中欧多国通往太平洋的重要出海口。

（2）“粤满俄”通道。东盟、珠江三角洲、西南地区的货物经黄埔、虎门、江门等联运作业港区，通过驳船运输至东莞石龙作业区，以此为中转枢纽，再由“粤满俄”跨境铁路通道送至俄罗斯、欧洲其他国家、中亚五国；俄罗斯、欧洲其他国家、中亚五国的货物到达东莞石龙作业区，经驳船运到黄埔、虎门、江门等联运作业港区进行装卸、加工等作业，然后运往我国华南地区、东南亚、北美乃至世界各地，广东铁路国际物流基地成为东南亚与俄罗斯的连接枢纽。

（3）“中韩多联”通道。东盟、珠江三角洲、西南地区的货物经黄埔、虎门、江门等联运作业港区，通过驳船运输至东莞石龙作业区，以此为中转枢纽，再由“中韩多联”通道经跨境铁路送至韩国；韩国的货物到达东莞石龙作业区，经驳船运到黄埔、虎门、江门等联运作业港区进行装卸、加工等作业，然后运往我国华南地区、东南亚、北美乃至世界各地，广东铁路国际物流基地为华南地区与韩国贸易提供更便捷高效的物流通道。

（4）“西南—粤港澳—东盟”通道。东南亚各国出口集装箱通过“西南—粤港澳—东盟”通道远洋运输抵达黄埔、虎门、江门等联运作业港区，经驳船运输聚集至东莞石龙作业区，以此为中转枢纽，由铁路运输至云南、广西等省（自治区）的西南地区站场，或直接由公路方式配送到珠江三角洲地区；云南、广西等省（自治区）的货物以铁路运输至东莞石龙作业区，珠江三角洲地区的货物以公路运输至东莞石龙作业区，以此为中转枢纽，经驳船运输至黄埔、虎门、江门等联运作业港区，进行装卸、加工等作业后，转“西南—粤港澳—东盟”通道远洋运输抵东南亚各国，广东铁路国际物流基地成为西南与东盟国之间重要的运输通道。

三、多式联运主要做法与经验

（一）探讨建立多式联运运作规则

在长期物流运作过程中，广东中外运对各种物流作业形成了一系列的操作流程、作业要求及质量管理文件，建立多式联运各环节服务手册，形成一套包括进出口、过境及内贸等运输业务的公铁、铁铁、河铁、海公铁、海铁铁、海河铁多式联运服务规范、详细流程和操作要求，为下一步建立多式联运运作规则提供有力支持。

（二）探索多式联运“一单制”模式

2015 年 11 月，广东铁路国际物流基地与虎门港完成了首票“台湾—虎门港—广东铁路国际物流基地—中亚”的过境海铁联运业务，整个转运过程使用中外运全程提单，探索“一单制”在跨境多式联运中转业务中的使用；同时中外运广东公司明确全程运输责任，一次性购买相应的运输保险产品，执行统一规范的理赔方案，实现多式联运业务的“六一”服务：一个承运人、一次托运、一票到底、一个运价、一次保险、一体化运输。

（三）探索多种合作模式

（1）多样化战略联盟。一是与招商局深圳港成立战略联盟，充分发挥招商局深圳港区国际航线丰富的优势，以石龙为中转中心，通过水、铁、公将进出口货物在石龙进行转运，促进石龙多式联运业务的发展；2016 年开通的“深西码头—石龙”航线，通过西南班列集货，利用石龙场站完成报关、查验等操作后通过驳船连通深西码头，转驳国际班轮向世界各地发运，充分发挥了石龙作为广东“一带一路”海陆连接点的优势。二是发起并加入中国多式联运合作联盟、跨境运输与铁水联运企业联盟，凝聚多式联运企业力量，打造强有力的业务合作联盟。

（2）港口间业务合作。一是与南沙港进行业务合作，将广州港的“穿梭巴士”驳船航线引入石龙港。二是加强与东莞港、外运黄埔港的业务合作，梳理和优化通关流程，提升货物在以上港口转运的效率。

（3）深化中俄贸易合作。一是 2015 年 9 月广东省政府、中国外运长航集团、俄罗斯开发银行、俄罗斯出口集团四方签订了《关于在广东（石龙）建设中俄贸易产业园项目合作备忘录》。二是 2016 年 11 月举办中俄贸易对接会暨俄罗斯食品专场推介会，促进广东、俄罗斯双方商品贸易顺利开展，广东铁路国际物流基地将为双方提供绿色、安全、可靠的双向物流通道。三是 2016 年 12 月中国外运集团与俄罗斯卢卡加州、俄罗斯出口中心、俄罗斯铁路股份公司签订《共同发展跨境贸易和物流的备忘录》，明确四方在中俄贸易和物流中的功能和作用，共同推进中俄贸易和物流的发展。四是中国外运广东有限公司与东莞港务集团 2016 年 6 月合资成立了广东中俄贸易产业园投资有限公司，确保中俄贸易产业园先行启动区的落地。五是设立哈萨克斯坦子公司支撑石龙铁路口岸建设，打通广东与中亚五国的陆上物流通道。六是搭建中欧（石龙—沃尔西诺）双向班列，中欧（石龙—沃尔西诺）班列双向启动是广东省人民政府持续深入实施国家“一带一路”倡议构想的又一重大成果，是中俄共同发展、实现共同繁荣的合作共赢之路的又一助推器。

（四）积极建设多式联运信息平台

广东中外运公司作为广东地区物流龙头企业，成立专门的团队，投入专项资金1200多万元，凭借强大的资源整合能力，构建互联互通的多式联运信息平台，扩展跨境电商线上线下交易平台，并面向中小物流企业开放共享，中小物流企业可以借助广东中外运公司打造的硬件、软件及贸易三大平台，发挥自身优势，开展形式多样的多式联运业务。目前已与多家多式联运上下游公司、政府单位互联互通，为客户提供24小时订舱服务，实现物流环节可视化、物流时效实时跟踪、电子申报、提前预约等功能，平台建设初见成效（见图4－3）。

图4－3 广东中外运多式联运信息平台

（五）完善物流基础设施建设

（1）完善码头基础设施。2016年，完成新购置一台4530固定式门座机，使用电力作为能源，投入生产使用，加快了装卸设备的改造进程，提升多式联运的作业效率；拆除仓库6133平方米，硬化堆场4700平方米，大大提高货物的转运效率。2017年，为保证码头场内运输不受铁路线路影响，对场内交通线路重新规划，建设港内环形路线，拆除障碍物，新线路大幅度提升进出车辆效率；随着业务量的不断扩大，原有监管区已不能满足所需作业，因此在原有监管区域基础上进行了扩充，建成后总面积为9900平方米。

（2）推进转运设备标准化建设及循环应用。2014 年，广东中外运公司“基于托盘标准化及其循环共用的仓储设施新建和改造项目”立项为商务部物流标准化试点项目，在广东地区推广应用 1.2 米 ×1.0 米标准托盘，建立托盘循环共用运作模式。公司与蓝月亮等客户建立标准托盘循环共用模式，设计《托盘循环共用标准体系明细表》，形成有竞争力的操作模式，在大幅提升装卸效率、车辆周转率的同时，带来可观的经济效益。公司同步推广带板运输应用，为客户降低约 70% 的货损；叉车作业，缩短装卸时间，提升作业效率近 3 倍。同时，中外运与国内折叠集装箱供应商签订使用合作协议，进行空载折叠集装箱的铁路应用与推广，该项目的应用将大大降低国际多式联运的运输成本，并节约了大量集装箱资源。

四、下一步目标及工作计划

一是完善物流服务网络。按照“东盟—广东—欧洲”公铁海河多式联运示范工程总体规划思路，借助“粤新欧”“粤满俄”“中韩多联”“东盟”四条战略通道，完善组织架构、统一业务流程与服务规范标准，建立满足客户全程运输需求的物流服务网络；创新与铁路合作模式，加快推进东南亚、中国台湾至俄罗斯、欧洲其他国家的国境货水铁联运业务。二是推进码头基础设施改扩建。与相关部门协调做好码头岸线申报批复工作，争取码头改建尽早动工；购置龙门吊等新型电力设施设备，提升码头装卸效率。三是加强品牌打造与推广。贯彻落实国家“一带一路”倡议规划，以全球营销网络为基础，以风险可控为原则，打造有影响力的国际班列品牌。四是创新业务合作模式。以区域一体化为契机，在华南区域内加强与兄弟公司业务合作，开展战略联盟、业务对接等合作。

第五部分

政策资料篇

国家物流业主要政策文件

“十三五”现代综合交通运输体系发展规划

交通运输是国民经济中基础性、先导性、战略性产业，是重要的服务性行业。构建现代综合交通运输体系，是适应把握引领经济发展新常态，推进供给侧结构性改革，推动国家重大战略实施，支撑全面建成小康社会的客观要求。根据《中华人民共和国国民经济和社会发展第十三个五年规划纲要》，并与“一带一路”建设、京津冀协同发展、长江经济带发展等规划相衔接，制定本规划。

一、总体要求

（一）发展环境

“十二五”时期，我国各种交通运输方式快速发展，综合交通运输体系不断完善，较好完成规划目标任务，总体适应经济社会发展要求。交通运输基础设施累计完成投资 13.4 万亿元，是“十一五”时期的 1.6 倍，高速铁路营业里程、高速公路通车里程、城市轨道交通运营里程、沿海港口万吨级及以上泊位数量均位居世界第一，天然气管网加快发展，交通运输基础设施网络初步形成。铁路、民航客运量年均增长率超过 10%，铁路客运动车组列车运量比重达到 46%，全球集装箱吞吐量排名前十位的港口我国占 7 席，快递业务量年均增长 50% 以上，城际、城市和农村交通服务能力不断增强，现代化综合交通枢纽场站一体化衔接水平不断提升。高速铁路装备制造科技创新取得重大突破，电动汽车、特种船舶、国产大型客机、中低速磁悬浮轨道交通等领域技术研发和应用取得进展，技术装备水平大幅提高，交通重大工程施工技术世界领先，走出去步伐不断加快。高速公路电子不停车收费系统（ETC）实现全国联网，新能源运输装备加快推广，交通运输安全应急保障能力进一步提高。铁路管理体制改革顺利实施，大部门管理体制初步建立，交通行政审批改革不断深化，运价改革、投融资改革扎实推进。

专栏1 “十二五”末交通基础设施完成情况

指标	单位	2010 年	2015 年	2015 年规划目标
铁路营业里程	万公里	9.1	12.1	12
其中：高速铁路	万公里	0.51	1.9	—
铁路复线率	%	41	53	50
铁路电气化率	%	47	61	60
公路通车里程	万公里	400.8	458	450
其中：国家高速公路	万公里	5.8	8.0	8.3
普通国道二级及以上比重	%	60	69.4	70
乡镇通沥青（水泥）路率	%	96.6	98.6	98
建制村通沥青（水泥）路率	%	81.7	94.5	90
内河高等级航道里程	万公里	1.02	1.36	1.3
油气管网里程	万公里	7.9	11.2	15
城市轨道交通运营里程	公里	1400	3300	3000
沿海港口万吨级及以上泊位数	个	1774	2207	2214
民用运输机场数	个	175	207	230

注：国家高速公路里程统计口径为原“7918”国家高速公路网。

“十三五”时期，交通运输发展面临的国内外环境错综复杂。从国际看，全球经济在深度调整中曲折复苏，新的增长动力尚未形成，新一轮科技革命和产业变革正在兴起，区域合作格局深度调整，能源格局深刻变化。从国内看，“十三五”时期是全面建成小康社会决胜阶段，经济发展进入新常态，生产力布局、产业结构、消费及流通格局将加速变化调整。与“十三五”经济社会发展要求相比，综合交通运输发展水平仍然存在一定差距，主要是：网络布局不完善，跨区域通道、国际通道连通不足，中西部地区、贫困地区和城市群交通发展短板明显；综合交通枢纽建设相对滞后，城市内外交通衔接不畅，信息开放共享水平不高，一体化运输服务水平亟待提升，交通运输安全形势依然严峻；适应现代综合交通运输体系发展的体制机制尚不健全，铁路市场化、空域管理、油气管网运营体制、交通投融资等方面改革仍需深化。

综合判断，“十三五”时期，我国交通运输发展正处于支撑全面建成小康社会的攻坚期、优化网络布局的关键期、提质增效升级的转型期，将进入现代化建设新阶段。站在新的发展起点上，交通运输要准确把握经济发展新常态下的新形势、新要求，切实转变发展思路、方式和路径，优化结构、转换动能、补齐短板、提质增效，更好满足多元、舒适、便捷等客运需求和经济、可靠、高效等货运需求；要突出对“一带一路”建设、京津冀协同发展、长江经济带发展三大战略和新型城镇化、脱贫攻坚的支撑保障，着力消除瓶颈制约，提升运输服务的协同性和均等化水平；要更加注重提高交通安全和应急保障能力，提升绿色、低碳、集约发展水平；要适应国际发展新环境，提高国际通道保障能力和互联互通水平，有效支撑全方位对外开放。

（二）指导思想

全面贯彻党的十八大和十八届二中、三中、四中、五中、六中全会精神，深入贯彻习近平总书记系列重要讲话精神和治国理政新理念新思想新战略，认真落实党中央、国务院决策部署，统筹推进“五位一体”总体布局和协调推进“四个全面”战略布局，牢固树立和贯彻落实新发展理念，以提高发展质量和效益为中心，深化供给侧结构性改革，坚持交通运输服务人民，着力完善基础设施网络、加强运输服务一体衔接、提高运营管理智能水平、推行绿色安全发展模式，加快完善现代综合交通运输体系，更好地发挥交通运输的支撑引领作用，为全面建成小康社会奠定坚实基础。

（三）基本原则

衔接协调、便捷高效。充分发挥各种运输方式的比较优势和组合效率，提升网络效应和规模效益。加强区域城乡交通运输一体化发展，增强交通公共服务能力，积极引导新生产消费流通方式和新业态新模式发展，扩大交通多样化有效供给，全面提升服务质量效率，实现人畅其行、货畅其流。

适度超前、开放融合。有序推进交通基础设施建设，完善功能布局，强化薄弱环节，确保运输能力适度超前，更好地发挥交通先行官作用。坚持建设、运营、维护并重，推进交通与产业融合。积极推进与周边国家互联互通，构建国际大通道，为更高水平、更深层次的开放型经济发展提供支撑。

创新驱动、安全绿色。全面推广应用现代信息技术，以智能化带动交通运输现代化。深化体制机制改革，完善市场监管体系，提高综合治理能力。牢固树立安全第一理念，全面提高交通运输的安全性和可靠性。将生态保护红线意识贯穿到交通发展各环节，建立绿色发展长效机制，建设美丽交通走廊。

（四）主要目标

到 2020 年，基本建成安全、便捷、高效、绿色的现代综合交通运输体系，部分地区和领域率先基本实现交通运输现代化。

网络覆盖加密拓展。高速铁路覆盖80%以上的城区常住人口100万以上的城市，铁路、高速公路、民航运输机场基本覆盖城区常住人口20万以上的城市，内河高等级航道网基本建成，沿海港口万吨级及以上泊位数稳步增加，具备条件的建制村通硬化路，城市轨道交通运营里程比2015年增长近一倍，油气主干管网快速发展，综合交通网总里程达到540万公里左右。

综合衔接一体高效。各种运输方式衔接更加紧密，重要城市群核心城市间、核心城市与周边节点城市间实现1～2小时通达。打造一批现代化、立体式综合客运枢纽，旅客换乘更加便捷。交通物流枢纽集疏运系统更加完善，货物换装转运效率显著提高，交邮协同发展水平进一步提升。

运输服务提质升级。全国铁路客运动车服务比重进一步提升，民航航班正常率逐步提高，公路交通保障能力显著增强，公路货运车型标准化水平大幅提高、货车空驶率大幅下降，集装箱铁水联运比重明显提升，全社会运输效率明显提高。公共服务水平显著提升，实现村村直接通邮、具备条件的建制村通客车，城市公共交通出行比例不断提高。

智能技术广泛应用。交通基础设施、运载装备、经营业户和从业人员等基本要素信息全面实现数字化，各种交通方式信息交换取得突破。全国交通枢纽站点无线接入网络广泛覆盖。铁路信息化水平大幅提升，货运业务实现网上办理，客运网上售票比例明显提高。基本实现重点城市群内交通一卡通互通，车辆安装使用ETC比例大幅提升。交通运输行业北斗卫星导航系统前装率和使用率显著提高。

绿色安全水平提升。城市公共交通、出租车和城市配送领域新能源汽车快速发展。资源节约集约利用和节能减排成效显著，交通运输主要污染物排放强度持续下降。交通运输安全监管和应急保障能力显著提高，重特大事故得到有效遏制，安全水平明显提升。

专栏2 “十三五”综合交通运输发展主要指标

指标名称		2015年	2020年	属性
基础设施	铁路营业里程（万公里）	12.1	15	预期性
	高速铁路营业里程（万公里）	1.9	3.0	预期性
	铁路复线率（%）	53	60	预期性
	铁路电气化率（%）	61	70	预期性
	公路通车里程（万公里）	458	500	预期性
	高速公路建成里程（万公里）	12.4	15	预期性

指标名称		2015 年	2020 年	属性
基础设施	内河高等级航道里程（万公里）	1.36	1.71	预期性
	沿海港口万吨级及以上泊位数（个）	2207	2527	预期性
	民用运输机场数（个）	207	260	预期性
	通用机场数（个）	300	500	预期性
	建制村通硬化路率（%）	94.5	99	约束性
	城市轨道交通运营里程（公里）	3300	6000	预期性
	油气管网里程（万公里）	11.2	16.5	预期性
运输服务	动车组列车承担铁路客运量比重（%）	46	60	预期性
	民航航班正常率（%）	67	80	预期性
	建制村通客车率（%）	94	99	约束性
	公路货运车型标准化率（%）	50	80	预期性
	集装箱铁水联运量年均增长率（%）	10		预期性
	城区常住人口 100 万以上城市建成区公交站点 500 米覆盖率（%）	90	100	约束性
智能交通	交通基本要素信息数字化率（%）	90	100	预期性
	铁路客运网上售票率（%）	60	70	预期性
	公路客车 ETC 使用率（%）	30	50	预期性
绿色安全	交通运输 CO_2 排放强度下降率（%）	7*		预期性
	道路运输较大以上等级行车事故死亡人数下降率（%）	20*		约束性

注：1. 硬化路一般指沥青（水泥）路，对于西部部分建设条件特别困难、高海拔高寒和交通需求小的地区，可扩展到石质、砼预制块、砖铺、砂石等路面的公路。
2. 通用机场统计含起降点。
3. 排放强度指按单位运输周转量计算的 CO_2（二氧化碳）排放。
4. * 指与“十二五”末相比。

二、完善基础设施网络化布局

（一）建设多向连通的综合运输通道

构建横贯东西、纵贯南北、内畅外通的“十纵十横”综合运输大通道，加快实施重点通道连通工程和延伸工程，强化中西部和东北地区通道建设。贯通上海至瑞丽等运输通道，向东向西延伸西北北部等运输通道，将沿江运输通道由成都西延至日喀则。推进北京至昆明、北京至港澳台、烟台至重庆、二连浩特至湛江、额济纳至广州等纵向新通道建设，沟通华北、西北至西南、华南等地区；推进福州至银川、厦门至喀什、汕头至昆明、绥芬河至满洲里等横向新通道建设，沟通西北、西南至华东地区，强化进出疆、出入藏通道建设。做好国内综合运输通道对外衔接。规划建设环绕我国陆域的沿边通道。

专栏3　综合运输通道布局

（一）纵向综合运输通道。

1. 沿海运输通道。起自同江，经哈尔滨、长春、沈阳、大连、秦皇岛、天津、烟台、青岛、连云港、南通、上海、宁波、福州、厦门、汕头、广州、湛江、海口，至防城港、至三亚。

2. 北京至上海运输通道。起自北京，经天津、济南、蚌埠、南京，至上海、至杭州。

3. 北京至港澳台运输通道。起自北京，经衡水、菏泽、商丘、九江、南昌、赣州、深圳，至香港（澳门）；支线经合肥、黄山、福州，至台北。

4. 黑河至港澳运输通道。起自黑河，经齐齐哈尔、通辽、沈阳、北京、石家庄、郑州、武汉、长沙、广州，至香港（澳门）。

5. 二连浩特至湛江运输通道。起自二连浩特，经集宁、大同、太原、洛阳、襄阳、宜昌、怀化，至湛江。

6. 包头至防城港运输通道。起自包头（满都拉），经延安、西安、重庆、贵阳、南宁，至防城港。

7. 临河至磨憨运输通道。起自临河（甘其毛都），经银川、平凉、宝鸡、重庆、昆明，至磨憨、至河口。

8. 北京至昆明运输通道。起自北京，经太原、西安、成都（重庆），至昆明。

9. 额济纳至广州运输通道。起自额济纳（策克），经酒泉（嘉峪关）、西宁（兰州）、成都、泸州（宜宾）、贵阳、桂林，至广州。

10. 烟台至重庆运输通道。起自烟台，经潍坊、济南、郑州、南阳、襄阳，至重庆。

（二）横向综合运输通道。

1. 绥芬河至满洲里运输通道。起自绥芬河，经牡丹江、哈尔滨、齐齐哈尔，至满洲里。

2. 珲春至二连浩特运输通道。起自珲春，经长春、通辽、锡林浩特，至二连浩特。

3. 西北北部运输通道。起自天津（唐山、秦皇岛），经北京、呼和浩特、临河、哈密、吐鲁番、库尔勒、喀什，至吐尔尕特、至伊尔克什坦、至红其拉甫；西端支线自哈密，经将军庙，至阿勒泰（吉木乃）。

4. 青岛至拉萨运输通道。起自青岛，经济南、德州、石家庄、太原、银川、兰州、西宁、格尔木，至拉萨。

5. 陆桥运输通道。起自连云港，经徐州、郑州、西安、兰州、乌鲁木齐、精河，至阿拉山口、至霍尔果斯。

6. 沿江运输通道。起自上海，经南京、芜湖、九江、武汉、岳阳、重庆、成都、林芝、拉萨、日喀则，至亚东、至樟木。

7. 上海至瑞丽运输通道。起自上海（宁波），经杭州、南昌、长沙、贵阳、昆明，至瑞丽。

8. 汕头至昆明运输通道。起自汕头，经广州、梧州、南宁、百色，至昆明。

9. 福州至银川运输通道。起自福州，经南昌、九江、武汉、襄阳、西安、庆阳，至银川。

10. 厦门至喀什运输通道。起自厦门，经赣州、长沙、重庆、成都、格尔木、若羌，至喀什。

（二）构建高品质的快速交通网

以高速铁路、高速公路、民用航空等为主体，构建服务品质高、运行速度快的综合交通骨干网络。

推进高速铁路建设。加快高速铁路网建设，贯通京哈—京港澳、陆桥、沪昆、广昆等高速铁路通道，建设京港（台）、呼南、京昆、包（银）海、青银、兰（西）广、京兰、厦渝等高速铁路通道，拓展区域连接线，扩大高速铁路覆盖范围。

完善高速公路网络。加快推进由 7 条首都放射线、11 条北南纵线、18 条东西横线，以及地区环线、并行线、联络线等组成的国家高速公路网建设，尽快打通国家高速公路主线待贯通路段，推进建设年代较早、交通繁忙的国家高速公路扩容改造和分流路线建设。有序发展地方高速公路。加强高速公路与口岸的衔接。

完善运输机场功能布局。打造国际枢纽机场，建设京津冀、长三角、珠三角世界级机场群，加快建设哈尔滨、深圳、昆明、成都、重庆、西安、乌鲁木齐等国际航空枢纽，增强区域枢纽机场功能，实施部分繁忙干线机场新建、迁建和扩能改造工程。科学安排支线机场新建和改扩建，增加中西部地区机场数量，扩大航空运输服务覆盖面。推进以货运功能为主的机场建设。优化完善航线网络，推进国内国际、客运货运、干线支线、运输通用协调发展。加快空管基础设施建设，优化空域资源配置，推进军民航空管融合发展，提高空管服务保障水平。

专栏4　快速交通网重点工程

（一）高速铁路。

建成北京至沈阳、北京至张家口至呼和浩特、大同至张家口、哈尔滨至牡丹江、石家庄至济南、济南至青岛、徐州至连云港、宝鸡至兰州、西安至成都、成都至贵阳、商丘至合肥至杭州、武汉至十堰、南昌至赣州等高速铁路。

建设银川至西安、贵阳至南宁、重庆至昆明、北京至商丘、济南至郑州、福州至厦门、西宁至成都、成都至自贡、兰州至中卫、黄冈至黄梅、十堰至西安、西安至延安、银川至包头、盐城至南通、杭州至绍兴至台州、襄阳至宜昌、赣州至深圳、长沙至赣州、南昌至景德镇至黄山、池州至黄山、安庆至九江、上海至湖州、杭州至温州、广州至汕尾、沈阳至敦化、牡丹江至佳木斯、郑州至万州、张家界至怀化、合肥至新沂等高速铁路。

（二）高速公路。

实施京新高速（G7）、呼北高速（G59）、银百高速（G69）、银昆高速（G85）、汕昆高速（G78）、首都地区环线（G95）6条区际省际通道贯通工程；推进京哈高速（G1）、京沪高速（G2）、京台高速（G3）、京港澳高速（G4）、沈海高速（G15）、沪蓉高速（G42）、连霍高速（G30）、兰海高速（G75）8条主通道扩容工程。推进深圳至中山跨江通道建设，新建精河至阿拉山口、二连浩特至赛汗塔拉、靖西至龙邦等连接口岸的高速公路。

（三）民用航空。

建成北京新机场、成都新机场以及承德、霍林郭勒、松原、白城、建三江、五大连池、上饶、信阳、武冈、岳阳、巫山、巴中、仁怀、澜沧、陇南、祁连、莎车、若羌、图木舒克、绥芬河、芜湖/宣城、瑞金、商丘、荆州、鄂州/黄冈、郴州、湘西、玉林、武隆、甘孜、黔北、红河等机场。

建设青岛、厦门、呼和浩特新机场，邢台、正蓝旗、丽水、安阳、乐山、元阳等机场。建设郑州等以货运功能为主的机场。研究建设大连新机场、聊城等机场。开展广州、三亚、拉萨新机场前期研究。

扩建上海浦东、广州、深圳、昆明、重庆、西安、乌鲁木齐、哈尔滨、长沙、武汉、郑州、海口、沈阳、贵阳、南宁、福州、兰州、西宁等机场。

推进京沪、京广、中韩、沪哈、沪昆、沪广、沪兰、胶昆等单向循环空中大通道建设，基本形成以单向运行为主的民航干线航路网格局。

（三）强化高效率的普通干线网

以普速铁路、普通国道、港口、航道、油气管道等为主体，构建运行效率高、服务能力强的综合交通普通干线网络。

完善普速铁路网。加快中西部干线铁路建设，完善东部干线铁路网络，加快推进东北地区铁路提速改造，增强区际铁路运输能力，扩大路网覆盖面。实施既有铁路复线和电气化改造，提升路网质量。拓展对外通道，推进边境铁路建设，加强铁路与口岸的连通，加快实现与境外通道的有效衔接。

推进普通国道提质改造。加快普通国道提质改造，基本消除无铺装路面，全面提升保障能力和服务水平，重点加强西部地区、集中连片特困地区、老少边穷地区低等级普通国道升级改造和未贯通路段建设。推进口岸公路建设。加强普通国道日常养护，科学实施养护工程，强化大中修养护管理。推进普通国道服务区建设，提高服务水平。

完善水路运输网络。优化港口布局，推动资源整合，促进结构调整。强化航运中心功能，稳步推进集装箱码头项目，合理把握煤炭、矿石、原油码头建设节奏，有序推进液化天然气、商品汽车等码头建设。提升沿海和内河水运设施专业化水平，加快内河高等级航道建设，统筹航道整治与河道治理，增强长江干线航运能力，推进西江航运干线和京杭运河高等级航道扩能升级改造。

强化油气管网互联互通。巩固和完善西北、东北、西南和海上四大油气进口通道。新建和改扩建一批原油管道，对接西北、东北、西南原油进口管道和海上原油码头。结合油源供应、炼化基地布局，完善成品油管网，逐步提高成品油管输比例。大力推动天然气主干管网、区域管网和互联互通管网建设，加快石油、成品油储备项目和天然气调峰设施建设。

专栏5　普通干线网重点工程

（一）普速铁路。

建成蒙西至华中、库尔勒至格尔木、成昆扩能等工程。建设川藏铁路、和田至若羌、黑河至乌伊岭、酒泉至额济纳、沪通铁路太仓至四团、兴国至永安至泉州、建宁至冠豸山、瑞金至梅州、宁波至金华等铁路，实施渝怀、集通、焦柳、中卫至固原等铁路改造工程。

（二）普通国道。

实现G219、G331等沿边国道三级及以上公路基本贯通，G228等沿海国道二级及以上公路基本贯通。建设G316、G318、G346、G347 4条长江经济带重要线路，实施 G105、G107、G206、G310 4 条国道城市群地区拥堵路段扩能改造，提升 G211、G213、G215、G216、G335、G345、G356 7 条线路技术等级。推进 G219 线昭苏至都拉塔口岸、G306 线乌里雅斯太至珠恩嘎达布其口岸、G314 线布伦口至红其拉甫口岸等公路升级改造。

（三）沿海港口。

稳步推进天津、青岛、上海、宁波—舟山、厦门、深圳、广州等港口集装箱码头建设。推进唐山、黄骅等北方港口煤炭装船码头以及南方公用煤炭接卸中转码头建设。实施黄骅、日照、宁波—舟山等港口铁矿石码头项目。推进唐山、日照、宁波—舟山、揭阳、洋浦等港口原油码头建设。有序推进商品汽车、液化天然气等专业化码头建设。

（四）内河高等级航道。

推进长江干线航道系统治理，改善上游航道条件，提升中下游航道水深，加快南京以下 12.5 米深水航道建设，研究实施武汉至安庆航道整治工程、长江口深水航道减淤治理工程。继续推进西江航运干线扩能，推进贵港以下一级航道建设。加快京杭运河山东段、江苏段、浙江段航道扩能改造以及长三角高等级航道整治工程。加快合裕线、淮河、沙颍河、赣江、信江、汉江、沅水、湘江、嘉陵江、乌江、岷江、右江、北盘江—红水河、柳江—黔江、黑龙江、松花江、闽江等高等级航道建设。

（五）油气管网。

建设中俄原油管道二线、仪长复线、连云港—仪征、日照—洛阳、日照—沾化、董家口—东营原油管道。新建樟树—株洲、湛江—北海、洛阳—临汾、三门峡—西安、永坪—晋中、鄂渝沿江等成品油管道，改扩建青藏成品油管道，适时建设蒙西、蒙东煤制油外输管道。建设中亚 D 线、中俄东线、西气东输三线（中段）、西气东输四线、西气东输五线、陕京四线、川气东送二线、新疆煤制气外输、鄂尔多斯—安平—沧州、青岛—南京、重庆—贵州—广西、青藏、闽粤、海口—徐闻等天然气管道，加快建设区域管网，适时建设储气库和煤层气、页岩气、煤制气外输管道。

（四）拓展广覆盖的基础服务网

以普通省道、农村公路、支线铁路、支线航道等为主体，通用航空为补充，构建覆盖空间大、通达程度深、惠及面广的综合交通基础服务网络。

合理引导普通省道发展。积极推进普通省道提级、城镇过境段改造和城市群城际路段等扩容工程，加强与城市干道衔接，提高拥挤路段通行能力。强化普通省道与口岸、支线机场以及重要资源地、农牧林区和兵团团场等有效衔接。

全面加快农村公路建设。除少数不具备条件的乡镇、建制村外，全面完成通硬化路任务，有序推进较大人口规模的撤并建制村和自然村通硬化路建设，加强县乡村公路改造，进一步完善农村公路网络。加强农村公路养护，完善安全防护设施，保障农村地区基本出行条件。积极支持国有林场林区道路建设，将国有林场林区道路按属性纳入各级政府相关公路网规划。

积极推进支线铁路建设。推进地方开发性铁路、支线铁路和沿边铁路建设。强化与矿区、产业园区、物流园区、口岸等有效衔接，增强对干线铁路网的支撑作用。

加强内河支线航道建设。推进澜沧江等国际国境河流航道建设。加强长江、西江、京杭运河、淮河重要支流航道建设。推进金沙江、黄河中上游等中西部地区库湖区航运设施建设。

加快推进通用机场建设。以偏远地区、地面交通不便地区、自然灾害多发地区、农产品主产区、主要林区和旅游景区等为重点，推进200个以上通用机场建设，鼓励有条件的运输机场兼顾通用航空服务。

完善港口集疏运网络。加强沿海、长江干线主要港口集疏运铁路、公路建设。

专栏6　基础服务网重点工程

（一）农村公路。

除少数不具备条件的乡镇、建制村外，全部实现通硬化路，新增3.3万个建制村通硬化路。改造约25万公里窄路基或窄路面路段。对约65万公里存在安全隐患的路段增设安全防护设施，改造约3.6万座农村公路危桥。有序推进较大人口规模的撤并建制村通硬化路13.5万公里。

（二）港口集疏运体系建设。

优先推进上海、大连、天津、宁波－舟山、厦门、南京、武汉、重庆等港口的铁路、公路连接线建设。加快推进营口、青岛、连云港、福州等其他主要港口的集疏运铁路、公路建设。支持唐山、黄骅、湄洲湾等地区性重要港口及其他港口的集疏运铁路、公路建设。新开工一批港口集疏运铁路，建设集疏运公路1500公里以上。

三、强化战略支撑作用

（一）打造“一带一路”互联互通开放通道

着力打造丝绸之路经济带国际运输走廊。以新疆为核心区，以乌鲁木齐、喀什为支点，发挥陕西、甘肃、宁夏、青海的区位优势，连接陆桥和西北北部运输通道，逐步构建经中亚、西亚分别至欧洲、北非的西北国际运输走廊。发挥广西、云南开发开放优势，建设云南面向南亚、东南亚辐射中心，构建广西面向东盟国际大通道，以昆明、南宁为支点，连接上海至瑞丽、临河至磨憨、济南至昆明等运输通道，推进西藏与尼泊尔等国交通合作，逐步构建衔接东南亚、南亚的西南国际运输走廊。发挥内蒙古联通蒙俄的区位优势，加强黑龙江、吉林、辽宁与俄远东地区陆海联运合作，连接绥芬河至满洲里、珲春至二连浩特、黑河至港澳、沿海等运输通道，构建至俄罗斯远东、蒙古、朝鲜半岛的东北国际运输走廊。积极推进与周边国家和地区铁路、公路、水运、管道连通项目建设，发挥民航网络灵活性优势，率先实现与周边国家和地区互联互通。

加快推进21世纪海上丝绸之路国际通道建设。以福建为核心区，利用沿海地区开放程度高、经济实力强、辐射带动作用大的优势，提升沿海港口服务能力，加强港口与综合运输大通道衔接，拓展航空国际支撑功能，完善海外战略支点布局，构建连通内陆、辐射全球的21世纪海上丝绸之路国际运输通道。

加强“一带一路”通道与港澳台地区的交通衔接。强化内地与港澳台的交通联系，开展全方位的交通合作，提升互联互通水平。支持港澳积极参与和助力“一带一路”建设，并为台湾地区参与“一带一路”建设做出妥善安排。

（二）构建区域协调发展交通新格局

强化区域发展总体战略交通支撑。按照区域发展总体战略要求，西部地区着力补足交通短板，强化内外联通通道建设，改善落后偏远地区通行条件；东北地区提高进出关通道运输能力，提升综合交通网质量；中部地区提高贯通南北、连接东西的通道能力，提升综合交通枢纽功能；东部地区着力优化运输结构，率先建成现代综合交通运输体系。

构建京津冀协同发展的一体化网络。建设以首都为核心的世界级城市群交通体系，形成以“四纵四横一环”运输通道为主骨架、多节点、网格状的区域交通新格局。重点加强城际铁路建设，强化干线铁路与城际铁路、城市轨道交通的高效衔接，加快构建内外疏密有别、高效便捷的轨道交通网络，打造“轨道上的京津冀”。加快推进国家高速公路待贯通路段建设，提升普通国省干线技术等级，强化省际衔接路段建设。加快推进天津北方国际航运核心区建设，加强港口规划与建设的协调，构建现代化的津冀港口群。加快构建以枢纽机场为龙头、分工合作、优势互补、协调发展的世界级航空机场群。完善区域油气储运基础设施。

建设长江经济带高质量综合立体交通走廊。坚持生态优先、绿色发展，提升长江黄金水道功能。统筹推进干线航道系统化治理和支线航道建设，研究建设三峡枢纽水运新通道。优化长江岸线利用与港口布局，积极推进专业化、规模化、现代化港区建设，强化集疏运配套，促进区域港口一体化发展。发展现代航运服务，建设武汉、重庆长江中上游航运中心及南京区域性航运物流中心和舟山江海联运服务中心，实施长江船型标准化。加快铁路建设步伐，建设沿江高速铁路。统筹推进高速公路建设，加快高等级公路建设。完善航空枢纽布局与功能，拓展航空运输网络。建设沿江油气主干管道，推动管网互联互通。

（三）发挥交通扶贫脱贫攻坚基础支撑作用

强化贫困地区骨干通道建设。以革命老区、民族地区、边疆地区、集中连片特殊困难地区为重点，加强贫困地区对外运输通道建设。加强贫困地区市（地、州、盟）之间、县（市、区、旗）与市（地、州、盟）之间高等级公路建设，实施具有对外连接功能的重要干线公路提质升级工程。加快资源丰富和人口相对密集贫困地区开发性铁路建设。在具备水资源开发条件的农村地区，统筹内河航电枢纽建设和航运发展。

夯实贫困地区交通基础。实施交通扶贫脱贫“双百”工程，加快推动既有县乡公路提级改造，增强县乡城镇中心的辐射带动能力。加快通乡连村公路建设，鼓励有需求的相邻县、相邻乡镇、相邻建制村之间建设公路。改善特色小镇、农村旅游景点景区、产业园区和特色农业基地等交通运输条件。

（四）发展引领新型城镇化的城际城市交通

推进城际交通发展。加快建设京津冀、长三角、珠三角三大城市群城际铁路网，推进山东半岛、海峡西岸、中原、长江中游、成渝、关中平原、北部湾、哈长、辽中南、山西中部、呼包鄂榆、黔中、滇中、兰州—西宁、宁夏沿黄、天山北坡等城市群城际铁路建设，形成以轨道交通、高速公路为骨干，普通公路为基础，水路为补充，民航有效衔接的多层次、便捷化城际交通网络。

加强城市交通建设。完善优化超大、特大城市轨道交通网络，推进城区常住人口300万以上的城市轨道交通成网。加快建设大城市市域（郊）铁路，有效衔接大中小城市、新城新区和城镇。优化城市内外交通，完善城市交通路网结构，提高路网密度，形成城市快速路、主次干路和支路相互配合的道路网络，打通微循环。推进城市慢行交通设施和公共停车场建设。

四、加快运输服务一体化进程

（一）优化综合交通枢纽布局

完善综合交通枢纽空间布局。结合全国城镇体系布局，着力打造北京、上海、广州等国际性综合交通枢纽，加快建设全国性综合交通枢纽，积极建设区域性综合交通枢纽，优化完善综合交通枢纽布局，完善集疏运条件，提升枢纽一体化服务功能。

专栏7 综合交通枢纽布局

（一）国际性综合交通枢纽。

重点打造北京—天津、上海、广州—深圳、成都—重庆国际性综合交通枢纽，建设昆明、乌鲁木齐、哈尔滨、西安、郑州、武汉、大连、厦门等国际性综合交通枢纽，强化国际人员往来、物流集散、中转服务等综合服务功能，打造通达全球、衔接高效、功能完善的交通中枢。

（二）全国性综合交通枢纽。

全面提升长春、沈阳、石家庄、青岛、济南、南京、合肥、杭州、宁波、福州、海口、太原、长沙、南昌—九江、贵阳、南宁、兰州、呼和浩特、银川、西宁、拉萨、秦皇岛—唐山、连云港、徐州、湛江、大同等综合交通枢纽功能，提升部分重要枢纽的国际服务功能。推进烟台、潍坊、齐齐哈尔、吉林、营口、邯郸、包头、通辽、榆林、宝鸡、泉州、喀什、库尔勒、赣州、上饶、蚌埠、芜湖、洛阳、商丘、无锡、温州、金华—义乌、宜昌、襄阳、岳阳、怀化、泸州—宜宾、攀枝花、酒泉—嘉峪关、格尔木、大理、曲靖、遵义、桂林、柳州、汕头、三亚等综合交通枢纽建设，优化中转设施和集疏运网络，促进各种运输方式协调高效，扩大辐射范围。

（三）区域性综合交通枢纽及口岸枢纽。

推进一批区域性综合交通枢纽建设，提升对周边的辐射带动能力，加强对综合运输大通道和全国性综合交通枢纽的支撑。

推进丹东、珲春、绥芬河、黑河、满洲里、二连浩特、甘其毛都、策克、巴克图、吉木乃、阿拉山口、霍尔果斯、吐尔尕特、红其拉甫、樟木、亚东、瑞丽、磨憨、河口、龙邦、凭祥、东兴等沿边重要口岸枢纽建设。

提升综合客运枢纽站场一体化服务水平。按照零距离换乘要求，在全国重点打造150个开放式、立体化综合客运枢纽。科学规划设计城市综合客运枢纽，推进多种运输方式统一设计、同步建设、协同管理，推动中转换乘信息互联共享和交通导向标识连续、一致、明晰，积极引导立体换乘、同台换乘。

促进货运枢纽站场集约化发展。按照无缝衔接要求，优化货运枢纽布局，推进多式联运型和干支衔接型货运枢纽（物流园区）建设，加快推进一批铁路物流基地、港口物流枢纽、航空转运中心、快递物流园区等规划建设和设施改造，提升口岸枢纽货运服务功能，鼓励发展内陆港。

促进枢纽站场之间有效衔接。强化城市内外交通衔接，推进城市主要站场枢纽之间直接连接，有序推进重要港区、物流园区等直通铁路，实施重要客运枢纽的轨道交通引入工程，基本实现利用城市轨道交通等骨干公交方式连接大中型高铁车站以及年吞吐量超过1000万人次的机场。

（二）提升客运服务安全便捷水平

推进旅客联程运输发展。促进不同运输方式运力、班次和信息对接，鼓励开展空铁、公铁等联程运输服务。推广普及电子客票、联网售票，健全身份查验制度，加快完善旅客联程、往返、异地等出行票务服务系统，完善铁路客运线上服务功能。推行跨运输方式异地候机候车、行李联程托运等配套服务。鼓励第三方服务平台发展“一票制”客运服务。

完善区际城际客运服务。优化航班运行链条，着力提升航班正常率，提高航空服务能力和品质。拓展铁路服务网络，扩大高铁服务范围，提升动车服务品质，改善普通旅客列车服务水平。发展大站快车、站站停等多样化城际铁路服务，提升中心城区与郊区之间的通勤化客运水平。按照定线、定时、定点要求，推进城际客运班车公交化运行。探索创新长途客运班线运输服务模式。

发展多层次城市客运服务。大力发展公共交通，推进公交都市建设，进一步提高公交出行分担率。强化城际铁路、城市轨道交通、地面公交等运输服务有机衔接，支持发展个性化、定制化运输服务，因地制宜建设多样化城市客运服务体系。

推进城乡客运服务一体化。推动城市公共交通线路向城市周边延伸，推进有条件的地区实施农村客运班线公交化改造。鼓励发展镇村公交，推广农村客运片区经营模式，实现具备条件的建制村全部通客车，提高运营安全水平。

（三）促进货运服务集约高效发展

推进货物多式联运发展。以提高货物运输集装化和运载单元标准化为重点，积极发展大宗货物和特种货物多式联运。完善铁路货运线上服务功能，推动公路甩挂运输联网。制定完善统一的多式联运规则和多式联运经营人管理制度，探索实施“一单制”联运服务模式，引导企业加强信息互联和联盟合作。

统筹城乡配送协调发展。加快建设城市货运配送体系，在城市周边布局建设公共货运场站，完善城市主要商业区、社区等末端配送节点设施，推动城市中心铁路货场转型升级为城市配送中心，优化车辆便利化通行管控措施。加快完善县、乡、村三级物流服务网络，统筹交通、邮政、商务、供销等农村物流资源，推广“多站合一”的物流节点建设，积极推广农村“货运班线”等服务模式。

促进邮政快递业健康发展。以邮区中心局为核心、邮政网点为支撑、村邮站为延伸，加快完善邮政普遍服务网络。推动重要枢纽的邮政和快递功能区建设，实施快递“上车、上船、上飞机”工程，鼓励利用铁路快捷运力运送快件。推进快递“向下、向西、向外”工程，推动快递网络下沉至乡村，扩大服务网络覆盖范围，基本实现乡乡设网点、村村通快递。

推进专业物流发展。加强大件运输管理，健全跨区域、跨部门联合审批机制，推进网上审批、综合协调和互联互认。加快发展冷链运输，完善全程温控相关技术标准和服务规范。加强危险货物全程监管，健全覆盖多种运输方式的法律体系和标准规范，创新跨区域联网联控技术手段和协调机制。

（四）增强国际化运输服务能力

完善国际运输服务网络。完善跨境运输走廊，增加便利货物和人员运输协定过境站点和运输线路。有效整合中欧班列资源，统一品牌，构建“点对点”整列直达、枢纽节点零散中转的高效运输组织体系。加强港航国际联动，鼓励企业建设海外物流中心，推进国际陆海联运、国际甩挂运输等发展。拓展国际航空运输市场，建立海外运营基地和企业，提升境外落地服务水平。完善国际邮件处理中心布局，支持建设一批国际快件转运中心和海外仓，推进快递业跨境发展。

提高国际运输便利化水平。进一步完善双多边运输国际合作机制，加快形成“一站式”口岸通关模式。推动国际运输管理与服务信息系统建设，促进陆路口岸信息资源交互共享。依托区域性国际网络平台，加强与“一带一路”沿线国家和地区在技术标准、数据交换、信息安全等方面的交流合作。积极参与国际和区域运输规则制修订，全面提升话语权与影响力。

鼓励交通运输走出去。推动企业全方位开展对外合作，通过投资、租赁、技术合作等方式参与海外交通基础设施的规划、设计、建设和运营。积极开展轨道交通一揽子合作，提升高铁、城市轨道交通等重大装备综合竞争力，加快自主品牌汽车走向国际，推动各类型国产航空装备出口，开拓港口机械、液化天然气船等船舶和海洋工程装备国际市场。

（五）发展先进适用的技术装备

推进先进技术装备自主化。提升高铁、大功率电力机车、重载货车、中低速磁悬浮轨道交通等装备技术水平，着力研制和应用中国标准动车组谱系产品，研发市域（郊）铁路列车，创新发展下一代高速列车，加快城市轨道交通装备关键技术产业化。

积极发展公路专用运输车辆、大型厢式货车和城市配送车辆，鼓励发展大中型高档客车，大力发展安全、实用、经济型乡村客车。发展多式联运成套技术装备，提高集装箱、特种运输等货运装备使用比重。继续发展大型专业化运输船舶。实施适航攻关工程，积极发展国产大飞机和通用航空器。

促进技术装备标准化发展。加快推进铁路多式联运专用装备和机具技术标准体系建设。积极推动载货汽车标准化，加强车辆公告、生产、检测、注册登记、营运使用等环节的标准衔接。加快推进内河运输船舶标准化，大力发展江海直达船舶。推广应用集装化和单元化装载技术。建立共享服务平台标准化网络接口和单证自动转换标准格式。

专栏8　提升综合运输服务行动计划

（一）旅客联程运输专项行动。

建设公众出行公共信息服务平台，为旅客提供一站式综合信息服务。推进跨运输方式的客运联程系统建设，实现不同运输方式间有效衔接。鼓励企业完善票务服务系统，提高联程、往返和异地票务服务便捷性。

（二）多式联运专项行动。

加快完善货运枢纽多式联运服务功能，支持运载单元、快速转运设备、运输工具、停靠与卸货站点的标准化建设改造，加快多式联运信息资源共享，鼓励组织模式、管理模式和重大技术创新，培育一批具有跨运输方式货运组织能力并承担全程责任的多式联运经营企业。

（三）货车标准化专项行动。

按照“政策引导消化存量、强化标准严把增量”的原则，引导发展符合国家标准要求、技术性能先进的车辆运输车、液体危险货物罐车、模块化汽车列车等货运车辆，强化对非法改装、超限超载货运车辆的治理，推动建立门类齐备、技术合理的货运车型标准体系，推进标准化货运车型广泛应用。

（四）城乡交通一体化专项行动。

选取100个左右县级行政区组织开展城乡交通一体化推进行动，完善农村客货运服务网络，支持农村客货运场站网络建设和改造，鼓励创新农村客运和物流配送组织模式，推广应用农村客运标准化车型，推进城乡客运、城乡配送协调发展。

（五）公交都市建设专项行动。

在地市级及以上城市全面推进公交都市建设，新能源公交车比例不低于35%，城区常住人口300万以上城市基本建成公交专用道网络，整合城市公交运输资源，发展新型服务模式，全面提升城市公共交通服务效率和品质。

五、提升交通发展智能化水平

（一）促进交通产业智能化变革

实施“互联网+”便捷交通、高效物流行动计划。将信息化智能化发展贯穿于交通建设、运行、服务、监管等全链条各环节，推动云计算、大数据、物联网、移动互联网、智能控制等技术与交通运输深度融合，实现基础设施和载运工具数字化、网络化，运营运行智能化。利用信息平台集聚要素，驱动生产组织和管理方式转变，全面提升运输效率和服务品质。

培育壮大智能交通产业。以创新驱动发展为导向，针对发展短板，着眼市场需求，大力推动智能交通等新兴前沿领域创新和产业化。鼓励交通运输科技创新和新技术应用，加快建立技术、市场和资本共同推动的智能交通产业发展模式。

（二）推动智能化运输服务升级

推行信息服务“畅行中国”。推进交通空间移动互联网化，建设形成旅客出行与公务商务、购物消费、休闲娱乐相互渗透的“交通移动空间”。支持互联网企业与交通运输企业、行业协会等整合完善各类交通信息平台，提供综合出行信息服务。完善危险路段与事故区域的实时状态感知和信息告警推送服务。推进交通一卡通跨区（市）域、跨运输方式互通。

发展“一站式”“一单制”运输组织。推动运营管理系统信息化改造，推进智能协同调度。研究铁路客票系统开放接入条件，与其他运输方式形成面向全国的“一站式”票务系统，加快移动支付在交通运输领域应用。推动使用货运电子运单，建立包含基本信息的电子标签，形成唯一赋码与电子身份，推动全流程互认和可追溯，加快发展多式联运“一单制”。

（三）优化交通运行和管理控制

建立高效运转的管理控制系统。建设综合交通运输运行协调与应急调度指挥中心，推进部门间、运输方式间的交通管理联网联控在线协同和应急联动。全面提升铁路全路网列车调度指挥和运输管理智能化水平。开展新一代国家交通控制网、智慧公路建设试点，推动路网管理、车路协同和出行信息服务的智能化。建设智慧港航和智慧海事，提高港口管理水平和服务效率，提升内河高等级航道运行状态在线监测能力。发展新一代空管系统，加强航空公司运行控制体系建设。推广应用城市轨道交通自主化全自动运行系统、基于无线通信的列车控制系统等，促进不同线路和设备之间相互联通。优化城市交通需求管理，提升城市交通智能化管理水平。

提升装备和载运工具智能化自动化水平。拓展铁路计算机联锁、编组站系统自动化应用，推进全自动集装箱码头系统建设，有序发展无人机自动物流配送。示范推广车路协同技术，推广应用智能车载设备，推进全自动驾驶车辆研发，研究使用汽车电子标识。建设智能路侧设施，提供网络接入、行驶引导和安全告警等服务。

（四）健全智能决策支持与监管

完善交通决策支持系统。增强交通规划、投资、建设、价格等领域信息化综合支撑能力，建设综合交通运输统计信息资源共享平台。充分利用政府和企业的数据信息资源，挖掘分析人口迁徙、公众出行、枢纽客货流、车辆船舶行驶等特征和规律，加强对交通发展的决策支撑。

提高交通行政管理信息化水平。推动在线行政许可“一站式”服务，推进交通运输许可证件（书）数字化，促进跨区域、跨部门行政许可信息和服务监督信息互通共享。加强全国治超联网管理信息系统建设，加快推动交通运输行政执法电子化，推进非现场执法系统试点建设，实现异地交换共享和联防联控。加强交通运输信用信息、安全生产等信息系统与国家相关平台的对接。

（五）加强交通发展智能化建设

打造泛在的交通运输物联网。推动运行监测设备与交通基础设施同步建设。强化全面覆盖交通网络基础设施风险状况、运行状态、移动装置走行情况、运行组织调度信息的数据采集系统，形成动态感知、全面覆盖、泛在互联的交通运输运行监控体系。

构建新一代交通信息基础网络。加快车联网、船联网等建设。在民航、高铁等载运工具及重要交通线路、客运枢纽站点提供高速无线接入互联网公共服务。建设铁路下一代移动通信系统，布局基于下一代互联网和专用短程通信的道路无线通信网。研究规划分配智能交通专用频谱。

推进云计算与大数据应用。增强国家交通运输物流公共信息平台服务功能。强化交通运输信息采集、挖掘和应用，促进交通各领域数据资源综合开发利用和跨部门共享共用。推动交通旅游服务等大数据应用示范。鼓励开展交通大数据产业化应用，推进交通运输电子政务云平台建设。

保障交通网络信息安全。构建行业网络安全信任体系，基本实现重要信息系统和关键基础设施的安全可控，提升抗毁性和容灾恢复能力。加强大数据环境下防攻击、防泄露、防窃取的网络安全监测预警和应急处置能力建设。加强交通运输数据保护，防止侵犯个人隐私和滥用用户信息等行为。

专栏9　交通运输智能化发展重点工程
（一）高速铁路、民用航空器接入互联网工程。 选取示范高速铁路线路，提供基于车厢内公众移动通信和无线网的高速宽带互联网接入服务。选取示范国内民用航空器，提供空中接入互联网服务。 （二）交通运输数据资源共享开放工程。 建设综合交通运输大数据中心，形成数据开放共享平台。增强国家交通运输物流公共信息平台服务功能，着力推动跨运输方式、跨部门、跨区域、跨国界交通物流信息开放与共享。 （三）综合交通枢纽协同运行与服务示范工程。 在京津冀、长江经济带开展综合交通枢纽协同运行与服务示范，建设信息共享与服务平台、应急联动和协调指挥调度决策支持平台，实现城市公交与对外交通之间动态组织、灵活调度。 （四）新一代国家交通控制网示范工程。 选取公路路段和中心城市，在公交智能控制、营运车辆智能协同、安全辅助驾驶等领域开展示范工程，应用高精度定位、先进传感、移动互联、智能控制等技术，提升交通调度指挥、运输组织、运营管理、安全应急、车路协同等领域智能化水平。 （五）高速公路电子不停车收费系统（ETC）应用拓展工程。 提高全国高速公路ETC车道覆盖率。提高ETC系统安装、缴费等便利性，着重提升在道路客运车辆、出租汽车等各类营运车辆上的使用率。研究推进标准厢式货车不停车收费。提升客服网点和省级联网结算中心服务水平，建设高效结算体系。实现ETC系统在公路沿线、城市公交、出租汽车、停车、道路客运等领域广泛应用。 （六）北斗卫星导航系统推广工程。 加快推动北斗卫星系统在通用航空、飞行运行监视、海上应急救援和机载导航等方面的应用。加强全天候、全天时、高精度的定位、导航、授时等服务对车联网、船联网以及自动驾驶等的基础支撑作用。鼓励汽车厂商前装北斗用户端产品，推动北斗模块成为车载导航设备和智能手机的标准配置，拓宽在列车运行控制、港口运营、车辆监管、船舶监管等方面的应用。

六、促进交通运输绿色发展

（一）推动节能低碳发展

优化交通运输结构，鼓励发展铁路、水运和城市公共交通等运输方式，优化发展航空、公路等运输方式。科学划设公交专用道，完善城市步行和自行车等慢行服务系统，积极探索合乘、拼车等共享交通发展。鼓励淘汰老旧高能耗车船，提高运输工具和港站等节能环保技术水平。加快新能源汽车充电设施建设，推进新能源运输工具规模化应用。制定发布交通运输行业重点节能低碳技术和产品推广目录，健全监督考核机制。

（二）强化生态保护和污染防治

将生态环保理念贯穿交通基础设施规划、建设、运营和养护全过程。积极倡导生态选线、环保设计，利用生态工程技术减少交通对自然保护区、风景名胜区、珍稀濒危野生动植物天然集中分布区等生态敏感区域的影响。严格落实生态保护和水土保持措施，鼓励开展生态修复。严格大城市机动车尾气排放限值标准，实施汽车检测与维护制度，探索建立重点区域交通运输温室气体与大气污染物排放协同联控机制。落实重点水域船舶排放控制区管理政策，加强近海以及长江、西江等水域船舶溢油风险防范和污染排放控制。有效防治公路、铁路沿线噪声、振动，减缓大型机场噪声影响。

（三）推进资源集约节约利用

统筹规划布局线路和枢纽设施，集约利用土地、线位、桥位、岸线等资源，采取有效措施减少耕地和基本农田占用，提高资源利用效率。在工程建设中，鼓励标准化设计及工厂预制，综合利用废旧路面、疏浚土、钢轨、轮胎和沥青等材料以及无害化处理后的工业废料、建筑垃圾，循环利用交通生产生活污水，鼓励企业加入区域资源再生综合交易系统。

专栏10　交通运输绿色化发展重点工程
（一）交通节能减排工程。 支持高速公路服务区充电桩、加气站，以及长江干线、西江干线、京杭运河沿岸加气站等配套设施规划与建设。推进原油、成品油码头油气回收治理，推进靠港船舶使用岸电。在京津冀、长三角、珠三角三大区域，开展船舶污染物排放治理，到2020年硫氧化物、氮氧化物、颗粒物年排放总量在2015年基础上分别下降65%、20%、30%。 （二）交通装备绿色化工程。 加快推进天然气等清洁运输装备、装卸设施以及纯电动、混合动力汽车应用，鼓励铁路推广使用交—直—交电力机车，逐步淘汰柴油发电车。加速淘汰一批长江等内河老旧客运、危险品运输船舶。

（三）交通资源节约工程。

提高土地和岸线利用效率，提升单位长度码头岸线设计通过能力。积极推广公路服务区和港口水资源综合循环利用。建设一批资源循环利用试点工程。

（四）交通生态环保工程。

建设一批港口、装卸站、船舶修造厂和船舶含油污水、生活污水、化学品洗舱水和垃圾等污染物的接收设施，并与城市公共转运处置设施衔接。在枢纽、高速公路服务区建设一批污水治理和循环利用设施。

七、加强安全应急保障体系建设

（一）加强安全生产管理

强化交通运输企业安全管理主体责任，推动企业依法依规设置安全生产管理机构，健全安全生产管理制度，加强安全生产标准化建设和风险管理。实施从业人员安全素质提升工程，加强安全生产培训教育。重点围绕基础设施、装备设施、运输工具、生产作业等方面安全操作与管理，打造全寿命周期品质工程。强化对安全生产法律法规和安全常识的公益宣传引导，广泛传播交通安全价值观与理念。

（二）加快监管体系建设

构建安全生产隐患排查治理和风险分级管控体系，加强重大风险源动态全过程控制，健全交通安全事故调查协调机制。完善集监测、监控和管理于一体的铁路网络智能安全监管平台和信息传输系统。完善国家公路网运行监测体系，实时监测东中部全部路段和西部重点路段的高速公路运行情况，全面实现重点营运车辆联网联控。完善近海和内河水上交通安全监管系统布局，加强远海动态巡航执法能力建设，加强“四类重点船舶”运行监测。提升民航飞机在线定位跟踪能力，建立通用航空联合监管机制，实现全过程、可追溯监管。加快城市公交安全管理体系建设，加强城市轨道交通运营安全监管和物流运行监测。实施邮政寄递渠道安全监管“绿盾”工程，实现货物来源可追溯、运输可追踪、责任可倒查。加快实现危险货物运输全链条协同监管，强化应对危险化学品运输中泄漏的应急处理能力，防范次生突发环境事件。

（三）推进应急体系建设

加强交通运输部门与公安、安全监管、气象、海洋、国土资源、水利等部门的信息共享和协调联动，完善突发事件应急救援指挥系统。完善全国交通运输运行监测与应急指挥系统，加快建设省级和中心城市运行监测与应急指挥系统。加快建设铁路、公路和民航应急救援体系。完善沿海、长江干线救助打捞飞行基地和船舶基地布局，加强我国管辖海域应急搜救能力和航海保障建设。提升深海远洋搜寻和打捞能力，加强海外撤侨等国际应急救援合作。

专栏11　交通运输安全应急保障重点工程
（一）深海远海监管搜救工程。 研究启动星基船舶自动识别系统，配置中远程监管救助载人机和无人机，提升大型监管救助船舶远海搜救适航性能，推动深海远海分布式探测作业装备研发与应用。提升南海、东海等重点海域监管搜救能力。 （二）长江干线交通安全工程。 完善长江干线船舶交通管理系统、船舶自动识别系统和视频监控系统，强化长江海事巡航救助一体化船舶、公安巡逻船和消防船舶配置，建设大型起重船及辅助装备、库区深潜器等成套打捞系统。加强长江干线船舶溢油应急设备库建设。 （三）铁路安保工程。 加快建设国家铁路应急救援基地，加强高铁运行、监控、防灾预警等安全保障系统建设；加大道口平交改立交及栅栏封闭等安全防护设施建设力度。 （四）公路安全应急工程。 继续实施公路安全生命防护工程。持续开展农村公路隐患治理，加强农村公路隧道隐患整治，继续开展农村公路危桥改造。不断完善道路交通应急体系，提高应急保障能力。 （五）航空安全工程。 建设民航安保体系，提高民航空防安全保障和反恐怖防范能力。加强适航审定能力建设，建设全国民航安全保卫信息综合应用平台。依托航空运输等企业加快构建民航应急运输和搜救力量。 （六）邮政寄递渠道安全监管“绿盾”工程。 建设行政执法、运行监测、安全预警、应急指挥、决策支持、公共服务六类信息系统，完善国家邮政安全监控中心，建设省级和重点城市邮政安全监控中心。

八、拓展交通运输新领域新业态

（一）积极引导交通运输新消费

促进通用航空与旅游、文娱等相关产业联动发展，扩大通用航空消费群体，强化与互联网、创意经济融合，拓展通用航空新业态。有序推进邮轮码头建设，拓展国际国内邮轮航线，发展近海内河游艇业务，促进邮轮游艇产业发展。大力发展自驾车、房车营地，配套建设生活服务功能区。鼓励企业发展城市定制公交、农村定制班车、网络预约出租汽车、汽车租赁等新型服务，稳妥推进众包服务，鼓励单位、个人停车位等资源错时共享使用。

（二）培育壮大交通运输新动能

以高速铁路通道为依托，以高铁站区综合开发为载体，培育壮大高铁经济，引领支撑沿线城镇、产业、人口等合理布局，密切区域合作，优化资源配置，加速产业梯度转移和经济转型升级。基本建成上海国际航运中心，加快建设天津北方、大连东北亚、厦门东南国际航运中心，提升临港产业发展水平，延伸和拓展产业链。建设北京新机场、郑州航空港等临空经济区，聚集航空物流、快件快递、跨境电商、商务会展、科技创新、综合保障等产业，形成临空经济新兴增长极。

（三）打造交通物流融合新模式

打通衔接一体的全链条交通物流体系，以互联网为纽带，构筑资源共享的交通物流平台，创新发展模式，实现资源高效利用，推动交通与物流一体化、集装化、网络化、社会化、智能化发展。推进“平台+”物流交易、供应链、跨境电商等合作模式，鼓励“互联网+城乡配送”“物联网+供应链管理”等业态模式的创新发展。推进公路港等枢纽新业态发展，积极发展无车承运人等互联网平台型企业，整合公路货运资源，鼓励企业开发“卡车航班”等运输服务产品。

（四）推进交通空间综合开发利用

依据城市总体规划和交通专项规划，鼓励交通基础设施与地上、地下、周边空间综合利用，融合交通与商业、商务、会展、休闲等功能。打造依托综合交通枢纽的城市综合体和产业综合区，推动高铁、地铁等轨道交通站场、停车设施与周边空间的联动开发。重点推进地下空间分层开发，拓展地下纵深空间，统筹城市轨道交通、地下道路等交通设施与城市地下综合管廊的规划布局，研究大城市地下快速路建设。

专栏12　交通运输新领域建设重点工程
（一）通用航空工程。 积极发展通用航空短途运输，鼓励有条件的地区发展公务航空。在适宜地区开展空中游览活动，发展飞行培训，提高飞行驾驶执照持有比例。利用会展、飞行赛事、

航空文化交流等活动，支持通用航空俱乐部、通用航空爱好者协会等社团发展。规划建设一批航空飞行营地，完善航空运动配套服务，开展航空体育与体验飞行。

（二）国家公路港网络建设工程。

以国际性、全国性综合交通枢纽为重点，建设与铁路货运站、港口、机场等有机衔接的综合型公路港；以区域性综合交通枢纽为重点，建设与主干运输通道快速连通的基地型公路港；以国家高速公路沿线城市为重点，形成一批与综合型和基地型公路港有效衔接、分布广泛的驿站型公路港。

（三）邮轮游艇服务工程。

有序推进天津、大连、秦皇岛、青岛、上海、厦门、广州、深圳、北海、三亚、重庆、武汉等邮轮码头建设，在沿海沿江沿湖等地区发展公共旅游和私人游艇业务，完善运动船艇配套服务。

（四）汽车营地建设工程。

依托重点生态旅游目的地、精品生态旅游线路和国家旅游风景道，规划建设一批服务自驾车、房车等停靠式和综合型汽车营地，利用环保节能材料和技术配套建设生活服务等功能区。

（五）城市交通空间开发利用工程。

重点在国际性、全国性综合交通枢纽，以高速铁路客运站、城际铁路客运站、机场为主体，建设一批集交通、商业、商务、会展、文化、休闲于一体的开放式城市功能区。鼓励建设停车楼、地下停车场、机械式立体停车库等集约化停车设施，并按照一定比例配建充电设施。

（六）步道自行车路网建设工程。

规划建设城市步行和自行车交通体系，逐步打造国家步道系统和自行车路网，重点建设一批山地户外营地、徒步骑行服务站。

九、全面深化交通运输改革

（一）深化交通管理体制改革

深入推进简政放权、放管结合、优化服务改革，最大限度取消和下放审批事项，加强规划引导，推动交通项目多评合一、统一评审，简化审批流程，缩短审批时间；研究探索交通运输监管政策和管理方式，加强诚信体系建设，完善信用考核标准，强化考核评价监督。完善“大交通”管理体制，推进交通运输综合行政执法改革，建设正规化、专业化、规范化、标准化的执法队伍。完善收费公路政策，逐步建立高速公路与普通公路统筹发展机制。全面推进空域管理体制改革，扎实推进空域规划、精细化改革试点和“低慢小”飞行管理改革、航线审批改革等重点工作，加快开放低空空域。加快油气管网运营体制改革，推动油气企业管网业务独立，组建国有资本控股、投资主体多元的油气管道公司和全国油气运输调度中心，实现网运分离。

（二）推进交通市场化改革

加快建立统一开放、竞争有序的交通运输市场，营造良好营商环境。加快开放民航、铁路等行业的竞争性业务，健全准入与退出机制，促进运输资源跨方式、跨区域优化配置。健全交通运输价格机制，适时放开竞争性领域价格，逐步扩大由市场定价的范围。深化铁路企业和客货运输改革，建立健全法人治理结构，加快铁路市场化运行机制建设。有序推进公路养护市场化进程。加快民航运输市场化进程，有序发展专业化货运公司。积极稳妥深化出租汽车行业改革，完善经营权管理制度。

（三）加快交通投融资改革

建立健全中央与地方投资联动机制，优化政府投资安排方式。在试点示范的基础上，加快推动政府和社会资本合作（PPP）模式在交通运输领域的推广应用，鼓励通过特许经营、政府购买服务等方式参与交通项目建设、运营和维护。在风险可控的前提下，加大政策性、开发性等金融机构信贷资金支持力度，扩大直接融资规模，支持保险资金通过债权、股权等多种方式参与重大交通基础设施建设。积极利用亚洲基础设施投资银行、丝路基金等平台，推动互联互通交通项目建设。

十、强化政策支持保障

（一）加强规划组织实施

各有关部门要按照职能分工，完善相关配套政策措施，做好交通军民融合工作，为本规划实施创造有利条件；做好本规划与国土空间开发、重大产业布局、生态环境建设、信息通信发展等规划的衔接，以及铁路、公路、水运、民航、油气管网、邮政等专项规划对本规划的衔接落实；加强部际合作和沟通配合，协调推进重大项目、重大工程，加强国防交通规划建设；加强规划实施事中事后监管和动态监测分析，适时开展中期评估、环境影响跟踪评估和建设项目后评估，根据规划落实情况及时动态调整。地方各级人民政府要紧密结合发展实际，细化落实本规划确定的主要目标和重点任务，各地综合交通运输体系规划要做好对本规划的衔接落实。

（二）加大政策支持力度

健全公益性交通设施与运输服务政策支持体系，加强土地、投资、补贴等组合政策支撑保障。切实保障交通建设用地，在用地计划、供地方式等方面给予一定政策倾斜。加大中央投资对铁路、水运等绿色集约运输方式的支持力度。充分发挥各方积极性，用好用足铁路土地综合开发、铁路发展基金等既有支持政策，尽快形成铁路公益性运输财政补贴的制度性安排，积极改善铁路企业债务结构。统筹各类交通建设资金，重点支持交通扶贫脱贫攻坚。充分落实地方政府主体责任，采用中央与地方共建等方式推动综合交通枢纽一体化建设。

（三）完善法规标准体系

研究修订铁路法、公路法、港口法、民用航空法、收费公路管理条例、道路运输条例等，推动制定快递条例，研究制定铁路运输条例等法规。加快制定完善先进适用的高速铁路、城际铁路、市域（郊）铁路、城市轨道交通、联程联运、综合性交通枢纽、交通信息化智能化等技术标准，强化各类标准衔接，加强标准、计量、质量监督，构建综合交通运输标准体系和统计体系。完善城市轨道交通装备标准规范体系，开展城市轨道交通装备认证。依托境外交通投资项目，带动装备、技术和服务等标准走出去。

（四）强化交通科技创新

发挥重点科研平台、产学研联合创新平台作用，加大基础性、战略性、前沿性技术攻关力度，力争在特殊重大工程建设、交通通道能力和工程品质提升、安全风险防控与应急技术装备、综合运输智能管控和协同运行、交通大气污染防控等重大关键技术上取得突破。发挥企业的创新主体作用，鼓励企业以满足市场需求为导向开展技术、服务、组织和模式等各类创新，提高科技含量和技术水平，不断向产业链和价值链高端延伸。

（五）培育多元人才队伍

加快综合交通运输人才队伍建设，培养急需的高层次、高技能人才，加强重点领域科技领军人才和优秀青年人才培养。加强人才使用与激励机制建设，提升行业教育培训的基础条件和软硬件环境。做好国外智力引进和国际组织人才培养推送工作，促进人才国际交流与合作。

附件：

1. 重点任务分工方案
2. 综合运输大通道和综合交通枢纽示意图（略）
3. “十三五”铁路规划建设示意图（略）
4. “十三五”国家高速公路规划建设示意图（略）
5. “十三五”民用运输机场规划建设示意图（略）
6. “十三五”内河高等级航道规划建设示意图（略）
7. “十三五”原油、成品油、天然气管道规划建设示意图（略）

重点任务分工方案

序号	任务	责任单位
1	建设多向连通的综合运输通道	国家发展改革委、交通运输部牵头，国家铁路局、中国民航局、中国铁路总公司等按职责分工负责
2	构建高品质的快速交通网。推进高速铁路建设，完善高速公路网络，完善运输机场功能布局	国家发展改革委、交通运输部、国家铁路局、中国民航局、中国铁路总公司等按职责分工负责
3	强化高效率的普通干线网。完善普速铁路网，推进普通国道提质改造，完善水路运输网络，强化油气管网互联互通	交通运输部、国家发展改革委牵头，国家能源局、国家铁路局、中国民航局、中国铁路总公司等按职责分工负责
4	拓展广覆盖的基础服务网。合理引导普通省道发展，全面加快农村公路建设，积极推进支线铁路建设，加强内河支线航道建设，加快推进通用机场建设，完善港口集疏运网络	交通运输部、国家发展改革委牵头，国家铁路局、中国民航局、中国铁路总公司等按职责分工负责
5	打造“一带一路”互联互通开放通道。着力打造丝绸之路经济带国际运输走廊，加快推进21世纪海上丝绸之路国际通道建设，加强“一带一路”通道与港澳台地区的交通衔接	国家发展改革委牵头，交通运输部、外交部、商务部、国家铁路局、中国民航局、中国铁路总公司等按职责分工负责
6	构建京津冀协同发展的一体化网络。打造“轨道上的京津冀”，完善综合交通网络	国家发展改革委牵头，交通运输部、住房城乡建设部、国家铁路局、中国民航局、中国铁路总公司等按职责分工负责
7	建设长江经济带高质量综合立体交通走廊。打造长江黄金水道，构建立体交通走廊	国家发展改革委牵头，交通运输部、水利部、环境保护部、国家铁路局、中国民航局、中国铁路总公司等按职责分工负责

续　表

序号	任务	责任单位
8	发挥交通扶贫脱贫攻坚基础支撑作用。强化贫困地区骨干通道建设，夯实贫困地区交通基础	交通运输部、国家发展改革委牵头，国务院扶贫办、国家铁路局、中国民航局、中国铁路总公司等按职责分工负责
9	发展引领新型城镇化的城际城市交通。推进城际交通发展，加强城市交通建设	国家发展改革委、交通运输部、住房城乡建设部牵头，国家铁路局、中国民航局、中国铁路总公司等按职责分工负责
10	优化综合交通枢纽布局。完善综合交通枢纽空间布局，提升综合客运枢纽站场一体化服务水平，促进货运枢纽站场集约化发展，促进枢纽站场之间有效衔接	交通运输部、国家发展改革委牵头，住房城乡建设部、国家铁路局、中国民航局、国家邮政局、中国铁路总公司等按职责分工负责
11	提升客运服务安全便捷水平。推进旅客联程运输发展，完善区际城际客运服务，发展多层次城市客运服务，推进城乡客运服务一体化	交通运输部牵头，国家发展改革委、国家铁路局、中国民航局、中国铁路总公司等按职责分工负责
12	促进货运服务集约高效发展。推进货物多式联运发展，统筹城乡配送协调发展，促进邮政快递业健康发展，推进专业物流发展	交通运输部牵头，国家发展改革委、商务部、质检总局、国家铁路局、中国民航局、国家邮政局、中国铁路总公司等按职责分工负责
13	增强国际化运输服务能力。完善国际运输服务网络，提高国际运输便利化水平，鼓励交通运输走出去	交通运输部牵头，国家发展改革委、商务部、海关总署、质检总局、国家铁路局、中国民航局、国家邮政局、中国铁路总公司等按职责分工负责
14	发展先进适用的技术装备。推进先进技术装备自主化，促进技术装备标准化发展	国家发展改革委、交通运输部、工业和信息化部牵头，科技部、公安部、质检总局、国家铁路局、中国民航局、国家邮政局、中国铁路总公司等按职责分工负责
15	促进交通产业智能化变革。实施“互联网 +”行动计划，培育壮大智能交通产业	国家发展改革委、交通运输部牵头，工业和信息化部、科技部、国家铁路局、中国民航局、中国铁路总公司等按职责分工负责
16	推动智能化运输服务升级。推行信息服务“畅行中国”，发展“一站式”“一单制”运输组织	交通运输部、国家发展改革委牵头，工业和信息化部、国家铁路局、中国民航局、中国铁路总公司等按职责分工负责

续 表

序号	任务	责任单位
17	优化交通运行和管理控制。建立高效运转的管理控制系统，提升装备和载运工具智能化自动化水平	交通运输部牵头，国家发展改革委、工业和信息化部、公安部、国家铁路局、中国民航局、中国铁路总公司等按职责分工负责
18	健全智能决策支持与监管。完善交通决策支持系统，提高交通行政管理信息化水平	交通运输部牵头，工业和信息化部、国家铁路局、中国民航局、中国铁路总公司等按职责分工负责
19	加强交通发展智能化建设。打造泛在的交通运输物联网，构建新一代交通信息基础网络，推进云计算与大数据应用，保障交通网络信息安全	国家发展改革委、交通运输部牵头，工业和信息化部、国家国防科工局、国家铁路局、中国民航局、中国铁路总公司等按职责分工负责
20	推动节能低碳发展。优化运输结构，推广应用节能低碳技术和产品	交通运输部、住房城乡建设部牵头，国家发展改革委、环境保护部、国家能源局、国家铁路局、中国民航局、中国铁路总公司等按职责分工负责
21	强化生态保护和污染防治。加强全过程全周期生态保护，强化大气、水、噪声污染防治	交通运输部牵头，国家发展改革委、环境保护部、国家铁路局、中国民航局、中国铁路总公司等按职责分工负责
22	推进资源集约节约利用。提高交通资源利用效率，加强资源综合循环利用	交通运输部牵头，工业和信息化部、环境保护部、国家铁路局、中国民航局、中国铁路总公司等按职责分工负责
23	加强交通运输安全生产管理	交通运输部牵头，公安部、安全监管总局、国家铁路局、中国民航局、中国铁路总公司等按职责分工负责
24	加快交通安全监管体系建设	交通运输部牵头，公安部、安全监管总局、国家铁路局、中国民航局、国家邮政局、中国铁路总公司等按职责分工负责
25	推进交通运输应急体系建设	交通运输部牵头，公安部、安全监管总局、国家铁路局、中国民航局、中国铁路总公司等按职责分工负责
26	积极引导交通运输新消费	国家发展改革委、交通运输部牵头，工业和信息化部、住房城乡建设部、国家旅游局、中国民航局、国家邮政局、中国铁路总公司等按职责分工负责

续　表

序号	任务	责任单位
27	培育壮大交通运输新动能	国家发展改革委、交通运输部牵头，商务部、海关总署、国家旅游局、体育总局、中国铁路总公司等按职责分工负责
28	打造交通物流融合新模式	国家发展改革委、交通运输部牵头，商务部、工业和信息化部、海关总署、中国铁路总公司等按职责分工负责
29	推进交通空间综合开发利用	国家发展改革委、交通运输部、住房城乡建设部牵头，国土资源部等按职责分工负责
30	深化交通管理体制改革	国家发展改革委、交通运输部牵头，工商总局、国家铁路局、中国民航局、中国铁路总公司等按职责分工负责
31	推进交通市场化改革	国家发展改革委、交通运输部牵头，工商总局、国家铁路局、中国民航局、中国铁路总公司等按职责分工负责
32	加快交通投融资改革	国家发展改革委、财政部、交通运输部牵头，国土资源部、人民银行、银监会、证监会、保监会、国家铁路局、中国民航局、中国铁路总公司等按职责分工负责
33	完善法规体系	交通运输部牵头，国务院法制办、国家铁路局、中国民航局、国家邮政局、国家交通战备办公室、中国铁路总公司等按职责分工负责
34	强化标准支撑	质检总局、交通运输部牵头，工业和信息化部、科技部、住房城乡建设部、国家铁路局、中国民航局、国家邮政局、中国铁路总公司等按职责分工负责

"十三五"铁路集装箱多式联运发展规划

集装箱多式联运具有产业链长、高效便捷、集约经济、安全可靠等优势，是货物运输发展的重要方向。发展铁路集装箱多式联运，对推进铁路供给侧结构性改革、扩大铁路有效供给、更好发挥铁路比较优势、降低全社会物流成本等具有重要作用。为增强铁路货运市场竞争能力、提升运输整体效率效益，根据"十三五"规划《纲要》《"十三五"现代综合交通运输体系发展规划》《中长期铁路网规划》《营造良好市场环境推动交通物流融合发展实施方案》以及铁路发展改革等要求，制定《"十三五"铁路集装箱多式联运发展规划》。

一、规划基础

（一）发展现状

近年来，我国铁路运输快速发展，基础设施不断完善，技术装备大幅提升，服务水平整体跃升，为铁路集装箱多式联运发展奠定良好基础。截至2016年年底，全国铁路营业里程达12.4万公里，其中客货共线铁路10万公里。2013年铁路货运改革以来，铁路企业把集装箱运输作为向现代物流转型、推进市场化改革的重要途径，通过拓展入箱货物品类、扩大集装箱办理站、发展铁水联运业务、打造中欧班列品牌等举措，推动集装箱运量快速提升，成为铁路货运增长新亮点。2016年铁路集装箱发送量达761万标准箱，同比增长39.5%，中欧班列累计开行2964列。发展改革委、交通运输部等部门先后出台一系列支持多式联运发展政策措施，以铁水联运、国际联运为重点，积极推进多式联运示范项目、工程建设。

铁路集装箱多式联运发展呈现良好势头，但与经济社会发展要求相比，仍然存在明显差距。一是总量偏低，整体结构不合理。铁路集装箱运量仅占铁路货运量的5.4%，远低于发达国家铁路30%~40%水平，铁路集装箱运输占沿海港口集疏运比例较低，比较优势尚未得到有效发挥。二是设施设备不足，协同衔接效应差。铁路集装箱数量少，专用场站、专用载运机具及衔接转运设施规模小，铁水、公铁衔接不顺畅，标准化和先进技术应用滞后。三是服务供给有待提升。市场供需对接不充分，运输组织方式较为传统，全程物流服务刚起步，时效性、便捷性不强。四是市场开放水平亟待提高。多式联运经营主体欠缺，标准规则不统一，信息开放共享不足，市场化改革仍需深化。

（二）形势要求

经济发展新常态催生新需求。经济发展进入新常态，产业结构和消费加快升级，货运需求结构呈现新变化，传统货运需求增速放缓，新兴货运形态迅速崛起，多样化、强时效、小批量、多频次、一站式“门到门”货运需求快速增长。我国幅员辽阔，内陆纵深，“三大战略”深入推进，将促进区域协调发展，产业梯度转移，内陆市场空间进一步拓展。铁路集装箱多式联运顺应新的市场需求，符合国家区域发展空间拓展战略需要。

铁路转型升级迎来新路径。塑造铁路新优势，促进物流消费回流，要求转变传统货运发展方式，加快向现代物流转型。加快发展以集装箱为核心的铁路运输组织方式，减少货物损耗，提高物流效率，集约利用资源，加强跨区域运输，适应新形势下区域内运输需求，已成为扩大铁路货运供给的重要内容和铁路转型升级的重要途径。

全方位对外开放提供新机遇。以“一带一路”建设为统领的全方位对外开放格局构建，我国与沿线国家的经贸往来发展迅速，铁路互联互通、跨境跨区域多式联运走廊不断完善，中欧铁路班列蓬勃发展，为支持引领国际集装箱多式联运系统加速形成，构筑国际集装箱运输品牌，带来难得机遇，创造崭新平台。

新技术新业态引发模式新变革。当前，新一轮科技革命和产业变革正在孕育兴起，互联网、大数据等现代信息技术的广泛应用、跨界融合深度正在重塑运输组织形式、全程服务模式和物流供应方式。顺应新变革，需要加快构建与各种运输方式无缝衔接，与物流各环节高效对接，与信息、金融、通关等深度融合的集装箱多式联运系统，提供全程综合服务，构建“运输 +”组织新模式。

二、总体思路

（一）指导思想

全面贯彻党的十八大和十八届二中、三中、四中、五中、六中全会精神，深入贯彻习近平总书记系列重要讲话精神和治国理政新理念新思想新战略，认真落实党中央、国务院决策部署，统筹推进“五位一体”总体布局和协调推进“四个全面”战略布局，牢固树立和贯彻落实新发展理念，围绕铁路供给侧结构性改革，以提质、降本、增效为导向，以优化结构、扩大供给、补齐短板为中心，强化资源整合，创新组织方式，提高服务水平，融合联动发展，构建一体化、网络化、标准化、信息化的铁路集装箱多式联运系统，更好发挥铁路比较优势，提高综合交通运输组合效率，降低全社会物流成本。

（二）基本原则

优化服务，拓展市场。尊重集装箱运输的市场规律，发挥企业的主体作用，对接市场需求，积极响应新的业态模式，延伸服务链和价值链，提升铁路集装箱的运输服务水平，整合运输资源，提高运输组合效率。

统筹协调、开放融合。更好发挥政府引导作用，围绕多式联运发展，完善合作机制，推动铁路与其他运输方式，以及贸易、金融、信息等深度融合，加强军民融合。健全政策标准，加强市场监管，营造统一开放、竞争有序的市场环境。

创新引领，衔接高效。强化管理、技术、服务创新，加大集装箱多式联运关键技术研发和推广力度，提升信息化和智能化水平。优化网络布局，充分发挥既有铁路场站、公路场站、港口等的功能和作用，提高衔接效率。

发挥优势、扩大供给。发挥铁路运输比较优势，创新市场营销策略和手段，满足不同客户和目标市场需求，在全程服务、运输组织、运到时限等方面加强管理，着力扩大铁路集装箱市场份额，提高市场竞争力。

（三）发展目标

到 2020 年，布局合理、设施完善、便捷高效、协调融合、全程服务的铁路集装箱运输系统基本建成，铁路集装箱多式联运发展取得明显成效，为经济和社会发展提供安全、高效、便捷、绿色的运输服务。

——基础网络更加高效完善。铁路集装箱多式联运通道基本形成，枢纽设施及集疏运体系有机衔接，配套服务设施功能更加完善，接取送达网络覆盖广泛，信息开放共享程度明显提升，线上线下设施运营效率明显提高。

——集装箱运量快速增长。国际班列、铁水联运班列、快速班列等快速发展，集装箱运量达到铁路货运量 20% 左右，其中，集装箱铁水联运量年均增长 10% 以上，中欧班列年开行 5000 列左右，成为铁路货运增长的新引擎。

——先进技术模式广泛应用。多式联运、协同配送等先进运输组织方式加快发展，模式创新、联运装备取得新突破，信息化、标准化、集装化水平显著提升，整体服务水平焕然一新。

——综合效率效益显著提升。综合交通运输结构进一步优化，运输效率明显提升，准时率达到95%，全社会物流成本显著降低，能源消耗和污染排放大幅减少。

三、重点任务

（一）完善联运通道功能

（1）提升传统运输通道能力。按照国家战略和产业布局调整要求，依托铁路、公路、水路等各种运输方式，围绕“十纵十横”综合运输大通道，提速扩能、畅通瓶颈路段，着力构建能力充分、衔接高效的铁路集装箱专业运输通道和多式联运通道。

（2）研究构建双层集装箱运输通道。按照总体规划、分步推进的原则，结合通道吸引范围和辐射能力、新线建设和既有线改造，研究推进北京—天津—沈阳—哈尔滨、北京—上海、北京—南昌—福州、阿拉山口—兰州—重庆、上海—株洲及济南—青岛等双层集装箱运输通道建设，加强双层集装箱车辆研制，逐步满足主要经济区域间及对外通道上具备开行双层集装箱班列的条件。根据市场需求及运输实际，在已具备条件的通道开行双层集装箱班列。

（3）推进国际运输通道建设。贯彻落实“一带一路”倡议，推进我国与周边国家铁路互联互通，对内提速扩能、畅通瓶颈路段，对外与有关国家共同推进通道建设改造，强化边境口岸设施设备衔接配套，有序推进面向全球、连接内陆的国际运输通道建设（详见专栏1）。

（专栏1略）

（二）加强综合枢纽建设

（1）优化集装箱场站布局。按照国家战略和产业布局调整要求，遵循集约化、规模化、高效化的原则，充分利用社会各类既有设施，鼓励规划建设具有多式联运功能的综合货运枢纽。结合综合交通网络发展，通过调整既有铁路场站的规模及功能、移地建设、铁路引入既有公路枢纽、物流园区、港口等方式，强化集装箱运输功能，深化铁路集装箱场站布局研究，优化场站选址方案（详见专栏2）。结合境内外产业、贸易布局，推进境内中欧班列枢纽建设，视需求适时建设境外分拨集散中心。

专栏2　优化集装箱场站布局		
场站类型	主要功能	年作业能力
一级集装箱场站	主要服务于国家级流通节点城市，承担集装箱集散与分拨任务，满足快速班列、国际班列和多式联运需要，配套服务设施完善，具有办理集装箱班列到发和整列装卸的能力，具备所有物流基本服务功能和较全面的物流增值服务功能，具备内陆港的基本功能，具有集装箱及车辆检修、清洗、消毒等设施。"十三五"期间，着力打造高碑店、石家庄、大田、城厢、平湖南、王家营西等20余个场站	场站年作业能力不低于60万TEU，经济发达地区不低于80万TEU
二级集装箱场站	主要服务于国家级、区域级流通节点城市，承担集装箱集散任务，满足快速班列、管内快运班列和多式联运需要，配套服务设施较完善，具有办理集装箱班列到发的能力，具备所有物流基本服务功能和多种物流增值服务功能，部分场站具备内陆港的基本功能	场站年作业能力不低于20万TEU，经济发达地区不低于30万TEU
三级集装箱场站	主要服务于地区级流通节点城市，承担向一、二级集装箱场站集散货物任务，具备物流基本服务功能和部分物流增值服务功能。此外，社会物流点、"无轨站"等可作为铁路集装箱集散点	场站年作业能力不低于5000TEU

（2）强化枢纽衔接配套。围绕铁路集装箱场站，加快公路配套建设，依托公路运输灵活便捷性，形成以一、二级铁路集装箱场站为中心的配送网络，实现"门到门"运输，解决"前后一公里"衔接不畅问题。加快实施铁路引入大型公路货运站、物流园区、产业园区工程，提升设施设备衔接配套水平，有效减少货物装卸、转运、倒载次数，提高枢纽一体化水平。

（3）加快疏港铁路建设。统筹港口与铁路规划对接，加快推进疏港铁路建设及扩能，实现铁路与港口高效衔接，推进港站一体化，提高铁路集疏运比重，形成干支布局合理、衔接有效的铁水联运体系，加快港区铁路装卸场站建设。加快推进上海港、宁波舟山港、广州港等沿海港口疏港铁路建设，建成便捷高效的长江经济带港口多式联运系统，加快铁路与内河其他主要港口的连接线建设（详见专栏3）。

专栏3　重点疏港铁路项目			
港口	港区	港区铁路	实施工程
营口港	鲅鱼圈、仙人岛	疏港铁路	规划建设
天津港	东疆	进港三线	规划建设

<table>
<tr><th>港口</th><th>港区</th><th>港区铁路</th><th>实施工程</th></tr>
<tr><td rowspan="2">青岛港</td><td>前湾（南）</td><td>黄岛站—南港区</td><td>规划建设</td></tr>
<tr><td>董家口</td><td>董家口铁路支线</td><td>加快建设</td></tr>
<tr><td rowspan="3">连云港</td><td>上合国际物流园区</td><td>园区专用线</td><td>加快建设</td></tr>
<tr><td>徐圩</td><td>徐圩支线</td><td>规划研究</td></tr>
<tr><td>苗岭</td><td>苗岭支线</td><td>规划研究</td></tr>
<tr><td rowspan="2">上海港</td><td>外高桥</td><td>港区 1—6 期装卸线</td><td>加快建设</td></tr>
<tr><td>洋山</td><td>进岛铁路</td><td>规划研究</td></tr>
<tr><td rowspan="2">宁波－舟山港</td><td>北仑</td><td>北仑支线</td><td>扩能改造</td></tr>
<tr><td>穿山</td><td>穿山港支线</td><td>加快建设</td></tr>
<tr><td>厦门港</td><td>海沧</td><td>海沧支线</td><td>加快建设</td></tr>
<tr><td rowspan="2">深圳港</td><td>盐田</td><td>平盐铁路</td><td rowspan="2">扩能改造</td></tr>
<tr><td>蛇口/妈湾</td><td>平南铁路</td></tr>
<tr><td>广州港</td><td>南沙</td><td>港区疏港铁路</td><td>加快建设</td></tr>
<tr><td>湛江港</td><td>宝满、东海岛</td><td>疏港铁路</td><td>加快建设</td></tr>
<tr><td>南京港</td><td>龙潭</td><td>铁路专用线</td><td>加快建设</td></tr>
<tr><td>武汉港</td><td>阳逻、三江</td><td>疏港铁路</td><td>加快建设</td></tr>
<tr><td>重庆港</td><td>果园</td><td>铁路支线</td><td>加快建设</td></tr>
</table>

（4）推进内陆港建设。依托铁路既有、在建、规划场站，与港口、航运等相关企业合作建设铁路内陆港，因地制宜增加内陆集装箱还箱场站，增强进出口货物和铁水联运货物集散能力，打造完整的国际联运和铁水联运系统。建立内陆港海关、检验检疫等口岸管理部门信息共享平台，加快制定多式联运海关监管中心建设标准及监管制度，促进一体化通关，提高通关效率。

（三）扩大服务有效供给

1. 强化多式联运组织衔接

——打造国际联运链条。依托国际铁路运输通道，有效整合各方资源，积极搭建国际物流平台，推进中欧、中亚班列发展。加快融入国际联运体系，建立与国际海运、境外铁路合作机制，利用国际组织和多边机制平台，推进通关便利化，强化全程运行监控，压缩全程运行时间，打造全程化国际联运链条。

——加强铁水联运衔接。整合港区铁路、港口、航运等资源，建立多方联动机制，实现“海箱上路、铁箱下水”，提高铁路集疏运比例。优化港区短驳作业流程，提高班列作业效率，减少集装箱在港停留时间。依托沿海和内河主要港口，深入开展集装箱铁水联运示范工程，扩大集装箱铁水联运示范范围和内容，推广应用示范工程成果。

——优化公铁联运模式。加强与第三方物流企业、零担干线运输企业等合作，强化货源组织和集散功能，推进开行公铁联运班列，提高干线运输组织效率和辐射范围，引导大宗物资、商品汽车等中长距离公路运输有序向铁路转移。

2. 创新铁路服务方式

——完善集装箱供需体系。进一步提高铁路集装箱保有量，优化集装箱箱型结构，适应客户多元化需求。统筹铁路箱和自备箱资源，研究建立跨边境跨区域跨方式箱使循环系统，推动集装箱共享共用，降低集装箱调空比例，提高使用效率。

——加强运输时效性管理。以班列产品为重点，加大市场营销，开发多频次多样化班列产品，不断强化班列的品牌效应。加强运输全程调度指挥和跨局联动，提升班列运行调度等级，在港口、口岸等货源充足地区采用班列“客车化”运行方案。

——拓展延伸增值服务。以市场需求为导向，拓展经营范围，延伸服务链条，强化仓储、装卸、配送、包装等增值业务，满足空箱堆存、掏装箱、上门装卸等服务需要，提供电子商务、保险保价理赔、通关报关等服务。开展以集装箱为载体的冷链、商品汽车、液体化工和食品、粮食、水泥等专业物流服务。

（四）加快技术装备升级

（1）更新升级铁路传统设施设备。提高铁路在运载单元、装备设施等方面标准化程度，大力发展20英尺、40英尺国际标准集装箱，推进冷藏、罐式、干散货等特种箱运用，以与国际标准相配套的经济环保型接取送达车辆及装卸机械为主要机型，加快淘汰陈旧落后、超期服役、技术不良等设施设备。研发应用适应市场需求的内陆集装箱，推广托盘、集装袋等单元化装载运输方式。重点发展集装箱专用车，实现箱车装备均衡发展。

（2）加快研发多式联运设施设备。组织开展重大技术装备关键技术和互联网在集装箱多式联运领域集成应用等专项科技攻关。加快铁路驮背运输专用平车、公铁两用挂车、公铁滚装运输装备以及其他多式联运快速换装转运专用设备的研发应用。规范公路货运车型，积极开展适应各种箱型的公路货运车型、自动化装卸箱等的研发工作。

（五）推动信息开放共享

（1）构建信息共享服务平台。加强物联网、云计算、大数据、RFID、EDI、铁路TMIS等技术应用，研究制定多式联运信息共享和数据传输交换标准，强化集装箱电子数据报文标准的制定和应用。加快集装箱铁水联运公共信息服务平台、全程货物追踪信息系统建设，推进铁路集装箱运输信息与船舶运输和港口作业信息共享，建立铁水联运信息共享机制，促进铁路、公路、水运等不同运输方式之间，以及海关、检验检疫、物流和工商企业等不同业务系统之间衔接，实现集装箱多式联运物流信息交换、开放、共享。

（2）打造“互联网+”服务模式。借助各类信息平台，运用互联网、大数据等现代信息技术，研究开发面向客户的多样化信息服务产品，实现需求提报、到达交付、信息查询、通关查验、转账结算、保价理赔等“一站式”线上服务。面向多样化、强时效、小批量、多频次等新需求，研发电子运单、铁路运单提单化等服务新模式，提供全程综合物流系统解决方案。以铁海联运为重点，探索建立“一站托运、一票到底”的“一单制”服务模式，提高多式联运一体化服务能力，争取在重点货源和关键领域上率先突破。

四、保障措施

（一）健全工作体制机制

建立国家发展改革委、交通运输部、海关总署、质检总局、铁路总公司等部门和单位推进多式联运发展协调工作机制，加快推进简政放权、放管结合、优化服务改革，着力解决多式联运跨领域、跨部门的重大问题，进一步深化细化配套政策措施，鼓励集装箱多式联运示范项目。充分发挥企业在多式联运发展中的主体作用，推动铁路、港口、航运、金融、信息等企业建立联动机制，拓展合作方式，形成发展合力。依托铁路既有资源，采取有力措施，加大市场化运作，确保规划目标、任务顺利实现，加强市场监管和风险防控。

（二）加大政策支持力度

系统制定促进多式联运发展的相关政策措施，加快完善相关法规、标准规范体系，全面对接相关国际联运组织规则。推进多式联运与产业、经贸联动发展，推进便利化大通关。统筹公铁、铁水等多种运输方式紧密衔接的综合枢纽规划布局。地方相关部门要将铁路集装箱多式联运建设纳入综合交通运输发展规划，符合城乡规划，并与土地利用总体规划、产业发展规划等相衔接。对列入国家规划的综合枢纽用地需求，优先安排建设用地指标，简化报批手续。支持利用中央预算内投资、车购税、专项建设基金等，加大对集装箱多式联运线路、枢纽、信息系统等设施设备建设投入。鼓励地方对多式联运业务骨干企业及示范项目给予资金支持。完善多式联运经营人管理制度，规范服务对象、业务范围及法律责任，支持有实力的运输企业向多式联运经营人转变。

（三）拓展投资融资渠道

加大银行等金融机构对铁路和多式联运骨干企业金融服务支持力度。支持铁路和多式联运企业充分利用资本市场的政策和工具，通过发行债券、股票上市等方式多渠道融资。鼓励铁路、港口、航运、公路货运、第三方物流等企业开展合资合作。鼓励货主和社会购置自备箱。探索融资租赁等方式建设集装箱场站设施设备。鼓励铁路企业和地方政府、社会资本通过合资或采用 PPP 模式投资建设枢纽和场站。鼓励开放铁路及其他社会场站资源。鼓励社会企业和金融机构参与国际运输通道、境外分拨点建设。

（四）健全运价调节机制

坚持市场导向，推动铁路运输企业加快建立科学规范的货物运价管理体系，在国家政策规定范围内用好定价权，逐步形成多层次、灵活、方便客户的运价动态调节机制。鼓励铁路和多式联运企业结合市场供求与竞争形势变化、经营成本等因素合理协商定价，不断优化运价方案。充分利用价格杠杆调节作用，对不同地区、不同季节、不同速度等级、重空流向等实行差别化定价策略，实现效益最大化。

五、环境影响评价和要求

（一）对规划的环境影响总体评价

本规划紧密结合国家多式联运发展的有关要求，有利于降本增效等目标的实现，与有关交通运输规划做了有效衔接。坚持绿色发展理念，充分考虑既有设施的利用，集约节约利用土地等资源，鼓励交通枢纽综合开发，着力提升资源综合利用，与各类环境敏感区相协调，对污染排放提出严格的控制要求，对气环境、声环境和水环境的影响均在可控范围之内。

（二）预防和减轻不良环境影响措施

一是坚持“保护优先、避让为主”的建设原则，合理设计项目线路走向和场站选址，避开基本农田保护区、各类环境敏感区域。二是国土、环保等部门提前介入，为项目勘察设计、预留建设用地等前期工作提供有力保障。三是做好环境恢复和土地复垦工作，采取综合措施有效防治铁路沿线噪声、振动，加强生态、景观恢复工程。四是严格遵守环境保护相关法律法规，严格项目审批和土地、环保准入，建立完善、统一、高效的环境监测体系。

商贸物流发展“十三五”规划

商贸物流是指与批发、零售、住宿、餐饮、居民服务等商贸服务业及进出口贸易相关的物流服务活动。加快发展商贸物流业，有利于提高流通效率，降低物流成本，引导生产，扩大消费。根据《国民经济和社会发展第十三个五年规划纲要》《物流业发展中长期规划（2014—2020 年）》制定本规划。规划期为 2016—2020 年。

一、发展基础

“十二五”期间，商贸物流业取得长足发展，主要指标达到或超过规划目标水平，为推动国民经济提质增效升级和平稳较快发展提供了有力支撑。

物流需求持续扩大。2015 年社会消费品零售总额达到 30.1 万亿元，“十二五”年均增长达 13.9%；货物进出口总额达 24.6 万亿元，年均增长 4%；电子商务交易总额达 20.8 万亿元，年均增长 35.8%；单位与居民物品物流总额达 5078 亿元，年均增长 20.8%；快递业务量达 206.7 亿件，年均增长 54.61%；生产资料销售总额达 57.9 万亿元，年均增长 10.0%。批发、零售、住宿、餐饮、居民服务等商贸服务业及货物贸易迅速发展，对商贸物流服务需求不断扩大。

物流运行效率提升。“十二五”期间，商贸企业物流费用率呈下降趋势，2014 年我国批发零售企业物流费用率为 7.7%，较 2008 年下降 0.6 个百分点。受益于共同配送等新模式发展，大型连锁企业物流成本持续降低，配送效率不断提升。2011—2015 年，规模以上连锁超市商品统一配送率由 63.4% 提高到 76.6%。

物流服务水平快速提高。商贸物流网络加快向中小城市延伸，向农村乡镇下沉，向居民社区拓展，服务能力不断增强。仓储分拣、装卸搬运、包装加工、运输配送等专用设施设备和条码、智能标签、无线射频识别、可视化及跟踪追溯系统、全球定位系统、地理信息系统等先进技术加速应用，云计算、大数据、物联网、移动互联网等新一代信息技术日益推广。商贸物流服务更加高效便捷，“及时送”“定时达”等个性化服务以及“门到门”等一站式服务更加普及。

物流模式创新发展。商贸物流企业加快推动平台建设，形成了公共信息服务平台、资源整合交易平台、跨境电子商务平台等物流平台发展模式。适应连锁经营发展需要，形成了供应商直接配送、连锁企业自营配送、社会化配送及共同配送等物流配送模式。企业着眼于供应链管理，形成了商贸物流全产业链集成发展、互联网引领物流发展、商贸业和制造业联动发展等融合发展新模式。商贸物流企业积极推动全过程标准化管理，形成了供应链上下游企业“结对子”协同推进标准化、组建联盟创新推进标准化、大型企业集团在系统内部推进标准化、以标准托盘应用为依托推进商业流程标准化、以标准周转箱应用为依托推进农产品物流标准化等标准化推进模式。

国际化发展取得突破。“十二五”期间，交通运输、仓储和邮政业实际利用外资金额累计达 195. 3 亿美元，年均增长 13. 3%。自由贸易试验区试点放宽国际航运服务领域外资准入限制，外贸进出口集装箱在国内沿海港口和自贸试验区内港口之间的沿海捎带业务有序开展。商贸物流企业加快推动国际区域物流合作，积极参与“一带一路”物流通道建设，稳步推进跨境电子商务海外仓建设，拓展国际货运代理业务范围，国际合作水平明显提高。

发展环境持续优化。“十二五”期间，国家高度重视商贸物流发展，出台了一系列扶持政策，相关规划和标准体系不断完善。地方政府积极落实土地、资金、税费、交通管理等政策，并出台相关配套措施。商贸物流诚信体系建设有序推进，市场秩序逐步规范。城市共同配送、商贸物流标准化、电子商务与物流快递协同发展等综合示范试点工作成效显著。

商贸物流业在取得重大成就的同时，仍然存在一些突出问题。主要表现在：商贸物流网络不完善，基础设施供给不均衡；企业竞争力偏弱，市场集中度较低；专业化、社会化、现代化程度不高；标准化、信息化、集约化水平有待提升。

二、面临形势

“十三五”时期是我国全面建成小康社会的决胜阶段，也是推进供给侧结构性改革的重要时期，商贸物流发展面临重大机遇：居民消费规模进一步扩大，服务需求更加多元，为商贸物流业发展提供了广阔市场。随着“一带一路”建设、京津冀协同发展、长江经济带发展的推进实施，物流基础设施加快建设，为商贸物流区域协调发展奠定基础。新型城镇化和农业现代化有利于实现城乡融合，提高城市和农村间物流基础设施衔接和配套水平，为商贸物流发展提供支撑。云计算、大数据、物联网、移动互联网等新一代信息技术普及应用，有利于高效整合物流资源，为商贸物流转型升级和创新发展创造条件。内外贸一体化进程加快、跨境电子商务等新型贸易方式兴起，为商贸物流国际化发展拓展空间。法治化营商环境持续改善，有利于促进商贸物流主体公平竞争，为行业规范发展提供保障。

“十三五”时期，商贸物流发展也面临诸多挑战：资源环境约束强化，人工、租金成本刚性上升，标准化、信息化、集约化、绿色化发展任务艰巨。居民消费结构升级，对商贸物流服务向精细化、个性化、专业化发展提出更高要求。随着经济全球化、区域经济一体化进程加快，商贸物流企业在创新服务模式、提高经营效率等方面面临更加激烈的国际竞争。商业新技术、新业态、新模式给传统商贸物流发展带来新的挑战。

总体来看，商贸物流发展仍处于大有可为的重要战略机遇期，必须准确把握战略机遇期内涵和条件的深刻变化，着力在优化商贸物流结构、增强内生动力、补齐发展短板上取得突破，切实转变发展方式，不断提高商贸物流发展水平。

三、总体思路

（一）指导思想

全面贯彻党的十八大和十八届三中、四中、五中、六中全会精神，深入贯彻习近平总书记系列重要讲话精神，紧紧围绕统筹推进“五位一体”总体布局和协调推进“四个全面”战略布局，牢固树立和贯彻落实新发展理念，充分发挥市场在资源配置中的决定性作用和更好发挥政府作用，按照推进供给侧结构性改革的总体要求，以体制机制改革为动力，以技术应用为支撑，以模式创新为引领，聚焦重点领域和关键环节，完善商贸物流服务体系，提升商贸物流发展水平，降低物流成本，提高流通效率，为经济社会发展提供物流服务保障，为全面建成小康社会做出贡献。

（二）基本原则

1. 市场驱动、创新发展

强化企业的市场主体地位，创新商贸物流发展方式，鼓励技术创新、模式创新和业态创新。创新商贸物流管理方式，提高政府公共服务、市场监管和宏观调控能力。

2. 加强统筹、协调发展

统筹规划重大物流基础设施建设，推动商贸物流城乡合理布局和区域协同发展。优化供应链管理，推进商贸物流与商贸流通业融合发展，加快商贸物流与农业、制造业、金融业等产业协调发展。

3. 生态环保、绿色发展

鼓励应用节能降耗技术，减少对环境的污染和资源的损耗。推广使用绿色物流设施设备和绿色包装，推进物流设施设备的循环共用，创新绿色物流运作模式，提高能源资源使用效率。

4. 国际合作、开放发展

坚持扩大开放，深化国际合作，积极引进国外先进技术、资金、人才、管理等要素资源，提升商贸物流国际竞争力。积极构建国际营销和物流网络，为国内企业“走出去”和跨境电子商务发展提供保障。

5. 整合优化、共享发展

鼓励应用现代信息技术，发挥信息平台的资源整合优势，推进物流设施、技术装备、数据信息等资源共享。大力推广租赁制、交换制等循环共用方式，提高物流效率，降低物流成本。

（三）发展目标

“十三五”期间，基本形成城乡协调、区域协同、国内外有效衔接的商贸物流网络；商贸物流标准化、信息化、集约化和国际化水平显著提高，商贸流通领域托盘标准化水平大幅提升，标准托盘使用率达到30%左右，先进信息技术应用取得明显成效，商贸物流企业竞争力持续增强；商贸物流成本明显下降，批发零售企业物流费用率降低到7%左右，服务质量和效率明显提升；政府管理与服务方式更加优化，法治化营商环境更趋完善；基本建立起高效集约、协同共享、融合开放、绿色环保的商贸物流体系。

四、主要任务

（一）构建多层次商贸物流网络

服务于“一带一路”建设、京津冀协同发展、长江经济带发展等国家战略，构建具有国际竞争力、区域带动力的全国性商贸物流节点城市和具有地区辐射能力的区域性商贸物流节点城市。以满足消费升级、产业转型和城市发展为目标，加快构建物流分拨中心、专业配送中心、末端配送网点三级网络为主的城市配送体系。加强农村物流网络体系建设，支持建设县、乡镇综合性物流配送中心和末端配送网点。畅通城乡商贸物流通道，促进城市物流和农村物流的高效衔接。加大对老少边穷地区的支持，完善商贸物流服务网络，打通特色产品销售渠道。

专栏1　商贸物流节点城市名单

全国性商贸物流节点城市：北京、天津、石家庄、唐山、太原、呼和浩特、包头、沈阳、大连、长春、哈尔滨、上海、南京、苏州、杭州、宁波、合肥、福州、厦门、南昌、济南、青岛、郑州、武汉、长沙、广州、深圳、南宁、海口、重庆、成都、贵阳、昆明、拉萨、西安、兰州、西宁、银川、乌鲁木齐。

区域性商贸物流节点城市：保定、秦皇岛、邯郸、大同、临汾、呼伦贝尔、鄂尔多斯、锦州、丹东、延边、吉林、牡丹江、大庆、徐州、南通、连云港、无锡、舟山、金华、温州、阜阳、芜湖、泉州、漳州、九江、赣州、潍坊、烟台、临沂、洛阳、商丘、南阳、宜昌、襄阳、荆州、衡阳、娄底、株洲、东莞、佛山、桂林、柳州、钦州、防城港、绵阳、达州、南充、宜宾、遵义、六盘水、曲靖、红河、咸阳、榆林、天水、酒泉、海西、海东、石嘴山、喀什、伊犁、博尔塔拉、巴音郭楞、日喀则。

（二）加强商贸物流基础设施建设

推进物流园区转型升级，加强园区水、电、路、网络、通信、热力等基础设施建设，提升仓储、运输、配送、信息等公共服务水平，通过信息平台引导线上、线下对接，拓展物流园区增值服务功能。加强城市配送中心建设，支持具有公益性的城市配送公共服务设施建设，推动位于城市或城乡接合部的货运场站转型为社会化配送中心。加强末端配送网点建设，提升末端配送网点覆盖率，完善配送停靠和装卸设施。

（三）加强商贸物流标准化建设

重点完善基础类、服务类商贸物流标准，加快形成覆盖仓储、运输、装卸、搬运、包装、分拣、配送等环节的商贸物流标准体系。鼓励和引导企业主动应用国家标准，支持行业协会、科研机构和企业参与物流标准的制订和宣贯工作。以“互联网＋”为驱动，推动适应电子商务、连锁经营、共同配送等现代流通方式发展的商贸物流设施设备标准化、服务标准化和信息标准化。发展单元化物流，以标准托盘（1200毫米×1000毫米）循环共用为切入点，推广包装基础模数（600毫米×400毫米）和集装器具，带动上下游物流标准化水平提高。

（四）加强商贸物流信息化建设

深入实施“互联网＋”高效物流行动，构建多层次物流信息服务平台，发展经营范围广、辐射能力强的综合信息平台、公共数据平台和信息交易平台。运用市场化方式，提升商贸物流园区、仓储配送中心、末端配送站点信息化、智能化水平。推广应用物联网、云计算、大数据、人工智能、机器人、无线射频识别等先进技术，促进从上游供应商到下游销售商的全流程信息共享，提高供应链精益化管理水平。鼓励有条件的地区开展政府物流信息共享平台建设，将交通运输、海关、税务、工商等部门可公开的电子政务信息进行整合后向社会公开，实现便民利企。顺应流通全渠道变革和平台经济发展趋势，探索发展与生产制造、商贸流通、信贷金融等产业协调联动的智慧物流生态体系。

（五）推动商贸物流集约化发展

大力提升商贸物流企业组织化程度，鼓励商贸物流企业进行资产重组、业务融合和流程再造，形成一批技术水平先进、主营业务突出、核心竞争力强的大型现代物流企业集团。鼓励中小企业通过联盟、联合等多种方式，实现资源整合优化，提升集约化发展水平。鼓励大企业通过平台集聚带动中小企业的组织化和信息化水平提高。打破地区和行业界限，按照物流需求规模及增长潜力，整合需求不足和同质化竞争严重的物流园区，推动各类分散仓储配送资源与大型物流园区衔接配套，引导企业自用仓储配送设施对外开放。支持第三方物流发展，拓展物流方案设计、智能包装、设备租赁等增值服务，着力提升第三方物流服务水平。

（六）推动商贸物流专业化发展

重点推动电子商务、冷链、医药、生产资料等专业物流发展。大力发展电子商务物流，引导向中小城市以及县、乡镇延伸服务网络，形成“结构优化、功能强大、运作高效、服务优质”的电子商务物流体系。发展冷链物流，加强多温层节能冷库、加工配送中心、末端冷链设施建设，鼓励应用专业冷藏运输、全程温湿度监控等先进技术设备，建设标准健全、功能完善、上下游有效衔接的冷链物流服务体系。加快发展医药物流，推进医药物流资源集中配置，鼓励大型医药批发企业提供社会化医药物流服务，提升专业化医药物流水平。鼓励生产资料流通企业强化物流服务功能，拓展仓储、加工、配送、追溯、展示等配套服务，推进生产资料物流企业向供应链集成服务商转型发展。

（七）推动商贸物流国际化发展

推动国际物流发展，支持在“一带一路”国际大通道、沿线中心城市、重点港口、重点境外经贸合作区建设物流中心，发展商贸物流型境外经贸合作区。以跨境电子商务发展为重点，引导和鼓励有条件的企业科学规划、有序建设海外物流基础设施，打造具有较强辐射能力的公共海外仓。支持行业协会开展国际合作，建设仓储资源信息平台，促进国内外仓储资源共享。鼓励国内商贸物流企业与外商投资企业加强合作，提升商业创新水平和现代服务理念，实现结构升级和服务能力提升。

（八）促进商贸物流绿色化转型

引导企业创新绿色物流运作模式，通过信息技术优化物流资源配置和仓储配送管理，实现节能降耗。推动物流企业建设能源管理体系，建立绿色节能低碳运营管理流程和机制，加快淘汰落后用能设备。发展绿色仓储，建设绿色物流园区，加强仓库建筑创新与节能减排技术应用。推广节油技术和绿色节能运输设备，鼓励配送企业使用新能源汽车、经济型节油车、轻量化起重搬运设备。积极研发和推广可循环利用、可降解的新型包装材料，鼓励使用绿色循环低碳产品。推动流通企业、电子商务企业、物流企业等利用销售配送网络，建立逆向物流回收体系，利用大数据、云计算等技术优化逆向物流网点布局，提高运营效率。

（九）建设商贸物流信用体系

建立科学合理的商贸物流信用评价体系，研究制定规范统一的信用评价办法，建立信用评价长效机制。将物流企业行政许可、行政处罚、经营异常目录和严重违法失信企业名单（黑名单）、抽查检测结果等信息，通过全国信用信息共享平台和国家企业信用信息公示系统进行归集公示。引导物流园区、物流信息平台、电子商务物流企业等建立对入驻商户和上下游企业的信用评价机制，倡导企业诚信经营。充分发挥行业组织作用，为商贸物流企业和从业人员提供政策、法律、咨询、市场信息等配套服务，增强商贸物流企业和从业人员的诚信意识和风险防范意识。

五、重点工程

（一）城乡物流网络建设工程

依托商贸物流节点城市，支持建设改造一批综合型和专业型的物流分拨中心，以龙头企业为主体打通全国物流主干网。完善城市配送网络，建设改造一批集公共仓储、加工分拣、区域配送、信息管理等服务功能于一体的社会化配送中心。加快物流配送渠道下沉，重点完善末端配送网络体系，加快建设商业设施、社区服务机构、写字楼、机关事业单位、大学校园配送场地，完善配送自助提货柜等设施布局，畅通配送末端“毛细血管”。支持全国性物流龙头企业与区域性物流企业加强合作，共建城乡一体化物流网络。

（二）商贸物流标准化工程

加强物流关键技术标准研制，加快完善贯通物流一体化运作的商贸物流标准体系。结合物流标准化试点，以标准托盘（1200 毫米 ×1000 毫米）及其循环共用为切入点，推广使用符合国家标准《联运通用平托盘主要尺寸及公差》（GB/T 2934—2007）、《联运通用平托盘性能要求和试验选择》（GB/T 4995—2014）的托盘，大力提高标准托盘普及率。加快标准托盘循环共用体系建设，培育市场主体，提升专业化服务能力。大力发展单元化物流，推广包装基础模数（600 毫米 ×400 毫米）和集装器具，推动带托盘运输和免验货交接，提高供应链效率。贯彻《汽车、挂车及汽车列车外廓尺寸、轴荷及质量限值》（GB 1589—2016）国家标准，支持运输车辆的标准化改造。

（三）商贸物流平台建设工程

构建多层次商贸物流信息平台。加快建设物流配送公共服务平台，拓展交易撮合、信息发布、跟踪追溯、信用评价等综合性服务功能，提升采购、交易、运作、管理、结算等全流程服务能力。支持建立智慧化共同配送分拨调配平台，提供路径优化等公共服务，实现供应商、门店、用户和配送车辆等各环节的精准对接，提高物流园区、仓储中心、配送中心的物流供需匹配度。鼓励建设供应链集成平台，推动供应链上下游企业信息互联互通，提高供应链响应能力，促进物流企业与生产制造企业、商贸流通企业融合发展。整合现有物流信息平台资源，促进商贸物流平台与各类专业平台的互联互通，促进数据对接和信息共享。

（四）商贸物流园区功能提升工程

加强物流园区公共基础设施建设，完善多式联运和集疏运体系，提高仓储、中转及配送能力。加强物流园区经营管理，建立以市场化运作为主，规划引导、依法监管、协调服务相结合的园区开发建设模式。支持物流园区拓展服务功能，提供供应链设计、设备租赁、法律咨询、信用评价等商务服务，引进工商、税务、报关、报检等政务服务，提升服务水平。加强物流园区与外部交通网络的有效连接，鼓励物流园区之间、物流园区与产业园区、商品市场、公共平台之间加强合作，实现联动发展。

（五）电子商务物流工程

依托铁路、公路、水运、航空、邮政、供销合作网络，完善电子商务物流布局，构建连接城乡、覆盖全国、面向国际的电子商务物流体系。加快电子商务物流服务、作业、技术、包装、单据、信息等标准建设，提升揽收、仓储、运输、分拣、配送、投递等环节处理能力，开发专业化、个性化服务，满足差异化需求，提升用户体验。支持探索产品源头的物流包装解决方案，减少二次包装，推广使用可降解的胶带、环保填充物，可再生纸张和环保油墨印刷的封装物品等物料辅料，推进包裹包装箱的可循环技术创新和循环再利用管理模式创新，完善包裹包装回收体系，实现包装减量化、绿色化和可循环利用。支持具备条件的第三方机构开展面向消费者的电子商务物流信用评价。

（六）商贸物流创新发展工程

推广使用自动识别、电子数据交换、货物跟踪、智能交通、物联网等先进技术装备，探索区块链技术在商贸物流领域的应用，大力发展智慧物流。推广网订店取、自助提取、代收服务等末端配送模式，探索线上线下融合的物流服务管理模式。大力推进仓配一体化，推动物流企业一体化运作、网络化经营，促进商贸物流转型升级。拓展集中采购、订单管理、流通加工、物流金融、售后维修等增值服务，支持供应链集成创新。

（七）商贸物流绿色发展工程

鼓励企业全面推进绿色仓储设施设备与技术应用，推动大型商贸企业实施绿色供应链管理，重点推动冷库提升节能技术水平，仓储设施利用太阳能等清洁能源，广泛应用电动叉车、智能穿梭车与密集型货架系统，推广新能源配送车辆，实现绿色仓储与配送可持续发展。全面推进绿色物流包装，在商品仓储、运输、配送、分拣、加工的全过程推进可循环包装、减量包装和可降解包装。

六、保障措施

（一）完善管理机制

健全部门联动机制，加强商务主管部门与发展改革、财政、国土资源、交通运输、海关、邮政管理、供销合作等部门和单位之间，各级商务主管部门之间的统筹协调。完善跨区域协同机制，健全工作联席会议制度，逐步统一各区域商贸物流管理制度。

深化行政审批制度改革，积极推进“先照后证”改革。深化商事制度改革，持续推动住所（经营场所）登记制度改革，落实物流企业设立非法人分支机构等相关政策。

进一步放开商贸物流领域外资准入限制。发挥行业协会作用，探索建立“市场主导、政府规范、社会协同”的商贸物流治理模式。

（二）优化发展环境

健全法律法规体系，加快制定商贸物流相关法规制度。完善商贸物流市场监管体系，清理和废除行业领域内妨碍全国统一市场和公平竞争的规定和做法，推动建立区域合作协调机制，推进全国高速公路电子不停车收费联网工作。以城市配送车辆通行管理等重点领域为切入点，健全监管执法体制机制，统一执法标准，提高商贸物流综合执法水平。完善商贸物流企业信息披露制度，支持设立商贸物流统一信用信息平台，建立健全失信联合惩戒机制。

（三）加大政策支持

加大财政金融支持力度。鼓励地方政府加大财政资金支持，引导社会资本投入冷链物流、城乡配送网络、公共信息平台等项目建设。研究制定包装分类回收利用支持政策，提高包装循环利用率。鼓励社会资本探索设立商贸物流产业基金。扩大融资渠道，推广供应链金融。鼓励商贸物流企业通过股权投资、债券融资等方式直接融资。引导金融机构探索适合商贸物流发展特点的信贷产品和服务方式。

落实减税降费政策。通过全面推开营改增改革试点，进一步消除重复征税，扩大交通运输业的进项税抵扣范围，降低企业税收负担。抓好清理和规范商贸物流领域行政事业性收费政策落实。

落实商贸物流业用地政策。将商贸物流设施用地纳入土地利用总体规划和城市规划，保障商贸物流业发展用地，支持商贸物流新业态、新模式发展用地。适度提高物流项目建设用地容积率。

（四）加强人才培养

支持高等教育机构、商会、协会和企业加强合作，推动学科建设，完善商贸物流理论体系。着力完善专业人才培养体系，通过学历教育、职业教育、继续教育、社会培训等多种方式培养市场急需的商贸物流管理人才和技术操作人才。加强校企合作，积极开展职业培训，职业院校可采取“订单式”人才培养模式，与企业共同研究制定人才培养方案，校企共同组织针对性教学，确保学以致用，全面提高物流从业人员业务素质。积极推进产学研用结合。以提高实践能力为重点，开展物流标准化、电子商务物流、冷链物流等重点领域技能培训，提高管理和操作能力。

（五）强化规划引领

加快地方商贸物流规划编制工作，加强与国家战略、城市规划和相关规划衔接。支持政策创新，鼓励地级以上城市在公共服务、用地保障、企业融资、人才培养等方面开展试验试点。建立规划年度考核、中期评估和终期检查制度。加强规划政策宣传，提高社会认知度，推动商贸物流健康持续发展。

城乡高效配送专项行动计划（2017—2020年）

为贯彻落实《国务院办公厅关于进一步推进物流降本增效促进实体经济发展的意见》（国办发〔2017〕73号）、《商贸物流发展“十三五”规划》（商流通发〔2017〕29号）等文件精神，完善城乡物流网络节点，降低物流配送成本，提高物流配送效率，商务部、公安部、交通运输部、国家邮政局、供销合作总社拟在全国范围开展城乡高效配送专项行动。

一、总体要求

（一）指导思想

全面贯彻党的十九大精神，牢固树立新发展理念，认真落实党中央、国务院关于深入推进供给侧结构性改革、降低实体经济成本的决策部署，充分发挥市场在资源配置中的决定性作用，更好发挥政府作用，以体制机制改革为动力，以网络构建为基础，以模式创新为引领，以技术应用为支撑，以共享协同为重点，切实破解制约城乡配送发展的突出问题，推进城乡配送网络化、集约化、标准化，便利居民消费，促进城乡双向流通。

（二）基本原则

坚持市场主导与政府引导相结合。依托市场机制有效配置资源；发挥政府统筹作用，引导城乡配送高效集约。

坚持问题导向与重点突破相结合。聚焦突出问题，着力破解制约城乡配送发展的瓶颈和障碍。

坚持因地施策与注重实效相结合。综合考量各地基础条件和配送需求，因地制宜，务求实效。

坚持试点示范与以点带面相结合。通过引方向、促改革、立标杆等方式，将成熟经验向全国推广。

（三）主要目标

到2020年，初步建立起高效集约、协同共享、融合开放、绿色环保的城乡高效配送体系。确定全国城乡高效配送示范城市50个左右、骨干企业100家左右。

——基础设施更加完善。城市配送网络基本健全，农村配送网络基本形成，城乡配送网络基本衔接。

——运行效率显著提高。配送组织方式更加集约，先进技术和通用标准得到广泛应用。配送成本明显下降，商贸企业物流费用率降低到7%左右。

——发展环境更加优化。制约城乡配送发展的体制机制性问题得到有效解决。规划保障更加有力，停靠装卸等配套设施更加完善，配送车辆资源配置更加合理，通行更加顺畅。

二、主要任务

（一）完善城乡配送网络

（1）优化城市配送网络。加快构建以综合物流中心（物流园区）、公共配送（分拨）中心、末端配送网点为支撑的城市配送网络。鼓励根据需求建设集仓储、运输、分拨、配送、信息、交易功能于一体的综合物流中心，强化物流中心的集聚辐射功能。鼓励建设相对集中的公共配送（分拨）中心，支持仓储、零担运输、电商、邮政、快递等各类企业共建共用，提升配送中心的公共属性。加快建设末端配送网点，丰富零售门店的送、取货物功能，完善快递基层服务网点布局，支持邮政综合服务平台建设，发展自助提货设施等末端公共服务点。

（2）完善农村配送网络。健全以县域物流配送中心、乡（镇）配送节点、村级公共服务点为支撑的农村配送网络，鼓励有条件的地区构建公共配送中心和末端网点直通快捷的农村配送网络。支持县域物流配送中心强化资源整合、集散中转、仓储配送等功能。依托乡镇连锁超市、邮政营业场所、客货运站场、快递网点、农资站等网络资源，建设上接县、下联村的农村配送节点。依托农家店、便民店、村邮站、三农服务站等末端网点，发展农村公共服务点。农产品主产区乡镇重点建设具有农产品集聚、产地预冷、加工配送等功能的公共冷链设施，从产地高起点发展冷链物流网络。

（3）加强城乡配送网络衔接。发挥区域配送中心衔接城乡的功能优势，形成衔接有效、往返互动的双向流通网络。鼓励跨部门资源共享和跨行业协作联营，推动商贸流通、交通运输、邮政、快递、供销合作、第三方物流等企业向农村延伸服务网络，充分利用农村现有仓配资源，拓展农产品上行物流通道，打造“一点多能、一网多用、深度融合”的城乡配送服务网络。

（二）优化城乡配送组织方式

（1）加快发展集约化配送。发挥第三方物流企业仓配一体化服务优势，融合供应商、实体零售门店、网络零售的配送需求，发展面向各类终端的共同配送。依托物流园区、批发市场等配送需求集中场所，整合零担长途干线运输“落地配”与城市配送资源，发展面向机关单位、工商企业、学校医院等消费团体的集中配送。扩大零售终端网络，整合供应商配送需求，发展面向连锁超市、百货店、专卖店、专业店等零售门店的统一配送。依托专业大户、家庭农场、农民合作社、农业产业化龙头企业等新型农业经营主体，发展面向电商平台和团体消费的农产品批量配送。结合城市交通状况和配送需求，加强商贸、快递与物流企业的协同协作，因地制宜发展夜间配送、分时段配送。创新发展符合个性化、定制化消费的配送方式。

（2）推动各类配送资源协同共享。加快发展公用型仓储设施，强化集货、分拨和配送功能，推动各类配送中心对外开放、共享共用，推动供应链各环节库存统一管理。加强实体商业配送网络与电商、快递等物流配送网络的协同共享，探索在分拨中心、配送中心环节加强合作，推动店配与宅配融合发展。加强末端配送资源共享，促进快递、邮政、商超、便利店、物业、社区等末端配送资源的有效组织和统筹利用。鼓励平台型物流企业和无车承运人的发展。加强配送车辆的统筹调配和返程调度，推广循环取货、返程取货等方式，减少车辆空载率。

（3）推动配送与供应链深度融合。拓展配送功能，加强与生产制造、采购销售、农产品生产等环节的协同衔接。重点发展原材料与零部件的代理采购、库存控制与线边服务；推进配送与集中采购、批发分销、网络零售等功能整合，优化网购商品按区域分布式存储，发展集中仓储和共同配送，实现供、销、配、存、运一体化；深入田间地头，发展农产品集约化、标准化的预冷加工、质量检测、包装赋码、仓储配送、质量追溯与代购代销等服务。

（三）强化城乡配送技术标准应用

（1）加强装备技术推广应用。大力推广集装单元、快速分拣、自动识别、智能仓储等技术，提升仓储配送、装卸搬运、分拣包装等装备技术水平。推广应用无线射频识别、综合识别、集成传感等物联网感知技术，鼓励应用货位管理、可视化、路径优化、供应链管理等智能存储配送技术，提高仓储配送效率。支持应用专业冷藏运输、蓄冷板（棒）、全程温湿度监控等先进技术设备，加强末端冷链设施建设，实现冷链不断链、可监控。

（2）加强标准实施应用。完善配送中心、配送站点建设标准和配送车辆选型标准，推动仓储、配送、分拣、包装、装卸、搬运等环节物流标准广泛应用。加快建设托盘、周转箱（筐）循环共用体系，推广应用标准托盘、周转箱（筐）及一贯化作业，探索以托盘、周转箱（筐）作为装载、作业、计量和信息单元，推进农产品流通从田间地头到超市货架全程“不倒筐、零触碰”。推动配送车辆向标准化、厢式化发展，规范管理快递专用车辆。有条件的城市探索城乡配送车辆“统一标识、统一车型、统一管理、统一技术标准”。

（3）加强信息平台建设与互联互通。加快整合城乡配送公共信息平台，保障信息平台汇集配送需求和运力资源的信息服务功能，提升资源整合、交易撮合、订单管理、配载管理等交易服务功能，拓展车辆调度、路径优化、信用评价、车辆监管、运力调控、绩效统计等管理服务功能。促进城乡配送上下游企业和公共信息平台互联互通，推动跨地区、跨行业的仓配信息融合共享。有条件的城市探索配送平台与交通监管平台的数据交互和统筹管理，探索配送业务管理与肉类、蔬果、水产、酒类、药品等重要产品追溯管理的融合发展。

（四）推动城乡配送绿色发展

（1）发展绿色仓储。贯彻实施仓库规划设计、绿色仓库等国家、行业标准，开展绿色仓库评价与评估。合理规划仓库空间布局与功能布局，充分考虑仓储运营的需求，合理配置作业门、可调节月台、移动登车桥等设施，重点推广应用绿色建筑材料、仓库屋顶光伏发电、冷库节能技术、节能灯、电动叉车等新材料、新技术、新设备。

（2）发展绿色运输。推进货运车辆技术升级，推广应用高效、节能、环保的运输装备，积极推广使用新能源和清洁能源车辆。推动运输组织模式创新，支持发展甩挂运输、多式联运等方式，鼓励开展配送流程再造，合理调度运输车辆，优化路径，减少重复交错运输和运输车辆空载。

（3）发展绿色包装。开展绿色包装容器与技术研发，支持使用标准化、减量化、可循环利用和可降解的包装材料。鼓励采用清洁包装技术，合理使用包装物品，大力降低原材料和能源消耗。推动包装回收再利用，建立包装生产者、使用者和消费者在内的多方协同回收体系。

（五）提升城乡配送管理水平

（1）加强仓储规划保障。将城乡配送仓储设施建设纳入土地利用规划和城乡建设规划，并与本地区经济社会发展、交通、商贸流通和物流业发展规划紧密衔接，以规划保障城乡配送网络建设。加强规划实施的监督和评估，强化政策支持措施与规划的衔接配套，引导企业依规、有序建设仓储配送设施。

（2）加强设施衔接配套。合理设置城市配送所需的公用仓储、配送车辆停靠、装卸、充电等配套设施和场地。完善城市商业区、居住区、高等院校和大型公共活动场地等项目装卸设施、停车场地、充电桩的配套建设并强化实施监督。

（3）加强车辆通行管理。组织城乡配送需求调查，综合评估城市环保、拥堵与配送实际的客观要求，科学配置进城车辆资源，探索发展城乡配送公交化运行模式。落实企业主体责任，加强对运输、配送等环节的安全管理。进一步完善城市配送车辆通行管理制度，探索建立城市配送车辆分类管理机制，按照保障需求、便利通行、分类管理、适度调控的原则，保障配送车辆的城区通行与停靠需求。

三、重点工程

（一）城乡配送网络建设工程

适应全渠道流通和供应链深度融合的趋势要求，优化仓储配送网点布局，促进地区之间、城乡之间网络衔接。引导仓储、邮政、快递、批发、零售、电商等企业，采取多种方式共建共用社会化配送中心。鼓励地方政府整合利用城市商业网点、快递网点、社区服务机构等设施资源及农村商贸、交通、邮政、快递、供销等网络资源，建设公共末端配送网点。鼓励经营规模大、配送品类全、网点布局广、辐射功能强的骨干企业，联合相关企业建立多种形式的联盟与协同体系，构建城乡一体、上下游衔接、线上线下协同的物流配送网络。（商务部会同交通运输部、国家邮政局、供销合作总社负责）

（二）绿色货运配送示范工程

建立交通运输主管部门负责配送运力调控、商贸流通主管部门负责配送需求引导、公安交通管理部门负责通行管理的协同工作机制，推进城乡货运绿色创新发展。在城市中心城区周边、农村县乡等交通便利地区，统筹规划建设具有干支衔接功能并组织共同配送的大型公共货运与配送综合体。完善城市配送车辆便利化通行政策，探索建立城市配送车辆分类管理机制。推动城市配送车辆标准化、专业化发展，推广新能源配送车辆并给予通行便利。推动运输组织方式创新，支持发展多式联运、甩挂运输、带托运输等高效运输模式。在商业街区、大型商圈、居民社区、高等院校等场所合理设置城市配送所需的停靠、充电、装卸、夜间配送交接等设施。推动城乡货运与配送

全链条信息交互共享，促进整合各方资源，形成集约高效的城乡货运组织链条。（交通运输部会同公安部、商务部负责）

（三）技术与模式创新工程

推动现代物流技术和装备的创新与应用，推广使用标准托盘、周转箱（筐）、配送车辆等，推动城乡配送各环节高效衔接。推动将绿色包装纳入资源回收政策支持范畴，减少包装物料用量，研发生产可循环使用和可降解的包装材料。大力推进大数据、云计算与物联网等技术在城乡高效配送中的应用，推动智慧仓配网络与平台建设。创新配送模式，发展统一配送、集中配送、共同配送等多种形式的集约化配送，发展共享物流、智慧供应链等新业态，发展夜间配送、分时段配送。（商务部会同交通运输部、国家邮政局、供销合作总社负责）

四、保障措施

（一）优化政策环境

落实和完善物流用地政策，合理确定配送中心仓储用地税收贡献指标水平，加大对公共物流设施和农村物流设施的支持。结合物流园区建设、电子商务示范试点、快递发展系列示范工程、鲜活农产品“绿色通道”、新能源汽车等支持政策，优先扶持试点城市和骨干企业发展，对全程全网型企业给予重点扶持。推动建立多元化投融资机制，发挥财政资金、国有资本、产业基金的引导带动作用。进一步深化“放管服”改革，研究制定非机动配送车辆标准，简化货车通行审批程序，为推进城乡配送发展营造良好政策环境。

（二）完善工作机制

各地要加强对专项行动的组织领导，建立健全组织机构，成立由政府统一领导，商务、公安、交通运输、邮政、供销等部门组成的城乡配送领导小组。明确工作分工，建立部门联席会议等协调推进机制，强化对专项行动的综合协调、督导检查、绩效评估和统计监测，加强部门分工协作与资源共享。发挥专业协会等行业组织作用，强化行业自律，开展统计、咨询、评估等社会化服务。

（三）开展试点示范

各地结合各行业发展基础与经验，以城市为载体组织开展城乡高效配送试点，通过改革探索和政策支持，实施一批重点项目，对重点行业给予重点扶持。其中，直辖市、计划单列市整体组织试点，各省、自治区自主选择城市组织试点。商务部等五部门共同组织开展城乡高效配送专项行动年度评估工作，编制印发城乡配送评估指南，每年从各地试点中确定一批全国城乡高效配送示范城市，在全国范围确定一批骨干企业。

（四）加强宣传培训

创新工作方式和手段，组织开展形式多样的宣传活动，提高社会认知度、行业认同度和企业参与的积极性。通过召开现场经验交流会、建立案例库等形式，宣传推广典型经验做法。开展多层次的业务培训，加强物流规划、物流标准化、共同配送等重点领域业务培训，提高企业专业化水平与业务技能。

关于加快发展冷链物流保障食品安全促进消费升级的意见

各省、自治区、直辖市人民政府，国务院各部委、各直属机构：

随着我国经济社会发展和人民群众生活水平不断提高，冷链物流需求日趋旺盛，市场规模不断扩大，冷链物流行业实现了较快发展。但由于起步较晚、基础薄弱，冷链物流行业还存在标准体系不完善、基础设施相对落后、专业化水平不高、有效监管不足等问题。为推动冷链物流行业健康规范发展，保障生鲜农产品和食品消费安全，根据食品安全法、农产品质量安全法和《物流业发展中长期规划（2014 — 2020 年）》等，经国务院同意，提出以下意见。

一、总体要求

（一）指导思想

全面贯彻党的十八大和十八届三中、四中、五中、六中全会精神，深入贯彻习近平总书记系列重要讲话精神，认真落实党中央、国务院决策部署，紧紧围绕统筹推进“五位一体”总体布局和协调推进“四个全面”战略布局，牢固树立和贯彻落实创新、协调、绿色、开放、共享的发展理念，深入推进供给侧结构性改革，充分发挥市场在资源配置中的决定性作用，以体制机制创新为动力，以先进技术和管理手段应用为支撑，以规范有效监管为保障，着力构建符合我国国情的“全链条、网络化、严标准、可追溯、新模式、高效率”的现代化冷链物流体系，满足居民消费升级需要，促进农民增收，保障食品消费安全。

（二）基本原则

市场为主，政府引导。强化企业市场主体地位，激发市场活力和企业创新动力。

发挥政府部门在规划、标准、政策等方面的引导、扶持和监管作用，为冷链物流行业发展创造良好环境。

问题导向，补齐短板。聚焦农产品产地“最先一公里”和城市配送“最后一公里”等突出问题，抓两头、带中间，因地制宜、分类指导，形成贯通一、二、三产业的冷链物流产业体系。

创新驱动，提高效率。大力推广现代冷链物流理念，深入推进大众创业、万众创新，鼓励企业利用现代信息手段，创新经营模式，发展供应链等新型产业组织形态，全面提高冷链物流行业运行效率和服务水平。

完善标准，规范发展。加快完善冷链物流标准和服务规范体系，制修订一批冷链物流强制性标准。加强守信联合激励和失信联合惩戒，推动企业优胜劣汰，促进行业健康有序发展。

（三）发展目标

到 2020 年，初步形成布局合理、覆盖广泛、衔接顺畅的冷链基础设施网络，基本建立“全程温控、标准健全、绿色安全、应用广泛”的冷链物流服务体系，培育一批具有核心竞争力、综合服务能力强的冷链物流企业，冷链物流信息化、标准化水平大幅提升，普遍实现冷链服务全程可视、可追溯，生鲜农产品和易腐食品冷链流通率、冷藏运输率显著提高，腐损率明显降低，食品质量安全得到有效保障。

二、健全冷链物流标准和服务规范体系

按照科学合理、便于操作的原则系统梳理和修订完善现行冷链物流各类标准，加强不同标准间以及与国际标准的衔接，科学确定冷藏温度带标准，形成覆盖全链条的冷链物流技术标准和温度控制要求。依据食品安全法、农产品质量安全法和标准化法，率先研究制定对鲜肉、水产品、乳及乳制品、冷冻食品等易腐食品温度控制的强制性标准并尽快实施。（国家卫生计生委、食品药品监管总局、农业部、国家标准委、国家发展改革委、商务部、国家邮政局负责）积极发挥行业协会和骨干龙头企业作用，大力发展团体标准，并将部分具有推广价值的标准上升为国家或行业标准。鼓励大型商贸流通、农产品加工等企业制定高于国家和行业标准的企业标准。（国家标准委、商务部、国家发展改革委、国家卫生计生委、工业和信息化部、国家邮政局负责）研究发布冷藏运输车辆温度监测装置技术标准和检验方法，在相关国家标准修订中明确冷藏运输车辆温度监测装置要求，为冷藏运输车辆的温度监测性能评测和检验提供依据。（工业和信息化部、交通运输部负责）针对重要管理环节研究建立冷链物流服务管理规

范。建立冷链物流全程温度记录制度，相关记录保存时间要超过产品保质期六个月以上。（食品药品监管总局、国家卫生计生委、农业部负责）组织开展冷链物流企业标准化示范工程，加强冷链物流标准宣传和推广实施。（国家标准委、相关行业协会负责）

三、完善冷链物流基础设施网络

加强对冷链物流基础设施建设的统筹规划，逐步构建覆盖全国主要产地和消费地的冷链物流基础设施网络。鼓励农产品产地和部分田头市场建设规模适度的预冷、贮藏保鲜等初加工冷链设施，加强先进冷链设备应用，加快补齐农产品产地“最先一公里”短板。鼓励全国性、区域性农产品批发市场建设冷藏冷冻、流通加工冷链设施。在重要物流节点和大中型城市改造升级或适度新建一批冷链物流园区，推动冷链物流行业集聚发展。加强面向城市消费的低温加工处理中心和冷链配送设施建设，发展城市“最后一公里”低温配送。健全冷链物流标准化设施设备和监控设施体系，鼓励适应市场需求的冷藏库、产地冷库、流通型冷库建设，推广应用多温层冷藏车等设施设备。鼓励大型食品生产经营企业和连锁经营企业建设完善停靠接卸冷链设施，鼓励商场超市等零售终端网点配备冷链设备，推广使用冷藏箱等便利化、标准化冷链运输单元。（国家发展改革委、财政部、商务部、交通运输部、农业部、食品药品监管总局、国家邮政局、国家标准委按职责分工负责）

四、鼓励冷链物流企业经营创新

大力推广先进的冷链物流理念与技术，加快培育一批技术先进、运作规范、核心竞争力强的专业化规模化冷链物流企业。鼓励有条件的冷链物流企业与农产品生产、加工、流通企业加强基础设施、生产能力、设计研发等方面的资源共享，优化冷链流通组织，推动冷链物流服务由基础服务向增值服务延伸。（国家发展改革委、交通运输部、农业部、商务部、国家邮政局负责）鼓励连锁经营企业、大型批发企业和冷链物流企业利用自有设施提供社会化的冷链物流服务，开展冷链共同配送、“生鲜电商＋冷链宅配”“中央厨房＋食材冷链配送”等经营模式创新，完善相关技术、标准和设施，提高城市冷链配送集约化、现代化水平。（国家发展改革委、商务部、食品药品监管总局、国家邮政局、国家标准委负责）鼓励冷链物流平台企业充分发挥资源整合优势，与小微企业、农业合作社等深度合作，为小型市场主体创业创新创造条件。（国家发展改革委、商务部、供销合作总社负责）充分发挥铁路长距离、大规模运输和航空快捷运输的优势，与公路冷链物流形成互补协同的发展格局。积极支持中欧班列开展国际冷链

运输业务。（相关省级人民政府，国家铁路局、中国民航局、中国铁路总公司负责）

五、提升冷链物流信息化水平

鼓励企业加强卫星定位、物联网、移动互联等先进信息技术应用，按照规范化标准化要求配备车辆定位跟踪以及全程温度自动监测、记录和控制系统，积极使用仓储管理、运输管理、订单管理等信息化管理系统，按照冷链物流全程温控和高时效性要求，整合各作业环节。鼓励相关企业建立冷链物流数据信息收集、处理和发布系统，逐步实现冷链物流全过程的信息化、数据化、透明化、可视化，加强对冷链物流大数据的分析和利用。大力发展“互联网＋”冷链物流，整合产品、冷库、冷藏运输车辆等资源，构建“产品＋冷链设施＋服务”信息平台，实现市场需求和冷链资源之间的高效匹配对接，提高冷链资源综合利用率。推动构建全国性、区域性冷链物流公共信息服务和质量安全追溯平台，并逐步与国家交通运输物流公共信息平台对接，促进区域间、政企间、企业间的数据交换和信息共享。（国家发展改革委、交通运输部、商务部、农业部、工业和信息化部负责）

六、加快冷链物流技术装备创新和应用

加强生鲜农产品、易腐食品物流品质劣变和腐损的生物学原理及其与物流环境之间耦合效应等基础性研究，夯实冷链物流发展的科技基础。鼓励企业向国际低能耗标准看齐，利用绿色、环境友好的自然工质，使用安全环保节能的制冷剂和制冷工艺，发展新型蓄冷材料，采用先进的节能和蓄能设备。（科技部、工业和信息化部负责）加大科技创新力度，加强对延缓产品品质劣变和减少腐损的核心技术工艺、绿色防腐技术与产品、新型保鲜减震包装材料、移动式等新型分级预冷装置、多温区陈列销售设备、大容量冷却冷冻机械、节能环保多温层冷链运输工具等的自主研发。（科技部负责）冷链物流企业要从正规厂商采购或租赁标准化、专业化的设施设备和运输工具。加速淘汰不规范、高能耗的冷库和冷藏运输车辆，取缔非法改装的冷藏运输车辆。鼓励第三方认证机构从运行状况、能效水平、绿色环保等方面对冷链物流设施设备开展认证。结合冷链物流行业发展趋势，积极推动冷链物流设施和技术装备标准化，提高冷藏运输车辆专业化、轻量化水平，推广标准冷藏集装箱，促进冷链物流各作业环节以及不同交通方式间的有序衔接。（交通运输部、商务部、工业和信息化部、中国民航局、国家铁路局、国家邮政局、中国铁路总公司按职责分工负责）

七、加大行业监管力度

有关部门要依据相关法律法规、强制性标准和操作规范，健全冷链物流监管体系，在生产和贮藏环节重点监督保质期、温度控制等，在销售终端重点监督冷藏、冷冻设施和贮存温度控制等，探索建立对运输环节制冷和温控记录设备合规合法使用的监管机制，将从源头至终端的冷链物流全链条纳入监管范围。加强对冷链各环节温控记录和产品品质的监督和不定期抽查。（食品药品监管总局、质检总局、交通运输部、农业部负责）研究将配备温度监测装置作为冷藏运输车辆出厂的强制性要求，在车辆进入营运市场、年度审验等环节加强监督管理。（工业和信息化部、交通运输部按职责分工负责）充分发挥行业协会、第三方征信机构和各类现有信息平台的作用，完善冷链物流企业服务评价和信用评价体系，并研究将全程温控情况等技术性指标纳入信用评价体系。各有关部门要根据监管职责建立冷链物流企业信用记录，并加强信用信息共享和应用，将企业信用信息归集至全国信用信息共享平台，通过“信用中国”网站和国家企业信用信息公示系统依法向社会及时公开。探索对严重违法失信企业开展联合惩戒。（国家发展改革委、交通运输部、商务部、民政部、食品药品监管总局、质检总局、工商总局、国家邮政局等按职责分工负责）

八、创新管理体制机制

国务院各有关部门要系统梳理冷链物流领域相关管理规定和政策法规，按照简政放权、放管结合、优化服务的要求，在确保行业有序发展、市场规范运行的基础上，进一步简化冷链物流企业设立和开展业务的行政审批事项办理程序，加快推行“五证合一、一照一码”“先照后证”和承诺制，加快实现不同区域、不同领域之间管理规定的协调统一，加快建设开放统一的全国性冷链物流市场。地方各级人民政府要加强组织领导，强化部门间信息互通和协同联动，统筹抓好涉及本区域的相关管理规定清理等工作。结合冷链产品特点，积极推进国际贸易“单一窗口”建设，优化查验流程，提高通关效率。利用信息化手段完善现有监管方式，发挥大数据在冷链物流监管体系建设运行中的作用，通过数据收集、分析和管理完善事中事后监管。（各省级人民政府，国家发展改革委、交通运输部、公安部、商务部、食品药品监管总局、国家卫生计生委、工商总局、海关总署、质检总局、国家邮政局、中国民航局、国家铁路局按职责分工负责）

九、完善政策支持体系

要加强调查研究和政策协调衔接，加大对冷链物流理念和重要性的宣传力度，提高公众对全程冷链生鲜农产品质量的认知度。（国家发展改革委、农业部、商务部、食品药品监管总局、国家卫生计生委负责）拓宽冷链物流企业的投融资渠道，引导金融机构对符合条件的冷链物流企业加大投融资支持，创新配套金融服务。（人民银行、银监会、证监会、保监会、国家开发银行负责）大中型城市要根据冷链物流等设施的用地需求，分级做好物流基础设施的布局规划，并与城市总体规划、土地利用总体规划做好衔接。永久性农产品产地预冷设施用地按建设用地管理，在用地安排上给予积极支持。（国土资源部、住房城乡建设部负责）针对制约冷链物流行业发展的突出短板，探索鼓励社会资本通过设立产业发展基金等多种方式参与投资建设。（国家发展改革委、商务部、农业部负责）冷链物流企业用水、用电、用气价格与工业同价。（国家发展改革委负责）加强城市配送冷藏运输车辆的标识管理。（交通运输部、商务部负责）指导完善和优化城市配送冷藏运输车辆的通行和停靠管理措施。（公安部、交通运输部、商务部负责）继续执行鲜活农产品“绿色通道”政策。（交通运输部、国家发展改革委负责）对技术先进、管理规范、运行高效的冷链物流园区优先考虑列入示范物流园区，发挥示范引领作用。（国家发展改革委、国土资源部、住房城乡建设部负责）加强冷链物流人才培养，支持高等学校设置冷链物流相关专业和课程，发展职业教育和继续教育，形成多层次的教育、培训体系。（教育部负责）

十、加强组织领导

各地区、各有关部门要充分认识冷链物流对保障食品质量安全、促进农民增收、推动相关产业发展、促进居民消费升级的重要作用，加强对冷链物流行业的指导、管理和服务，把推动冷链物流行业发展作为稳增长、促消费、惠民生的一项重要工作抓紧抓好。国家发展改革委要会同有关部门建立工作协调机制，及时研究解决冷链物流发展中的突出矛盾和重大问题，加强业务指导和督促检查，确保各项政策措施的贯彻落实。

关于进一步推进物流降本增效促进实体经济发展的意见

各省、自治区、直辖市人民政府，国务院各部委、各直属机构：

物流业贯穿一二三产业，衔接生产与消费，涉及领域广、发展潜力大、带动作用强。推动物流降本增效对促进产业结构调整和区域协调发展、培育经济发展新动能、提升国民经济整体运行效率具有重要意义。按照党中央、国务院关于深入推进供给侧结构性改革、降低实体经济企业成本的决策部署，为进一步推进物流降本增效，着力营造物流业良好发展环境，提升物流业发展水平，促进实体经济健康发展，经国务院同意，现提出以下意见：

一、深化“放管服”改革，激发物流运营主体活力

（一）优化道路运输通行管理

2017年年内实现跨省大件运输并联许可全国联网，由起运地省份统一受理，沿途省份限时并联审批，一地办证、全线通行。参照国际规则，优化部分低危气体道路运输管理，促进安全便利运输。（交通运输部负责）完善城市配送车辆通行管理政策，统筹优化交通安全和通行管控措施。鼓励商贸、物流企业协同开展共同配送、夜间配送。（公安部、交通运输部、商务部负责）

（二）规范公路货运执法行为

推动依托公路超限检测站，由交通部门公路管理机构负责监督消除违法行为、公安交管部门单独实施处罚记分的治超联合执法模式常态化、制度化，避免重复罚款，并尽快制定可操作的实施方案，在全国范围内强化督促落实。原则上所有对货车超限超载违法行为的现场检查处罚一律引导至经省级人民政府批准设立的公路超限检测站

进行，货车应主动配合进站接受检查。各地公路超限检测站设置要科学合理，符合治理工作实际。（交通运输部、公安部、各省级人民政府负责）公路货运罚款按照国库集中收缴制度的有关规定缴入国库，落实罚缴分离。（财政部会同交通运输部、公安部负责）依据法律法规，抓紧制定公路货运处罚事项清单，明确处罚标准并向社会公布。严格落实重点货运源头监管、“一超四罚”依法追责、高速公路入口称重劝返等措施。严格货运车辆执法程序，执法人员现场执法时须持合法证件和执法监督设备。（交通运输部、公安部、各省级人民政府按职责分工负责）完善公路货运执法财政经费保障机制。（财政部会同交通运输部、公安部、各省级人民政府负责）完善全国公路执法监督举报平台，畅通投诉举报渠道。（交通运输部、公安部负责）

（三）完善道路货运证照考核和车辆相关检验检测制度

进一步完善道路货运驾驶员从业资格与信用管理制度，运用信息化手段推进违法失信计分与处理，积极推进年审结果签注网上办理和网上查询，在部分省份探索实行车辆道路运输证异地年审。（交通运输部负责）2017 年年内将货运车辆年检（安全技术检验）和年审（综合性能检测）依据法律法规进行合并，并允许普通道路货运车辆异地办理，减轻检验检测费用负担。（交通运输部、公安部会同质检总局负责）

（四）精简快递企业分支机构、末端网点备案手续

指导地方开展快递领域工商登记“一照多址”改革。（工商总局、国家邮政局负责）进一步简化快递企业设立分支机构备案手续，完善末端网点备案制度。严格落实快递业务员职业技能确认与快递业务经营许可脱钩政策。（国家邮政局负责）

（五）深化货运通关改革

2017 年年内实现全国通关一体化，将货物通关时间压缩 1/3。加快制定和推广国际贸易“单一窗口”标准版，实现一点接入、共享共用、免费申报。（海关总署、质检总局、公安部、交通运输部负责）

二、加大降税清费力度，切实减轻企业负担

（一）完善物流领域相关税收政策

结合增值税立法，统筹研究统一物流各环节增值税税率。加大工作力度，2017 年年内完善交通运输业个体纳税人异地代开增值税发票管理制度。全面落实物流企业大宗商品仓储设施用地城镇土地使用税减半征收优惠政策。（财政部、税务总局负责）

（二）科学合理确定车辆通行收费水平

选择部分高速公路开展分时段差异化收费试点。省级人民政府可根据本地区实际，对使用电子不停车收费系统（ETC）非现金支付卡并符合相关要求的货运车辆给予适当通行费优惠。严格做好甘肃、青海、内蒙古、宁夏四省（区）取消政府还贷二级公路收费工作。落实好鲜活农产品运输“绿色通道”政策。（交通运输部、国家发展改革委、各省级人民政府负责）

（三）做好收费公路通行费营改增相关工作

2017 年年内出台完善收费公路通行费营改增工作实施方案，年底前建成全国统一的收费公路通行费发票服务平台，完成部、省两级高速公路联网收费系统改造，推进税务系统与公路收费系统对接，依托平台开具高速公路通行费增值税电子发票。（交通运输部、税务总局、财政部负责）

（四）加强物流领域收费清理

开展物流领域收费专项检查，着力解决“乱收费、乱罚款”等问题。（国家发展改革委、交通运输部负责）全面严格落实取消营运车辆二级维护强制性检测政策。（交通运输部负责）完善港口服务价格形成机制，改革拖轮计费方式，修订发布《港口收费计费办法》。（交通运输部、国家发展改革委负责）清理规范铁路运输企业收取的杂费、专用线代运营代维护费用、企业自备车检修费用等，以及地方政府附加收费、专用线产权或经营单位收费、与铁路运输密切相关的短驳等两端收费。（国家铁路局、中国铁路总公司、各省级人民政府负责）

三、加强重点领域和薄弱环节建设，提升物流综合服务能力

（一）加强对物流发展的规划和用地支持

研究制定指导意见，进一步发挥城乡规划对物流业发展的支持和保障作用。（住房城乡建设部负责）在土地利用总体规划、城市总体规划中综合考虑物流发展用地，统筹安排物流及配套公共服务设施用地选址和布局，在综合交通枢纽、产业集聚区等物流集散地布局和完善一批物流园区、配送中心等，确保规划和物流用地落实，禁止随意变更。对纳入国家和省级示范的物流园区新增物流仓储用地给予重点保障。鼓励通过“先租后让”“租让结合”等多种方式向物流企业供应土地。对利用工业企业旧厂房、仓库和存量土地资源建设物流设施或提供物流服务，涉及原划拨土地使用权转让

或租赁的，经批准可采取协议方式办理土地有偿使用手续。各地要研究建立重点物流基础设施建设用地审批绿色通道，提高审批效率。（各省级人民政府、国土资源部、住房城乡建设部负责）

（二）布局和完善一批国家级物流枢纽

加强与交通基础设施配套衔接的物流基础设施建设。结合编制国家级物流枢纽布局和建设规划，布局和完善一批具有多式联运功能、支撑保障区域和产业经济发展的综合物流枢纽，并在规划和用地上给予重点保障。（国家发展改革委、交通运输部、住房城乡建设部、国土资源部负责）

（三）加强重要节点集疏运设施建设

统筹考虑安全监管要求，加强铁路、公路、水运、民航、邮政等基础设施建设衔接。统筹利用车购税等相关资金支持港口集疏运铁路、公路建设，畅通港站枢纽“微循环”。（国家发展改革委、交通运输部、财政部、中国民航局、国家铁路局、国家邮政局、中国铁路总公司按职责分工负责）

（四）提升铁路物流服务水平

着力推进铁路货运市场化改革，发挥铁路长距离干线运输优势，进一步提高铁路货运量占全国货运总量的比重。探索发展高铁快运物流，支持高铁、快递联动发展。支持铁路运输企业与港口、园区、大型制造企业、物流企业等开展合资合作，按需开行货物列车。加快一级和二级铁路物流基地建设，重点加强进厂、进园、进港铁路专用线建设，推动解决铁路运输“最后一公里”问题。鼓励企业自备载运工具的共管共用，提高企业自备载运工具的运用效率。大力推进物联网、无线射频识别（RFID）等信息技术在铁路物流服务中的应用。（中国铁路总公司、交通运输部、国家铁路局、国家邮政局负责）

（五）推动多式联运、甩挂运输发展取得突破

做好第二批多式联运示范工作，大力推广集装箱多式联运，积极发展厢式半挂车多式联运，有序发展驮背运输，力争2017年年内开通驼背多式联运试验线路。大力发展公路甩挂运输。完善铁路货运相关信息系统，以铁水联运、中欧班列为重点，加强多式联运信息交换。（交通运输部、国家发展改革委、国家铁路局、中国铁路总公司负责）

（六）完善城乡物流网络节点

支持地方建设城市共同配送中心、智能快件箱、智能信包箱等，缓解通行压力，提高配送效率。加强配送车辆停靠作业管理，结合实际设置专用临时停车位等停靠作

业区域。加强交通运输、商贸流通、供销、邮政等相关单位物流资源与电商、快递等企业的物流服务网络和设施共享衔接，逐步完善县乡村三级物流节点基础设施网络，鼓励多站合一、资源共享。加强物流渠道的安全监管能力建设，实现对寄递物流活动全过程跟踪和实时查询。（商务部、交通运输部、公安部、国家邮政局、供销合作总社、各省级人民政府按职责分工负责）

（七）拓展物流企业融资渠道

支持符合条件的国有企业、金融机构、大型物流企业集团等设立现代物流产业发展投资基金，按照市场化原则运作，加强重要节点物流基础设施建设，支持应用新技术新模式的轻资产物流企业发展。（国家发展改革委、财政部、国务院国资委负责）鼓励银行业金融机构开发支持物流业发展的供应链金融产品和融资服务方案，通过完善供应链信息系统研发，实现对供应链上下游客户的内外部信用评级、综合金融服务、系统性风险管理。支持银行依法探索扩大与物流公司的电子化系统合作。（国家发展改革委、银监会、人民银行、商务部负责）

四、加快推进物流仓储信息化标准化智能化，提高运行效率

（一）推广应用高效便捷物流新模式

依托互联网、大数据、云计算等先进信息技术，大力发展“互联网＋”车货匹配、“互联网＋”运力优化、“互联网＋”运输协同、“互联网＋”仓储交易等新业态、新模式。加大政策支持力度，培育一批骨干龙头企业，深入推进无车承运人试点工作，通过搭建互联网平台，创新物流资源配置方式，扩大资源配置范围，实现货运供需信息实时共享和智能匹配，减少迂回、空驶运输和物流资源闲置。（国家发展改革委、交通运输部、商务部、工业和信息化部负责）

（二）开展仓储智能化试点示范

结合国家智能化仓储物流基地示范工作，推广应用先进信息技术及装备，加快智能化发展步伐，提升仓储、运输、分拣、包装等作业效率和仓储管理水平，降低仓储管理成本。（国家发展改革委、商务部负责）

（三）加强物流装载单元化建设

加强物流标准的配套衔接。推广 1200 毫米 ×1000 毫米标准托盘和 600 毫米 ×400 毫米包装基础模数，从商贸领域向制造业领域延伸，促进包装箱、托盘、周转箱、集

装箱等上下游设施设备的标准化，推动标准装载单元器具的循环共用，做好与相关运输工具的衔接，提升物流效率，降低包装、搬倒等成本。（商务部、工业和信息化部、国家发展改革委、国家邮政局、中国铁路总公司、国家标准委负责）

（四）推进物流车辆标准化

加大车辆运输车治理工作力度，2017 年年内完成 60% 的不合规车辆运输车更新淘汰。保持治理超限超载运输工作的延续性，合理确定过渡期和实施步骤，适时启动不合规平板半挂车等车型专项治理工作，分阶段有序推进车型替代和分批退出，保护合法运输主体的正当权益，促进道路运输市场公平有序竞争。推广使用中置轴汽车列车等先进车型，促进货运车辆标准化、轻量化。（交通运输部、公安部、工业和信息化部、各省级人民政府负责）

五、深化联动融合，促进产业协同发展

（一）推动物流业与制造业联动发展

研究制定推进物流业与制造业融合发展的政策措施，大力支持第三方物流发展，对接制造业转型升级需求，提供精细化、专业化物流服务，提高企业运营效率。鼓励大型生产制造企业将自营物流面向社会提供公共物流服务。（国家发展改革委、工业和信息化部、国家邮政局负责）

（二）加强物流核心技术和装备研发

结合智能制造专项和试点示范项目，推动关键物流技术装备产业化，推广应用智能物流装备。鼓励物流机器人、自动分拣设备等新型装备研发创新和推广应用。（工业和信息化部、国家发展改革委负责）支持具备条件的物流企业申报高新技术企业。（科技部负责）

（三）提升制造业物流管理水平

建立制造业物流成本核算制度，分行业逐步建立物流成本对标体系，引导企业对物流成本进行精细化管理，提高物流管理水平。（国家发展改革委、工业和信息化部负责）

六、打通信息互联渠道，发挥信息共享效用

（一）加强物流数据开放共享

推进公路、铁路、航空、水运、邮政及公安、工商、海关、质检等领域相关物流

数据开放共享，向社会公开相关数据资源，依托国家交通运输物流公共信息平台等，为行业企业查询和组织开展物流活动提供便利。结合大数据应用专项，开展物流大数据应用示范，为提升物流资源配置效率提供基础支撑。结合物流园区标准的修订，推动各物流园区之间实现信息联通兼容。（各有关部门按职责分工负责）

（二）推动物流活动信息化、数据化

依托部门、行业大数据应用平台，推动跨地区、跨行业物流信息互联共享。推广应用电子运单、电子仓单、电子面单等电子化单证。积极支持基于大数据的运输配载、跟踪监测、库存监控等第三方物流信息平台创新发展。（国家发展改革委、交通运输部会同有关部门负责）

（三）建立健全物流行业信用体系

研究制定对运输物流行业严重违法失信市场主体及有关人员实施联合惩戒的合作备忘录，对失信企业在行政审批、资质认定、银行贷款、工程招投标、债券发行等方面依法予以限制，构建守信激励和失信惩戒机制。（国家发展改革委会同相关部门、行业协会负责）

七、推进体制机制改革，营造优良营商环境

探索开展物流领域综合改革试点

顺应物流业创新发展趋势，选取部分省市开展物流降本增效综合改革试点，深入推进物流领域大众创业、万众创新，打破地方保护和行业垄断，破除制约物流降本增效和创新发展的体制机制障碍。探索建立物流领域审批事项的“单一窗口”，降低制度性交易成本。强化科技创新、管理创新、机制创新，促进物流新业态、新模式发展，形成可复制、可推广的发展经验。（国家发展改革委、交通运输部会同有关部门负责）

各地区、各有关部门要认真贯彻落实党中央、国务院的决策部署，充分认识物流降本增效对深化供给侧结构性改革、促进实体经济发展的重要意义，加强组织领导，明确任务分工，结合本地区、本部门实际，深入落实本意见和《国务院办公厅关于转发国家发展改革委营造良好市场环境推动交通物流融合发展实施方案的通知》（国办发〔2016〕43 号）、《国务院办公厅关于转发国家发展改革委物流业降本增效专项行动方案（2016—2018 年）的通知》（国办发〔2016〕69 号）明确的各项政策措施，完善相关实施细则，扎实推进工作。要充分发挥全国现代物流工作部际联席会议作用，加强工作指导和督促检查，及时协调解决政策实施中存在的问题，确保各项政策措施的贯彻落实。

关于推进改革试点加快无车承运物流创新发展的意见

为贯彻落实党中央、国务院关于大力推进大众创业万众创新和推动实施“互联网+”行动计划的有关部署，鼓励无车承运物流创新发展，加快完善与新经济形态相适应的体制机制，提升服务能力，推进物流供给侧结构性改革，促进物流业“降本增效”，经交通运输部同意，决定在全国开展道路货运无车承运人试点工作，现就推进改革试点、加快无车承运物流发展提出以下意见：

一、充分认识促进道路货运无车承运人发展的重要意义

近年来，移动互联网技术与货运物流行业深度融合，货运物流市场涌现出了无车承运人等新的经营模式。无车承运人是以承运人身份与托运人签订运输合同，承担承运人的责任和义务，通过委托实际承运人完成运输任务的道路货物运输经营者。无车承运人依托移动互联网等技术搭建物流信息平台，通过管理和组织模式的创新，集约整合和科学调度车辆、站场、货源等零散物流资源，能够有效提升运输组织效率，优化物流市场格局，规范市场主体经营行为，推动货运物流行业转型升级。

目前，我国无车承运人的发展尚处于起步探索阶段，在许可准入、运营监管、诚信考核、税收征管等环节的制度规范还有待探索完善。通过开展试点工作，逐步调整完善无车承运人管理的法规制度和标准规范，创新管理方式，推动实现“线上资源合理配置、线下物流高效运行”，对于推进物流业供给侧结构性改革，促进物流行业“降本增效”，提升综合运输服务品质，打造创新创业平台，培育新的经济增长点，全面支撑经济社会发展具有重要意义。

二、总体要求

牢固树立创新、协调、绿色、开放、共享发展理念，深入贯彻落实党中央、国务院加快推进供给侧结构性改革的战略部署，以运用移动互联网促进交通运输转型升级为主线，以推进无车承运人发展、促进物流业“降本增效”为目标，坚持市场引领、问题导向，多方联动、综合施策，以点带面、有序推进，以试点为载体，逐步调整完善无车承运人在许可准入、运营监管、诚信考核、税收征管等环节的管理制度，建立健全无车承运人在信息共享、运输组织、运营服务等方面的标准规范，推动大数据、云计算等先进技术在物流领域的广泛应用，培育一批理念创新、运作高效、服务规范、竞争力强的无车承运人，引导货运物流行业的规模化、集约化、规范化发展，全面提升综合运输服务能力和水平，为经济社会发展提供安全、高效、绿色的物流运输保障。

三、试点范围与企业条件

（一）试点范围

结合现阶段我国无车承运人发展的实际需求，在全国范围内组织开展试点工作。各省级交通运输主管部门应根据物流市场发展实际，按照“高标准、严要求、宁缺毋滥”的原则，择优选择规模较大、管理规范、物流信息平台应用较为充分、拥有稳定货源、社会信誉好的企业参加试点。现阶段不具备条件的省份可暂不开展试点工作。

（二）试点企业条件

原则上试点企业应具备如下条件：

（1）具有较强的货源组织能力与货运车辆整合能力，运输经营组织化、集约化程度较高。

（2）具备较为完善的互联网物流信息平台和与开展业务相适应的信息数据交互及处理能力，能够通过现代信息技术对实际承运人的车辆运营情况进行全过程管理。

（3）具备健全的安全生产管理制度，经营管理规范，具备较高的经营管理水平和良好的社会信誉。

（4）具备较强的赔付能力，能够承担全程运输风险。

各地可结合本地实际，对以上条件做进一步细化，提出可量化的具体条件。符合上述条件的企业经所在地的地市级交通运输主管部门审核同意后，向省级交通运输主管部门提出试点申请。

四、试点内容

（一）规范无车承运人经营行为

各省级交通运输主管部门应建立健全相关制度，加强对道路货运无车承运人试点企业（以下简称试点企业）经营行为的监管。试点企业应与实际承运人签订运输服务合同，建立相应的赔付机制，承担全程运输责任；要对实际承运人的经营资质、车辆行驶证和道路运输证以及驾驶员机动车驾驶证和从业资格证进行审核把关，确保运输服务质量；应健全物流运输管理信息系统，通过互联网物流信息平台为货主和实际承运人提供信息服务，对交易、运输、结算等各环节进行全过程透明化动态管理，强化运输过程的安全监管，为税收征管提供真实交易数据。试点企业不得承运危险货物（符合豁免要求的除外），不得委托未取得道路货物运输相关经营资质的企业、车辆与驾驶员执行运输任务。

（二）推进无车承运人信用建设

各省级交通运输主管部门要按照《交通运输部关于加强交通运输行业信用体系建设的若干意见》（交政研发〔2015〕75 号）等要求，建立健全对试点企业的信用评价及考核制度，强化对试点企业失信行为的监管。试点企业要强化对实际承运人在运输生产安全、服务质量、诚信考核、事故赔付能力等方面的管理，利用物流信息平台和大数据技术整合实际承运人相关信用信息，建立健全对实际承运人的信用评价体系，要以运政管理信息系统为基础，向社会提供“人、车、户”等基本信息的查询服务，引导货运市场的规范发展。

（三）认真落实无车承运人营改增相关政策

《财政部 国家税务总局关于全面推开营业税改征增值税试点的通知》（财税〔2016〕36 号）明确规定无车承运业务按照“交通运输服务”缴纳增值税。各省级交通运输主管部门应加强与税务部门的沟通，将营改增相关政策落到实处，进一步细化试点企业增值税征管具体流程和监管要求，协调解决增值税征管中开票资格、进项抵扣、额度监管等实际问题，规范试点企业纳税行为，强化税收监管，防范税收风险。

（四）鼓励无车承运人创新运营管理模式

各省级交通运输主管部门要引导试点企业建立无车承运业务相关操作规范，科学设计业务流程，形成物流资源组织调度、实际承运人监管、单证交接等环节的规范化管理。鼓励试点企业拓展业务范围，加强与铁路、港口、民航等企业的合作，通过物流信息平台的互联互通以及在信息资源、服务规范、作业流程等方面的有效对接，开展公铁、公水和陆空联运，支持企业通过甩挂运输、共同配送等先进运输组织方式提升组织效率。鼓励试点企业开展跨区域网络化经营，试点企业在国内设立分公司从事无车承运经营的，向分公司所在地的道路运输管理机构报备。

（五）探索创新无车承运人的管理制度

各省级交通运输主管部门在试点推进中，应结合实际，重点围绕无车承运人的准入技术条件、安全运营监管、诚信考核评估、法律责任等内容，探索创新无车承运人管理的法规制度，积极配合税务部门探索健全针对无车承运的税收征管制度，为无车承运人的发展创造有利的制度环境。在总结试点企业经验的基础上，探索制定无车承运人在服务质量、风险应对、投诉处理等方面的标准规范，促进无车承运人运营服务的标准化和规范化。

五、试点组织

（一）实施程序

交通运输部负责对试点工作进行统筹指导，省级交通运输主管部门具体负责试点工作的组织实施。试点工作按照“初选论证、企业实施、过程监管、总结评估”的步骤推进。

（1）省级交通运输主管部门研究制定本地试点工作实施方案，组织专家对申请参加试点的企业条件和试点方案进行严格审查，经筛选后，确定本地无车承运人试点企业名单。

（2）纳入试点的企业需要申领道路运输经营许可证的，可向所在地县级道路运输管理机构提出申请，县级道路运输管理机构应按照《道路运输条例》和《道路货物运输及站场管理规定》的要求进行审批，向符合要求的企业颁发《道路运输经营许可证》，经营范围为道路普通货运（无车承运）。

（3）试点企业按照试点方案，认真组织实施，积极探索创新物流运营的新模式，按要求向省级交通运输主管部门、国家交通物流公共信息平台报送试点运行信息，完成试点方案确定的工作目标，切实发挥对行业的引领示范作用。

（4）省级交通运输主管部门要对试点经验进行系统总结，探索形成无车承运人相关管理制度和标准规范，及时了解试点企业运行动态，帮助企业解决试点实际问题，不断完善无车承运人发展的相关政策，为试点企业发展创造有利环境。

（二）时间安排

（1）启动阶段：2016 年 10 月至 11 月。省级交通运输主管部门编制试点实施方案，按照要求进行试点企业的筛选，并将确定的试点企业名单及试点方案于2016 年 11 月底前报交通运输部。

（2）实施阶段：2016 年 12 月至 2017 年 11 月。试点企业按照试点方案认真组织实施，省级交通运输主管部门加强跟踪督导，协调解决相关问题。

（3）总结评估阶段：2017 年 12 月，省级交通运输主管部门和试点企业要分别对试点工作进行总结评估，并在试点实施阶段结束后编制试点工作总结报告，将试点工作开展情况报交通运输部。

六、工作要求

（一）严格筛选条件，科学制定试点方案

各省级交通运输主管部门要根据本地无车承运人发展的实际情况，制定科学细致、操作性强的试点实施方案，细化试点企业申报条件和程序，量化试点企业工作目标，健全试点运行监测和总结评估机制，按照试点实施方案的要求，严格筛选试点企业，科学论证并审核企业试点方案，确保试点方案切实可行，能够取得实效。

（二）落实配套政策，精心组织实施

各省级交通运输主管部门应协调相关部门，在试点过程中，逐步健全完善针对无车承运人许可准入、运营监管、诚信考核、税收征管等方面的管理制度和相关标准规范。同时要根据试点推进情况，在注重市场公平的前提下，协调相关部门对试点企业给予相应支持，鼓励试点企业创新发展。

（三）加强运行监测，确保试点顺利推进

各省级交通运输主管部门应做好本省试点运行的监测、分析和评估工作，国家交通运输物流公共信息平台承担全国无车承运人试点工作的运行监测工作。试点企业应按要求向省级交通运输主管部门、国家交通运输物流公共信息平台提供行业运行监测所需要的运行数据。国家交通运输物流公共信息平台、各省级交通运输主管部门要定期向交通运输部报送无车承运人试点运行监测报告，为推进试点工作提供参考。

（四）加强跟踪监督，及时总结经验

各省级交通运输主管部门要注重试点过程中的跟踪和评估，及时发现试点过程中出现的新情况、新问题，并积极协调相关部门加以解决；要及时归纳总结试点的典型经验做法，注重创新推广，确保试点工作取得实效。各级道路运输管理机构应依法加强对试点企业的运行监管，对试点企业的违法违规行为，依法予以处罚，取消其试点资格，并纳入企业不良信用记录。

广东省物流业相关主要政策文件

广东省综合交通运输体系发展“十三五”规划

交通运输是国民经济重要的基础产业，对经济社会发展具有战略性、全局性影响。为加快完善全省综合交通运输体系，更好发挥交通运输在经济社会发展中的支撑引领作用，根据《广东省国民经济和社会发展“十三五”规划纲要》，制定《广东省综合交通运输体系发展“十三五”规划》。

第一章 发展基础

“十二五”时期，全省各地、各部门认真贯彻国家和省委、省政府的决策部署，着力加快交通基础设施建设，不断提升交通管理服务水平，综合交通运输体系建设取得显著成效，为“十三五”时期全省综合交通运输体系发展奠定了坚实基础。

第一节 发展成就

经过“十二五”时期发展，全省综合交通运输体系建设迈上新台阶，总体上适应经济社会发展需要。

内联外通的网络规模显著扩大。陆路大通道陆续建成，大广高速公路、乐广高速公路、广深港高铁、厦深铁路、贵广铁路、南广铁路等一批国家和省内陆路大通道项目建成通车，其中高速公路通车里程达7018公里，居全国首位，高速铁路运营里程达1360公里，位居全国前列，全面实现“县县通高速公路、市市通铁路”，实现与各陆路相邻省（区）分别有3条以上高速公路通道和1条以上铁路通道。民航运输网络通达性进一步提高，广州白云机场第三跑道、揭阳潮汕机场、深圳宝安机场扩建、惠州机场军民合用改扩建以及湛江、梅县机场改扩建工程等一批项目建成投产，全省民用机场共开通航线530条，其中国内航线370条、国际航线160条，初步形成覆盖国内主要城市、通达五大洲重要城市的航线网络。港航网络加快完善，全省港口货物、集装箱年通过能力分别达16亿吨和5600万标准箱（TEU），亿吨大港达到5个，以珠三角为核心、粤东粤西为两翼的沿海港口群竞争力保持全国前列；珠三角高等级航道网进一步完善，粤东西北地区航道扩能工程加快推进。以珠三角为中心的油气管网基本形成，实现了原油经管道从沿海港口输送到炼厂，成品油管道连通省内现有炼厂与主要消费市场（珠三角、西南地区），天然气管道覆盖珠三角地区。

专栏1　“十二五”时期全省交通基础设施建设情况

指标单位	单位	2010年	2015年	增长量
1. 轨道交通营运里程	公里	2892	4472	1580
1.1 铁路运营里程	公里	2591	4020	1429
其中：高速铁路	公里	314	1360	1046
城际铁路	公里	—	145	145
1.2 城市轨道交通	公里	301	452	151
2. 公路通车里程	万公里	19	22	3
其中：高速公路	公里	4839	7018	2179
3. 内河航道通航里程	公里	11843	12150	307
其中：三级以上航道	公里	793	897	104
4. 沿海万吨级以上泊位	个	245	291	46
5. 港口货物年综合通过能力	亿吨	11.7	16	4.3
其中：集装箱年综合通过能力	万TEU	3939	5600	1661
6. 民用机场旅客年吞吐能力	万人次/年	6905	9855	2950
7. 民用机场货邮年吞吐能力	万吨/年	300	500	200
8. 输油（气）管道	公里	2300	4770	2470

注：高速铁路指速度≥200公里/小时的干线铁路。

运输生产实现量质齐升。客货运输总量继续保持扩张态势，2015年全社会完成客运量、旅客周转量、货运量和货物周转量分别达到20.7亿人、4320亿人公里、37.6亿吨和15131亿吨公里，年均增长10%、12.1%、10.9%和17.1%。技术装备水平进一步提高，铁路电气化率、复线率分别达66%和63%，较2010年分别提高30%和18%；

公路客运高端化、货运集约化发展取得积极成效，中高级客车客位占比超过95%，大型货车吨位数占比超过86%；水运装备能力显著提升，全省营运船舶平均载货吨位从2011年的1200吨提升至2000吨，运力规模跃居全国前列。交通运输节能减排成效明显，营运车辆、船舶单位运输能耗较2010年分别下降6.1%和8.7%，二氧化碳排放分别下降6.7%和8.6%。运输安全形势稳中向好，全省交通事故发生数量总体呈下降趋势，2015年交通事故发生数量较2010年降低19%。

运输服务水平显著提升。一体化运输加快发展，机场、大型铁路客运站等综合交通枢纽换乘衔接服务进一步完善，公铁水联运、江海联运稳步推广，公路甩挂运输网络基本建成。城乡交通服务更加完善，全省公交运营规模居全国第一，21个地级以上市全面开通“公交一卡通”，并与港澳地区互联互通；农村客运基本实现“3个100%”（100%镇级有站场、100%符合通车条件的行政村通车和100%有候车亭）。省内建制村和民族地区实现直接通邮，实现“乡乡设所，村村建站”目标。国际化运输进一步拓展，沿海主要港口开通超过270条国际航线，与泰国、巴基斯坦等国家缔结友好港口39对；全省民用运输机场共开通国际通航点96个，较2010年增加27个，国际旅客、货邮吞吐量比重分别由2010年的9.4%和36%提高到13.3%和41.6%；开行“粤新欧”“粤满俄”铁路国际货运班列。运输信息化水平进一步提高，全省实现高速公路联网收费“一张网”，初步建成数字航道、交通运输物流公共信息平台、航运公共信息服务平台、交通电子口岸分中心。

行业治理能力明显增强。行业管理体制进一步理顺，成立高速公路建设管理总指挥部，组建省综合交通建设管理办公室和省道路运输管理局；简化政府投资普通公路和水运项目审批程序，有效承接国家下放的交通基础设施项目审批工作；顺利接管珠三角城际铁路建设管理工作，项目管理制度体系基本建立；积极推进邮政管理体制改革。行业管理法规进一步完善，完成《广东省道路运输条例》《广东省公路条例》修订，颁布实施《广东省珠江三角洲城际轨道交通建设管理办法》《广东省高速公路联网收费管理办法》《广东省道路货物运输源头超限超载治理办法》《关于完善珠三角城际轨道交通沿线土地综合开发机制的意见》《广东省快递市场管理办法》等一批规范性文件。

投融资改革取得新进展。投资模式趋向多元，铁路项目路地合作更加紧密；高速公路省市共建稳步推进；依托省重大项目面向民间投资招标推介会平台，推动一批民间资本采用政府与社会资本合作（PPP）模式参与交通基础设施投资建设。融资渠道更加多样，组建广东省南粤交通投资建设有限公司，省级融资平台规模进一步扩大；设立广东省铁路发展基金，通过市场化运作引导社会资金投入铁路项目建设；积极开展统筹贷款工作，帮助有困难的地市解决基础设施市级出资；采取公交导向型（TOD）

开发模式推进轨道交通沿线土地综合开发，以土地开发收益弥补项目建设及运营资金缺口，实现项目建设、运营与城市开发良性互动。

第二节　存在问题

国际化交通门户尚未形成。以航空、航运为主体的国际运输网络有待拓展，铁路、公路等陆路国际运输还需进一步培育。主要枢纽机场、沿海主要港口在国际运输大通道中的优势地位尚未确立；国际性枢纽机场的运输能力不足，综合服务保障能力与世界一流水平仍有差距。辐射泛珠、服务全国、连通世界的国际性交通门户地位尚未确立。

区域性快速通道能力不足。辐射泛珠三角地区的快速交通网未全面建成，通往华东、海西地区和海南方向尚未建成便捷、高标准的高速铁路通道，通往广西、福建的高速公路需加快建设成网。珠三角地区至粤西各市以及粤北河源、梅州等市尚未建成高速铁路，通往粤西方向高速公路通道能力明显不足。区域城市群内部的城际通道能力紧张，珠三角地区一体化运输网络尚未形成。

一体化运输服务水平不高。综合客运交通枢纽建设相对滞后，枢纽运营管理一体化程度不高，各运输方式衔接不紧密。运输组织仍较为松散，信息服务尚未实现互联共享，旅客联程联运和货物多式联运有待加快发展。交通运输基本公共服务均等化还需加强，公共交通在城市交通中的主体地位还未完全确立；农村客运服务尚未实现全覆盖，农村物流配送网络有待建立。

现代化综合保障能力欠缺。综合交通运输管理仍较为粗放，部门间协调联动机制尚未建立。交通运输装备技术水平有待提高，智能交通建设还需加快。资源环境约束日益突显，推动交通运输节能降耗还需加大力度。建设、养护资金需求和供给矛盾依然突出。

第三节　形势需求

“十三五”时期是我国全面建成小康社会、实现第一个百年奋斗目标的决胜阶段，我省将率先全面建成小康社会，迈上率先基本实现社会主义现代化的新征程。与此同时，世界仍处于金融危机后的复苏和变革期，国内经济步入新常态，我省经济社会发展面临进一步深度调整和转型攻坚，对综合交通运输体系发展提出了新要求。

经济发展新常态要求交通运输加快转型升级。随着我省经济转入中高速增长区间，产业结构迈向中高端，运输规模增速将逐步回落，运输需求结构也将发生改变。适应新常态，交通运输发展要从以增量扩能为主向做优增量、改善存量转变，实现数量规模和质量效益良性互动。

加强国际区域合作要求交通运输强化门户地位。“十三五”时期，我省将加快构建全方位开放发展新格局，深化泛珠三角区域合作，积极推进“一带一路”倡议枢纽和中国（广东）自由贸易试验区建设。适应开放发展需要，必须强化广东交通运输发展在区域互联互通中的引领作用，全面对接国内国际综合运输大通道，进一步提升交通运输对外辐射能力，确立国际性、区域性交通门户地位。

区域协调发展要求交通运输发挥支撑引领作用。深入实施区域协调发展战略，实现珠三角地区优化发展和粤东西北地区振兴发展，必须强化珠三角交通一体化发展，抓紧补齐粤东西北交通短板，切实增强珠三角聚合力和辐射力，积极改善粤东西北区位条件。

全面建成小康社会要求交通运输提升服务质量。随着人民生活水平普遍提高，多层次、高品质运输需求日益增多，要求交通运输坚持以人为本，突出需求导向，在完善交通基本公共服务体系基础上，充分利用新技术、新理念，进一步提供便捷、安全、高效、绿色的运输服务。

专栏2　“十三五”时期全省主要运输生产指标预测

指标	单位	2015 年	2020 年	年均增长率（%）
客运量	亿人	20.73	30	7.7
旅客周转量	亿人公里	4320	6300	7.8
货运量	亿吨	37.6	45	3.7
货物周转量	亿吨公里	15131	20000	5.7
港口货物吞吐量	亿吨	17.11	20	3.2
其中集装箱吞吐量	万 TEU	5512	6700	4.0
民用机场旅客吞吐量	亿人	1.05	1.5	7.4
民用机场货邮吞吐量	万吨	260	390	8.4

第二章　总体要求

第一节　指导思想

高举中国特色社会主义伟大旗帜，以邓小平理论、“三个代表”重要思想、科学发展观为指导，深入贯彻习近平总书记系列重要讲话精神，全面贯彻党的十八大和十八届三中、四中、五中、六中全会精神，统筹推进“五位一体”总体部署和协调推进“四个全面”战略布局，坚持创新、协调、绿色、开放、共享发展理念，突出供给侧结构性改革，以服务民生为根本，以提质增效为导向，以增加有效供给为重点，着力完善优化网络布局、加强枢纽节点建设、提升运输服务品质、提高可持续发展能力，全面提升综合交通运输现代化水平，为实现“三个定位、两个率先”目标提供坚实支撑。

第二节　发展原则

“十三五”时期，全面推进综合交通运输体系发展必须遵循以下原则。

增强实力，协调发展。加快推进快速交通网建设，充分发挥各种运输方式比较优势和组合效率；继续推进粤东西北交通基础设施提速升级，推动区域交通协调发展；着力提升综合管理服务水平，促进交通运输全面发展。

开放共享，一体发展。加强对泛珠三角区域交通辐射，强化国家综合交通运输网络中心枢纽地位，积极参与国际运输大通道建设，不断提升交通运输区域合作及国际化水平；统筹城乡交通发展，加快交通公共服务均等化；推进不同运输方式信息开放、资源共享，加强方式间衔接合作，促进运输服务一体化。

深化改革，创新发展。发挥市场在资源配置中的决定性作用和更好地发挥政府作用，深化管理体制、投融资体制改革，加大新型技术装备应用，推进商业模式、管理方式、政策措施创新，全面释放交通运输行业的内生动力和发展活力。

安全绿色，永续发展。加强工程建设、运营管理等方面安全监管，提升应对自然灾害、突发事件的保障能力；积极发展绿色交通，集约节约利用资源，推进交通节能减排，保护生态环境。

第三节　发展目标

到2020年，交通基础设施总体达到国内领先、世界先进水平，基本建成覆盖全省、辐射泛珠、服务全国、连通世界的现代化综合交通运输体系，国际综合交通门户地位基本确立，实现“12312”交通圈，即广州与珠三角各市1小时通达，珠三角与粤东西北各市陆路2小时左右通达、与周边省会城市陆路3小时左右通达，广东与全球主要城市12小时通达。轨道交通。铁路运营总里程达5500公里，以高速铁路为骨干的铁路网络基本形成，高速铁路运营里程达2000公里，实现市市通高速铁路，与各陆路相邻省（区）均有高速铁路连接，铁路出省通道由13条增加到17条；城际铁路运营里程达650公里，珠三角城际铁路网覆盖珠三角九市及清远市区。城市轨道交通运营里程达 1100 公里，广州、深圳等中心城市轨道交通网基本建成。公路网络。通车总里程达 25 万公里。基本建成高速公路网，通车里程达 1.1 万公里，国家高速公路粤境段基本建成，省内干线全部贯通；国道全面通达县城，省道普遍通达乡镇。

港航设施。全省亿吨大港增加至 8 个，港口货物年通过能力达 20 亿吨；集装箱年通过能力达 6500 万 TEU；高等级（三级以上）航道里程达 1400 公里。

民用机场。民用运输机场旅客吞吐能力超过 1.4 亿人次，货邮吞吐能力达到 610 万吨。全省国际机场开通国际航线达 210 条以上。

油气管道。线网长度达 7000 公里，其中天然气主干管道约 3600 公里，通达全省 21 个地级以上市。

专栏 3 “十三五”时期全省综合交通运输体系发展目标

指标	单位	2018 年	2020 年	五年增长量
1. 轨道交通营运里程	公里	5450	6600	2128
1.1 铁路运营里程	公里	4700	5500	1480
其中：高速铁路	公里	1625	2000	640
城际铁路公里	公里	495	650	505
1.2 城市轨道交通	公里	750	1100	648
2. 公路通车里程	万公里	23.5	25	3
其中：高速公路	公里	9100	11000	3982
3. 内河航道通航里程公里	公里	12150	12150	—
其中：三级以上航道公里	公里	1200	1400	503
4. 港口货物年综合通过能力	亿吨	19	20	4
其中：集装箱年综合通过能力	万 TEU	6200	6500	900
5. 民用机场旅客年吞吐能力	万人次/年	13000	14000	4145
6. 民用机场货邮年吞吐能力	万吨/年	550	610	110
7. 输油（气）管道	公里	5770	7000	2230

第三章 构建功能完善的综合交通网络

按照“三横四纵”的综合运输通道布局，统筹不同层面运输需求，进一步完善综合交通运输网络功能结构，提升网络整体利用效率。

专栏4　广东省综合运输通道布局
三横：沿海主通道（厦门—粤东—珠三角—粤西—北海/海口）、闽粤桂主通道（龙岩—梅州—河源—珠三角—贺州/梧州）、粤北区域性通道（赣州—韶关—贺州）。 四纵：京广主通道（长沙—韶关—清远—珠三角—香港/澳门）、京九主通道（赣州—河源—珠三角—香港）、粤东区域性通道（汕头—潮州—揭阳—梅州—瑞金）、粤西区域性通道（湛江—茂名—广西）。

第一节　建设快速运输网

以形成国际性综合交通门户为目标，以加快高速铁路、高速公路建设和完善民用机场布局为主要抓手，提高快速运输通达能力，加快建设国际化、区域化快速运输网络。

高速铁路网。重点推进深圳至茂名铁路、梅州至潮汕铁路、合浦至湛江铁路、赣州至深圳客运专线、广州至汕尾客运专线、汕尾至汕头铁路（兼顾城际）、龙川至龙岩客运专线、湛江至海口铁路扩能工程、张家界经湛江至海口旅游高铁等项目建设，研究规划广州至河源客运专线、广州至湛江客运专线等，完善经粤东西北至周边省（区）高速铁路通道建设，形成东联海峡西岸、沟通长三角，西通桂黔、辐射大西南，北达湘赣、连接中原地区的“五纵二横”[①] 高速铁路骨干网络，实现市市通高速铁路。

高速公路网。完善对外通道，重点推进汕昆高速、武深高速等国家高速公路以及广佛肇等出省通道建设，实现与各陆路相邻省（区）间拥有5条以上高速公路通道，与港澳间拥有6条高速公路通道。加强内部联通，加快推进港珠澳大桥、深中通道、虎门二桥等珠江口过江通道以及汕湛高速等省内骨干网络建设，有序实施高速瓶颈路段改扩建，强化珠三角地区对粤东西北的辐射。

优化路网衔接，完善地方衔接道路规划建设，逐步消除城市出入口交通瓶颈，加强高速公路与沿线重要经济开发区、产业园区、城市新区、重要城镇连接。

民航运输网。重点打造“5+4”骨干机场[②]，新建珠三角新干线机场，推进广州白云机场、深圳宝安机场、珠海金湾机场、揭阳潮汕机场、惠州平潭机场等机场改扩建

---

① 五纵二横：以贵广、鹰梅—梅汕、赣深、京广、张家界至湛江为5条纵向干线；以南广—广汕、厦深—深茂为2条横向干线。

② “5+4”骨干机场：珠三角地区打造广州白云机场、深圳宝安机场、珠三角新干线机场、珠海金湾机场、惠州平潭机场5大机场，粤东西北打造揭阳潮汕机场、湛江机场、梅县机场、韶关机场4个机场。

工程，实施湛江机场、梅县机场迁建以及韶关机场军民合用改扩建，优化提升珠三角机场服务保障能力，扩大粤东西北地区航空服务范围，形成以珠三角机场群为核心、粤东粤西机场为两翼、覆盖粤北地区的全省运输机场布局；着力拓展航线网络，加快形成国际航线、国内干线、区域支线相互支撑的航空运输格局。积极发展通用航空，依托现有航空基础设施，规划建设遍布全省的通用航空机场、固定运营基地（FBO）、飞行服务站（FSS）等通航保障设施，构建多元化通用航空综合服务体系。

专栏5　快速运输网重大项目

高速铁路：深圳至茂名铁路、梅州至潮汕铁路、合浦至湛江铁路、广州至汕尾客运专线、赣州至深圳客运专线、汕尾至汕头铁路（兼顾城际）、龙川至龙岩客运专线、湛江至海口铁路扩能、张家界经湛江至海口旅游高铁等，建设里程约1660公里。到2020年，新增运营里程640公里，总里程达2000公里。

高速公路：武深高速仁化至博罗段、汕昆高速龙川至怀集段、汕湛高速惠州至湛江段、河惠莞高速、玉林至湛江高速、港珠澳大桥、深中通道、虎门二桥、中山至阳春高速、韶关至新丰高速等，建设里程约5940公里。到2020年，新增通车里程3982公里，总里程达11000公里。

民航运输网：广州白云机场扩建、深圳宝安机场扩建、韶关机场军民合用改扩建、惠州机场改扩建二期、珠海机场扩建、揭阳潮汕机场改扩建，湛江机场迁建、梅县机场迁建，新建珠三角新干线机场，阳江、罗定机场升级改造为运输机场等。在广州、珠海、汕头、东莞、梅州、汕尾、肇庆、茂名、江门、河源、清远等市新建一批通用机场。迁建深圳南头直升机场。开展怀集、连州等机场前期研究。到2020年，新建运输机场旅客吞吐能力4145万人次/年，达1.4亿人次/年。

第二节　建设专业化货物运输网

以沿海主要港口为支点，加强出海航道、内河航道、疏港铁路、疏港公路等集疏运网络建设。加快完善油气管道网络。航道网络。继续完善珠三角高等级航道网，加快西江、北江、龙穴南水道、西伶通道等航道扩能升级，形成西江干线、北江干流至珠江口港口群的高等级航运主通道。加强粤东、粤西地区重要航道建设，改善欠发达地区水运条件，推进东江、韩江、北江上延段航道扩能升级项目前期研究。推进沿海主要港口出海航道、公共锚地等公共基础设施建设。

疏港铁路。重点推进广州南沙港铁路、湛江东海岛铁路、汕头广澳港铁路、茂名博贺港铁路等项目，全面建成广州、深圳、珠海、汕头、湛江等沿海五大枢纽港的铁路集疏运网络；结合港口建设及货物运输需求，适时推进潮州港疏港铁路、揭阳港疏港铁路项目建设。

疏港公路。加快高等级公路与重要港区衔接，逐步推进疏港交通与城市交通相分离，构建与港口运输水平相匹配的疏港公路网络。重点建设汕湛高速公路博贺港支线、大埔至潮州、揭阳至惠来等一批具有疏港功能的高速公路，基本实现沿海主要港口和重要港口均与高速公路连接。

油气管道。完善连接原油接卸港、炼厂和原油储备基地的原油管道网；加快形成连接炼厂、主要消费市场和成品油储备基地的成品油运输管网；推进粤东西北天然气管道建设，构建以珠三角为中心，通达全省 21 个地级以上市和主要消费地区的天然气输送主干网络。

专栏6　专业化货物运输网重大项目

航道工程：广州港、珠海港、湛江港、汕头港进港航道扩建工程，西江、北江航道扩能升级工程，西伶通道、龙穴南水道、泥湾门至鸡啼门水道航道整治工程等，建设（整治）里程约 1350 公里。

疏港铁路：广州南沙港铁路、湛江东海岛铁路、茂名博贺港铁路、粤东疏港铁路、平南铁路改造等，建设里程约 490 公里。

疏港公路：汕湛高速公路博贺港支线、珠海市洪湾至高栏港高速公路、湛江东海岛至雷州高速公路、揭阳至惠来高速公路、大埔至潮州港高速公路（含大漳支线）、深圳妈湾跨海通道等，建设里程约 500 公里。

油气管道：珠三角成品油管道二期工程长度，长约 460 公里；粤东西北天然气管道工程，长约 1940 公里。

第三节　完善区域城际交通网

结合全省城镇化布局，重点推进珠三角世界级城市群、汕潮揭城市群城际交通建设，构建以城际铁路和高速公路为骨干的城际交通网。构建珠三角 1 小时交通圈。重点推进“环 + 放射线”的珠三角城际铁路网建设，基本形成以广州为核心，纵贯南北、沟通东西两岸的城际铁路主骨架网络；适时启动珠三角城际铁路网规划修编。继续加密高速公路网，加快深中通道、虎门二桥等珠江口东西两岸跨江通道建设。加强城市轨道交通、市政道路等城市交通基础设施对接，促进相邻市交通融合。加快珠三角与周边地区快速交通衔接，推动阳江、云浮、清远、韶关、河源、汕尾等市融入珠三角。

加快汕潮揭交通同城化。以揭阳潮汕机场、潮汕站、汕头站等交通枢纽为中心，完善区域城际交通网络布局。统筹推进跨市交通基础设施建设，重点加快潮汕环线、汕头至揭西、揭阳至惠来等高速公路项目以及跨江跨海通道建设，启动粤东城际铁路网建设，推动汕潮揭中心城区实现30分钟互达。加强汕潮揭对外交通联系，完善珠三角、厦泉漳地区方向快速通道建设，推动梅州市与汕潮揭交通对接。

完善其他城镇化地区城际交通。加快推进深圳至茂名铁路、合湛铁路等高速铁路以及汕头至湛江、玉林至湛江等高速公路建设，形成以湛江为枢纽、联系珠三角和北部湾地区的粤西城镇群快速城际交通网。积极推进粤北城镇集中区城际交通建设，强化韶关主城区辐射带动能力。

专栏7　珠三角城际铁路网重大项目
广佛环线：佛山西站至广州南站段、广州南站至白云机场段、佛山西站至广州北站等，建设里程约127公里。 南北放射线：穗莞深、广清、新塘经白云机场至广州北、广佛江珠等，建设里程约382公里。 东西放射线：广佛肇、莞惠、佛莞等，建设里程约219公里。 路网加密线：珠海市区至珠海机场、穗莞深琶洲支线、肇顺南、中南虎、深惠等，建设里程约226公里。

第四节　完善城市公共交通网

实施公交优先发展战略，结合城市实际发展需要，构建便捷的公共交通服务网络，稳步提高城市公共交通分担率。大力发展城市轨道交通。进一步加密广州、深圳中心城区城市轨道交通网络，完善线网与主要交通枢纽便捷衔接，发挥城市轨道交通在公共交通中的骨干作用，到2020年城市轨道交通占公交系统出行量比重达55%；研究推进市域（郊）铁路建设，充分利用既有铁路开行市郊列车，引导拓展城市空间布局。积极推进佛山、东莞、中山城市轨道交通建设，尽快建成城市轨道交通网主骨架，强化城市核心区交通辐射能力，优化城市交通出行结构。支持珠海、汕头、江门、惠州、湛江等符合条件的城市有序发展适宜的城市轨道交通。

加强基本公共交通建设。完善城市公交场站建设，基本实现各地级以上市中心城区公交站点500米全覆盖；积极发展社区公交、支线小公交，构筑微循环公交系统，增强公交服务社区的能力，基本实现大型居民区公交接驳全覆盖。加强机场、火车站、汽车客运站、客运码头等客流聚集点的公交换乘中心建设，在轨道交通站、公交首末站等周边规划建设配套停车设施，实现城市公共交通与对外交通便捷衔接。城市新建和改扩建道路要统筹公交专用道建设需求，同步规划建设或预留公交专用道设置条件。完善步行和自行车等慢行交通系统。

专栏8　城市轨道交通重大项目

广州市：三号线东延、四号线南延、五号线东延、六号线二期、七号线、八号线北延、九号线一期、十号线、十一号线、十二号线、十三号线、十四号线、知识城线、十八号线、二十一号线、二十二号线等，建设里程约574公里。到2020年新增运营里程255公里，总里程达513公里。

深圳市：二号线三期、三号线三期、四号线三期、五号线二期、六号线、七号线、八号线一期、九号线、十号线、十一号线、十二号线、十三号线、十四号线、十五号线、十六号线、十七号线、二十号线等，建设里程约530公里。到2020年新增运营里程240公里，总里程达419公里。

佛山市：二号线一期、三号线、广州地铁七号线延伸至顺德段等，建设里程约120公里。到2020年新增运营里程120公里，总里程达135公里。

东莞市：一号线、二号线、三号线等，建设里程约164公里。到2020年新增运营里程38公里，总里程达38公里。

中山市：一号线一期、二号线一期等，建设里程约44公里。

第五节　完善基础运输网

完善普速铁路、普通公路、邮政设施等基础运输网建设，提升基本交通服务水平。

普速铁路。重点推进广州枢纽东北货车外绕线、柳州至韶关铁路、柳州至肇庆至广州铁路、鹰潭至梅州铁路等项目建设，进一步完善线网布局，拓展铁路服务覆盖范围；加快黎湛铁路、广茂铁路、广梅汕铁路龙川至龙湖南段等既有线路技术改造，基本完成主要铁路干线电气化改造；基本完成无人看守铁路道口立交化改造，确保铁路运输安全。

普通公路。加强国省道升级改造，逐步消除交通瓶颈路段和穿越城镇的交通拥挤路段，完善连接交通枢纽、中心镇、旅游景区的公路建设，进一步提升国省道整体通行能力和服务水平。以“四好农村路”① 为目标，切实提高农村公路路面等级标准、通达能力和安全防护水平，优先开展贫困村窄路基路面公路拓宽改造工程，全面实施农村公路安全生命防护工程，实现300人以上自然村通硬化路。继续推进渡改桥、渡口改造，解决过渡难和渡运安全问题。

邮政设施。加快邮政普遍服务网点、机要通信网点和投递站点改造升级，完善邮政普遍服务网；加快快递物流中心、快件处理设施和营运网点建设，推广智能快件箱等自助服务设施在社区、商区、校区的应用，提升末端服务能力，构建便民惠民的快递网络；完善农村邮政快递基础网络，实现“乡乡有网点、村村通快递”。

专栏9　基础运输网重大项目
普速铁路：广州枢纽东北货车外绕线、丹灶至佛山铁路、柳州至肇庆至广州铁路、鹰潭至梅州铁路、黎湛铁路电气化改造、广梅汕铁路龙川至龙湖南电气化改造、广茂铁路电气化改造等，建设里程约1700公里。 普通公路：国省道改造，县乡公路建设等，国省道建设里程约7200公里。 邮政设施：邮政普遍服务网工程、快递网络工程、快递下乡工程等。

第四章　建设一体高效的综合交通枢纽

结合国家和省综合运输通道布局，完善主要城市枢纽功能，提升机场、港口、铁路、公路等综合交通枢纽场站服务水平。

第一节　完善城市交通枢纽功能

积极推进广州、深圳、湛江、汕头等综合交通枢纽建设，推动形成层次清晰、功能完善的枢纽城市布局。

建设广州国际性综合交通枢纽。按照国家中心城市、综合性门户城市定位要求，积极推进国家和地方共建枢纽示范城市工程。加快建设广州国际航运中心，强化广州白云机场国际航空枢纽功能，优化完善国家铁路综合枢纽布局，打造连通东南亚、辐射亚太地区、通达世界的全球交通运输网重要枢纽，全面提升广州作为国家“南大门”

① 四好农村路：2015年交通运输部印发《关于推进“四好农村路”建设的意见》，要求到2020年实现“建好、管好、护好、运营好”农村公路。

的综合运输服务能力。

强化深圳等全国性综合交通枢纽功能。巩固深圳世界级集装箱枢纽港优势，加快建设国际航空枢纽和国家综合铁路枢纽，完善立足珠三角、联系香港、面向全球的枢纽服务能力。积极推进湛江市、汕头市港口和铁路枢纽建设，实施湛江机场迁建，打造环北部湾、海西地区的重要交通枢纽。

提升其他枢纽城市综合服务能力。积极推进珠海、韶关、肇庆、梅州等门户型枢纽城市建设，完善城市内部综合交通枢纽场站布局和集疏运能力，增强沟通省内外、辐射周边省（区）的枢纽服务功能。

第二节　加快现代化国际化枢纽场站建设

统筹综合交通枢纽场站布局，加强不同运输方式衔接，提高整体运输效率和服务水平。

（1）航空枢纽。强化主要机场枢纽功能，加快机场客货集疏运体系建设，全面提升全省机场服务保障能力。

强化主要机场枢纽功能。强化广州机场作为全国三大国际性航空枢纽之一的地位，构建覆盖全球的国际航空客货运输网络，提升国际中转功能。加快深圳机场国际航空枢纽建设，强化区域航空枢纽功能，积极发展面向东南亚及欧美地区的国际航空客货运输网络。加快以广州、深圳为核心的珠三角世界级机场群建设，深化珠三角机场运营合作，不断提高珠三角机场整体运行效率和服务品质。加快揭阳、湛江、梅州、韶关等机场建设，提升机场在本区域的枢纽服务能力。

提升机场集疏运能力。积极推进将高速铁路、城际（市）轨道交通、高速公路等引入机场，加快珠三角城际铁路广佛环线、新塘经白云机场至广州北城际铁路、白云机场第二高速公路、珠海市区至珠海机场城际铁路、吴川至湛江机场高速公路等机场对外快速通道建设，做好穗莞深城际铁路和深茂铁路与深圳机场、梅汕铁路与潮汕机场衔接。结合广州白云、深圳宝安、珠海金湾、揭阳潮汕等机场改扩建工程，优化完善内部设施布局，加强机场交通中心换乘功能，有效提升内部交通运行效率。依托轨道交通、高速公路发展城市候机楼，前移机场陆侧功能，方便旅客出行，降低航站区运行压力。

推进航空物流中心建设。加强机场货运能力建设，依托货运、快递航空公司拓展国际国内货运航线网络，强化广州白云、深圳宝安机场国际航空货运枢纽功能，提升其他机场货运服务水平。完善航空物流园区功能，推进航空货物转运设施和快件转运中心建设，加快形成以广州白云、深圳宝安机场为核心的华南地区航空货运和快件集散网络。发挥机场区位优势，积极推进广州、深圳、珠海、揭阳等机场临空产业园区建设。

专栏 10　全省民用运输机场功能布局

1. 珠三角世界级机场群

广州白云机场：国际航空枢纽机场。构建覆盖全球的国际航空客货运输网络，重点打造通达欧美、澳洲、非洲及南美等地区的国际运输通道，提升国际中转功能。到 2020 年，机场旅客吞吐能力达 8000 万人次/年。

深圳宝安机场：加快建设国际航空枢纽，强化区域航空枢纽机场功能。增加国际航班航线航点数量，积极发展面向东南亚及欧美地区的国际航空客货运输网络。到 2020 年，机场旅客吞吐能力达 4500 万人次/年。

珠三角新干线机场：与广州白云机场共同形成国际航空枢纽。主要服务珠三角中西部及周边地区，积极发展国内国际航空客货运输。

珠海金湾机场：打造复合型国际干线机场。主要服务珠江西岸及周边地区，主要发展客运和国内、东南亚货运航线网络。

惠州机场：建设干线机场。主要服务惠州、汕尾、河源以及深圳东部地区，发挥深圳第二机场功能。

2. 粤东西北骨干机场

揭阳潮汕机场：国际干线机场。主要服务粤东及闽西南地区，主要发展通达国内主要城市、旅游城市以及东南亚地区的航线网络，积极开展对台航空运输。

湛江机场：国际干线机场。主要服务湛江茂名及相邻广西等地区，主要发展通达国内主要城市、重点旅游城市及东南亚地区的航线网络。

梅州机场：支线机场。主要服务梅州市及粤闽赣交界地区，主要发展区域航线网络。

韶关机场：支线机场。主要服务韶关及周边地区，主要发展区域航线网络。

3. 其他支线机场

阳江机场：主要服务阳江及周边地区，主要发展区域航线网络，兼顾通用航空功能。罗定机场：主要服务云浮及周边地区，主要发展区域航线网络，兼顾通用航空功能。

（2）港口枢纽。优化港口功能布局，提升港口综合运输服务能力，基本建成现代化港口体系。

强化区域港口群功能。加快区域港口功能的优化提升，形成以珠三角港口群为主、粤东和粤西港口群为两翼，分工合理的集群化港口发展格局，打造“21 世纪海上丝绸之路”国家门户。加快推进珠三角港口群一体化发展，将广州港、深圳港打造成为国际门户枢纽港，带动东莞港、珠海港等周边港口发展，构建对接港澳、联通西江、服务泛珠三角地区的世界级港口群；加快汕头港区域性枢纽港建设，联合揭阳港、潮州港实现错位发展，将粤东港口群建设成为粤东地区对外开放和对台经贸合作的重要平台；强化湛江港区域性枢纽港功能，带动阳江港、茂名港协同发展，将粤西港口群打造成为大西南地区出海主通道和"中国—东盟自贸区"重要门户。

加强港口运输能力建设。重点推进沿海主要港口深水航道、深水码头和专业化泊位建设，加快沿海港口公共基础设施、公用物流码头扩能升级；积极挖掘内河港口潜力，有序推进西江、北江沿线港口开发建设。优化港口煤炭、油气化工品、矿石、集装箱、粮食、滚装运输系统建设，完善港口与疏港铁路、疏港公路和管道转运设施，提升综合运输效率。推动南沙、蛇口邮轮母港码头建设。

推进航运服务集聚区建设。依托中国（广东）自由贸易试验区，积极发展港航物流、信息、贸易、金融、咨询和跨境电子商务等现代航运服务业，强化珠三角航运服务集聚区功能，提升国际化航运服务保障水平。结合沿海临港产业布局，加强粤东、粤西港口与临港物流园区的联动发展，建设大宗商品交易市场（见专栏 11）。

专栏 11　港口枢纽重大项目
港口码头：广州港南沙港区集装箱四期工程、深圳盐田港区集装箱码头工程、珠海高栏港区万江物流码头工程、汕头广澳港区工程、湛江港霞山港区通用码头工程等，到 2020 年全省港口货物吞吐能力达 20 亿吨。 公共基础设施：广州港深水航道拓宽工程、广州港南沙港区至新沙港区公用航道扩建、广州港环大虎岛公用航道工程、汕头港广澳港区航道二期工程、广州港桂山锚地扩建工程、揭阳大南海东岸公共码头防波堤工程等。

（3）铁路枢纽。以广州、深圳等国家铁路综合枢纽为核心，合理布局不同层次、不同功能的铁路客货运枢纽。

完善铁路客运枢纽功能。加快广州站全面升级改造，承担广州中心城区主要高速铁路、城际铁路客运服务，新建棠溪站、南沙站，实施广州北站、新塘站等改扩建，建成佛山西站，推动形成广州铁路客运枢纽"五主三辅"[①] 的格局，打造集国铁干线、城际铁路、城市轨道等多种交通方式于一体的世界级铁路枢纽。新建深圳西丽站、光明城站，实施深圳东站等既有铁路客站改扩建，加快形成深圳铁路客运枢纽"三主三辅"[②]

① 五主三辅：广州站、广州南站、广州东站、佛山西站、棠溪站等为主要客站，广州北站、新塘站、南沙站等为辅助客站。

② 三主三辅：深圳站、深圳北站、西丽站等为主要客站，深圳东站、福田站、坪山站等为辅助客站。衔接、立体化设计、多资源整合的新型铁路综合客运枢纽，提升旅客运输综合服务水平。

布局。在佛山、江门、中山、肇庆、湛江、汕头、梅州、潮州等市规划建设一批多方式衔接、立体化设计、多资源整合的新型铁路综合客运枢纽，提升旅客运输综合服务水平。

提升铁路货运枢纽物流服务能力。结合广州、深圳等全国性铁路物流节点和佛山、东莞等区域性铁路物流节点布局，积极推进广州大田、深圳平湖南、东莞石龙等铁路物流基地建设。更加注重集装箱等专业物流基础设施建设，完善公铁联运、铁水联运中转设施，加快末端配送服务设施配套，提升物流基地集散能力和服务效率。以发展枢纽型园区经济为导向，推进传统铁路货运场站向城市物流配送中心、现代物流园区转型发展。

（4）公路枢纽。积极推进公路客运站建设，实现每个县至少有一个二级或以上客运站，每个乡镇建有标准适宜的客运站点；公路客运站要完善城市公共交通设施配套，具备条件的要研究引入城市轨道交通线路。优化公路货运站布局，引导货运站向城市外围地区发展，完善与货运站能力匹配的集疏运公路系统建设，提升货物综合运输效率。

专栏 12　铁路客货运枢纽布局

1. 客运枢纽

特大型枢纽：广州站（改造）、广州南站、广州东站、佛山西站（新建）、棠溪站（新建）、深圳站、深圳北站、深圳西丽站（新建）。

大型枢纽：广州北站、深圳东站、深圳福田站、深圳坪山站、珠海站、惠城南站（新建）、惠州北站（新建）、东莞东站、中山北站、江门站、肇庆东站、汕头站、潮汕站、湛江西站（新建）、梅州西站（新建）。

中型枢纽：新塘站、南沙站（新建）、深圳光明城站（新建）、前海湾站（新建）、横琴站（新建）、佛山新城站、东莞站、虎门站、中山站、肇庆站、汕尾站、湛江站、茂名东站、阳江站（新建）、韶关站、韶关东站、河源站、清远站、揭阳北站（新建）、云浮东站。

2. 货运枢纽

一级铁路物流基地：广州大田（新建）、深圳平湖南。

二级铁路物流基地：东莞石龙、佛山丹灶、珠海西（新建）、广州增城（新建）、梅州松棚（新建）、清远（新建）。

三级铁路物流基地：广州南沙（新建）、韶关黄冈（新建）、茂名电白（新建）、佛山官窑、江门南、江门鹤山、中山黄圃（新建）、河源龙川、肇庆。

第五章　打造优质便捷的综合运输服务

以运输需求为导向，注重发挥市场主体的积极性、主动性和创造性，不断提升综合运输服务水平，让人民群众在交通运输发展中有更多获得感。

第一节　推进运输组织一体化

鼓励发展公铁、空铁、地空等长途旅客联程联运，积极探索行李联程托运服务；科学安排火车站、机场等枢纽场站的公共交通运力，优化运营时间和发车班次，畅通旅客出行“最先和最后一公里”；研究建立高速公路服务区配客转乘机制。依托港口、铁路、公路货运枢纽，完善多式联运基础设施和专用设备，加强技术标准、信息资源、服务规范等方面对接，推动货物多式联运加快发展；推进甩挂运输车辆及设施设备标准化工作，引导开展社会化甩挂运输；积极发展铁路货运“门到门”服务。加快培育承担综合运输业务的市场主体，支持运输企业通过多种形式联盟发展，推动实现客货运输“一票到底”。

第二节　提升运输装备现代化水平

推进轨道交通智能化运行控制技术，推动超高速无线局域网（EUHT）在高速铁路、城际铁路、城市轨道交通等应用，推进省内普速铁路无线通信系统改造，提高无线通信的安全性及可靠性。推进基于性能导航（PBN）、广播式自动相关监视（ADS-B）、平视显示（HUD）等技术运用，提高航班正常率和运行安全性；有序扩大全货机规模。鼓励发展中、高级长途客车，积极发展适合农村实际的客车和客货兼用型运营车辆；鼓励发展厢式运输、冷链运输、城市配送专用运输车辆。积极发展集装箱运力，大力推进内河船型标准化、专业化。

第三节　支持推进商业模式创新

鼓励运输企业积极创新服务理念和手段，适应客运多样化和货运社会化需要。开展定制班车包车、专线专车等客运服务试点，创新客运站纳客、配客模式，提供个性化、小批量、多批次、“门到门”服务；鼓励发展多样化约车服务，支持客运企业发展

O2O（线上虚拟 + 线下实体）运输等新型服务模式，规范发展网约出租车和私人小客车合乘；支持发展城市智能车位分享平台；鼓励航空公司发展低成本航空运输，拓展差异化服务。推进货运运营模式创新，推动港航企业、铁路运输企业与省内钢铁、石化、电力企业实施战略合作，实现互惠共赢、共同发展；支持航运、航空公司加强与跨国电商企业合作，大力发展跨境电子商务；积极推进城市共同配送平台建设，鼓励运输企业适应电子商务和连锁经营发展需要，发展面向商业流通企业和消费者的社会化共同配送。

第四节　提高农村运输服务水平

加快完善农村客运服务，在巩固“3 个 100%”的基础上，有序提升农村客运站（亭）等级，采取灵活多样的客运组织形式及安全适用的车型、船型，基本实现 100% 建制村通客车，500 人以上岛屿通客轮；有条件的地区可对城市周边农村客运班线实施公交化改造，试点发展镇村公交。加强农村物流体系建设，建立县城物流园、乡镇物流站、村级物流点三级物流网络，统筹利用农村客运资源，增加农村客运站物流和邮政服务功能；鼓励物流龙头企业、快递及电商企业、中小企业物流联盟延伸农村经营服务网络，提升末端物流配送服务水平。

第六章　加强开放融合的区域交通合作

对接国家“一带一路”倡议和中国（广东）自由贸易试验区建设，加快建设外联东盟、南亚，融合港澳和周边省区的综合运输大通道，为广东构建开放发展新格局提供有力支撑。

第一节　积极参与“一带一路”交通走廊建设

充分发挥广东区位优势，深化港口、机场、铁路运输等国际合作，打造“一带一路”上陆海交汇的战略交通枢纽。通过港口投资合作、航线合作、物流园区建设合作等形式，加强沿海主要港口与“一带一路”沿线国家重要港口合作，拓展国际航线网络，积极发展国际集装箱中转业务。加强广州白云机场、深圳宝安机场国际航线通达能力，提升揭阳潮汕机场、珠海金湾机场的国际航运功能，积极拓展各机场通达沿线国家的国际通航点，鼓励开设一批面向沿线国家的国际直飞航线。加快构建以广州、深圳、湛江为枢纽，以高速公路、高速铁路等出省通道为骨干，经大西南各省（区）

连接东盟的陆路国际大通道。建设广东（石龙）铁路国际物流基地，增开通往俄罗斯、中亚、欧洲、东盟的国际货运班列，打造丝绸之路经济带进出口双向铁路货运通道。

专栏 13 “一带一路”倡议交通枢纽重大工程

国际航运服务体系工程：加强广州港、深圳港、珠海港、湛江港、汕头港等主要港口与后方综合运输大通道的联系，建设海上通道重要支点；对接港澳和沿线国家港口服务业，积极拓展港口物流、金融、商贸等服务功能；加强港口国际合作，建立沿线港口与物流合作机制，力争到2020年建成18对左右的友好港口关系。

国际航空网络拓展工程：加强广东机场与沿线国家主要航空港协作关系，推动省内民航企业开展国际航空交流合作，完善与沿线国家主要城市航空运输网络。力争到2020年，省内机场与沿线国家和地区间的通航点达42个左右。

陆路国际大通道工程：构建经广西、云南、贵州至东盟和南亚国家的铁路通道，以及经广西衔接东盟国家的高速公路通道。加快广州大田、东莞石龙铁路集装箱中心站建设，依托海铁联运，构建珠三角地区陆上国际货运“双子星”枢纽。

第二节 推动泛珠三角交通运输互联互通

加快完善省际综合运输通道，推进赣州至深圳客运专线、龙川至龙岩客运专线、鹰潭至梅州铁路等铁路通道建设，打通省际高速公路和干线公路“断头路”“瓶颈路”，继续提升西江黄金水道通航水平。加强区域运输合作，建立区域内长途汽车联网售票系统，研究省（区）间相邻县（市）开行省际公交线路；加密与其他省（区）城市航班航线，促进区域内客货快速运送；积极推进内陆“无水港”建设，大力发展公铁水联合运输，推进区域甩挂运输网络化发展。加强运输管理合作，推动高速公路联网收费区域合并，减少道路主线收费站，提高道路通行效率；推动道路运政管理信息系统、运输车辆动态监控系统信息共享，建立健全执法信息通报、安全应急、防汛抢险道路运输联动机制。

第三节 深化粤港澳交通运输合作

落实粤港澳服务贸易自由化协议，按照互利共赢原则，进一步加强交通运输合作，共同构建粤港澳大湾区高效顺畅的综合运输网络。完善粤港澳陆路交通通道，加快建设港珠澳大桥、粤澳新通道等项目，深化深港西部快速轨道研究，做好广深港客运专线内地与香港段、珠三角城际铁路与澳门轻轨衔接。统筹港口合作发展，加强与港澳在航运、物流组织服务上的对接，形成功能互补的航运服务体系。加强珠三角民航机场与香港、澳门机场合作，共同推进珠三角地区空域的联合管制运行，改善空域使用条件。高效利用多种运输方式，促进粤港澳邮政深入合作。

第七章　发展智能绿色的交通运输系统

把握交通运输发展趋势，以智能交通、绿色交通建设为抓手，加快推动交通运输行业转型升级。

第一节　打造智能交通

落实“互联网+”行动计划，推动超高速无线局域网（EUHT）、移动互联网、物联网、大数据、云计算等先进技术与交通运输深度融合，全面提升运输服务管理智能化水平。

推广 EUHT 技术应用。率先推动 EUHT 在轨道交通、公路、机场、港口、城市交通等领域应用，为实现运输数据实时分析、实时处理、实时反馈和动态调度提供高可靠、低时延、大容量的精准数据采集传输。推动 EUHT 在珠三角城际铁路骨干网全覆盖以及在省内现有高速铁路上应用，积极争取中国铁路总公司支持向全国铁路推广应用。选择条件较好的高速公路作为试点，开展车车通信、车地通信等高速无线通信、车路协同、安全应急、信息服务等智能应用。积极争取交通运输部加快高速公路、内河航道、港口、智能车载终端等领域的 EUHT 智能交通行业标准制订，并率先在我省实施。

构建智能交通感知网络。推广各类智能终端在公路、铁路、航道、港口、机场、城市公交线网等交通基础设施网络的布局和应用，加强对交通基础设施风险状况、运行状态的数据采集，全面提升交通领域要素资源在线化率。利用无线射频识别技术（RFID）、二维码、智能卡等技术手段，实现对集装箱、高附加值货物等运行状况跟踪监测。加快推进车联网、船联网建设。推进运输服务智能化。推动全省城市公交管理服务信息平台建设，推广电子不停车收费、公共交通一卡通、移动支付、电子客票和电子检票，提升交通支付智能化水平。加快建设国家交通物流平台广东区域交换节点（分平台）和广东内河航运综合信息服务平台，促进省级平台与货运枢纽场站、物流园区互联互通。开展珠三角区域轨道交通协同运输与服务技术研究，探索建立区域轨道交通协同运输组织综合信息平台。

推进交通监管智能化。推进基于互联网的交通行政许可办理、综合执法、市场监管、安全应急处置等交通监管新模式向基层延伸。推进公路、水路、民航、铁路、邮政、城市公共交通等监管系统联网，加快推进交通、公安、海事、环保、质监等部门数据交换和监管联动。利用大数据挖掘分析人口迁徙规律、公众出行需求、枢纽客流规模、车辆船舶行驶特征等信息，实现交通运输管理决策智能化。

第二节　打造绿色交通

以提高能效、控制排放、节约资源和保护环境为核心，切实将生态文明建设融入交通运输发展的各方面和全过程，努力建设绿色交通省。推进交通运输节能减排。强化结构性节能减排，优先发展铁路、水运、城市公共交通等低能耗运输方式，倡导绿色出行。优化交通运输能源消费结构，积极推广应用清洁能源、新能源车辆，有序推进液化天然气（LNG）动力船舶应用，完善加气站、充电桩等配套设施建设；继续推进既有铁路电气化改造，提高全省铁路电气化率。大力调整优化车辆、船舶运力结构，加快高能耗、高排放的老旧车辆、船舶以及港口装卸设备更新淘汰。创新节能减排工作机制，推广应用合同能源管理，研究探索碳排放交易机制。完善交通运输环境监测网络，加强交通运输节能环保监管。

推进资源节约循环利用。统筹利用通道、土地、岸线资源，合理规划通道上各种运输方式空间布局，提高通道运输集约效应；推行适应节约集约利用土地要求的交通运输工程技术，提高建设用地利用效率；采用地理信息系统（GIS）加强港口岸线资源管理，实现岸线资源动态监控。加大资源综合利用和循环利用技术推广力度，鼓励按照“减量化、再利用、资源化”原则选择交通基础设施建设材料和施工工艺，实现材料再生循环利用；推广高速公路服务区、港口、铁路站段水资源综合循环利用。

加强基础设施生态环境保护。协调好交通基础设施建设与生态环境保护的关系，交通基础设施布局选址应尽可能绕避环境敏感区，对无法绕避的项目，应通过多方案比选确定环境综合最优方案，确保项目建设对生态资源和生态环境影响降至最低。积极推进生态工程技术在交通基础设施设计、建设、养护和运营等过程的综合运用，建设生态型交通基础设施，推进海绵道路建设。严格控制交通运输装备污染物排放，推进设立珠三角水域船舶大气污染排放控制区，推广靠岸船舶使用岸电；强化港口、公路服务区、枢纽站场等水污染防治，开展生态型污水处理技术应用。

第八章　增强现代化综合交通治理能力

进一步厘清政府与市场边界，着力完善适应综合交通运输发展的体制机制，加快推进交通运输行业治理体系和治理能力现代化。

第一节　完善综合交通运输管理体制

进一步完善综合交通发展体制机制，统筹全省综合交通发展战略、规划和建设协调；推动交通运输、民航管理、铁路监管等部门建立跨行业综合运输协调联动机制。落实地方政府对普通公路建设和养护管理的主体责任，推行普通国省道、农村公路建设养护一体化。衔接承担行政职能事业单位改革，稳步推动将公路行政管理职能归口交通运输部门。深化港航水运管理体制改革，充分依托现有资源，健全工作协调机制，加强珠三角、粤东、粤西区域港口管理，加强全省船闸通航统一管理，完善沿海港口公共航道建设投资管理体制，稳步推进航道养护市场化改革。完善地方铁路运营管理体制，建立健全地方铁路建设工程质量安全监管制度。推动珠三角空域管理体制改革，逐步解决珠三角地区空域紧张问题。

第二节　健全交通运输市场运行机制

加快政府职能转变，全面清理交通运输部门行政审批事项，建立部门权责清单制度，研究公布交通运输市场负面清单，强化交通运输事中事后监管。完善交通运输价格形成机制，逐步放开具备竞争条件的铁路客运票价和道路班线客运票价，实现竞争性交通运输服务收费由市场调节。综合考虑经济发展、政府补贴、企业运营成本和社会承受能力等因素合理制定城市公交票价，建立多层次、差异化的公共交通价格体系；完善巡游出租汽车运价形成机制，建立与公共交通合理的比价关系。完善交通运输市场信用体系，逐步建立具有监督、申诉和复核机制的综合考核评价体系，建立健全交通运输市场主体和从业人员“黑名单”制度，实施动态监管。

第三节　强化交通运输安全保障能力

落实安全监管责任，强化安全监管，不断完善交通领域安全生产工作机制与应急体系建设，打造让群众放心的平安交通。落实行业安全生产监管“一岗双责”，严格执行责任追究、“一票否决”制度；强化企业安全生产主体责任；建立并落实行业安全生产日常检查和定期巡查制度，认真组织开展安全生产专项整治，推进交通安全标准化和事故隐患排查治理建设。完善交通运输安全监管和应急管理信息平台，整合交通安全与应急信息，实现政府、行业、部门内部信息平台互联互通和共享；建设全省货运枢纽危险品货物监管系统、城市公交安全运营和应急调度系统，以及易燃易爆和有毒有害危险品运输全程管理系统。推动建立省市联动的应急救援机制，完善各运输方式应急预案及应急指挥体系；构建功能完善的全省交通运输应急救助网络，合理布局应急运输装备集结地、应急物资储备点、危险品应急救援中心和医疗救助站。

第九章　保障措施

进一步完善规划实施机制，增强政策支撑和要素保障，充分发挥规划导向作用，确保“十三五”目标任务落到实处。

第一节　加强规划组织实施

省发展改革委、交通运输厅会同各地各部门，加强沟通配合，落实责任分工，共同推进本规划实施。加强对规划实施情况的跟踪分析和监督检查，探索引入第三方评估，及时了解交通运输发展中出现的新情况、新问题，适时调整规划和相关政策，进一步增强规划的指导性。

第二节　做好规划衔接协调

强化综合交通运输发展规划在全省交通运输发展中的纲领性和指导性作用，做好各运输方式专项发展规划以及各市综合交通运输体系发展规划与本规划衔接，加强各项指标对接，落实工作任务。各地级以上市要将规划建设的交通基础设施项目纳入城市总体规划、土地利用总体规划等专项规划，做好规划控制。

第三节　完善法规标准建设

加快制定综合交通枢纽场站、旅客联程联运、货物多式联运等标准、政策及规章，提高综合交通运输体系标准化、法治化水平。及时对“互联网＋”背景下的新兴服务业态开展配套规章政策研究，形成完备的法规体系。及时废除、修订不适应综合交通运输发展的标准，及时组织开展全省综合交通、智能交通、现代物流、城市客运等重点领域的行业技术标准制订、修订。

第四节　加大政策支持力度

建立健全稳定持续的交通基础设施公共财政保障制度；用足用好国家投资补助政策。简化审批程序，纳入规划新开工的高速公路项目取消收费立项程序，直接开展投资模式和投资主体确定工作；政府还贷项目不再审批项目建议书，直接开展工程可行性研究工作。加大对粤东西北地区交通基础设施的省级投入，对纳入规划的铁路干线项目，省方资本金出资原则按省、市 7∶3 的比例分摊，其中原中央苏区县（市、区）应负担比例的一半由省财政承担。积极吸引社会资本投入，充分利用好省铁路发展基金，研究设立港航建设基金，鼓励社会资本采用政府与社会资本合作（PPP）模式参与交通基础设施投资建设运营，探索采用“项目 + 土地”模式吸引社会资本直接投资交通项目。优先保障交通基础设施建设用地，省立项的项目由省解决新增建设用地计划指标，因征收农村集体经济组织土地需要安排留用地的，由省国土资源部门统筹安排用地指标；积极争取国家支持落实用地规模、用地指标，推动具备条件的铁路站点实施综合开发。

第五节　加快重大项目建设

“十三五”时期全省共安排交通运输重点建设项目投资约 14600 亿元，其中轨道交通约 6800 亿元、公路约 6200 亿元、港口航道约 600 亿元、民用机场约 730 亿元、油气管网约 270 亿元。进一步强化项目建设单位主体责任，将工程进度、工程安全、工程质量、重大节点目标和造价控制作为主要考核指标，加快项目建设进度。各地级以上市政府负责配合推进项目各项前期工作，落实项目市级出资、建设用地规模，全面承担土地房屋征收任务。省有关部门要落实审批工作责任，健全部门审批绿色通道制度，对需上报国家有关部门审批的事项，要积极对口跟踪协调。

专栏 14　“十三五”重大项目投资安排

项目		规模（公里）	总投资（亿元）	计划投资（亿元）
轨道交通	干线铁路	3320	3418	1350
	城际铁路	1079	3687	1400
	疏港铁路	486	495	200

项目		规模（公里）	总投资（亿元）	计划投资（亿元）
轨道交通	城市轨道	1430	10353	3600
	枢纽站场	—	383	250
公路	高速公路	5942	9598	5000
	普通国省道建设和改造	7200	800	500
	农村公路	22000	700	700
港航	港口码头	—	1180	300
	沿海公共基础设施	—	297	200
	内河航道	—	126	100
民航	运输机场	—	1460	630
	通用机场	—	100	80
	机场配套工程	—	23	20
油气主干管网		896	295	270
合计			32915	14600

附件：

广东省“十三五”规划重大交通基础设施项目表　　单位：亿元

序号	项目名称	主要建设内容	建设阶段	总投资
	总计			32915
	1. 轨道交通	5428 公里		18337
	（1）干线铁路	3320 公里		3418
1	深茂铁路江门至茂名段	265 公里	续建	290
2	广梅汕铁路龙湖南至汕头段增建二线	44 公里	续建	38
3	黎湛铁路电气化改造广东段	148 公里	续建	9
4	广深Ⅲ、Ⅳ线广州东至新塘段改造	18 公里	续建	4
5	梅州至潮汕铁路	123 公里	续建	198
6	广州枢纽东北货车外绕线	69 公里	续建	149
7	合浦至湛江铁路广东段	91 公里	续建	54
8	罗定至岑溪铁路广东段	33 公里	续建	12
9	广州至汕尾客专	206 公里	新建	432
10	赣州至深圳客运专线广东段	302 公里	新建	459

续 表

序号	项目名称	主要建设内容	建设阶段	总投资
总计				32915
11	汕尾至汕头铁路	161 公里	新建	253
12	丹灶至佛山铁路	18 公里	新建	46
13	深茂铁路深圳至江门段	127 公里	新建	323
14	龙川至龙岩客专广东段	160 公里	新建	219
15	鹰梅铁路广东段	62 公里	新建	34
16	柳州至肇庆至广州铁路	193 公里	新建	219
17	韶关至柳州铁路	234 公里	新建	166
18	湛江至海口铁路扩能工程	125 公里	新建	100
19	广梅汕铁路龙川至龙湖南电气化改造	245 公里	新建	10
20	广茂铁路电气化改造	359 公里	新建	47
21	龙川至汕尾铁路	161 公里	新建	93
22	茂湛铁路电气化改造	76 公里	新建	4
23	张家界经湛江至海口旅游高铁（广东段）	100 公里	新建	260
	（2）城际铁路	1079 公里		3687
1	东莞至惠州城际	100 公里	续建	328
2	广佛肇城际佛山至肇庆段	80 公里	续建	196
3	穗莞深城际洪梅至深圳机场段	58 公里	续建	164
4	穗莞深城际新塘至洪梅段	18 公里	续建	91
5	广佛环线佛山西站至广州南站段	35 公里	续建	181
6	广清城际广州北站至清远段	38 公里	续建	140
7	珠海市区至珠海机场城际拱北至横琴段	17 公里	续建	70
8	佛莞城际广州南站至望洪段	39 公里	续建	129
9	珠三角城际轨道交通调度指挥中心	4.04 万平方米	续建	13
10	新塘经白云机场至广州北站城际	78 公里	续建	336
11	广佛环线广州南站至白云机场段	47 公里	新建	260
12	广佛江珠城际	156 公里	新建	497
13	穗莞深城际琶洲支线	18 公里	新建	68
14	广清城际广州站至广州北站段	25 公里	新建	77
15	广清城际北延段	9 公里	新建	36

续 表

序号	项目名称	主要建设内容	建设阶段	总投资
总计				32915
16	珠海市区至珠海机场城际横琴至珠海机场段	22 公里	新建	62
17	中南虎城际南沙至虎门段	25 公里	新建	99
18	肇庆至南沙城际高明至南沙段	84 公里	新建	298
19	广佛环线佛山西站至广州北站段	45 公里	新建	171
20	深惠城际惠州至惠阳段	60 公里	新建	180
21	粤东城际铁路	125 公里	新建	292
	（3）疏港铁路	486 公里		495
1	湛江东海岛铁路	57 公里	续建	42
2	广州南沙港铁路	88 公里	续建	152
3	茂名博贺疏港铁路	71 公里	新建	36
4	汕头疏港铁路（广澳）	17 公里	新建	31
5	揭阳疏港铁路	120 公里	新建	89
6	潮州港疏港铁路	80 公里	新建	35
7	平南铁路改造	36 公里	新建	92
8	珠海高栏港疏港铁路二期	站场扩建等	新建	9
9	云浮新港支线	17 公里	新建	10
	（4）城市轨道交通	1430 公里	续建/新建	10353
1	广州城市轨道交通	574 公里	续建/新建	4078
2	深圳城市轨道交通	530 公里	续建/新建	4445
3	佛山城市轨道交通	118 公里	续建/新建	763
4	东莞城市轨道交通	164 公里	续建/新建	910
5	中山城市轨道交通	44 公里	新建	158
	（5）轨道交通枢纽站场	包括佛山西站客专场及相关工程、东莞石龙集装箱中心站、深圳前海综合交通枢纽、深圳车公庙综合交通枢纽、广州站改造工程、广州大田集装箱中心站、武广客专乐昌东站、汕头站、茂名电白现代铁路货场、清远现代铁路物流园、梅州现代铁路货场物流中心等	续建/新建	383

续 表

序号	项目名称	主要建设内容	建设阶段	总投资
总计				32915
	2. 公路			11098
	（1）高速公路	5942 公里		9598
1	从（化）东（莞）高速公路东莞段（含清溪支线）	57.7 公里	续建	112
2	潮（州）惠（州）高速公路二期（普宁至陆河以外路段）	184.4 公里	续建	238
3	江（门）罗（定）高速公路二期工程（江门至高村段及新兴至罗定段）	119.6 公里	续建	142
4	云浮至阳江高速公路罗定至阳春段	83 公里	续建	58
5	西部沿海高速公路月环至南屏支线延长线	5 公里	续建	13
6	广清高速公路改扩建	57.6 公里	续建	69
7	广佛肇高速公路肇庆大旺至封开段	174.8 公里	续建	213
8	广中江高速公路一期工程（江南段荷塘互通至佛江段龙溪互通）	26.9 公里	续建	60
9	港珠澳大桥珠海连接线一期（南湾互通至洪湾互通段）	7.3 公里	续建	50
10	广州凤凰山隧道	14 公里	续建	31
11	从（化）东（莞）高速公路惠州段	30.9 公里	续建	61
12	港珠澳大桥主体工程	29.6 公里	续建	381
13	港珠澳大桥珠海连接线二期	6.1 公里	续建	42
14	广中江高速公路二期	41.7 公里	续建	92
15	珠江三角洲环线增城至花都段	44.3 公里	续建	66
16	兴宁至汕尾高速公路兴宁至五华段（含畲江、华阳支线）	84.6 公里	续建	75
17	宁（波）（东）莞高速公路粤闽界至潮州古巷	64.6 公里	续建	73
18	武（汉）深（圳）高速公路仁化至新丰段	162.3 公里	续建	229

续 表

序号	项目名称	主要建设内容	建设阶段	总投资
总计				32915
19	汕（头）昆（明）高速公路龙川至怀集段	365.4 公里	续建	402
20	揭阳至惠来高速公路	63.3 公里	续建	80
21	河源东环高速公路	38 公里	续建	44
22	清远市清西大桥	16.9 公里	续建	28
23	深圳市东部过境高速公路一期工程	31.1 公里	续建	62
24	虎门第二公路通道	12.9 公里	续建	112
25	汕头至湛江高速公路汕头至揭西段	86.6 公里	续建	117
26	佛（山）江（门）高速公路顺德段	30.7 公里	续建	68
27	深圳外环高速公路一期工程	74.8 公里	续建	228
28	佛（山）清（远）从（化）高速公路北段	86.4 公里	续建	111
29	佛（山）清（远）从（化）高速公路南段一期工程	16.7 公里	续建	26
30	汕头至湛江高速公路清远至云浮段	157.4 公里	续建	168
31	汕头至湛江高速公路云浮至湛江段（含博贺港支线、兰海联络线）	315.9 公里	续建	331
32	花都至东莞高速公路	65.2 公里	续建	130
33	武（汉）深（圳）高速公路新丰至博罗段	107.9 公里	续建	148
34	湛江东海岛至雷州高速公路	35.9 公里	续建	52
35	高明至恩平高速公路（原鹤山至开平）	42.8 公里	续建	47
36	湛徐高速公路徐闻港支线	16.3 公里	续建	15
37	梅州至平远高速公路	33.1 公里	续建	34
38	汕头至湛江高速公路惠州至清远段一期（汤塘至清远北段）	47.5 公里	续建	66
39	潮汕环线高速公路（含潮汕连接线）一期（溪头至牛路段）	51.4 公里	续建	100
40	中山至开平高速公路	152.4 公里	续建	265

续 表

序号	项目名称	主要建设内容	建设阶段	总投资
总计				32915
41	广佛肇高速公路广州佛山段	47.2 公里	续建	114
42	兴宁至汕尾高速公路海丰至红海湾段	38.2 公里	续建	45
43	珠海洪湾至鹤州大桥	9.6 公里	续建	40
44	东莞至番禺高速公路桥头至沙田段	62.8 公里	续建	225
45	怀集至阳江高速公路海陵岛大桥	8.8 公里	续建	10
46	河惠莞高速公路龙川至紫金段	155.7 公里	续建	164
47	广州新白云国际机场第二高速公路一期工程	21.4 公里	续建	85
48	深圳至中山过江通道深圳连接线	5.7 公里	续建	69
49	珠海市香海大桥	16.5 公里	续建	43
50	大埔至潮州高速公路（含大埔至漳州支线）	121.7 公里	续建	145
51	怀集至阳江港高速公路怀集至郁南段一期（岗坪至长岗段）	91.5 公里	续建	89
52	汕头至湛江高速公路惠州至清远段二期（龙门至汤塘、清远北至清新段）	78.8 公里	新建	152
53	深圳至中山过江通道海中桥隧主体工程	24 公里	新建	424
54	潮汕环线高速公路（含潮汕连接线）二期（上北至溪头段）	32.2 公里	新建	60
55	珠海鹤州至高栏港高速公路	34.6 公里	新建	82
56	怀集至阳江港高速公路怀集至郁南段二期（长岗至郁南段）	14.6 公里	新建	22
57	罗定至信宜（粤桂界）高速公路	128.5 公里	新建	159
58	开平至阳春高速公路	83 公里	新建	139
59	玉林（省界）至湛江高速公路	113.1 公里	新建	139
60	大（埔）丰（顺）（五）华高速公路丰顺至五华段	40.6 公里	新建	56
61	兴宁至汕尾高速公路五华至陆河段	48 公里	新建	56
62	梅州东环高速公路	14.3 公里	新建	20

续　表

序号	项目名称	主要建设内容	建设阶段	总投资
总计				32915
63	河惠莞高速公路河源紫金至惠州惠阳段	75.2 公里	新建	91
64	河惠莞高速公路惠州平潭至潼湖段	44.9 公里	新建	101
65	佛山至江门高速公路和顺至陈村段	38.9 公里	新建	112
66	广州新白云国际机场第二高速公路二期工程	24.5 公里	新建	110
67	韶关市翁源至新丰高速公路	82.1 公里	新建	120
68	湛江环城高速南三岛大桥（坡头至南三岛）	12.5 公里	新建	21
69	广州至连州高速公路从化至连州段	213 公里	新建	350
70	吴川至湛江机场高速公路	25.6 公里	新建	40
71	广明高速陈村至西樵段二期工程	23.8 公里	新建	56
72	佛江高速公路北延线广州段	20 公里	新建	50
73	连山至贺州（省界）高速公路	6.5 公里	新建	9
74	南沙至中山高速公路	30.5 公里	新建	64
75	佛清从高速公路南段二期工程	26.4 公里	新建	47
76	中山东部外环高速公路	56.1 公里	新建	120
77	广州至连州高速公路花都至从化段	17.9 公里	新建	41
78	新会至高栏港高速公路新会至斗门段	63.9 公里	新建	78
79	广州从化至黄埔高速公路	65.6 公里	新建	139
80	新塘至派潭高速公路	53 公里	新建	130
81	广州至高明高速公路广州段二期	6.4 公里	新建	13
82	莲花山通道过江通道	24 公里	新建	102
83	仁深高速公路始兴连接线	15 公里	新建	17
84	宁莞高速公路潮州东连接线	6 公里	新建	7
85	沈海高速深汕西改扩建工程	146.5 公里	新建	117
86	沈海高速佛开三堡至水口段改扩建工程	33.4 公里	新建	32
87	沈海高速开平至阳江段改扩建工程	125.2 公里	新建	100
88	沈海高速阳江至茂名段改扩建工程	79.8 公里	新建	64
89	沈海高速茂名至湛江段改扩建	102.5 公里	新建	47

续 表

序号	项目名称	主要建设内容	建设阶段	总投资
总计				32915
90	从化街口至花都北兴高速公路改扩建工程	15.7 公里	新建	16
91	长深高速惠盐深圳段改扩建工程	10.3 公里	新建	15
92	沈海高速广州龙山至火村段改扩建工程	42.5 公里	新建	60
93	机荷高速改扩建工程	43 公里	新建	50
94	韶惠高速惠龙段	62.3 公里	新建	80
95	中山西环高速公路（含小榄支线）	45 公里	新建	90
96	肇庆至高明高速公路	70 公里	新建	137
	（2）普通国省道建设和改造	新建、改扩建和路面改造约7200 公里		800
	（3）农村公路	县乡公路、新农村公路、桥梁等约 22000 公里		700
	3. 港航设施			1603
	（1）港口码头			1180
1	广州港	南沙港区三期工程、南沙港区近洋码头工程、南沙港区国际通用码头工程、南沙港区集装箱四期工程、南沙国际汽车物流产业园配套码头工程、新沙港区二期工程、南沙国际邮轮码头工程等	续建/新建	219
2	深圳港	盐田港区西作业区集装箱码头工程、大铲湾港区二期项目、南山港区妈湾作业区海星码头改造工程等	续建/新建	131
3	珠海港	深水海洋工程装备制造基地专用码头项目、高栏港区北方石油石化码头项目、高栏港区万江物流码头项目、高栏集装箱码头二期工程等	续建/新建	95

续 表

序号	项目名称	主要建设内容	建设阶段	总投资
总计				32915
4	汕头港	广澳港区2万吨级石化码头与库区配套工程、广澳港区二期工程、广东华电丰盛汕头电厂“上大压小”新建项目配套码头工程、广澳港区三期工程、广澳港区外东防波堤内侧石化码头二期工程等	续建/新建	132
5	湛江港	宝钢广东湛江钢铁基地项目码头工程、东海岛港区日光杂货码头、东海岛港区杂货码头工程、广东大唐国际雷州发电厂配套码头、霞山港区通用码头工程、中科项目配套码头工程、宝满港区集装箱码头一期扩建工程、宝满港区多用途码头一期工程、东海岛港区煤炭码头工程、东海岛港区散货码头一期工程、东海岛液化石油气冷冻储存库配套5万吨级码头迁建、湛江京信东海电厂项目配套专用码头、大唐国际雷州发电厂配套码头、徐闻港区南山作业区客货滚装码头工程等	续建/新建	261
6	惠州港	荃湾港区5万吨级石化码头工程、荃湾港区煤炭码头一期工程等	续建	28
7	江门港	广海湾港区5万吨级码头工程等	新建	9

续 表

序号	项目名称	主要建设内容	建设阶段	总投资
	总计			32915
8	东莞港	沙田港区三期工程（9#、10#泊位）、沙田港区西大坦作业区1#~4#泊位工程、玖龙码头有限公司2个5万吨级散杂货码头项目、沙田港区西大坦作业区驳船码头工程、宏业货柜码头迁建工程等	续建/新建	65
9	揭阳港	大南海东岸公共码头工程、中委合资广东石化2000万吨年重油加工工程项目配套码头工程、前詹作业区中电投通用码头一期工程等	续建/新建	71
10	潮州港	扩建货运码头工程、华丰造气厂5万吨级LPG码头加固改造工程等	续建/新建	15
11	茂名港	广东粤电博贺煤电有限公司煤炭码头，博贺新港区通用码头工程、30万吨级原油码头及10万吨级成品油码头等	续建/新建	79
12	汕尾港	小漠国际物流港通用码头、陆丰甲湖湾电厂配套码头工程等	新建	17
13	阳江港	吉树作业区码头工程等	续建/新建	58
	（2）沿海公共基础设施			297
1	航道工程	广州港深水航道拓宽工程、广州港南沙港区至新沙港区公用航道扩建工程、广州港环大虎岛公用航道工程、黄茅海5万吨级航道工程、深圳港铜鼓航道二期、汕头广澳港区航道二期工程、湛江	新建	181

续　表

序号	项目名称	主要建设内容	建设阶段	总投资
总计				32915
1	航道工程	港主航道改扩建工程、湛江港亚士德航道一期工程、湛江东海岛港区航道工程、潮州港公用航道一期及二期工程、揭阳大南海东岸公共进港航道工程、江门港广海湾港区广海湾作业区进港航道工程、江门港崖门万吨级航道整治工程、阳江港 10 万吨级航道工程、茂名港博贺新港区航道工程等	新建	
2	锚地工程	广州港桂山锚地（18GSA）扩建工程、广州港三牙排南危险品船锚地新建工程、汕头港锚地工程等	新建	18
3	防波堤工程	汕头港广澳港区防波堤工程、潮州港金狮湾公共防波堤工程、揭阳大南海东岸公共码头防波堤工程、汕尾小漠港区配套防波堤工程、江门港广海湾港区广海湾作业区防波堤工程、茂名港博贺新港区防波堤工程、珠海港万山港区桂山岛十三湾陆岛交通客货运码头防波堤工程等		98
	（3）内河航道			126
1	西江界首至肇庆航道扩能升级工程	建设内河 I 级航道 171 公里	续建	10.30
2	北江乌石至三水河口航道扩能升级工程	白石窑枢纽船闸工程、清远枢纽二线船闸工程、飞来峡枢纽二线船闸工程、飞来峡枢纽三线船闸工程、航道工程、桥梁工程等	续建	44.40

续 表

序号	项目名称	主要建设内容	建设阶段	总投资
	总计			32915
3	北江韶关至乌石航道扩能升级工程	孟洲坝船闸工程、濛里船闸工程	续建	21.63
4	西伶通道航道整治工程整治内河Ⅰ级航道	76公里	续建	1.40
5	磨刀门水道及出海航道整治工程项目工程整治1000吨级海轮	70公里	续建	1.38
6	榕江航道整治工程	整治300～5000吨级海轮73公里	续建	4.10
7	倒运海水道航道整治工程	整治内河Ⅲ、Ⅴ级航道19公里	续建	0.40
8	鸡鸦水道航道整治工程	整治内河Ⅲ级航道43公里	续建	0.50
9	泥湾门—鸡啼门水道航道整治工程	整治内河Ⅲ级航道51公里	续建	0.70
10	那扶河及镇海湾出海航道整治工程	整治3000吨级航道44.5公里	续建	3.50
11	龙穴南水道航道整治工程	整治3000吨级航道31公里	续建	6.73
12	联石湾船闸改建工程	重建1000吨级船闸一座	续建	3.71
13	横门出海航道二期工程	建设沿海5000吨级航道12公里，10000吨级航道38公里	新建	15.00
14	矾石水道航道整治工程	整治1万吨级航道44公里	新建	12.00
	4. 民航			1584
	（1）运输机场			1460
1	广州白云机场扩建工程	建设二号航站楼、第三跑道	续建	197
2	湛江机场迁建工程	跑道2800米×45米，航站楼面积6.8万平方米	新建	54
3	韶关机场军民合用改扩建工程	跑道2600米×45米，航站楼面积10000平方米	新建	9
4	白云机场东飞行区北绕滑建设	建设滑行道3.6公里	新建	30

续　表

序号	项目名称	主要建设内容	建设阶段	总投资
总计				32915
5	深圳机场第三跑道	建设3600米×60米跑道一条，以及联络道、停机坪等工程，飞行区等级4F	新建	77
6	深圳机场卫星厅	总建筑面积约22万平方米	新建	69
7	云浮罗定通用机场升级改造为运输机场工程	扩建跑道为2600米×45米，平行滑行道2600米×30米；航站楼10000平方米，近机位7个，远机位10个	新建	20
8	广州白云机场第四、五跑道和3号航站楼工程	1条3800米×60米和1条3600米×60米的跑道；建设航站楼30万平方米	新建	450
9	梅县机场迁建工程	1条2600米×45米的跑道；建设航站楼2万平方米，机位8个	新建	28
10	阳江机场建设工程	按飞行区4C级标准建设一条2500米×45米的跑道，以及航站楼和相关运行保障设施	新建	10
11	惠州机场改扩建二期工程	机场改扩建（吞吐能力增至180万人次/年）	新建	
12	珠海机场扩建工程	航站楼改造、停车场和路侧交通系统	新建	8
13	珠三角新干线机场	新建机场	新建	500
14	揭阳潮汕机场改扩建工程	跑道延长至3200米，新建停机坪4万平方米	新建	6
	（2）通用机场	在广州、珠海、汕头、东莞、梅州、汕尾、肇庆、茂名、江门、河源、清远等市新建一批通用机场。深圳南头直升机场迁建	新建	100

续 表

序号	项目名称	主要建设内容	建设阶段	总投资
总计				32915
	(3) 机场配套工程			24
1	新科宇航广州飞机维修基地（G1、G2 飞机维修库）	建设总面积 3.11 万平方米的 G1、G2 飞机维修库；4.65 万平方米的维修机坪及滑行道和动力站等配套设施	续建	4
2	广州白云国际机场商务航空服务基地	新建商务服务楼 9280 平方米，机库 10783 平方米，站坪面积 8.9 万平方米	新建	4
3	穗佳华南空陆联运集散枢纽项目	快运电商大楼、电子商务大楼、物流分拨中心等	续建	5
4	顺丰速运华南（广州）航空快件转运中心项目	建设转运中心分拣楼、维护楼、旁道雨篷和停车区等建筑及配套设施等	新建	11
	5. 油气管网	建设粤东天然气主干管道项目、西气东输三线闽粤支干线广东段、中国石化新疆煤制天然气外输管道工程（新粤浙管道）、中石化广西北海 LNG 项目粤西支线等	续建/新建	295

广东省推进物流标准化建设，促进降低物流成本实施方案

为贯彻落实国务院《物流业发展中长期规划（2014—2020年）》、商务部等5部门《商贸物流发展“十三五规划”》和《广东省降低实体经济企业成本工作方案》等文件精神，推动物流标准化城市间互利互通，辐射带动提升珠三角地区乃至全省流通标准化水平，提高流通效率，促进降低物流成本，制定本方案。

一、工作目标

以推动物流标准化城市间在珠三角乃至全省范围内的互联互通、提高流通效率、促进降低物流成本为目标，通过推广应用重点标准，以托盘标准化带动流通标准化，力争到2020年，使试点企业标准托盘使用率达80%，装卸货效率提高2倍，货损率降低20%，综合物流成本降低10%。

二、工作原则

（1）市场主导，政府引导。厘清政府与市场关系，通过宏观引导和政策、资金激励，充分调动企业积极性，强化企业“标准是效率、是竞争力”意识，发挥市场推动流通标准化建设的基础性作用。

（2）确定重点，示范带动。优先选取参与积极性高、影响带动作用大、托盘使用量多的地市和行业龙头企业作为重点推进试点企业，示范带动流通标准化工作。

（3）以点带面，分步实施。在全省分批开展流通标准化试点工作，以推动“贯标”为核心，以重点推进城市和企业为主体，在总结前期经验的基础上，逐步扩大至全省范围。

三、实施路径

以标准化托盘（1200 毫米 ×1000 毫米）应用为切入点，统筹协调、有序推进；以快消品、农副产品、药品、电商等领域为重点，开展标准托盘推广应用及循环共用，带动上下游物流设施设备标准化水平提升，构建标准化的商贸流通服务体系，提高流通效率，促进降低物流成本；推动托盘循环共用体系和物流综合信息平台建设，促进资源共享和信息互联互通。

四、具体措施

（1）推广物流国家标准和行业标准应用。鼓励贯彻实施国家标准《联运通用托盘主要尺寸及公差》（GB/T 2934—2007）、《联运通用平托盘性能要求和试验选择（GB/T 4995—2014）》《托盘编码及条码表示》（GB/T 31005—2014）、《商贸托盘射频识别标签应用规范》（GB/T 33456—2016），推广 1200 毫米 ×1000 毫米规格标准托盘，提高标准托盘应用水平；贯彻实施《硬质直方体运输包装尺寸》（GB/T 4892—2008），推广 600 毫米 ×400 毫米包装基础模数，采用与标准托盘相匹配的系列规格尺寸：150 毫米 ×100 毫米 ×100 毫米、200 毫米 ×150 毫米 ×150 毫米、300 毫米 ×200 毫米 ×200 毫米、400 毫米 ×200 毫米 ×200 毫米、400 毫米 ×300 毫米 ×300 毫米、600 毫米 ×400 毫米 ×400 毫米，鼓励精简包装规格型号，提高包装标准化水平；贯彻实施《汽车、挂车及汽车列车外廓尺寸、轴荷及质量限制》（GB 1589—2016），带动带托盘运输，提升物流标准化水平。（省商务厅、省质监局、省交通运输厅）

（2）提高物流设施设备及作业标准化水平。推动与标准托盘相配套的设施设备更新和改造，包括仓库、配送中心、零售门店等配送设施的标准化改造，货架、叉车、笼车、周转箱、运输车辆、管理信息系统等标准化更新。加快推进快消品、农副产品、药品、电商等重点领域物流标准化，推动仓储、装卸、分拣、配送、包装等服务流程标准化，与共同配送、多式联运、甩挂运输、供应链创新等相结合，发展单元化物流，提升服务水平，提高流通效率。支持冷链物流企业加快各类海鲜、冷藏、冷冻、预冷、运输、查验等冷链物流基础设施建设，促进冷链系统上下游设备的标准化。（省商务厅、省交通运输厅、省公安厅）

（3）推广交通运输物流标准化、集装化运载单元。推进物流台车、物流箱等集装化单元装载及具有大型装运吊装设备、非吊装式换装设备普及运用；推广应用铁路驼背运输平车、半挂车滚装专用船舶、公铁两用挂车等多式联运专用载运设备和机具。

按照交通运输部的统一部署，积极开展货运车型标准化专项行动，研究非标准货运装备的退出机制，逐步推进装备更新换代。加快制定江海联运规划及技术标准，按照标准化、专业化和环境保护的要求，推动淘汰老旧落后的小吨位船舶。（省交通运输厅、省商务厅）

（4）创新托盘等机装器具应用发展模式。鼓励集团型企业在全国范围推动带托盘运输，企业间“结联盟”“结对子”公推标准化；鼓励第三方物流企业联合上下游生产制造及流通企业，推动产品包装与标准托盘匹配，提高带托盘运输比率；鼓励以托盘为单一订货、收发货单元，推动供应链全程“不倒盘、不倒筐”。（省商务厅）

（5）推动建立社会化的标准托盘共用体系。推动托盘使用方租赁或交换标准托盘，或盘活存量标准托盘，开展社会化的托盘循环共用。支持物流设备服务商扩大标准托盘、周转箱等机装器具租赁业务，扩大服务网点，提高服务能力，增强服务便利性。引导建设“物联网＋托盘”服务平台，整合标准托盘及包装市场等多方资源，创新发展模式，探索建立交易、租赁、交换、回收可自由转换的市场流通机制，逐步形成租赁与交换并行，封闭与开放相结合的社会化托盘循环共用体系。加强条码技术、射频技术、电子标签、自动分拣、RFID 等物联网技术在托盘运输中的应用，推进标准托盘物流租赁商与承租方打通信息管理系统，实现托盘、货物、物流仓储终端信息设备的标准统一。（省商务厅）

（6）夯实流通标准化工作基础。完善托盘应用统计制度，监测分析标准托盘应用情况，测算物流成本和效率变化情况，反映工作成效。发挥商协会、联盟机构优势作用，搭建交流平台，加强培训引导，推广应用标准。发挥企业主体作用，鼓励形成企业标准体系，提高核心竞争力。（省商务厅、省质监局）

（7）积极推进制造业与物流业联动发展。大力推广多式联运、甩挂运输、共同配送、统一配送等先进的物流组织模式，建立“嵌入式”“一站式”联通发展体系，降低制造业物流成本。（省经济和信息化委，省交通运输厅）

（8）积极推广智能配送等物流服务新模式。结合广州、东莞城市共同配送试点经验，利用信息化、智能化技术进一步优化配送流程，提高配送车辆的道路通行和整体配送效率。积极探索城市末端配送模式的优化与创新，鼓励发展冷链物流、仓储配送一体化等物流服务新模式，进一步推广使用社区智能快递柜。（省商务厅、省交通运输厅）

（9）探索放宽城市配送尤其是冷链配送通行管制。各地公安交通管理部门应结合本地实际，以保障城市道路通行能力为基础，制定科学合理的货车交通管制和城市配送车辆同行管理措施，配合相关部门进一步完善配送车辆通行资质审核机制，简化通行证件办理手续，优化车辆错峰行驶时间和路线，监督车辆驾驶人在不影响安全前提

下进行临时停靠和装卸作业，解决车辆进城通行、停靠和装卸作业问题。（省公安厅、省交通运输厅、省商务厅）

（10）加强和改进城市配送管理工作。针对我省各地城市配送管理模式差异大、发展水平参差不齐的实际情况，继续按照“先行先试、逐步完善、总结推广”的工作思路，积极推进城市配送试点工作，努力建立由当地政府统筹规划、多部门协调推进的工作机制，进一步完善城市配送保障措施，不断推进完善城市物流配送体系。（省商务厅、省交通厅、省公安厅）

（11）积极支持物流标准化重大项目建设。积极支持将物流标准化重大项目纳入现代物流重大工作进行调度，对符合条件的物流标准化重大项目按程序列入省重点建设项目计划予以扶持，推进物流标准化改造应用。（省发展改革委、省直各部门）

五、保障措施

（1）加强组织领导。各地市商务主管部门牵头建立工作协调机制，完善工作实施方案，建立市、县（区）联动的工作机制，明确职责分工，密切沟通，协调解决流通标准化推进过程中的问题，确保工作有序推进。充分发挥行业协会的作用，做好企业服务，开展交流合作，形成政府部门、协会、企业之间的良性互动，建立信息通报制度，定期报送工作进展情况。

（2）加强标准实施评估和促进机制。加强对专项资金的使用情况和项目执行情况的监督检查，根据确定的目标任务和进度安排，及时掌握项目进度和实施效果，开展阶段性评估。积极调动企业制定和执行标准的积极性，争取更多企业在标准化中发挥作用。

（3）加大宣传培训。加大对流通标准化工作的宣传和培训力度，提高社会认知度和企业参与积极性，加快流通标准化人才培养。及时总结流通标准化工作经验做法，推动由点到面扩展，推动我省流通标准化整体水平的提升。

（4）加强工作交流与合作。鼓励借鉴已开展标准化试点地区的先进经验和服务规范，探讨区域合作、优势互补、平台互联、信息互通、资源共享，共同解决工作推进过程中遇到的困难，推广创新型典型案例经验，力争工作效果最大化，共同推进我省流通标准化发展。

广东省物流业降本增效专项行动实施方案

为贯彻落实《国务院办公厅关于转发国家发展改革委物流业降本增效专项行动方案（2016—2018年）的通知》（国办发〔2016〕69号）精神，进一步降低物流成本，提高社会物流运行效率，确保实现到2018年我省全社会物流总费用占国内生产总值（GDP）的比重比2015年降低0.3个百分点左右，到2020年全社会物流总费用占国内生产总值（GDP）的比重比2015年降低0.5个百分点左右的目标，基本建成布局合理、技术先进、便捷高效、绿色环保、安全有序的现代物流服务体系，制定本实施方案。

一、优化行政审批

梳理物流行业行政审批事项，对相近或相关联的审批事项进行清理和精简。进一步放宽对物流企业和从业人员资质的行政许可和审批条件，压减前置审批环节和事项，推行“双随机、一公开”监管方式，加强事中事后监管。进一步整合银行开户许可等许可证，加快推进“多证合一”改革，实现市场准入“一站式”服务。落实物流企业设立非法人分支机构的相关政策，支持进一步放宽企业住所和经营场所登记条件，鼓励物流企业开展跨区域网络化经营。（省交通运输厅、工商局，人行广州分行，广东、深圳、珠海出入境检验检疫局，海关广东分署，省邮政管理局按职责分工负责，2017年8月底前完成）

二、深化公路、铁路、民航等领域改革

简化车辆道路运输证年审手续，进一步提高公路超限运输行政许可审批效率。完善货运司机诚信管理制度，探索建立货运司机信用记录，逐步纳入国家统一的社会信

用体系。（省交通运输厅负责，2018 年年底前完成）

探索在铁路市场引入社会化经营主体，鼓励铁路运输企业与港口企业、物流园区等开展合资合作。积极推进东莞石龙、广州大田、深圳平湖南等铁路物流基地建设，完善铁路与公路、水路联运中转设施，推动铁路货运站场发展成为铁路物流中心。发展高铁快运、电商班列、驮背运输等铁路货运产品，优化铁路货运组织。以广州、深圳机场为重点，加快货运枢纽转运设施建设，打造亚太地区重要的航空货运枢纽和快件转运中心，优化民用运输机场布局，加强航空物流网络建设，推动航空物流做大做强。鼓励公路、铁路、民航部门和企业整合资源，加强合作，开展一体化物流运作。（省发展改革委、交通运输厅牵头，省国资委，广铁集团公司按职责分工负责，持续推进）

三、推动通行便利化

运用云计算、大数据、物联网等信息技术开展城市配送需求量研究，优化货运车辆通行管控。探索放宽城市配送通行管制，对企业从事生活必需品、药品、鲜活农产品和冷藏保鲜产品配送，以及使用新能源汽车和符合标准的电动三轮车的，优先给予通行便利。从严查处高速公路车辆通行服务和车辆救援服务中的各种乱收费行为，规范公路超限治理处罚标准，严格执行涉路行政处罚标准、一事不再罚和罚缴分离制度。（省公安厅、交通运输厅、商务厅牵头，省经济和信息化委、质监局，省邮政管理局按职责分工负责，2017 年年底前完成）

推动广东电子口岸应用，积极推进国际贸易通关、检验检疫、结汇、缴进口税等关键环节“单一窗口”综合服务体系建设，大力推广“一站式”联合办公模式，积极推行“联合查验、一次放行”等通关新模式。（省口岸办，广东、深圳、珠海出入境检验检疫局牵头，省商务厅、交通运输厅、公安厅，海关总署广东分署、人行广州分行按职责分工负责，2017 年年底前完成）

四、落实物流领域税收优惠政策

继续落实营改增等减税政策，加强政策培训和征管服务，指导交通运输业用好试点政策，进一步打通抵扣链条，扩大减税效应。鼓励物流企业申报高新技术企业，享受高新企业所得税优惠政策。支持依托互联网平台的无车承运人发展。（省财政厅、地税局、交通运输厅，省国税局按职责分工负责，持续推进）

五、规范物流领域收费行为

停止审批新的普通公路收费项目，研究按照先易后难的原则撤销我省普通公路收费站，逐步取消普通公路项目收费。科学合理确定我省车辆通行费标准。完善高速公路收费政策，研究降低高速公路货运车辆通行费用，提高高速公路通行效率。探索高速公路建设多元化筹资模式，为降低高速公路使用成本创造有利条件。（省交通运输厅、发展改革委、财政厅按职责分工负责，持续推进）

加强对港口、铁路、航空等企业落实明码标价制度的监督检查，除法规规章规定的项目外，禁止指定经营、强制服务、强行收费行为。（省发展改革委、交通运输厅、财政厅牵头，广东、深圳、珠海出入境检验检疫局，海关总署广东分署、广铁集团公司、广东海事局按职责分工负责，2017 年 8 月底前完成）

六、建立与现代产业体系相匹配的物流枢纽体系

积极参与实施国家“一带一路”倡议，衔接国家级物流枢纽设施布局和建设规划，建设粤港澳大湾区物流枢纽，构建“粤港澳—西南省份—东盟国家”国际综合物流大通道，布局和完善一批具有多式联运功能的综合物流枢纽，统筹推进公路、铁路、水运、民航等基础设施无缝衔接。积极推进国家示范物流园区建设，鼓励发展综合服务型物流园区，促进物流集聚区与产业基地、交通枢纽融合互动发展。（省发展改革委、交通运输厅牵头，广铁集团公司、广东海事局按职责分工负责，持续推进）

七、健全有效衔接的物流标准体系

加强物流标准与农业、制造业、商贸业等行业标准的衔接，促进各种物流技术标准和服务规范标准协调一致。发挥行业协会和骨干龙头企业在标准制修订中的作用，根据行业发展需求，重点完善冷链物流、绿色物流等方面标准，鼓励企业制定严于国家和行业标准、具有竞争力的企业标准。加强物流服务规范管理，进一步提高物流服务质量。（省质监局、商务厅牵头，省发展改革委、经济和信息化委、交通运输厅，广铁集团公司按职责分工负责，2018 年年底前完成）

加快推进广州、佛山、东莞、中山、肇庆市物流标准化试点工作，以托盘标准化及循环共用为突破口，促进标准化托盘推广应用，加快与标准化托盘配套的仓储和配送设施设备的更新改造，提升标准化托盘运营服务商跨区域服务能力，积极争取将试

点范围从托盘标准化扩展到包装、编码等领域。（省商务厅、财政厅、交通运输厅按职责分工负责，持续推进）

八、构建高效运行的多式联运体系

加快推进广州、深圳、珠海、汕头、湛江、茂名等沿海港口疏港铁路建设，支持大型综合性物流园区集疏运体系建设。鼓励港口功能向内陆延伸，深入货源市场布局，巩固港口货源，扩大物流增量。支持南沙港强化“一带一路”主要交通枢纽地位，增加国际班轮航运，加快形成贯通内外的多式联运网络体系。大力发展铁水联运、公铁联运、陆空联运等先进运输组织方式，发挥铁路、水运干线运输优势。率先发展集装箱多式联运，积极推进深圳铁水联运、广州港南沙港多式联运等示范工程。重点在大宗物资、集装箱运输等方面开展绿色低碳联运服务和创新试点，培育一批以甩挂运输、多式联运为主业的物流龙头企业，开展粤港澳—东盟公路甩挂运输联盟试点项目建设，加强在设施标准、运载工具、管理规则、信息系统等方面的统一衔接，提高干线运输效率和一体化服务水平。（省交通运输厅、发展改革委牵头，省经济和信息化委、商务厅，海关总署广东分署、广东海事局、广铁集团公司按职责分工负责，持续推进）

九、完善城市物流配送体系

依托重要交通枢纽、物流集散地规划建设或改造升级一批集运输、仓储、配送、信息交易于一体的综合物流服务基地。加快物流基地、分拨中心、公共配送中心、末端配送网点四级城市物流配送体系建设。鼓励大型商业连锁企业配送中心、工业企业物流设施面向社会开放。加大城市共同配送设施建设和改造力度，统一规范城市配送车辆，对纳入城市配送体系的配送车辆通行、停靠作业给予便利，利用城市配送互联网平台和车联网技术，培育城市配送服务平台，提升城市配送管理水平。支持城市末端配送点建设，大力发展智能快件箱，组织开展智能快件箱（包裹柜）进社区、进机关、进学校、进商务区等专项行动。（省商务厅、发展改革委、交通运输厅牵头，省公安厅、住房城乡建设厅，省邮政管理局、广铁集团公司按职责分工负责，持续推进）

十、健全农村物流配送网络

支持供销合作社、邮政企业、快递企业及涉农电子商务企业自营物流加快向农村地区延伸，加快构建县、乡、村三级物流节点体系。支持供销合作社基层实体网点升级改造，推动建立网上交易、仓储物流和终端配送一体化的农村流通网络。（省商务厅、发展改革委牵头，省交通运输厅、国土资源厅、经济和信息化委，省供销社，省邮政管理局按职责分工负责，2017 年年底前完成）

加强农产品冷链物流基础设施建设，鼓励农产品产地和部分田头市场建设规模适度的预冷、贮藏保鲜等初加工冷链设施；加强冷链物流公共信息服务平台建设，整合农产品生产、加工、流通企业冷链物流资源。支持建设一批交易规模大、辐射范围广的公益性农产品批发市场。（省发展改革委、商务厅按职责分工负责，持续推进）

十一、促进物流信息互联共享

推广应用电子面单、电子合同等数据化物流活动信息载体，开展物流大数据应用示范，鼓励政府、企业间的物流大数据共享协作。加快广东省交通运输物流信息平台和国家交通运输物流公共信息平台广东交换节点建设，推进与南方现代物流公共信息平台对接。（省交通运输厅牵头，省发展改革委、经济和信息化委、商务厅、公安厅、工商局、地税局，省国税局、海关总署广东分署，广东、深圳、珠海出入境检验检疫局，广铁集团公司按职责分工负责，2017 年年底前完成）

结合推动广州、深圳市建设国家现代物流创新发展试点城市，建立政府物流数据公开目录，促进政府数据资源整合和开放共享。

推动各类物流信息平台互联互通，推进多式联运公共信息平台建设，促进不同部门、不同交通运输方式之间的信息衔接，鼓励各类专业平台、车货匹配平台等开放数据接口，促进货源、车（船）源和物流服务等信息的高效匹配，有效降低运输载具空驶率。（省交通运输厅牵头，广州、深圳市政府，省发展改革委、经济和信息化委、商务厅、公安厅、工商局、地税局，省国税局、海关总署广东分署，广东、深圳、珠海出入境检验检疫局，广铁集团公司按职责分工负责，2018 年 6 月底前完成）

十二、加强物流业网络安全保障

重要信息系统的建设者、运维者和使用者，应当按照国家信息安全等级保护制度的政策和标准要求，同步规划、同步设计、同步实施网络安全防护措施，明确网络安全保障责任，保障数据信息安全。建立防范物流业网络安全风险和打击物流业网络违法犯罪工作机制，保障物流业网络安全。（省公安厅、交通运输厅牵头，省经济和信息化委、发展改革委、商务厅等部门按职责分工负责，持续推进）

十三、完善物流行业诚信体系

加强物流行业与公安、工商、交通、银行、保险等部门的信息共享，建立物流从业单位和从业人员信用信息档案，定期发布严重失信“黑名单”，探索将相关信息纳入广东省中小微企业信用信息和融资对接平台，并通过企业信用信息公示系统、“信用广东”网站等及时向社会公开，完善物流企业及相关责任主体守信激励和失信惩戒机制。（省发展改革委、交通运输厅牵头，省商务厅、公安厅、工商局、地税局，人行广州分行、省国税局、海关总署广东分署，广东、深圳、珠海出入境检验检疫局等部门按职责分工负责，2017 年年底前完成）

十四、推动物流业与制造业联动发展

依托产业集群建设一批重点行业生产服务型物流园区，深入开展制造业与物流业联动发展试点示范，鼓励物流企业向制造业物流服务商和供应链集成商转变。支持广州、深圳建设全球供应链中心城市，打造制造业、商贸业、服务业高度融合的智慧物流产业链。培育一批供应链管理龙头企业，强化物联网技术在供应链管理中的应用，实现对产品生产、消费全过程识别和跟踪，促进生产和销售信息同步共享、消费需求及时反馈。（省经济和信息化委、发展改革委按职责分工负责，持续推进）

十五、促进交通物流融合发展

加快完善交通物流网络体系，重点加强交通枢纽集疏运系统建设，实施铁路引入港口、公路货站和物流园区工程，以及枢纽周边道路畅通工程。进一步优化交通枢纽与物流节点空间布局，推进建设广州—佛山、深圳等全国性综合交通枢纽，打造一批区域性和地区性综合交通物流枢纽，提升交通物流枢纽综合服务功能。大力发展“一单制”运输服务，实现电子标签码在物流全链条、全环节互通互认以及赋码信息实时更新和共享，推动集装箱铁水联运、铁公联运两个关键领域在“一单制”运输上率先突破。（省发展改革委、交通运输厅，广铁集团公司、广东海事局牵头，省国土资源厅、住房城乡建设厅按职责分工负责，持续推进）

十六、促进商贸业与物流业融合发展

鼓励传统商贸企业整合创新物流业务，推广综合配送、品类配送、即时配送等多种配送模式，引导商贸业集中采购和统一配送，不断提升专业化服务水平。支持电子商务企业建设物流仓储中心，鼓励快递企业与电子商务企业深度合作，促进线上线下互动创新。积极探索城市末端配送模式的优化与创新，鼓励连锁商业网点参与城市物流末端配送。（省商务厅、发展改革委、经济和信息化委按职责分工负责，持续推进）

各地各部门要按照工作分工和完成时限要求，落实工作责任。各级发展改革部门要将物流基础设施项目纳入现代物流重大工程，国土资源、住房城乡建设部门在土地利用总体规划、城市总体规划、综合交通规划、商业网点规划中要统筹保障物流业发展的合理用地需求，财政部门要积极支持符合条件的重大物流项目建设，发挥政府投资示范带动作用。充分发挥行业协会在产业研究、标准宣贯、统计监测、人员培训、国际合作等方面的作用，提升物流服务水平。省发展改革委要会同有关部门加强工作指导，及时协调解决政策落实中存在的问题，定期总结各项工作进展情况，适时开展督查，对政策实施效果实施第三方评估工作，重要情况及时报告省政府。

广东省冷链物流发展“十三五”规划

一、基础与形式

（一）发展基础

1. 物流发展环境持续改善

近年来，国家对冷链物流产业给予了高度关注，相继出台有关政策文件，加快部署冷链物流工作，要求推进以鲜活农产品、食品为主的冷链物流发展，构建完善的冷链物流体系，尤其是农产品流通全程冷链系统，为冷链物流健康快速发展提供良好的政策指引，为支持冷链物流发展，财政部、商务部联合发布了《关于中央财政支持冷链物流发展的工作通知》财建〔2016〕318 号），将广东省列为全国冷链物流发展示范省，并对广东省冷链项目给予资金支持，全省冷链物流发展环境持续改善。

2. 冷链物流市场规模不断扩大

2015 年，广东省农业基础进一步巩固，全省果蔬、肉类、水果总产量达到 6241.30 万吨，同比增长 4.5%，“十二五”期间年均增长 4.4%。按照全省果蔬、肉类、水产品冷链流通率分别在 20%、30%、35%左右计，全省仅农产品冷链物流规模约达 1500 万吨。再加上食品及辅料、医药品、速冷冻品、花卉等，我省冷链物流市场规模更大。随着市场规模的扩大，广东省冷链物流市场主体也不断壮大。目前，全省具有一定规模的冷链物流相关企业 200 余家，涌现出了广弘食品集团、广东新供销集团、顺丰速运等一批代表性企业。

3. 冷链物流基础设施日趋完善

广东省冷链物流基础设施建设不断推进，冷链物流硬件支撑不断完善。据不完全统计，截至 2015 年 3 月，全省拥有进口肉类备案储存冷库的指定仓库 47 个，容量约达 10 万吨。截至 2016 年 6 月，全省拥有大小冷库 1700 多座（其中约 85% 为低温库，

15%为高温库），冷库容量约300万吨，主要集中在珠三角地区，其中广州、深圳和佛山地区最为集中，约占全省冷库总量的80%。冷藏车保有量达10000多辆，冷藏船吨位总量超160万吨。

4. 冷链物流技术加快推广应用

近年来，随着国际先进的HACCP体系①认证、GMP②、WMS（仓储管理系统）、虚拟仓储等技术的先后引进，我省冷链物流技术的推广和应用进一步深入，新建冷库、低温物流中心、生鲜食品加工中心、冷藏车、冷藏箱的技术应用水平显著提高，冷链溯源与全程监控等技术逐渐成熟。FRID（无线射频识别）技术、3S（GPS、GIS、RS）技术等信息化技术在冷链物流行业中的应用水平进一步提升，我省规模以上冷链企业中，信息化管理系统、视频监控系统、温度监控管理系统、仓储信息管理系统等信息化系统应用程度不断提高。

5. 冷链物流新业态新模式涌现

随着电子商务、农村经济的蓬勃发展，城乡一体化的推进，催生出了生鲜社区O2O、冷链宅配等新兴业态并快速发展。为了适应消费需求和流通模式的改变，越来越多的企业不断改善自身发展模式，涌现出了以加工龙头企业为主导的直销型冷链物流模式，以批发市场为主导的冷链物流模式，以及第三方冷链物流模式等，形成多种模式相辅相成、优势互补、共同发展的格局。

广东省冷链物流总体上呈更快、更好发展态势，但也存在一些问题。一是冷链物流区域发展不平衡，冷链发展偏于销地，珠三角地区冷链相对发达，粤东西北地区发展较为落后。二是冷链设施结构不合理，低温库所占比例较高、保鲜冷库较少；肉类冷库较多、果蔬类冷库较少；珠三角冷库较多、粤东西北冷库较少。三是冷链物流资源散小旧，可利用冷库少，冷库功能难以满足现代化、新模式、新技术等的发展需求。四是第三方冷链物流企业小乱差，冷链物流市场集中度不高，企业规模较小，市场管理不规范，第三方冷链物流企业发展滞后，缺乏能够提供全程冷链物流服务的专业型企业。

（二）发展形势

1. 食品药品安全倒逼冷链物流快速发展

食品和医药药品安全直接关系着民生和社会稳定，近期食品和药品安全问题事件频发，冷链不断链的重要性被广泛关注，社会对冷链物流的发展提出了更高要求。2016年，《食品安全法实施条例》的修订草案及《医疗器械冷链（运输、贮存）管理指南》

① HACCP体系是国际上共同认可和接受的食品安全保证体系，主要是对食品中的微生物，化学和物理危害进行安全控制。

② GMP是一套适用于制药、食品等行业的强制性标准。

等的发布，预示着食品药品的安全监管逐步趋严，倒逼食品药品冷链物流快速发展。

2. 生鲜电商拓宽冷链物流发展空间

近年来，广东省生鲜电商市场发展迅速，生鲜农产品和跨境生鲜冷链业务日益扩大，2015 年生鲜农产品电商交易额达 24 亿元，且保持较高年增长率，未来仍有较大的发展空间。冷链物流作为生鲜电商产业链的重要组成部分，成为各大电商平台和传统物流企业发力与突破的重点。生鲜电商的快速发展，改变了产品的传统流通方式，促进了冷链物流配送的发展，为冷链物流发展创造了新的空间。

3. “互联网 +”加速冷链物流创新发展

当前，“互联网 + 冷链”已成为冷链物流发展的重要方向。省政府发布的《广东省“互联网 +”行动计划（2015—2020 年）》明确指出，要利用互联网信息技术，大力推进冷链物流的智能化建设。在新一轮科技革命浪潮和“互联网 +”行动的推动下主动利用互联网平台和大数据技术，将促进我省冷链物流业的技术创新、模式创新和业态创新，改变冷链物流发展方式和传统格局，重塑冷链物流产业链条，为培育冷链物流信息经济提供动力源。

4. 供给侧改革促进冷链物流转型升级

实施创新驱动发展战略，着力推进供给侧结构性改革，是广东省乃至全国“十三五”时期的发展重点。当前，冷链物流业降本增效问题已成为广东省物流领域供给侧结构性改革的痛点与难点。供给侧结构性改革的实施，势必倒逼冷链物流转变粗放式经营方式，不断优化冷链产品供给链，建立适应社会消费需求和现代流通方式，全程温控、实时监控的冷链物流服务体系，为全省冷链物流转型升级发展带来新的机遇与挑战。

5. 市场主体多元化激发冷链物流市场活力

近年来，冷链物流市场发展空间和蕴含商机逐渐显现，越来越多的新业态企业以及传统企业进入冷链市场，冷链市场主体日趋多元化。一方面，新常态下众多传统行业的企业跨界进入冷链市场，如各大传统物流企业、肉生产加工企业、电商平台陆续推出生鲜产品业务，布局冷链市场这篇“蓝海”。另一方面，国际冷链企业陆续登陆中国，扩张其在全球的冷链版图。冷链物流市场主体的多元化，在激发起冷链市场活力的同时，也进一步加剧了竞争格局。如何在新形势下创新商业模式和服务模式，不断推进技术革新，将成为冷链物流企业赢得竞争优势的重点及难点。

二、总体要求

（一）指导思想

全面贯彻党的十八大和十八届三中、四中、五中、六中全会精神。以“创新、协调、绿色、开放、共享”发展理念为指导，以适应市场需求、消费模式、商品流通方式转变为导向，以果蔬、肉类、水产等农产品为主要品类，兼顾集体用餐及中央厨房配送的食品和半成品、医药等，以提高冷链物流流通率、降低冷链物流损耗、构建全程冷链物流体系为重点，以保障产品安全、稳定市场供给和物价水平、促进农村经济发展为根本目的，通过政企结合、强化监管塑造良好的冷链物流发展环境，依靠现代信息技术、设施装备和手段，全面提升全省冷链物流发展水平。

（二）基本原则

市场主导，政府引导。充分发挥市场在资源配置上的决定性作用，强化企业主体地位，形成社会化、专业化、多元化、聚集化发展格局。利用政府在规划制定、政策引导、资金投入、公共服务、监督管理等方面的杠杆作用，引导冷链物流行业健康发展，激发企业活力和创新力。

盘活存量，提升价值。充分整合、盘活现有闲置冷库、冷藏车、配送中心等设施设备，通过硬件改造、功能提升、技术升级，全面提升闲置设施设备的使用价值，实现资源利用最大化。同时注重使用绿色、环保设施设备和技术，促进冷链物流行业绿色发展。

突出特色，弥补短板。结合新型消费方式和流通方式，充分利用并强化广东冷链物流发展的特点和优势，弥补制约全省冷链物流发展的突出短板，构建广东全程冷链物流发展体系，形成完整的产业发展链条，促进冷链物流行业降本增效，推动全省冷链物流发展。

示范带动，全面普及。立足区域发展基础和条件，在不同产业、不同领域、不同层面，培育、认定、壮大一批冷链物流重点企业、重点项目和重点平台，连点成线、以线带面，促进全省冷链物流逐渐全面普及，提高冷链物流流通率。

双重驱动，打通链条。发挥新一代信息技术和改革创新在冷链物流发展中的驱动作用。提高冷链物流运作智能化、协同化水平，创新冷链物流发展模式，加快冷链物流与三产的融合发展，打通从源头到餐桌的冷链链条，培育冷链物流新业态和新经济。

（三）发展目标

到2020年，基本建成布局合理、运转高效、技术先进、衔接有序、全程可追溯，并与农业现代化发展相匹配、与居民生活需求相匹配、与现代流通方式相匹配、与广东经济发展地位相匹配的现代冷链物流体系。

促进冷链物流业降本增效。全省综合冷链流通率达到25%，冷藏运输率达到55%，流通环节损耗率下降10%左右（见表5－1）。

表 5－1　　主要任务指标

发展指标	现状	2020 年发展目标
综合冷链流通率	19%	25%
冷藏运输率	48%	55%
流通环节损耗率	17%	下降 10%
冷库容量	300 万吨	450 万吨
冷链运输车辆	10000 辆	15000 辆
预冷保鲜比例	—	30%
冷链物流示范园区	0	25 个
冷链物流示范企业	0	50 家

进一步完善冷链物流设施。全省冷库容量达到 450 万吨，冷链运输车辆达到 15000 辆，预冷保鲜比例达到 30%。

加快冷链物流示范企业培育。在全省范围内积极培育和认定冷链物流示范园区 25 个，冷链物流示范企业 50 个，带动全省冷链物流发展水平的提高。

进一步完善冷链物流发展布局。加快完善全省冷链物流发展布局，优化产地预冷、冷库、冷链配送、冷链运输等设施设备布局，逐渐实现区域均衡发展；推动解决冷链物流发展“最先一公里”“最后一公里”和“断链”等问题，构建全辐射、多层级的冷链物流网络。

基本形成冷链物流全程可追溯体系。加快物联网、互联网、云计算、大数据等新一代信息技术在冷链物流领域的应用，实现产品来源可查、去向可追、责任可究、探索形成能在全省复制推广的模式和经验。

三、主要任务

（一）加快优化区域网络布局

围绕产销地和流通节点，构建多层级、跨区域、全覆盖的冷链物流网络。加快产地冷链物流集散网络建设，在粤东西北地区的果蔬、肉类主产区，在沿海水产品主产区，改造、建设一批具有遇冷处理、初级加工、分拣、储存、包装、信息处理、交易等功能的冷库和集配中心，打通冷链物流最先一公里。完善销地冷链物流配送网络建设，在广州、深圳等冷链产品主销区，改造、建设一批冷链配送中心、冷藏箱、冷藏柜等终端销售和配送设施，确保最后一公里冷链。推进冷链流通节点城市和区域配送中心建设，依托流通节点城市和贯穿广东的东线沿海流通大通道、中线京港澳流通大通道和珠海西江流通大通道等，连接北部湾经济区和港澳，推进冷链流通节点城市和区域配送中心建设，并将冷链流通区域配送中心建设纳入全国流通骨干网络，完善冷链流通网络。提升流通枢纽冷链物流辐射能力，在具备公路、铁路、航空和海运条件的多式联运枢纽以及空港、海港、保税区、口岸等地，布局建设具备国际中转、加工存储、分拨集散、进出口、保税、检验检疫等功能的大中型冷链物流园区和中央大厨房，积极对接“泛珠三角”物流大通道、“一带一路”国际物流大通道等。

（二）构建全程冷链物流体系

以生鲜肉类为突破口，建设覆盖产地预冷、冷链运输、销区冷储、冷鲜销售等环节，全程一体化、低损耗、可追溯的农产品冷链物流体系。在预冷环节，鼓励果蔬种植、水产捕捞、畜禽屠宰企业选购适用的预冷技术与设备，解决产地源头预冷普遍缺失问题，保障源头产品品质。在运输环节，增强冷藏运输能力，推动企业尤其是第三方物流企业配置节能环保的冷链运输车辆，加强物联网技术在冷链运输过程中的应用，实现最佳运输线路的智能化匹配及冷藏运输温湿度的动态监控，加强对冷链运输车辆性能的检查，建立冷链车辆制冷保温性能年检制度，提高冷藏运输质量。在仓储环节，支持改造提升老旧冷库功能，提高老旧冷库可用性、易用性以及安全、环保、节能水平；支持新建变温库、气调库、立体自动化冷库等智能型高端冷藏设施以及跨境电商保税冷库；鼓励利用 LNG 冷能建设多温层大型冷库，利用物联网技术加强冷链仓储信息采集与处理，实现仓储管理的信息化、自动化运作。在配送环节，鼓励采用“多温共配”冷链物流模式，推广使用多温层城配车辆，实现生鲜农产品在城市内的集约化与规模化配送。

（三）培育壮大冷链物流主体

大力扶持本土第三方冷链物流企业的发展，鼓励省内冷链物流企业与央企、外资等知名企业重组做大做强，培育和壮大一批经济实力雄厚、经营理念和管理方式先进、核心竞争力强的第三方冷链物流企业，提供从源头到消费的全程、一体化冷链物流供应链管理方案。扶持、壮大冷链物流龙头企业，重点支持冷链仓储设施建设和冷链技术升级改造，促进龙头企业快速发展，发挥示范带动作用。鼓励多元化投资主体进入冷链物流市场，通过战略联盟、参股控股、兼并联合、合资合作或独立运作等方式，进行资产重组、业务融合和流程再造，整合冷链资源，壮大企业规模与实力。大力引进国内外具有先进技术的冷链物流服务商和设备供应商在我省设立总部基地或分支机构，为全省冷链物流发展注入新技术、新理念和新模式，带动整体水平提高。鼓励上下游企业加强冷链物流领域的战略合作，组建多种形式的冷链物流联盟，实现联盟内企业流程再造，攻坚冷链物流供应链体系。

（四）推进冷链物流技术创新

加强现代化全程冷链物流技术与装备的引进、研发、创新和应用，重点推广高效预冷技术、制冷技术、环境温度和清洁度控制技术、保温材料技术、库温调控技术、移动制冷技术和保温箱制造技术建设，大力发展多温冷藏运输车、蓄冷保温箱、联运冷藏集装箱等新型冷链物流装备。支持冷链物流信息技术创新，大力开展温度实时跟踪技术研发，冷链物流温度实时监测跟踪（FRID、GPS）及网络检测技术等的创新。推进冷链物流节能技术创新，促进冷链物流中心蓄冷节能技术、冷源系统优化技术及包装材料技术创新，促进绿色安全、节能环保技术在低温仓储及运输中的应用。

（五）提高冷链物流信息化水平

建冷链物流公共信息凭条，实现上下游企业数据交换和信息共享，整合优化冷链物流资源，全面提升冷链物流业务管理的信息化水平。推广应用无线射频识别、二维码、电子标签、卫星定位系统、电子化运单、温湿度记录系统、物联网等信息技术，建立冷链流通的全过程质量安全管理体系和信息追溯体系，对种植养殖源头、生产加工过程以及流通环节进行动态监控和追溯，实现生产流通各环节的品质可控性和安全性。加强物联网、云计算、大数据、移动互联等先进信息技术在农产品冷链物流领域中的应用，鼓励生鲜电商企业利用信息平台优势开展大数据分析，合理安排采购、库存、配送，提高供应链全程管控能力。

（六）加快实施冷链物流标准化

制定与国际接轨的冷链物流技术标准和操作规范，推行符合国际规范的质量安全认证和市场准入制度，研究制定符合我省的冷链物流地方标准。加强冷链物流全程监控和质量溯源制度建设，规范全程冷链物流各环节技术、服务与能耗标准。制定冷链相关企业互联互通的标准，统一编码规则、基础应用平台的中间件接口标准等。开展冷链物流标准化宣贯和试点工作，强化企业在标准化活动的主体地位，支持并鼓励冷链物流企业积极主导并参与国家标准和行业标准的制修订工作，提高标准研制的科学性和实际可操作性。

四、重点工程

（一）冷链物流基础设施建设工程

支持改造、新建一批适应现代流通和消费要求的冷链物流仓储设施设备。加强产地预冷应用，保障生鲜农产品在生产环节的质量；围绕农产品、水产品等大型批发市场，升级、改造、建设一批冷链储运中心，改善批发市场的冷冻冷藏设施；加快推进冷库、冷链物流园区、低温加工处理中心、中央大厨房、冷链配送中心及复合型冷链物流中心等基础设施建设，推进基础设施互联互通；加快冷链物流集聚区建设，引导冷链物流产业集聚发展，促进资源整合共享。鼓励有能力的冷链物流企业购置技术先进、节能环保的智能冷链运输车辆，支持积极采用"三段式"冷藏运输车，大幅度提升全省冷链运输能力和效率。支持特殊冷链监管场所建设，延伸口岸功能，促进跨境冷链物流发展。

专栏1　冷链物流基础设施建设工程

1. 产地预冷设施。大力推广产地预冷观念，在重要农产品产地及食品原料基地，鼓励建设一批具备原料分拣、初级加工、快速冷却到简单包装等功能的预冷设备。

2. 复合型冷链物流中心。支持冷链企业建立TC+DC+PC复合型冷链物流中心，提高冷链物流中心空间利用率。其中TC是以日配食品为主的冷链快速分拨中心，DC是以冷冻品为主的冷链储存中心，PC是以拆零包装作业等为主的冷链流通加工中心。

3. 中央大厨房。加快推进中央大厨房等建设，完善肉类、蔬果等农产品冷储、加工处理、分装配送等功能，确保全程冷链操作，为客户集中提供经济、高效食材的大型综合性中央厨房。

4. 冷链物流集聚区。支持冷链物流集聚区建设和发展，吸引相关主体入园发展。整合货物、仓储、装卸、运输、配送等资源，发挥物流园区集聚效应，降低物流成本。搭建园区统一物流供需信息平台，促进车货高效匹配，提高物流效率。

5. 冷链物流监管场所。支持在海关特殊监管场所发展冷链物流，鼓励冷链物流监管仓、保税仓等的建设，开辟水产及农产品主产区冷链进出口通道，打造延伸到港澳、欧盟、日韩、美国等地的冷链链条。

（二）冷链物流创新发展工程

创新冷链物流组织协作方式，充分发挥市场在资源配置中的决定性作用，形成生产加工企业、批发市场、零售终端及第三方物流企业等多方参与，以及国企、民营、外资等并存共赢的多元冷链物流主体融合发展模式。创新冷链物流运输组织模式，探索发展城市配送、共同配送、城乡配送、多式联运等先进运输组织方式，促进冷链物流降本增效。推进冷链物流与商贸流通企业、电子商务企业及平台等融合发展，促进冷链物流普及应用，培育冷链物流新业态和增长点。充分利用物联网、互联网等现代信息技术，提升冷链物流信息化、自动化和智能化水平，重塑冷链物流发展体系。

专栏2　冷链物流创新发展工程
1. 冷链联盟计划。探索推动建立贯通产业链上下游和同业企业之间的“冷链联盟”，精细分工、合作共赢，实现资源高效利用。 2. 共同配送模式。加强供货商、冷链物流企业、交通运输企业、城市配送终端等无缝对接，积极促进共同配送模式发展，形成“干线运输＋神经末梢”有机结合的全程低温冷链运输配送网络。 3. 多式联运模式。积极建立冷链多式联运体系，加强多式联运冷链设施设备的匹配和衔接，探索标准化、一体化、一单制多式联运运输模式，提高货物流通效率。 4. 融合发展模式。以农超对接为切入点，促进冷链物流与批发市场、大型超市、社区超市等商贸流通企业加强合作，助推冷链产品直销模式发展。以生鲜电商为切入点，促进冷链物流与综合电商平台、垂直电商平台等电商企业加强合作，助推冷链产品线上销售模式发展。 5. 互联网＋冷链物流。推进物联网、互联网在冷链物流中的应用，以冷链物流公共信息平台为载体，建立信息采集、交换、共享、追溯机制，实现供与需、车与货等精准对接、精准服务。

（三）冷链物流服务体系创建工程

加强冷链物流检验检疫执行力度，提高进口产品冷链查验能力，确保进口水产品、肉类产品、医药品等的检验检疫处于全程冷链环境，保障进口冷链产品来源、品质的安全。完善省内冷链物流安全监管查验体系，强化质量安全意识，加强安全标准与规范执行，形成企业自检与质检部门不定期监控监测相结合的双重检验体系。积极构建冷链物流产品溯源体系，充分利用冷链物流信息平台，结合互联网、物联网等技术应用，建立便捷、高效、低成本的冷链物流信息追溯系统。加快建设冷链物流行业信用体系，支持第三方信用评价机构拓展冷链物流征信业务。

专栏3　冷链物流服务体系创建工程
1. 安全认证体系。根据国际通行的危害分析和关键控制点（HACCP）原理及GAP、GMP、GVP、GSP和ISO等安全认证标准，在生产、加工、销售、包装、运输、存储、标签、品质等级等多方面进行严格专业认证，实行市场准入制度。

2. 质量溯源机制。加强新一代信息技术应用，建立从种植、采收、预冷、仓储、运输、终端展列、消费等各个环节的信息追溯系统。重点加强对不合格产品追查质量原因，将评价结果及时反馈给相关企业，对问题频发环节，建立重点监控机制，定时发布冷链物流质量监控信息报告。

3. 冷链产业信用体系。采集冷链相关主体在各环节活动中产生的数据，利用大数据、云计算等技术分析考核冷链主体信用情况，建立冷链行业信用“黑名单”，形成动态排名和退出机制。

（四）重点产品冷链物流建设工程

加快建设以肉类、水产品、蔬果、奶制品、集体用餐及中央厨房配送的食品和半成品、药品为主的重点产品冷链物流服务体系。完善农产品冷链物流体系，鼓励大型肉类、水产品企业应用现代化冷链生产流水线，积极推广冷藏运输和全程温控技术。鼓励蔬菜、水果等重要产地，积极应用产地预冷技术，支持建设具备大规模集散功能和跨区域配送能力的现代化蔬果配送中心。加强集体用餐及中央厨房配送的视频和半成品冷链运输和配送，确保从生产到销售全程冷链流通，杜绝“断链”现象。大力推广医药冷链运输，逐步构建医药仓储、干线运输、城市配送等相结合的完整医药冷链物流网络。

专栏4　重点产品冷链物流建设工程

1. 农产品冷链体系。针对肉类、蔬果、水产品等鲜活农产品，严格检验检测，保障源头质量安全，实现从产品收储、加工再到运输配送全过程低温流通及全程监控。

2. 集体用餐及中央厨房配送的食品和半成品冷链体系，针对集体用餐及中央厨房配送的食品和半成品，强化冷链物流流通环节操作规范，保障各个环节始终处于产品所必需的低温环境。

3. 药品冷链体系。积极推进医药冷链运输，大力支持第三方医药冷链物流企业发展，提高医药冷链物流行业集中度。加快推进医药冷链物流标准制定及药品溯源体系建设。

（五）冷链物流示范企业带动工程

开展升级冷链物流示范园区建设工作，创建和培育冷链物流示范园区，加快建成一批集平台建设、加工处理、物流配送、信息发布、流通交易等功能的冷链物流园区。支持和鼓励省级冷链物流园区申报国家示范物流园区，吸引冷链物流产业链相关企业落户，促进冷链物流集聚发展。以龙头企业重点培育为切入点，在生鲜农产品、集体用餐及中央厨房配送的食品和半成品、医药品等领域，加快培育和发展一批具有较强资源整合能力和竞争力的冷链物流标杆示范企业和冷链供应链集成服务供应商，提高冷链物流市场集中度和产业竞争力。鼓励大型冷链物流企业积极申报高新技术企业、全国冷链物流企业50强等。积极推广示范园区、企业在商业模式、服务水平、品牌培育等方面的成功发展经验，充分发挥以点带面的示范作用。

专栏5　冷链物流示范企业带动工程
1. 冷链物流示范认定。在全省冷链物流各领域中遴选一批基础扎实、成长性好的园区、企业，严格依据示范标准进行资质认定，对通过认定的园区、企业颁发示范认证证书。 2. 龙头企业重点培育。针对冷链物流龙头企业实施重点培育计划，会同相关部门建立工作协调机制，重点解决其发展过程中遇到的困难；以专项资金、用地、用电等优惠政策重点支持龙头企业加速产业链资源整合，充分发挥龙头企业行业带动作用。 3. 发展经验推介交流。遴选一批做法先进、模式新颖、具备可复制可推广经验的冷链物流园区、企业，以行业交流会、研讨会、论坛等方式加以推广；组织企业考察学习国内外的先进经验。

五、保障措施

（一）建立组织保障机制

建立省级冷链物流工作部门联席会议制度，建立跨地域跨部门信息共享和工作协同机制，加强协调配合，形成合力，统一组织规划实施，协调解决“十三五”期间冷链物流发展中的重大问题和突出矛盾，确保本规划目标的实现。各地市要围绕规划确定的目标、任务和工程，明确各部门责任，加强部门间工作的沟通和协同，切实推动本规划的落实。发挥行业组织、科研院所等在冷链物流基础研究、技术开发、标准应用、示范推广、数据统计、人才培养等方面的作用，协助政府合力推动规划的实施。

（二）完善冷链政策支持

进一步放宽冷链运输车辆的城市交通管制，对冷链物流企业、商贸企业、配送企业等，科学合理规划其车辆在城区的行驶路线、停靠地点、停靠时段，充分给予城区通行权和停靠权；对从事生鲜农产品运输的企业，制定落实24小时进城通行和便利停靠政策。简化冷链物流企业设立前置审批手续，合理保障冷链物流车辆牌照发放数量，对跨区域运输车辆、个人挂靠车辆在审验、管理等方面予以更合理的政策管理制度。将冷链物流园区纳入城乡规划和土地利用总体规划，在用地布局、审批、土地等几方面予以倾斜，对冷链物流项目用地执行工业用地政策，鼓励利用旧工业厂房、仓储用房等存量房产改造建设冷链设施。

（三）加大冷链扶持力度

落实中央财政对冷链物流发展的扶持政策，支持冷链物流发展薄弱环节和重点领域，包括冷链监控、追溯、监测、标准化体系等。鼓励各地市结合市级资金安排对重大冷链物流基础设施建设工程和项目予以支持。充分利用好促进现代物流业、农村农业农产品发展的税收优惠政策，全面落实鲜活农产品运输“绿色通道”政策。扩大“营改增”在冷链物流的改革范围，允许冷链物流企业过路过桥费、车辆保险费、场地租赁等有效抵扣凭证纳入进项税抵扣范围。拓宽冷链物流企业融资渠道，支持银行等金融机构对符合条件的冷链物流基础建设、信息平台建设等项目加大融资支持，并做好配套金融服务。鼓励民间资本进入冷链物流领域，以设立投资发展基金、PPP等多种方式支持大型、高成长性冷链物流企业发展壮大。加快出台冷链物流用能扶持政策，逐步实现冷链物流相关企业用水、用电、用电价格与工业企业基本同价。

（四）强化冷链市场监管

完善冷链物流相关法律法规，确保冷链物流市场准入和退出机制，将不达标的企业清退市场，明确规范社会化冷链物流力量权责利。充分发挥标准委员会、行业协会、研究机构、示范企业、产业联盟等产学研力量，加强冷链物流标准的执行力度和扩大实施范围，保障冷链产品的安全。提高行业安全监管技术和手段，建立冷链物流质量监控体系，逐步推行温度全程可追溯、可监控。加强冷链宣传推广，增强消费者对冷链物流重要性的认识，引导消费者扩大对全程冷链产品的需求，通过市场倒逼社会冷链物流发展。加强冷链物流产品质量监管，对供应、批发、零售、仓储、运输、市场等责任主体的依法依规经营情况进行定期抽查，向社会公布抽查结果，力求信息透明，形成部门监督、公众监督、舆论监督齐抓共促的管控态式，形成冷链物流良好发展环境。

（五）加强冷链人才培育

建立冷链物流专家库，凝聚政府、研究机构、高校、协会、企业等人才资源，组建基础型、复合型、创新型、产业型专家团队，打造全省冷链物流业高级智库，为冷链物流发展提供决策咨询。引进和培育冷链物流人才，通过建立人才引进和激励政策，以及鼓励企业内部提拔，引进、培育市场急需的冷链物流专门人才。增加适用性冷链物流技术人才的输出，积极引导冷链物流企业加强与高校和科研机构的交流和合作，建立校企合作的冷链物流培训和实验基地，增设冷链物流相关专业或方向，有针对性地扩大培养冷链物流企业需要的技术人才。

广东省重要物流企业名单

2017 年评选的 A 级物流企业名单（广东省）

序号	所属城市	等级	企业名称	备注
1	广州	AAAAA（2 家）	广州华新集团有限公司	
2	深圳		珠海港控股集团有限公司	
3	深圳	AAAA（20 家）	深圳市宝恒通实业有限公司	
4	深圳		深圳棋洋国际物流有限公司	
5	深圳		深圳市拓威百顺达国际货运代理有限公司	3A 升 4A
6	深圳		深圳捷递国际物流有限公司	2A 升 4A
7	深圳		深圳市柏威国际货运代理有限公司	
8	深圳		深圳市有信达供应链集团股份有限公司	
9	广州		广州港物流有限公司	
10	深圳		深圳市飞力士现代物流有限公司	
11	深圳		深圳市涵文国际货运代理有限公司	3A 升 4A
12	深圳		深圳德坤供应链有限公司	
13	深圳		深圳永利八达通物流有限公司	
14	深圳		深圳市瑞源冷链服务有限公司	
15	深圳		深圳市海天信诚货物运输有限公司	
16	深圳		深圳市恒通程物流有限公司	
17	深圳		深圳市快运通物流有限公司	3A 升 4A
18	深圳		深圳市汇通天下物流有限公司	
19	广州		广东国顺物流控股有限公司	
20	广州		广州佳仕达物流有限公司	
21	广州		广东省南方传媒发行物流有限公司	3A 升 4A
22	广州		广州市力进物流有限公司	

续　表

序号	所属城市	等级	企业名称	备注
23	深圳	AAA（31 家）	深圳嘉里盐田港物流有限公司	
24	深圳		深圳市亚风快运股份有限公司	
25	深圳		深圳市飞腾顺达物流有限公司	
26	深圳		深圳市志诚达物流有限公司	
27	深圳		深圳市长顺通货物运输有限公司	
28	深圳		深圳市升蓝物流有限公司	
29	深圳		深圳市驰鹏物流有限公司	
30	深圳		深圳市世恒达物流有限公司	
31	深圳		深圳市鹏辰运输有限公司	
32	深圳		深圳市中柱物流有限公司	
33	广州		广州市达特贸易有限公司	
34	广州		广东利通物流有限公司	
35	深圳		深圳市恒路物流股份有限公司长沙分公司	
36	佛山		广东炬申物流股份有限公司	
37	中山		广东德力智慧物流股份有限公司	
38	深圳		苏宁物流（深圳）有限公司	
39	深圳		深圳市中海通供应链管理有限公司	
40	深圳		深圳市民意运输有限公司	
41	深圳		深圳市立航货运股份有限公司	
42	深圳		深圳市宗永物流有限公司	
43	深圳		深圳市楚深嘉华货运服务有限公司	
44	深圳		深圳市阿雷货运有限公司	2A 升 3A
45	深圳		深圳市都市物流有限公司	
46	深圳		深圳市百腾物流有限公司	
47	深圳		深圳市联中实业发展有限公司	
48	深圳		深圳市大运国际货运有限公司	
49	深圳		深圳市中侨货运有限公司	
50	深圳		深圳市海港龙物流有限公司	
51	深圳		深圳市亚洲顺物流有限公司	
52	深圳		深圳市南方车友物流有限公司	
53	广州		广州朴道物流服务有限公司	

续　表

序号	所属城市	等级	企业名称	备注
54	江门	AA（9家）	江门市骏安物流有限公司	
55	深圳		河源市宏鼎货物运输有限公司	
56	深圳		深圳市骏盈快递有限公司	
57	深圳		深圳市友利亨通物流有限公司	
58	深圳		深圳市双捷物流有限公司	
59	深圳		深圳市天之健物流有限公司	
60	深圳		深圳里路通达运输有限公司	
61	深圳		深圳市科伦特物流有限公司	
62	深圳		深圳市龙迅国际物流有限公司	

资料来源：中国物流与采购联合会。

2017 年评选的物流企业信用评价 A 级信用企业名单（广东省）

序号	所属城市	等级	企业名称	备注
1	广州	AAA	广州市皖阜徉物流有限公司	第二十一批
2	广州	AAA	广州市广百物流有限公司	第二十一批
3	佛山	AAA	佛山市佛航物流集团股份有限公司	第二十批
4	深圳	AAA	深圳市车夫网物流科技有限公司	第十九批
5	中山	AAA	中山市物资集团有限公司	第十九批
6	深圳	AAA	深圳市凯通物流有限公司	第十九批
7	中山	AA	中山市粤通物流服务有限公司	第二十一批

资料来源：中国物流与采购联合会。

2017年中国物流企业50强企业名单

排名	企业名称	物流业务收入（万元）	排名变化情况
1	中国远洋海运集团有限公司	14084015	未变化
2	中国外运长航集团有限公司	7643274	上升1
3	冀中能源国际物流集团有限公司	7290000	上升31
4	厦门象屿股份有限公司	7144011	未变化
5	顺丰控股股份有限公司	5748269	上升1
6	河北省物流产业集团有限公司	2860090	下降1
7	天津港（集团）有限公司	2802000	上升1
8	山东物流集团有限公司	2745895	上升1
9	中铁物资集团有限公司	2374896	下降2
10	安吉汽车物流股份有限公司	1857100	新进入
11	德邦物流股份有限公司	1700000	上升4
12	中国物资储运总公司	1633150	下降1
13	高港港口综合物流园区	1546110	新进入
14	招商局物流集团有限公司	1319112	上升5
15	锦程国际物流集团股份有限公司	1200984	上升2
16	开滦集团国际物流有限责任公司	1141352	新进入
17	连云港港口集团有限公司	1030479	上升3
18	福建省交通运输集团有限责任公司	1030004	下降3
19	国药控股湖北有限公司	1027935	新进入
20	河北港口集团有限公司	1017616	新进入
21	厦门港务发展股份有限公司	899194.70	新进入

续 表

排名	企业名称	物流业务收入（万元）	排名变化情况
22	广州铁路（集团）公司	891000	下降4
23	中国石油化工股份有限公司管道储运分公司	846881	下降2
24	石家庄内陆港有限公司	813086	新进入
25	嘉里物流（中国）投资有限公司	811567	下降3
26	全球国际货运代理（中国）有限公司	768755	下降2
27	一汽物流有限公司	736841	未变化
28	江苏省如皋港现代物流基地	710984	新进入
29	重庆长安民生物流股份有限公司	683828	上升2
30	武汉商贸国有控股集团有限公司	678293	下降4
31	重庆港务物流集团有限公司	675508	下降2
32	中铁铁龙集装箱物流股份有限公司	610934	下降4
33	日照港（集团）有限公司	519161	新进入
34	云南能投物流有限公司	506100	新进入
35	日通国际物流（中国）有限公司	448884	新进入
36	北京长久物流股份有限公司	429620	上升3
37	广东省航运集团有限公司	399334	下降1
38	中都物流有限公司	392964	新进入
39	泉州安通物流有限公司	379237	新进入
40	江苏宝通物流发展有限公司	367391	上升6
41	上药控股江苏股份有限公司	366248	新进入
42	湖南星沙物流投资有限公司	363718	下降4
43	青岛日日顺物流有限公司	333502	新进入
44	云商智慧物流有限公司	332600	新进入
45	江苏苏宁物流有限公司	321000	新进入
46	南京长江油运公司	310668	新进入
47	南京港（集团）有限公司	309184	下降5
48	唐山港集团股份有限公司	303084	下降4
49	广州发展能源物流集团有限公司	301193	新进入
50	九州通医药集团股份有限公司	285439	新进入

资料来源：中国物流与采购联合会。

2017 年全国优秀物流园区名单

序号	园区名称	所属城市
1	北京通州物流基地	北京
2	天津港集装箱物流中心	天津
3	菜鸟网络天津武清园区	天津
4	天津陆路港物流园区	天津
5	上海宝湾国际物流中心	上海
6	上海临港普洛斯国际物流园	上海
7	秀山（武陵）现代物流园区	重庆
8	迁安市北方钢铁物流产业聚集区	河北迁安
9	唐山市丰润区北方现代物流城	河北唐山
10	唐山海港物流产业聚集区	河北唐山
11	承德国际商贸物流园区	河北承德
12	安平县聚成国际物流园区	河北衡水
13	唐山公路港	河北唐山
14	石家庄润丰物流园	河北石家庄
15	冀中能源国际物流集团新铁物流园（邯郸）	河北邯郸
16	隆尧县宝信物流园	河北邢台
17	邢台好望角物流园区	河北邢台
18	中鼎物流园（太原）	山西太原
19	宝特物流园（侯马）	安徽芜湖
20	山西穗华物流园	山西太原
21	晋南电商物流园（侯马）	山西临汾

续　表

序号	园区名称	所属城市
22	内蒙古红山物流园区	内蒙古赤峰
23	集宁现代物流园区	内蒙古乌兰察布
24	呼和浩特沙良物流园区	内蒙古呼和浩特
25	满洲里国际物流产业园区	内蒙古满洲里
26	乌海鸿达物流园	内蒙古乌海
27	沈北新区电子商务及现代物流产业集聚区（沈阳）	辽宁沈阳
28	辽宁省海城市西柳物流园区	辽宁海城
29	东北快递（电商）物流产业园（盘锦）	辽宁盘锦
30	黑龙江肇东新型农业生态产业与物流园区	黑龙江肇东
31	南京龙潭综合物流园区	江苏南京
32	上合组织（连云港）国际物流园	江苏连云港
33	惠龙港国际物流园区（镇江）	江苏镇江
34	张家港玖隆钢铁物流园	江苏张家港
35	江苏海安商贸物流产业园	江苏海岸
36	无锡西站物流园区	江苏无锡
37	盐城市现代物流园区	江苏盐城
38	宿迁电子商务产业园电商物流园区	江苏宿迁
39	江苏大成物流园	江苏徐州
40	无锡禾健物流园区	江苏无锡
41	嘉兴现代物流园	浙江嘉兴
42	菜鸟网络金华园区	浙江金华
43	衢州工业新城物流园区	浙江衢州
44	运通网城物流园（杭州）	浙江杭州
45	长兴综合物流园区（湖州）	浙江湖州
46	德清临杭物流园区（湖州）	浙江湖州
47	嘉兴港区综合物流园	浙江嘉兴
48	安徽合肥商贸物流园区	安徽合肥
49	宝湾（合肥）国际物流中心	安徽合肥
50	安徽华源现代物流园	安徽阜阳
51	蚌埠商贸物流园区	安徽蚌埠

续 表

序号	园区名称	所属城市
52	马鞍山慈湖高新区港口物流基地	安徽马鞍山
53	芜湖港朱家桥综合物流园区	安徽芜湖
54	福建福港综合物流园区	福建福港
55	鹰潭市现代物流园	江西鹰潭
56	井冈山经济技术开发区物流园	江西井冈山
57	宜春经开区物流中心	江西宜春
58	上饶市新华龙现代物流园	江西上饶
59	山东盖家沟国际物流园	山东济南
60	临沂经济技术开发区现代物流园	山东临沂
61	威海国际物流园区	山东威海
62	山东佳怡物流园	山东济南
63	济南零点物流港园区	山东济南
64	聊城盖氏邦晔物流园	山东聊城
65	天源国际物流园（临沂）	山东临沂
66	莒南县临港物流园区	山东临沂
67	济南维尔康冷链物流园区	山东济南
68	喜地冷链物流园（菏泽）	山东菏泽
69	青州泓德物流园	山东青州
70	河南保税物流中心	河南郑州
71	郑州国际物流园区	河南郑州
72	豫东综合物流产业园	河南商丘
73	河南国能黄河物流园区	河南洛阳
74	武汉东西湖综合物流园	湖北武汉
75	湖南金霞现代物流园	湖南长沙
76	郴州湘南国际物流园	湖南郴州
77	湖南一力物流园	湖南长沙
78	湖南省怀化狮子岩物流园	湖南怀化
79	湖南梨江国际智能物流园	湖南长沙
80	海仑弘广物流园（长沙）	湖南长沙
81	中国西部现代物流港（遂宁）	四川遂宁

续 表

序号	园区名称	所属城市
82	泸州临港物流园区	四川泸州
83	宏图物流园（泸州）	四川泸州
84	清镇市物流园区	贵州贵阳
85	贵州省物资现代物流集团物流园区	贵州贵阳
86	青海朝阳物流园区	青海西宁
87	铁成（大连）物流园	辽宁大连
88	青岛胶州湾国际物流园	山东青岛
89	青岛华骏物流园	山东青岛
90	宁波（镇海）大宗货物海铁联运物流枢纽港	浙江宁波
91	厦门保税物流（区港联动）园区	福建厦门
92	深国际华南物流园区	广东深圳

资料来源：中国物流与采购联合会。

2017年中国冷链物流百强（广东省）

顺丰速运有限公司

广州夏晖物流有限公司

深圳市泛亚物流有限公司

深圳招商美冷链供应链有限公司

深圳小田冷链物流股份有限公司

广州鑫赟冷冻运输有限公司

广州拓领物流有限公司

广州保事达物流有限公司

佛山市粤泰冷库物业投资有限公司

深圳市中柱物流有限公司

资料来源：中国物流与采购联合会冷链物流专业委员会。

全国供应链创新与应用试点城市和企业名单（广东省）

一、试点城市（地区）

1. 广州
2. 深圳
3. 东莞
4. 中国（广东）自由贸易试验区深圳前海蛇口片区

二、试点企业

1. 宝供物流企业集团有限公司
2. 佛山市海天调味食品股份有限公司
3. 佛山众陶联供应链服务有限公司
4. 广东好料电子商务有限公司
5. 广东美的制冷设备有限公司
6. 广东省纺织品进出口股份有限公司
7. 广东亿安仓供应链科技有限公司
8. 广州华新商贸有限公司
9. 广州汽车集团乘用车有限公司
10. 广州医药有限公司
11. 康佳集团股份有限公司
12. 深圳金雅福控股集团有限公司

13. 深圳市创捷供应链有限公司
14. 深圳市东方嘉盛供应链股份有限公司
15. 深圳市飞马国际供应链股份有限公司
16. 深圳市富森供应链管理有限公司
17. 深圳市华富洋供应链有限公司
18. 深圳市普路通供应链管理股份有限公司
19. 深圳市旗丰供应链服务有限公司
20. 深圳市怡亚通供应链股份有限公司
21. 深圳市英唐智能控制股份有限公司
22. 深圳市正负极供应链管理有限公司
23. 深圳市中农网有限公司
24. 深圳越海全球供应链有限公司
25. 搜于特集团股份有限公司
26. 维沃通信科技有限公司
27. 湛江港（集团）股份有限公司
28. 中国南方电网有限责任公司

资料来源：商务部。

附 录

附录一　2017 年广东省全社会交通运输邮电主要统计指标

附表 1　　2017 年与 2016 年广东省全社会运输邮电主要统计指标情况对比

指标名称	单位	2017 年	2016 年	同比增长率（%）
一、货运量	万吨	28192. 2	22032. 3	28. 0
铁路	万吨	262. 0	254. 4	3. 0
公路	万吨	3636. 9	3381. 9	7. 5
水路	万吨	24011. 9	18160. 3	32. 2
民航	万吨	68. 7	61. 8	11. 1
管道	万吨	212. 7	173. 7	22. 4
二、货物周转量	亿吨公里	28192. 2	22032. 3	28. 0
铁路	亿吨公里	262. 0	254. 4	3. 0
公路	亿吨公里	3636. 9	3381. 9	7. 5
水路	亿吨公里	24011. 9	18160. 3	32. 2
民航	亿吨公里	68. 7	61. 8	11. 1
管道	亿吨公里	212. 7	173. 7	22. 4
三、客运量	万人	148549. 0	144262. 0	3. 0
铁路	万人	28476. 0	28954. 2	-1. 7
公路	万人	105919. 0	102094. 2	3. 7
水路	万人	2733. 0	2648. 2	3. 2
民航	万人	11420. 0	10566. 4	8. 1
四、旅客周转量	亿人公里	4140. 3	3842. 6	7. 7
铁路	亿人公里	872. 1	793. 4	9. 9
公路	亿人公里	1129. 5	1079. 8	4. 6

续 表

指标名称	单位	2017 年	2016 年	同比增长率（%）
水路	亿人公里	10. 9	10. 3	5. 8
民航	亿人公里	2127. 8	1959. 0	8. 6
五、港口货物吞吐量	万吨	198015. 0	179923. 9	10. 1
六、港口旅客吞吐量	万人	3659. 6	3434. 9	6. 5
七、邮电业务总量	亿元	6107. 2	6892. 4	58. 0
邮政	亿元	2526. 3	1886. 3	33. 9
通信	亿元	3580. 9	5006. 2	81. 0

注：1. 邮电业务总量 1989—2000 年按 1990 年价格计算，2011 年起按 2010 年不变价格计算，从 217 年起电信业务总量按 2015 年不变价格计算。增长速度按可比价格计算。

2. 2017 年起，铁路客运量和货运量改为按发送量计算，客运量货运量数据与往年不可比。增长速度按可比口径计算。

数据来源：《广东统计年鉴 2018》。

附录二　2017 年广东省各市货运量完成情况

附表 2　　2017 年与 2016 年广东省各市货运量完成情况对比

地市	货运量（万吨）			货运周转量（亿吨公里）		
	2017 年	2016 年	同比增长率（%）	2017 年	2016 年	同比增长率（%）
合计	400601.0	377644.6	6.1	28192.2	22032.3	28.0
广州	114595.0	103083.2	11.2	21173.7	15348.5	38.0
深圳	32100.0	30998.7	3.6	2286.8	2232.1	2.5
珠海	11471.0	10868.9	5.5	155.6	149.4	4.1
汕头	6403.0	6150.0	4.1	147.8	138.7	6.6
佛山	30997.0	29372.0	5.5	299.2	271.8	10.1
韶关	19442.0	18397.0	5.7	360.5	340.5	5.9
河源	6702.0	6203.0	8.0	90.0	82.6	8.9
梅州	8356.0	7912.9	5.6	182.5	168.3	8.4
惠州	24693.0	23454.8	5.3	462.9	436.4	6.1
汕尾	2722.0	2514.6	8.2	31.9	29.7	7.6
东莞	16725.0	15592.7	7.3	483.6	455.2	6.2
中山	17656.0	18335.7	-3.7	156.8	164.9	-5.0
江门	14975.0	14046.1	6.6	186.6	169.2	10.3
阳江	10013.0	9975.3	0.4	101.2	166.2	-39.1
湛江	17559.0	16023.0	9.6	528.7	473.3	11.7
茂名	10520.0	9652.8	9.0	239.0	214.8	11.3
肇庆	7171.0	6626.5	8.2	76.1	71.1	7.1

续 表

地市	货运量（万吨）			货运周转量（亿吨公里）		
	2017 年	2016 年	同比增长率（%）	2017 年	2016 年	同比增长率（%）
清远	15866. 0	14568. 0	8. 9	261. 9	238. 5	9. 8
潮州	5482. 0	5053. 0	8. 5	276. 3	254. 4	8. 6
揭阳	4092. 0	3795. 5	7. 8	75. 2	69. 8	7. 6
云浮	6236. 0	5835. 0	6. 9	72. 6	66. 8	8. 6

注：由于统计原因，全省合计数据与各地市加总数据不一致，本表保持与统计年鉴数据一致。

数据来源：《广东统计年鉴 2018》。

附录三　2017 年广东省各市客运量完成情况

附表 3　　2017 年与 2016 年广东省各市客运量完成情况对比

地市	客运量（万吨）			旅客周转量（亿吨公里）		
	2017 年	2016 年	同比增长率（%）	2017 年	2016 年	同比增长率（%）
合计	148549.0	144262.4	3.0	4140.3	3842.6	7.7
广州	25482.0	23879.0	6.7	258.1	241.6	6.8
深圳	6467.0	6039.4	7.1	125.8	118.6	6.0
珠海	3393.0	3708.4	-8.5	53.8	60.9	-11.8
汕头	1604.0	1555.0	3.2	22.3	21.0	6.3
佛山	5268.0	5307.2	-0.7	66.7	63.5	5.0
韶关	5291.0	5166.0	2.4	27.3	26.6	2.5
河源	3527.0	3223.0	9.4	41.1	37.0	10.9
梅州	2856.0	2705.0	5.6	39.4	37.0	6.5
惠州	6617.0	6422.1	3.0	55.6	53.3	4.4
汕尾	1371.0	1196.0	14.6	15.7	13.3	17.6
东莞	4342.0	4874.5	-10.9	68.1	77.3	-11.9
中山	1518.0	1598.6	-5.0	24.1	18.9	27.3
江门	9606.0	9742.2	-1.4	61.1	60.6	0.8
阳江	1549.0	1519.2	2.0	10.5	10.3	2.0
湛江	9429.0	8660.0	8.9	96.1	88.3	8.9
茂名	6515.0	5977.0	9.0	60.9	55.1	10.7
肇庆	3042.0	3039.0	0.1	13.9	13.8	0.7

续　表

地市	客运量（万吨）			旅客周转量（亿吨公里）		
	2017 年	2016 年	同比增长率（%）	2017 年	2016 年	同比增长率（%）
清远	2997.0	2823.0	6.2	23.5	21.8	7.8
潮州	2377.0	2240.0	6.1	29.3	27.0	8.3
揭阳	2221.0	2073.9	7.1	23.9	22.3	7.1
云浮	3179.0	2994.0	6.2	23.3	21.8	6.8

注：由于统计原因，全省合计数据与各地市加总数据不一致，本表保持与统计年鉴数据一致。

数据来源：《广东统计年鉴 2018》。

附录四 2017 年广东省各市港口货物吞吐量完成情况

附表 4 2017 年与 2016 年广东省各市港口货物吞吐量完成情况对比

地市	港口货物吞吐量（万吨）		
	2017 年	2016 年	同比增长率（%）
合计	198015.0	179923.9	10.1
广州	59012.0	54437.4	8.4
深圳	24136.0	21409.9	12.7
珠海	13586.0	11778.7	15.3
汕头	4890.0	4985.0	-1.9
佛山	7967.0	6610.0	20.5
韶关	54.0	45.3	19.3
河源	16.0	—	—
梅州	102.0	110.0	-7.3
惠州	7214.0	7657.5	-5.8
汕尾	1155.0	896.0	28.9
东莞	15714.0	14583.7	7.8
中山	8044.0	6789.0	18.5
江门	8267.0	7922.8	4.3
阳江	2734.0	2336.6	17.0
湛江	28209.0	25612.5	10.1
茂名	2491.0	2560.2	-2.7

续　表

地市	港口货物吞吐量（万吨）		
	2017 年	2016 年	同比增长率（%）
肇庆	3973.0	3260.6	21.9
清远	3910.0	3151.8	24.1
潮州	1153.0	854.0	35.0
揭阳	2968.0	2695.0	10.1
云浮	2419.0	2227.9	8.6

数据来源：《广东统计年鉴 2018》。

附录五　2017 年广东省港口货物和集装箱吞吐量完成情况

附表 5　　2017 年与 2016 年广东省港口货物和集装箱吞吐量完成情况对比

港口	港口货物吞吐量（万吨）			港口集装箱吞吐量（万 TEU）		
	2017 年	2016 年	同比增长率（%）	2017 年	2016 年	同比增长率（%）
合计	198015.0	179923.9	10.1	6226.7	5728.0	8.7
沿海港口	164408.0	149025.9	10.3	5504.1	5094.1	8.0
广州港	57003.0	52253.8	9.1	2017.0	1866.2	8.1
湛江港	28209.0	25612.5	10.1	90.3	72.4	24.8
汕头港	4890.0	4985.0	-1.9	129.9	124.0	4.8
深圳港	24136.0	21409.9	12.7	2520.9	2397.9	5.1
内河港口	33607.0	30898.0	8.8	722.5	633.9	14.0

数据来源：《广东统计年鉴 2018》。

附录六　2017 年广东省各市邮电业务总量完成情况

附表 6　　2017 年与 2016 年广东省各市邮电业务总量完成情况对比

地市	邮电业务总量（亿元）	
	2017 年	2016 年
合计	6107.2	6892.4
广州	1544.9	1628.3
深圳	1659.2	1718.7
珠海	108.5	139.7
汕头	198.1	222.3
佛山	360.6	450.3
韶关	52.0	73.5
河源	51.0	68.8
梅州	67.8	103.7
惠州	203.7	245.4
汕尾	47.5	64.4
东莞	694.4	756.1
中山	211.3	256.3
江门	128.9	167.1
阳江	54.2	75.1
湛江	146.1	206.1
茂名	107.6	145.3
肇庆	84.2	115.2
清远	78.2	104.6
潮州	62.3	77.8
揭阳	202.7	202.4
云浮	42.7	60.5

数据来源：《广东统计年鉴 2018》。